CHANAT DER
KRIMTATAREN

LDAU

Akkerman

EI

Schwarzes Meer

Tana

Wolga

Kaspisches Meer

nstantinopel

Suchumkale

Tiflis

Baku

Erzurum

Antalya

Malatya

Mossul

Damaskus

Euphrat

Tigris

Bagdad

Jerusalem

Basra

Kairo

Golf

HEDSCHAS

Assuan

Maskat

Nil

Rotes Meer

Mekka

Suakin

Massaua

Sana

Aden

Arabisches

Meer

W0228310

DER ISLAM-
IRRTUM

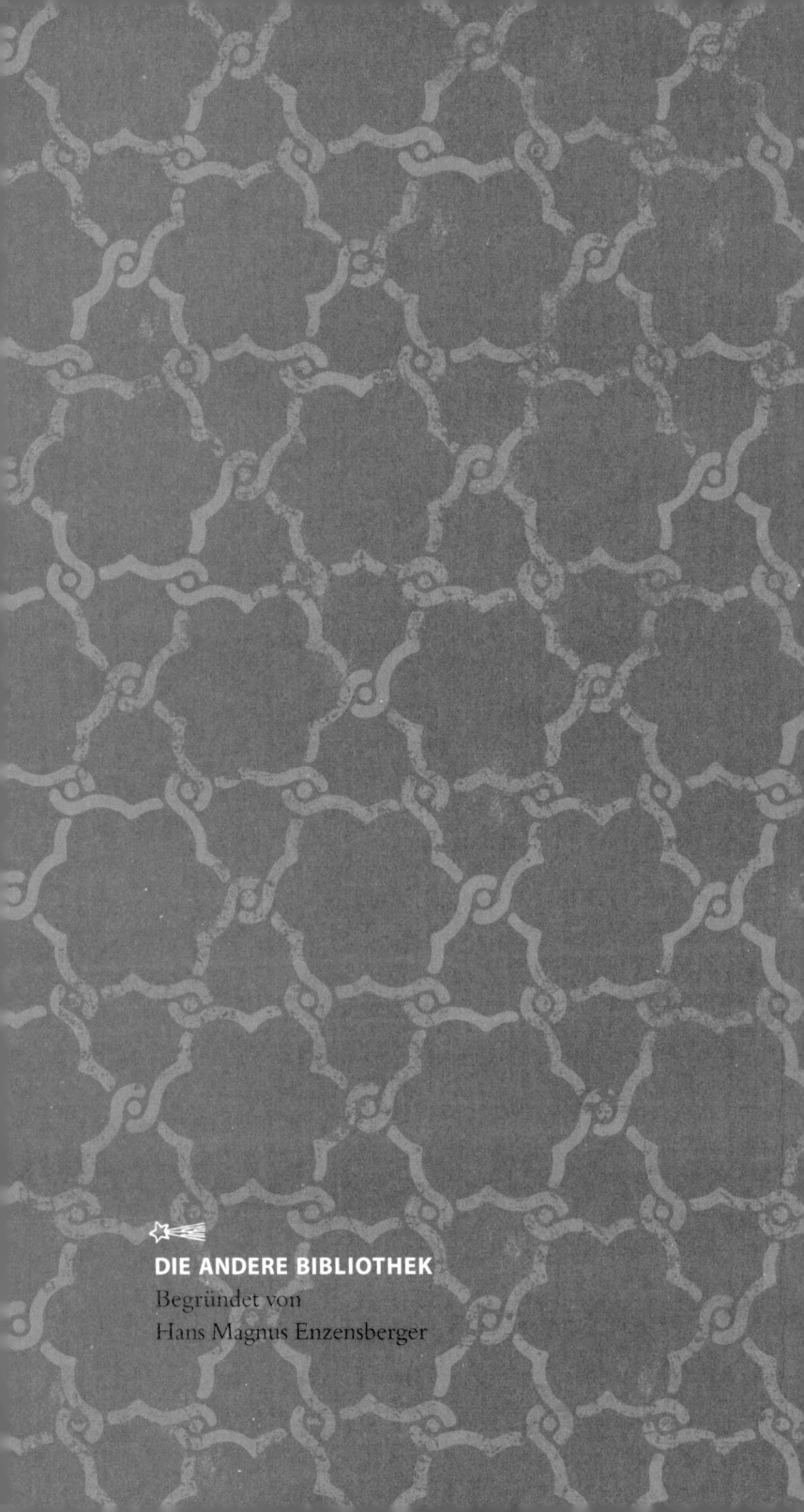

DIE ANDERE BIBLIOTHEK
Begründet von
Hans Magnus Enzensberger

Michael Thumann

DER ISLAM-
IRRTUM

Europas Angst
vor der muslimischen Welt

eichborn

1. Auflage 2011
Erfolgsausgabe

© Eichborn AG, Frankfurt am Main, September 2011
Umschlaggestaltung: Christina Hucke
Foto: © istockphoto; Reportagefotos: © Picture Alliance
Lektorat: Christian Döring
Ausstattung, Typografie: Susanne Reeh und Cosima Schneider
Satz: Greiner & Reichel, Köln
Druck und Bindung: CPI – Clausen & Bosse, Leck
ISBN 978-3-8218-4777-1

Eichborn Verlag, Kaiserstraße 66, 60329 Frankfurt am Main
Mehr Informationen zu Büchern und Hörbüchern aus dem Eichborn Verlag finden Sie unter www.eichborn.de

INHALT

Anfang: Unsere Islam-Besessenheit   7

West-östliche Irrtümer   25
Islamisten: Spaltung statt Scharia   26
Geschäftsleute: Glaube, Geld, Macht in der Türkei   51
Obristen: Die letzte Hoffnung der bedrängten Eliten   74
Revolutionäre: Auf dem Befreiungsplatz von Kairo   99
Überlebenskünstler: Eine Reise durch Kurdistan   114
Nationalisten: Besuch bei Hisbollah und Hamas   136

Angst im Westen   159
Kulturkampf: Von Karikaturen und Kopftuchverboten   160

Aufbruch im Osten   185
Frauen: Mit dem Teufel auf dem Diwan   186
Männer: »Bei uns ist keiner schwul«   211
Moderne: Demokraten in der Wüste   221
Türme: Senkrechtstarter am Golf   243
Schattenmänner: Irans Ausgreifen
in der arabischen Welt   267
Freischwimmer: Die Türkei entdeckt ihre Stärken   289

Schluss: Lob der guten Nachbarschaft   310

Dank   329

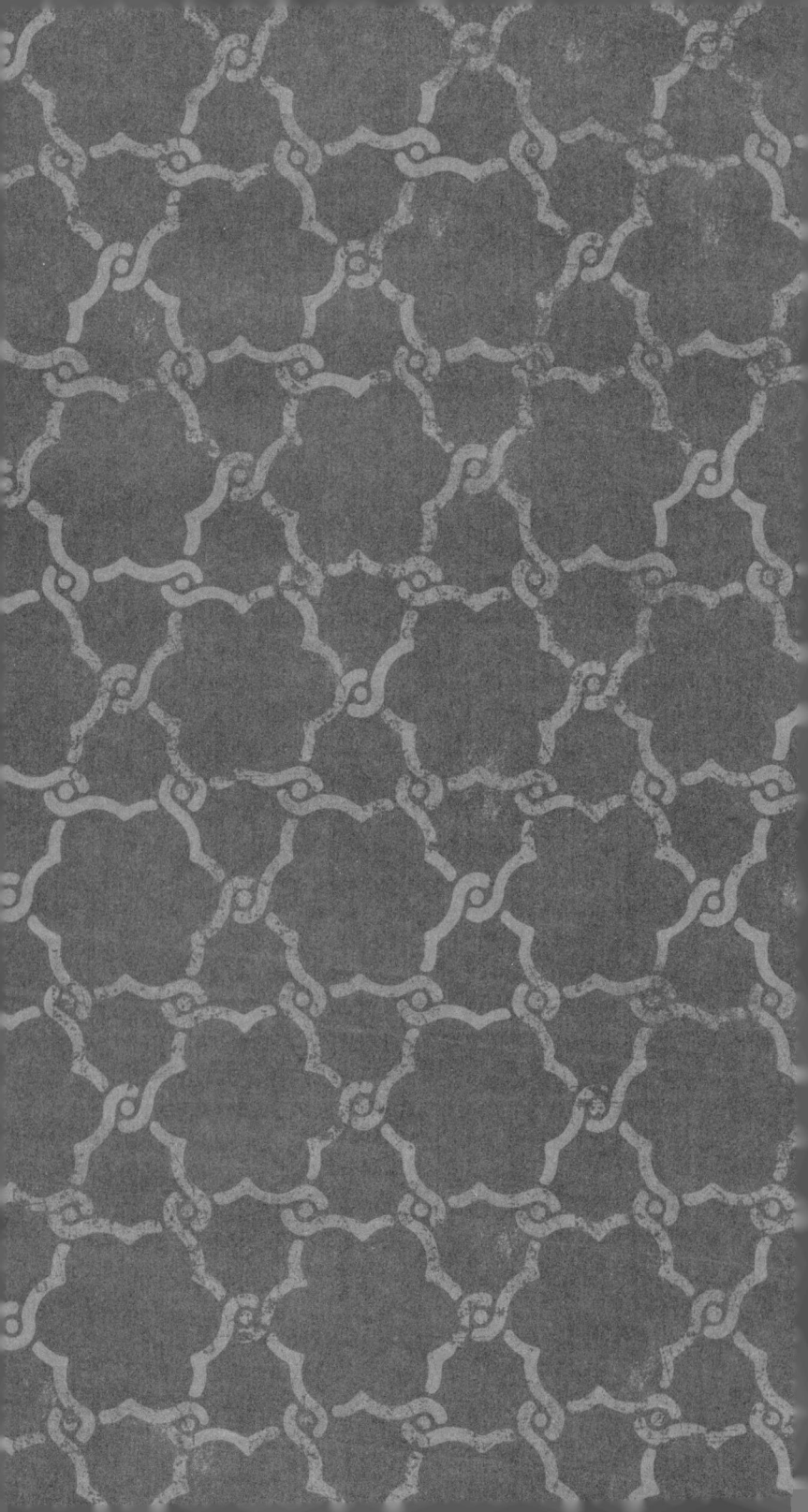

ANFANG:
UNSERE
ISLAM-BESESSENHEIT

Als ich in Kairo am Tag nach der Revolution aufwachte, lag eine klare, kühle Luft über einem neuen Nahen Osten. Nichts war vorbestimmt, nichts absehbar, aber der Weg war frei. Die Ägypter kamen nach Hause von der größten Feier, die das Land seit Menschengedenken gesehen hatte. In dieser Weltgegend hatten stets Kriege Geschichte gemacht. Diesmal war es ein friedlicher Triumph über eine bis an die Zähne bewaffnete Staatsmacht.

Die Freundlichkeit war eine der schönsten Ansichten des Aufstands. In der Nacht, da der Herrscher stürzte, trugen die Leute einander auf Händen, trunken von Euphorie. Sie sangen, küssten und gratulierten sich, sie verschmolzen zu einer einzigen tanzenden Masse. Hunderttausende drängten sich auf einem Platz, ohne sich auf die Füße zu treten, ohne sich anzurempeln, ohne jede Polizei. Es war ein kleines Wunder, dank den Ägyptern, die alle Vorurteile Lügen straften. Ein Wunder, auch dank der Organisatoren des Aufstands. Sie bildeten Ketten an den Eingängen des Platzes, kontrollierten Pässe, durchsuchten Taschen nach gefährlichen Gegenständen und trennten höflich Männer und Frauen, wenn es sehr eng wurde. Dabei vergaßen sie nie, um Nachsicht für die kleine Unannehmlichkeit der Kontrolle zu bitten: »Entschuldigung, wir machen Revolution!« Am Tag danach brachten die Führer des Umsturzes Handfeger und Schaufel mit. Das hatte der Tahrir-Platz in Kairos staubiger Mitte noch nicht erlebt. Die Kinder der Revolte bückten sich nach jedem Kaugummipapier und jedem Zigarettenstummel. Fürsorglich seiften sie die Bronzelöwen am Platzeingang zum Nil mit Spülmittel ab. Malerkolonnen strichen die Kantsteine frisch in schwarz und weiß. Der gefallene Präsident Hosni Mubarak hatte seine Ägypter schwer unterschätzt. Es war nicht das Chaos, das ihn vom Thron stieß, sondern die schier unglaubliche Disziplin der Massen.

Auf dem Befreiungsplatz von Kairo lagen an diesem klaren Februartag die Trümmer der Gewaltherrschaft. Und darunter verborgen die Scherben einiger westlicher Vorurteile über den Nahen Osten. Wenn Mubarak einmal stürze, dann durch eine wüste, wahrscheinlich islamische Revolution, die sich unweigerlich gegen den Westen richten würde. So lauteten die Befürchtungen in Europa und Amerika. Sie hatten mit den zahlreichen Irrtümern zu tun, denen der Westen erlegen ist, wenn er auf den Nahen Osten schaut. Um sie soll es in diesem Buch gehen. Niemand wusste im Februar 2011, welchen der vielen möglichen neuen Wege Ägypten einschlagen würde. Doch in den Wochen der Demonstrationen hörte ich in Kairo niemanden, der sich über Amerika viele Gedanken machte. Auch nicht über den Islam. In diesem Aufstand wollten die Ägypter nur über sich selbst reden. Es war eine Freiheitsrevolution, getragen von jungen Arabern aller Schichten, aller Hautfarben, beider Geschlechter. Was sie einte, war die Wiederentdeckung ihrer Würde nach der Erniedrigung durch die 30-jährige Alleinherrschaft eines Luftwaffengenerals. Was sie in nationaler Begeisterung trugen, waren nicht islamische Banner, sondern die ägyptische Flagge. Was sie verband, war der Wunsch, ihre Zukunft frei selbst gestalten zu können. Ohne die eiserne Hand der Kolonialmächte oder nationaler Entwicklungsdiktatoren wie Hosni Mubarak. Dieser Wunsch, den wir im Westen allzu gut kennen, eröffnet das Zeitalter, das im Januar 2011 begonnen hat. Hierin liegt ein Schlüssel zum Verständnis des Nahen und Mittleren Ostens.

Die friedlichen Umstürze in Tunesien und Ägypten zu Beginn des Jahres 2011 haben jedoch den anderen, sattsam bekannten Nahen Osten nicht verschwinden lassen. Den Nahen Osten des Krieges, der Zwietracht, des harten Überlebenskampfes. Libyens Binnenkrieg von 2011 zeigte das. Doch mehr darüber habe ich im Libanon gelernt. Dort liegt ein zweiter Schlüssel zum Nahen Osten in einem Schloss verborgen. In einem verwunschenen Palast im Schufgebirge im Libanon, der Residenz des Drusenführers Walid Dschumblat. Der Weg dorthin ist eine meiner Lieblingsrouten im Nahen Osten. Als ich 2005 zum ersten Mal dort hochfuhr, ließ ich eine heiße, verstaubte Beiruter Innenstadt hinter mir. Unten breitete sich das Mittelmeer aus. Weiter oben öffnete ich die Wagenfenster und sog den Geruch der Zedern ein. Als ich dachte, es sei höchste Zeit auszusteigen, weil die Gegend so schön war, hatte ich Muchtara erreicht. Auf Deutsch heißt es »die Erwählte«, und kein Name scheint besser auf das Dorf der Dschumblat-Dynastie zu passen. Über der Siedlung erhob sich das Märchenschloss aus Granit, Sandstein und Marmor. Ein Wasserfall durchrauschte den Palasthof; eine Freitreppe führte hinauf zu einer Galerie, von der ich einen atemberaubenden Blick auf die felsigen Gipfel des Schufgebirges hatte.

Walid Dschumblat streckte mir seine Hand entgegen. Die andere Hand klebte am Mobiltelefon. Mit einem Kopfschwung bedeutete er mir zu folgen, tiefer in sein Reich. Wir hasteten durch einen Burghof, ein schmiedeeisernes Tor, lange Korridore. Er hat nicht viel Zeit für romantische Stunden in Muchtara. Das hochgelegene Schloss war sein Zufluchtsort, seine Überlebensgarantie im libanesischen Bürgerkrieg 1975 bis 1990. Von hier oben ließ sich sein Stamm bestens verteidigen. Dschumblat sieht immer ein wenig aus, als sei er auf der Flucht. Seine schütteren Haare liegen wie ein Ring um seinen Kopf, er raucht ununterbrochen, die Baumwollhose schlackert um seine dünnen Beine. »Mein Großvater wurde ermordet, mein Vater wurde umgebracht«, sagte er lakonisch. »Eine Familientradition.« Drusenführer zu sein, ist eine lebensgefährliche Aufgabe. Druse zu sein, bedarf gegenüber Nichtdrusen meistens einer Erklärung. Die Drusen gehören zu den kleineren konfessionellen Gruppen im Libanon, sie sind weder Christen noch Muslime, sondern eine eigenständige Religionsgemeinschaft, die sich im elften Jahrhundert aus den schiitischen Ismailiten entwickelt hat. Walid Dschumblat ist Fürst der Drusen und politischer Überlebenskünstler, Millionär und Mitglied der Sozialistischen Internationale, mehrsprachiger Hobby-Philosoph und Liebhaber ausgefallener Schießinstrumente. »Ich würde ja gern der allseits geliebte Vorsitzende einer normalen säkularen politischen Partei sein«, sagte er. »Aber wenn es um die Zukunft geht, muss ich an meine Drusen denken, das ist die libanesische Realität.«

Dschumblat stand hinter dem Glasschreibtisch in der Mitte seines riesigen Arbeitskabinetts, das viel über ihn erzählte. Auffällig waren die Pistolen und die Kalaschnikow am Schreibtischrand. Die KPdSU-Flagge aus rotem Velours und die Lenin-Büste an der Wand. »Die Russen haben uns viel geholfen«, erklärte er lächelnd und fuhr sich durch den wildgrauen Haarkranz. Inspiration kam auch von anderer Seite. Die sechs Bände über deutsche Panzer erzählen davon, die osteuropäischen Militärorden nebst Literatur über die Jesuiten. Der Flugzeugpropeller als Ventilator an der Decke, die Videothek mit Kriegs- und Gemetzelfilmen, das Stalin-Porträt in der Ecke auf dem Boden, die Fotos von Claudia Schiffer mit ihrem Autogramm im Bücherregal.

Kritiker werfen Dschumblat vor, alles mit allem zu verrühren, keine klare Linie zu verfolgen, im Labyrinth libanesischer Politik mal hier, mal da herumzugeistern, ständig die Fronten im Nahen Osten zu wechseln. Sie mögen recht haben. Dschumblat stand im libanesischen Bürgerkrieg bisweilen aufseiten Syriens, suchte damals mit seinen Drusen den Schutz von Damaskus gegen die Christen. Doch nach dem Tod des langjährigen syrischen Staatschefs Hafis al-Assad im Jahr 2000 wendete sich Dschumblat ab. Er versöhnte sich mit den Christen. In der Zedernrevolution gegen die Damaszener Vorherrschaft 2005 stellte sich Dschumblat auf die Seite der antisyrischen Koalition von Sunniten und einem Teil der Christen. Als ich ihn im Sommer 2006 in Berlin in einer Charlottenburger Destille bei Bratwurst und Bier traf, schimpfte er über Damaskus und dessen schiitische Verbündete im Libanon: »Syrien und Hisbollah versuchen, die Friedensmission der Vereinten Nationen zu sabotieren und den Libanon ins Chaos zu stürzen.« Damals unterstützte Dschumblat die von den USA und Europa favorisierte Regierung in Beirut, er war der erklärte Feind der antiwestlichen Koalition von Syrien und der islamistischen Hisbollah. Doch keine zwei Jahre danach kam die erneute Kehrtwende.

Ausschlag gab ein zweitägiger Blitzbürgerkrieg im Libanon. Die hochgerüstete Miliz der Hisbollah eroberte im Mai 2008 das sunnitische Westbeirut und schlug die Truppen der Sunnitenpartei und eines Teils der Christen vernichtend. Walid Dschumblat erkannte sofort den historischen Machtwechsel im Land. Schritt um Schritt entfernte er sich von der im Westen beliebten Regierungskoalition und söhnte sich mit Hisbollah und Syrien aus. Im Januar 2011 half er einem von Hisbollah unterstützten Ministerpräsidenten ins Amt.

Wer ist dieser irrlichternde Dschumblat? Ihn zu begreifen heißt, den zweiten Schlüssel zum Nahen Osten in der Hand zu halten. Er steht weder fest zu den Islamisten der Hisbollah noch zu den säkularisierten Sunniten im Libanon. Kämpft nicht für das »antiwestliche« Syrien und nicht für die »prowestliche« Koalition im Libanon. Er ist kein Freund und kein Feind des Westens. Walid Dschumblat schmiedet keine Bündnisse, um irgendjemandem zu gefallen oder zu missfallen. Er kämpft für sich selbst, für seine Drusen und für das politische wie existenzielle Überleben in einem brandgefährlichen Land. Das ist das Erste, was Dschumblats Geschichte über die ganze Region erzählt. Denn wie er halten es die meisten politischen Kräfte im Nahen und Mittleren Osten. Man schließt Allianzen auf Zeit, man wechselt die Bündnisse, um mit der sich rasant drehenden Realität Schritt zu halten. Viele Spieler der Region lieben das Sowohl-als-Auch, was dem Westen die Suche nach »verlässlichen« Verbündeten erschwert. Sie gehorchen nicht den Erwartungen angenommener Loyalität.

Das ist die zweite Lehre aus der Geschichte von Walid Dschumblat. Die Religionsdifferenz hindert den Drusen nicht daran, Bündnisse mit Islamisten zu schließen. Ein Druse mit Hisbollah? Hisbollah mit den Christen? Alles geht. Weil Macht und Überleben im Nahen Osten nicht an der Religion hängen, sondern an einer geschickten Bündnispolitik. Die Unabhängigkeit der Drusen ist am besten gewährleistet, wenn sie das Zünglein an der Waage spielen. Wenn sie ihren eigenen Weg gehen, nur an sich denken. Hier ist die dritte Lehre von Walid Dschumblat zu besichtigen, die wiederum viel mit den Freiheitsaufständen vom Beginn des Jahres 2011 zu tun hat.

Die jungen Aufständischen in Ägypten fürchteten in den ersten Tagen nach dem Sturz, dass andere ihre historische Leistung kapern könnten. Dass Iran der Revolution sein Etikett aufdrückt, dass Amerika sogleich die Freiheitsfanfare bläst, dass die Anhänger des alten Regimes sich das Revolutionsmäntelchen überwerfen, dass religiöse Eiferer den Islam als Lösung aller Dinge ausrufen könnten. Nichts war den jungen Freiheitskämpfern so wichtig, wie über ihr eigenes Schicksal entscheiden zu können. Sie wollten keine ausgetretenen Pfade nehmen. Ihre Revolution hatte mit Religion und politischer Ausschlachtung des Islam so wenig zu tun wie mit einem Export vorgefertigter westlicher Leitbilder nach Osten. Es war allein ihr Werk. Diese Revolte hatte alle überrascht, westliche Regierungen und Medien, östliche Herrscher und Beherrschte. Wenn sie Ägypten in eine demokratische Zukunft führt, kann sie weit über das Land hinaus befriedend und beruhigend wirken. Der Sturz Hosni Mubaraks am 11. Februar 2011 könnte das Ende einer Ära der Angst im Verhältnis zwischen dem Osten und dem Westen markieren, das Ende einer Epoche, die vor zehn Jahren ihren Ausgang nahm.

Der 11. September 2001 war nicht nur ein Angriff fundamentalistischer Terroristen auf die westliche Zivilisation. Es war zugleich ein monumentaler Diebstahl, in dem der Westen seines vielleicht wertvollsten Kapitals beraubt wurde – der Selbstsicherheit. Die Vereinigten Staaten und mit etwas Zeitverzögerung die Europäer verloren die Gewissheit, sicher im eigenen Land zu sein. Die Anschläge von London und Madrid, die versuchten und vollendeten Attacken in Deutschland und Frankreich haben Europäer wie Amerikaner tief verunsichert. Auf der Suche nach den Gründen wurden die Probleme der islamischen Welt und vor allem der Islam selbst in den Mittelpunkt gerückt. Die Religion kehrte zurück als Anleitung zum Verstehen, als Quelle neuer Identität, als Brennglas der Angst. Der Islam-Irrtum breitete sich aus.

Es war die Zeit, als sich die westlichen Gesellschaften freiwillig in eine große Verwirrung über die Ursachen des Anschlags stürzten. Eine Islam-Besessenheit griff um sich. Die Menschen wurden mit Sendungen, Talkshows, Filmen, Artikeln und Büchern überschwemmt, die erklärten, warum West und Ost quasi natürliche Gegensätze seien. Ausführlich beschäftigte man sich mit der islamischen Religion und zitierte dafür den Koran.[1] Regimenter von alteingesessenen und frischgebackenen Islamkritikern erläuterten dem verängstigten Publikum: Der Islam sei die treibende Kraft und das Problem des Nahen und Mittleren Ostens. Der Islamismus habe sich dort ausgebreitet und bedrohe nun »uns« – den Westen. Die Islamisten versuchten, überall dort die Herrschaft zu übernehmen, wo Muslime leben. Muslime wollten Moscheen an den erhabensten Orten westlicher Zivilisation und Erinnerung errichten. Früher mit der Hagia Sofia in Istanbul, heute mit der Moschee in der Nähe des New Yorker Ground Zero. So und ähnlich hieß es in vielen Quellen.[2]

Westliche Koranexegeten erklärten mit dem heiligen Buch der Muslime, warum junge Männer in Pakistan, im Irak und in Palästina zur Kalaschnikow griffen. Der Koran musste zur Erklärung herhalten, warum in vielen muslimischen Ländern die Aufklärung ausgefallen ist, warum Bürger wenig lesen und Medien gleichgeschaltet sind, weshalb Frauen benachteiligt und Männer rückständig sind, warum Diktatoren herrschen und die Opposition im Exil vor sich hindämmert. So habe sich die islamische Kultur über die Jahrhunderte hinweg entwickelt.

Wie aberwitzig diese Fixierung auf den Koran und die Religion zur Deutung der Geschichte und Gesellschaften des Nahen Ostens ist, wird deutlich, wenn man die Logik einmal umdreht. Man stelle sich vor, jemand würde den Zusammenbruch der westlichen Spekulationstürme an den Finanzmärkten 2008 mit der Bibel erklären wollen, vielleicht mit dem Turmbau zu Babel. Er würde zur Deutung amerikanischer Politik unter George W. Bush die Bibel, vielleicht die Apokalypse heranziehen, zumal sich der 43. US-

Präsident ja gern auf die Heilige Schrift berief. »Absurd!«, würden alle rufen.

Doch das Erstaunlichste ist, dass diese westlichen Islamdeuter und Koranleser mit ihren Todfeinden, den östlichen Islamverdrehern, einiges gemeinsam haben. Die Terroristen der al-Qaida und andere fundamentalistische Gruppen bestehen auf einer verblüffend ähnlichen deterministischen Auslegung des Islam:»So war er, so ist er, so wird er immer sein. Was im Koran steht, das gilt wortwörtlich.« Die faktischen Gegner im universalen Kampf für oder wider den Islam kommen sich in ihrer Argumentation erstaunlich nahe.[3] Sie teilen die Auffassung, dass hier nicht erst seit dem 11. September etwas aufeinanderprallt, was nicht zusammen gehört. Man liebt die kulturologisch aufgeladenen universalen Erklärungen, die monumentale historische Übertreibung, das deterministische Geschichtsbild, um zum Kampf gegeneinander aufzurufen. Die Ideologen der al-Qaida verdammen den westlichen Kolonialismus, den Zionismus, den Kapitalismus. Fundamentalistische Denker wie Sayyid Qutb bauten ihr Weltbild auf einen grundsätzlichen Gegensatz auf, indem sie die neuere westliche Geschichte als Komplott gegen den Islam beschrieben. Er sah die Kräfte des Bösen in Amerika gegen die Helden des Guten im Nahen Osten kämpfen. Gegen das Böse sei jede Härte und jede Art des Krieges erlaubt.[4] Hier ist die ideologische Selbstbezogenheit in umgekehrter Form zu besichtigen: Alles, was der Westen tut und lässt, sei gegen den Islam gerichtet.

Einige Islamdeuter im Westen haben dagegen die Keule des »Islamofaschismus« erfunden, um die Bedrohung für die westliche Zivilisation eindringlich und begreifbar zu machen.[5] Der Islamismus als weltumspannende Ideologie trete die Nachfolge der universalen Bedrohungen westlicher Zivilisation im 20. Jahrhundert an. Nach den Nazis und den Bolschewisten nun also die Islamisten. Kenner des Nahen und Mittleren Ostens haben das Schlagwort vom Islamofaschismus widerlegt.[6] Aber um Kenntnis ging es den Benutzern des Schlagwortes nicht, sondern um Durchschlagskraft in den verunsicherten westlichen Gesellschaften. Mit dieser Analogie ließ sich der »Antiterrorkrieg« begründen – als ultimative, universale Auseinandersetzung wie der Zweite Weltkrieg oder der Kalte Krieg im 20. Jahrhundert. Als Gesamtmobilisierung der Bevölkerung gegen den Feind, als Begründung umfassender Einschränkung der Bürgerrechte in westlichen Gesellschaften und natürlich als Abschottung gegen den äußeren Feind. Auch hier gilt wiederum: Alles, was der Feind tut und lässt, sei gegen den Westen gerichtet. Zum Glück hat die These vom Islamofaschismus – genauso wie fundamentalistische Auslegungen des Islam – weitaus weniger Anhänger gefunden, als ihre Prediger erhofften. Doch der Islam als Chiffre für das Andere schlechthin ist im Westen sehr populär geworden. Viele erkennen im Nahen und Mittleren Osten eine Art Gegenwelt zum Westen, die unsere Moderne infrage stellt.

Diese Vergröberung einer komplizierten Beziehung ist ein später Sieg der Attentäter des 11. September, die genau in solchen simplen Schablonen dachten. So wie sie den Westen an sich verdammten, wuchs in Europa und Amerika der Verdacht gegen ganze Länder und Völker im Mittleren Osten, obgleich die meisten der Attentäter schon jahrelang im Westen gelebt hatten. »Warum hassen sie uns?«, fragte der amerikanische Präsident George W. Bush Ende September 2001 vor dem Kongress, bevor er zum »Antiterrorkrieg« aufrief. Die Unsicherheit erfasste weite Teile der Öffentlichkeit, der Politik, der Eliten im Westen. Der Gedanke, dass die Völker im Nahen Osten notorisch antiwestlich seien, dass ihre Religion und ihre Gesellschaftsstrukturen antiwestliche Einstellungen förderten, dass in ihren Religionsschulen und Universitäten antiwestliches Gedankengut gelehrt würde, wurde zur verbreiteten Überzeugung. In der Tat wurden zum Beispiel an saudischen Schulen fundamentalistische Lehren verbreitet, in ägyptischen Moscheen Predigten gelesen, die den Westen als Reich der Finsternis verzerrten. Doch im Westen wiederum wurden diese Fälle so verallgemeinert, dass am Ende die Saudis und die Völker des Nahen Ostens per se als Problem dastanden. Wer sich gegen die Bedrohung aus ihrer Mitte schützen wollte, der musste in dieser Logik also am Nahen Osten und seinen Völkern etwas ändern. Die in den USA herumgereichten Rezepte empfahlen Interventionen und Belehrung. Als Vorbild galt der Zweite Weltkrieg mit der erfolgreichen »Umerziehung« von Deutschen und Japanern.

Der Wille zur Veränderung der anderen trieb unter Präsident Bush jahrelang die amerikanische Außenpolitik an. Die USA wurden zu einer revolutionären Macht, die einen weltweiten »Krieg gegen den Terror« erklärte, was viele Muslime auf sich bezogen. Statt die globalen, weitverzweigten Wurzeln des Terrorismus zu bekämpfen, verstrickte sich die einzige Supermacht in zwei kostspielige Kriege, in denen sich ihre Gegner schnell als Verteidiger einer nationalen Idee gegen die Eindringlinge stilisieren konnten. In Afghanistan vertrieben die Amerikaner im Herbst 2001 zunächst die islamisch-fundamentalistischen Taliban von der Macht. Die Führer der Terrorgruppe al-Qaida und die Taliban konnten jedoch im bergigen Grenzland zwischen Afghanistan und Pakistan überwintern. Mit der Zeit sahen Afghanistans neue Herrscher in den Augen vieler Afghanen nicht viel besser aus als die alten. Die Taliban kehrten auf den Kampfplatz zurück, während die westlichen Strategen nicht mehr wussten, wie sie erhobenen Kopfes ein Ende der Expedition erklären sollten.

Im Irak zielten die Amerikaner und ihre Verbündeten beim Einmarsch 2003 zunächst auf die Massenvernichtungswaffen des Diktators Saddam Hussein. Die Gefahr ließ sich schnell bannen, da die vermuteten hochgefährlichen Waffen nicht aufzufinden waren. Da die von den USA geführten Koalitionstruppen nach dem Sturz von Saddam Hussein aber im Lande blieben, mussten andere Kriegsziele her: Einmal war es der Kampf gegen den islamisch motivierten Terrorismus, dann die demokratische Umgestaltung des Irak als leuchtendes Vorbild für den Rest der arabischen Welt. Diese weitreichenden Ziele haben den Amerikanern den Spott eingetragen, »Bolschewiken der Demokratie« zu sein.[7] Dabei war der Gedanke, die arabische Welt könne mehr Demokratie gebrauchen, überhaupt nicht falsch. Viele Araber, die unter ihren Obrigkeiten litten und verzweifelten, dachten ganz ähnlich und setzten anfangs einige Hoffnung auf den amerikanischen Missionswillen. Doch stellte sich bald heraus, dass Demokratie weder mit Kanonen wie im Irak noch mit Lektionen von außen wie in Ägypten oder Saudi-Arabien herbeizuzwingen war. Die USA mussten ihre Ziele im Irak und in Afghanistan immer enger stecken, damit sich am Ende noch eine Art kleiner Sieg erklären ließ. Dabei blieb die an sich richtige Idee der Demokratisierung der Region auf der Strecke, und das war für die Völker des Nahen und Mittleren Ostens besonders bedauerlich. Die starke Pointe der Erhebungen in der arabischen Welt seit Beginn 2011 ist, dass die Araber das besser selbst machen.

Das Scheitern westlicher Nahostpolitik seit dem 11. September 2001 beruht unter anderem auf drei Fehlern, die alle mit dem Islam zu tun haben: 1. dem Missverständnis von der alles überragenden Bedeutung des Islam im Nahen Osten; 2. der falschen Annahme, der Islam sei prinzipiell gegen den Westen gerichtet, gefolgt von der Abschottung gegen alles Islamische; 3. dem Vorbeisehen an den Stärken und Schwächen der Länder im Nahen Osten ganz unabhängig von der Religion. Diese Fehler machen zusammen den Islam-Irrtum des Westens aus und sollen in diesem Buch beschrieben werden. Ich möchte den Islam weder erklären noch verteidigen. Die Religion ist nur eine von vielen Kräften, die diesen Teil der Welt durchschütteln. Dies ist kein Buch über den Islam, sondern über Leben und Politik im Nahen und Mittleren Osten. Bei diesem unerschöpflich großen Thema verbietet sich enzyklopädische Vollständigkeit. Ich habe ausgewählt, was mir notwendig, eindrücklich und bedeutsam erscheint. Mit Beobachtungen und Einsichten aus den vergangenen zehn Jahren möchte ich zeigen, was die Nachbarn Europas jenseits des Islam bewegt und plagt.

Ein erster Schritt dahin besteht darin, falsche Annahmen und Irrtümer über den Nahen Osten auszuleuchten. Die ersten Kapitel dieses Buches stellen einige Spieler und Gruppen vor, deren Absichten und Agenden häufig missverstanden werden. Ich habe militante, politische und gewendete Islamisten in ihren Rückzugsräumen besucht und beschreibe ihre Gemütszustände und Geisteswelt, ihre Bedrohlichkeit und Selbstgefährdungen. Sie sollen mit ehemaligen Islamisten in der Türkei verglichen werden, die zu Geschäftsleuten und populistischen Konservativen geworden sind. Diese Aufsteiger stehen in Konkurrenz zu den klassischen Oberschichten nahöstlicher Staaten, die westlich wirken und bei genauerem Hinsehen antiwestlich handeln. Die arabischen Revolutionäre des Jahres 2011 sind eine ganz neue Gruppe in dieser Konkurrenz. Sie greifen den Status der alten Eliten mit teilweise durchschlagendem Erfolg an, auch aus patriotischem Antrieb. Im Westen werden Nationalgefühl und Nationalismus im Nahen Osten meist unterschätzt. Aufständische, Konfliktparteien, Guerillagruppen und Bombenwerfer werden häufig als religiös oder fundamentalistisch motiviert missverstanden und nicht als das gesehen, was sie eigentlich sind: Nationalisten. Einige von ihnen werfen sich einen islamischen Mantel über, und da beginnen aufs Neue die Fehldeutungen im Westen.

Ich werde auf den Westen und seine Ängste blicken, auf die Kulturkämpfe der vergangenen Jahre, die symbolischen Streitereien um Karikaturen und Kopftücher, Männerstolz und Frauenrechte. Alsdann will ich den Aufbruch im Nahen Osten zeigen. Die Karrieren selbstbewusster Frauen in Saudi-Arabien und Marokko sollen den Rollenproblemen unterdrückender und unterdrückter Männer in der muslimischen Welt gegenübergestellt werden. Ich besuche alternde Mächtige und ehrgeizige Demokraten, Geschäftsleute, Medienzaren und Einflussagenten. Schließlich beschreibe ich aufstrebende Staaten wie die Türkei und Iran, die sich in den von Kriegen zerrissenen Landstrichen des Mittleren Ostens ihre Wirkungsräume schaffen. Oft arbeiten in der Region Kräfte, die wir im Westen allzu gut kennen, weil wir sie gerade erst mühsam überwunden haben oder mit ihnen selbst noch kämpfen: Nationalismus und gekränkte Eitelkeit, Chauvinismus und Hetze, Traditionalismus und Mangel an Courage, Paternalismus und Arbeitslosigkeit, Radikalkapitalismus und grassierende Armut, Populismus und Massenverführung. In den Kriegen tritt der schier unbeugsame Überlebenswillen wie im Falle Walid Dschumblats zutage. Ohne diese Einflüsse ist der Nahe Osten nicht zu verstehen.

Ich habe auf meinen Reisen den rasanten Aufbruch und kapitalistischen Einfallsreichtum in der Türkei miterlebt, die Programme pluralistischer Medien und die Rufe nach demokratischer Veränderung am Golf gehört. Verunsicherten, oft alten Herrschern stehen mutige, junge Herausforderer gegenüber, die sich den Zukunftsglauben nicht ausreden lassen wollen. Der Nahe und Mittlere Osten wird von Globalisierung und medialer Öffnung tief umgepflügt. Seine junge Bevölkerung ist trotz islamischer, populistischer oder nationalistischer Sinnstiftung von oben neugierig und aufnahmebereit. Sie will für ihre Zukunft kämpfen und das Äußerste wagen, wie die Tunesier und Ägypter es in ihren nationalen Revolten gezeigt haben. Sie haben seit Anfang 2011 den gewaltigsten Anstoß zum Nachdenken über die neue Wirklichkeit des Nahen Ostens gegeben. Die arabischen Revolutionen bieten dem Westen eine historische Gelegenheit, den Islam-Irrtum zu überwinden.

Anmerkungen

1 Für eine aufgeklärte arabische Kritik siehe George Corm: *Orient-Occident, la fracture imaginaire*, La Découverte, Paris 2005, S. 8 ff.

2 Siehe stellvertretend für viele »Islamkritiker«: Daniel Pipes, »Fighting Militant Islam. Without Bias«, in: *City Journal*, November 2001. Ayaan Hirsi Ali, in einem Interview mit David Cohen, in: *Evening Standard*, 7. Februar 2007. In Deutschland war Hans-Peter Raddatz einer der Ersten nach dem 11. September 2001, die den Islam ins Zentrum ihrer Analyse der Geschehnisse stellten: *Von Allah zum Terror? Der Djihad und die Deformierung des Westens.* Herbig, München 2002.

3 Stefan Weidner: *Manual für den Kampf der Kulturen. Warum der Islam eine Herausforderung ist*, Insel, Frankfurt am Main und Leipzig 2009,

S. 102 ff. Siehe auch Olivier Roy: *The Politics of Chaos in the Middle East*, Columbia University Press, New York 2008, S. 67.

4   Albrecht Metzger: *Islamismus*, Europäische Verlagsanstalt, Hamburg 2005, S. 30.

5   Norman Podhoretz schrieb: »Like the cold war ... the one we are now in has ideological roots, pitting us against Islamofascism, yet another mutation of the totalitarian disease we defeated first in the shape of Nazism and fascism and then in the shape of Communism ...« (»The Case for Bombing Iran«, in: *The Commentary Magazine*, June 2007) Paul Berman äußerte sich 2003 ähnlich in einem Interview: »Until 9/11, I would have said that Baathism and Islamism were regional problems, and the regional problems were hugely unfortunate for people in the region, but not necessarily for anyone else. That view was naive. Muslim totalitarianism in its two principle currents has massacred millions of people. It should have been obvious all along that sooner or later people from those political tendencies were going to stage massacres in other parts of the world, too. A cult of mass death lies at the heart of both ideologies – as is always the case with totalitarian movements. And the cult of death has no limits, none at all.« (http://www.pbs.org/wgbh/pages/frontline/shows/blair/liberal/berman.html).

6   Sonja Hegasy, René Wildangel: »Des Führers Mufti. Der Begriff des Islamo-Faschismus ist historisch nicht korrekt«, in *Süddeutsche Zeitung*, 8. Mai 2004, S. 17.

7   Daniel Cohn-Bendit: »Demokratie killt Diplomatie«, Interview in: *Der Spiegel*, Nr. 12, 17. März 2003, S. 74.

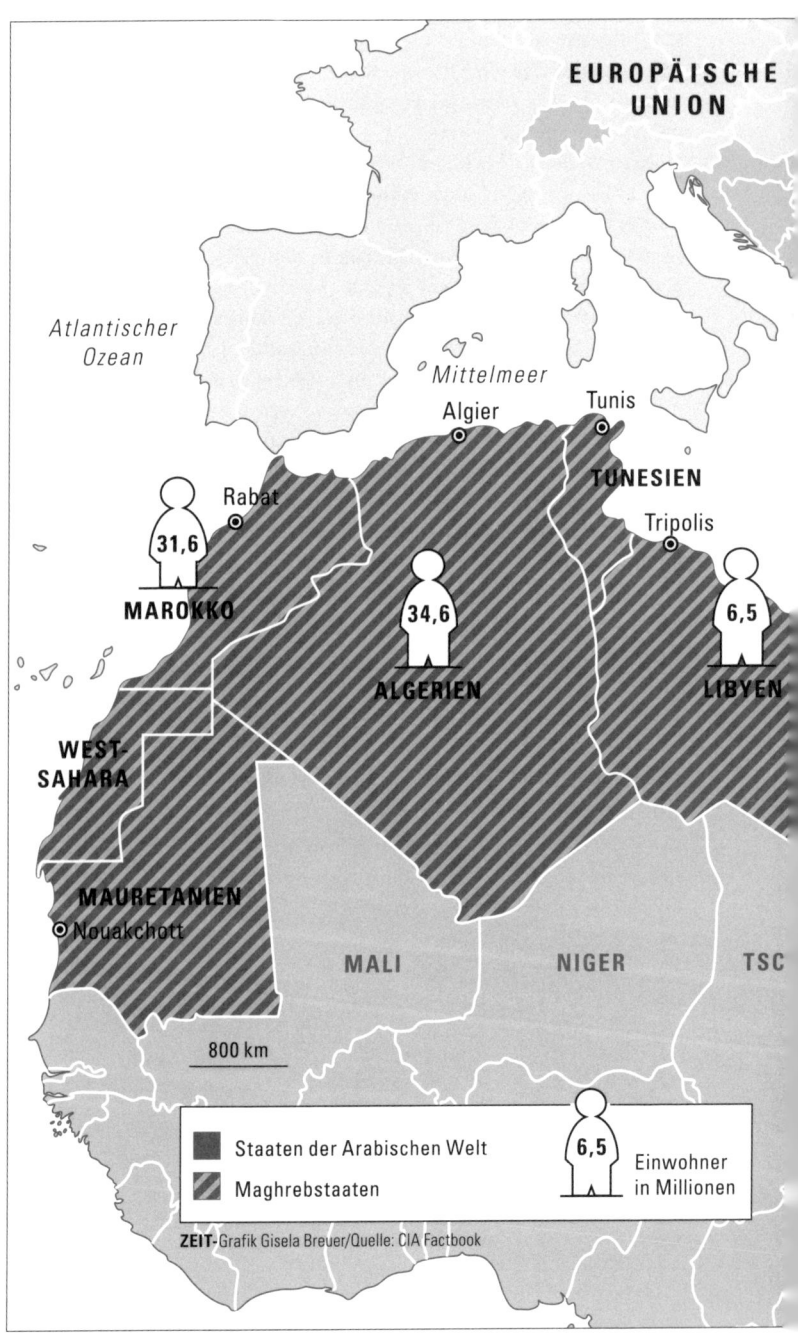

EUROPÄISCHE
UNION

*Atlantischer
Ozean*

Mittelmeer

Algier   Tunis

TUNESIEN

Rabat   Tripolis

31,6

MAROKKO   **34,6**   **6,5**

ALGERIEN   LIBYEN

WEST-
SAHARA

MAURETANIEN
Nouakchott

MALI   NIGER   TSC

800 km

■ Staaten der Arabischen Welt   **6,5**   Einwohner
in Millionen
▨ Maghrebstaaten

ZEIT-Grafik Gisela Breuer/Quelle: CIA Factbook

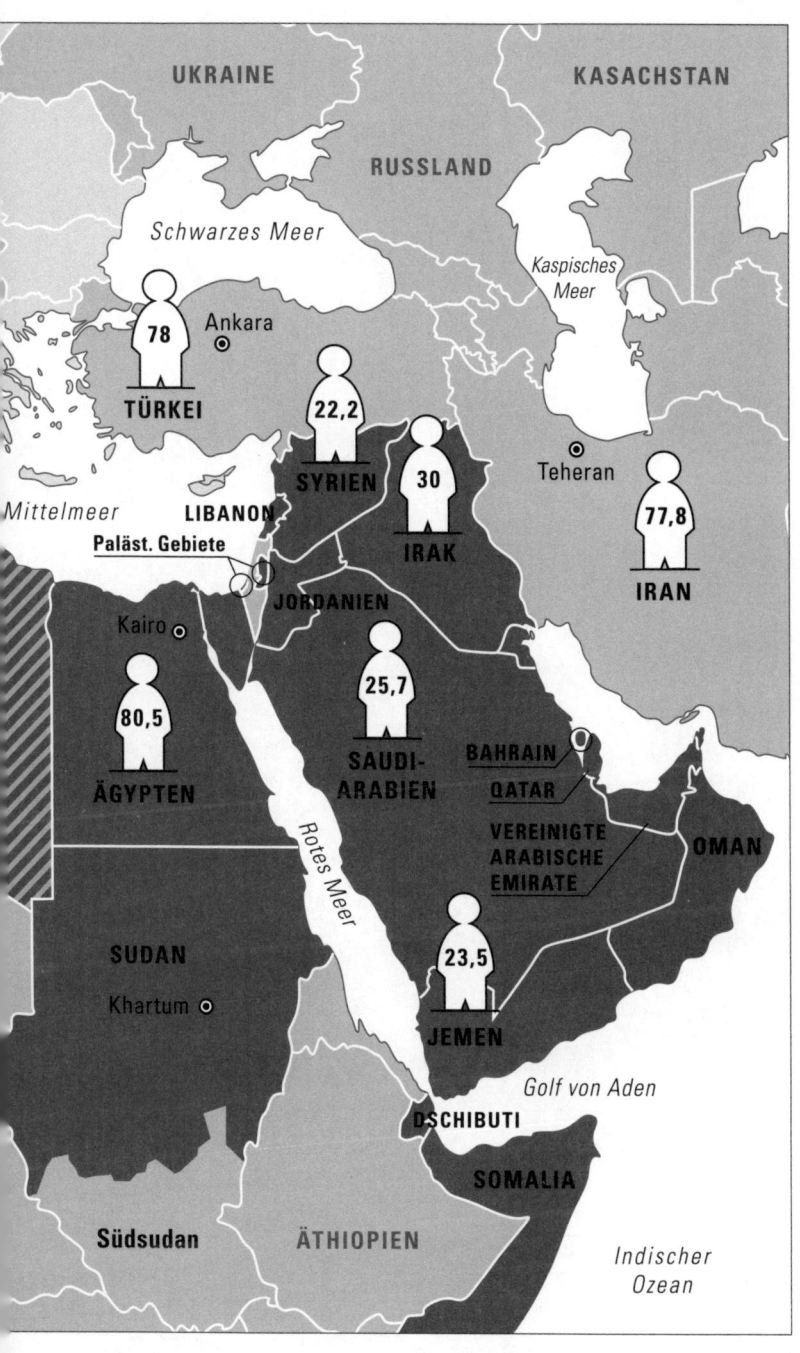

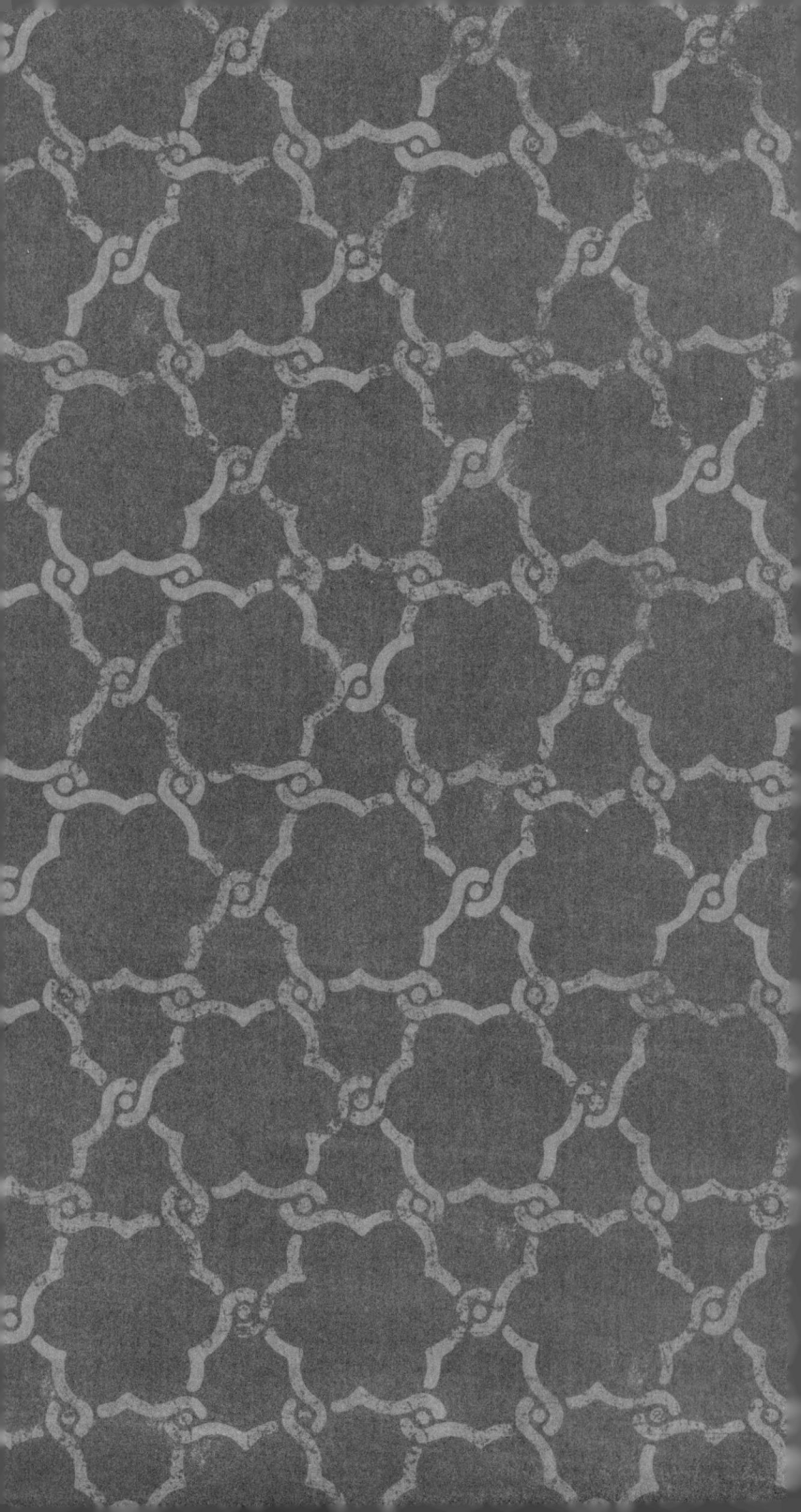

WEST-ÖSTLICHE
IRRTÜMER

ISLAMISTEN:
SPALTUNG STATT SCHARIA

S ie sind die Schreckensmänner unserer Epoche. Seit dem
11. September gelten Islamisten im Westen als die universale Bedrohung schlechthin. Hans Magnus Enzensberger
hat sie in seinem fulminanten Essay über den Islamismus ein
»Kollektiv von radikalen Verlierern« genannt, die die gleichen Charakteristika wie andere Verlierer der Geschichte
aufweisen:»die gleiche Verzweiflung über das eigene Versagen, die gleiche Suche nach Sündenböcken, der gleiche
Realitätsverlust, das gleiche Rachebedürfnis, der gleiche
Männlichkeitswahn, das gleiche kompensatorische Über-
legenheitsgefühl, die Fusion von Zerstörung und Selbstzerstörung und der zwanghafte Wunsch, durch die Eskalation
des Schreckens Herr über das Leben der anderen und über
den eigenen Tod zu werden.«[1]

Ich muss gestehen, dass mich diese allzu eindeutigen Etiketten für die Aktivisten des politischen Islam immer etwas
ratlos gelassen haben. Der Erfolg der Islamisten bei Wahlen in der arabischen Welt konnte unmöglich auf diesen Ei-
genschaften beruhen. Mich überzeugten die Argumente der
autoritären Herrscher nicht, die dem Westen mit der Formel »Wir oder der Islamismus« immer wieder Verständnis
für Folterei, Wahlfälschung und Massenverhaftungen abnö-
tigten. Im Westen wiederum kam die apokalyptische Warnung vor den bärtigen, rückständigen, gewalttätigen Islamisten meistens von jenen Agenten und Strategen, die in

den 80er Jahren mit diesen Radikalen gegen die Sowjets konspiriert hatten. Islamisten gibt es heute in der gesamten muslimischen Welt. Gerade die beiden sunnitischen Ursprungsländer der islamistischen Idee üben weiter starken Einfluss auf alle Islamisten aus. Es sind Saudi-Arabien mit seiner gegen Sand und Sonne verbarrikadierten Wüstenmetropole Riad und Ägypten mit seiner in Jahrtausenden aufgeschichteten Weltstadt Kairo am Nil. Diese beiden Länder haben die arabische Welt in den vergangenen 50 Jahren geführt, diese beiden Städte haben den Islamismus geprägt und können am besten Aufschluss über die drei großen Fragen geben: Wer sind die Islamisten? Worauf wollen sie hinaus? Sind sie die Zukunft, vor der wir uns fürchten müssen?

FUNDAMENTALISMUS IN SAUDI-ARABIEN

Schon der Anflug auf Riad ist anders als bei gewöhnlichen Reisen in den Nahen Osten. Beim Überfliegen der saudischen Grenze kündigt der Pilot an, das Kabinenpersonal werde nun alle alkoholischen Getränke einsammeln, da Alkohol in Saudi-Arabien verboten sei. Tatsächlich stehen nichts weniger als schmerzhafte Peitschenhiebe auf dessen Einfuhr, wer Drogen mitbringt, dem droht die Todesstrafe. Da hält kein Passagier am Restwein im Kabinenbecher fest. Saudi-Arabien ist der engste und wichtigste Verbündete der USA am Golf, und Saudi-Arabien ist ein islamistischer Staat. Das saudische Königshaus al-Saud zieht seine Legitimation aus dem traditionellen Wertebündnis mit dem Wahhabismus, einer besonders strengen Auslegung des sunnitischen Islam. Mit diesem Widerspruch leben die Vereinigten Staaten seit dem Kalten Krieg, als die Saudis ihr guter Bundesgenosse gegen die Sowjetunion waren. Ein entscheidender Lieferant für das öldurstige Amerika sind sie ohnehin. In Saudi-Arabien selbst ist das natürliche Fortbewegungsmittel der Achtzylinder, auch als Taxi vom Flughafen in die Hauptstadt des Königreichs.

Riad ist eine Stadt ohne fassbaren Kern. Als ich das erste Mal dorthin fuhr, suchte ich lange nach einer Altstadt. Ich fand ihre lehmigen Reste vor den Toren Riads. In der Stadtmitte breiten sich riesige Malls, Hochhäuser, Hotelkomplexe und Ministerien aus. Experimentalarchitektur internationaler Architekten markiert den Willen aufzufallen. Saudis arbeiten, kaufen und flanieren in gigantischen Toastern, Mixern und Mobiltelefonen aus Glas und Stahlbeton. Hypermoderne oder eher Blendwerk in der Wüste? Trotz der Hochbauten im Zentrum geht Riad in allem in die Breite. Die Stadt läuft wie ein flüssiger Betonfladen in die Wüste, die Gebäudequader nehmen übergroße Grundstücke ein, jedes Haus hält das andere auf Abstand. Auf so viel Fläche lässt sich das islamistische Dogma gut durchhalten, das »Unreine« in jeder Form zu meiden, einander nicht zu nahe zu kommen, Männer und Frauen zu trennen. Wohngebiete in Riad sind verbarrikadiertes Terrain. An der Einfahrt zu manchen Vierteln stehen schwarz-gelb gestrichene Betonblocks auf der Straße, Polizisten kontrollieren die Passagiere. Angst vor Terroranschlägen gehört zum Alltag. Die Straßen sind von Mauern gerahmt. Hohe Mauern, hinter denen große Villen mit sehr kleinen Fenstern stehen. Neben der Sonne und Terroristen sind Blicke der größte Feind.

Häuser und Wohnungen in Riad sind oft riesig, sie haben einen Frauen- und einen Männertrakt. Die Restaurants sind sortiert in eine Männersektion und eine Familiensektion, in die Frauen allein oder in Begleitung gehen können. Die Männerabteilungen sind offene Säle wie jedes westliche Restaurant. Die Familienrestaurants werden durch viele Vorhänge aufgeteilt. Jeder Tisch ist von einem Vorhang umgeben, sodass die Familie unter sich bleibt. Wer auf den Boden schaut, kann unter dem Vorhang mitunter einen Schuh der Nachbarn am Nebentisch sehen, mehr nicht. Der Kult ums Nichtgesehenwerden gehört zu den augenfälligen Eigentümlichkeiten eines Staates, der statt einer Verfassung die Scharia hat, der seinen Kindern in der Schule sechs bis sieben religiöse Fächer aufzwängt, dem die heiligen Stätten von Mekka und Medina gehören. Die unsichtbare Besonderheit war lange Zeit der Radikalismus, den wahhabitische Prediger im Schutz des Staates über Jahre verbreiteten, bis die Sache sich gegen Saudi-Arabien selbst richtete.

Saudi-Arabien ist nach dem 11. September 2001 als Terror-Exportland angeprangert worden. Keine zwei Jahre danach wurde es selbst zum Terrorziel. Im Jahr des Irakkriegs 2003 erschütterten mehrere massive Anschläge das Königreich. Die Selbstmordattentate trafen oft Ausländer, zielten jedoch auf die saudische Königsfamilie, die Stabilität des ölreichen Landes, seine Verbindungen nach Westen und insbesondere nach Amerika. Anfang November 2003 hatte Präsident George W. Bush Saudi-Arabien für seine zaghaften Bemühungen um Demokratisierung gelobt. Zwei Tage später ging eine Bombe in Riad hoch. Die saudische Regierung hatte es mit einer Filiale jener Terrorgruppe zu tun, die in Amerika die Anschläge des 11. September verübten: Al-Qaida auf der arabischen Halbinsel. Nach deren ersten großen Anschlag im Mai 2003 eröffneten die Sicherheitsministerien die Gegenoffensive im Innern. Seither gingen Spezialkräfte in Wohnhäuser und Moscheen, lieferten sich Polizisten Schusswechsel mit Bombenwerfern, verhafteten Antiterror-Einheiten Hunderte von mutmaßlichen Attentätern. Die Regierung legte Umerziehungsprogramme für radikalisierte Muslime auf, sie setzte weichgekochte, ehemals radikale Prediger ein, um junge Leute auf den friedlichen Weg zu bringen. Manche Berichte aus Riad klangen wie Meldungen über Ernteerfolge im Spätsozialismus.

Aber wie dreht man einen Radikalen um? Was ist der Unterschied zwischen einem radikalen Fundamentalisten und einem politisch aktiven Islamisten? Hören wir zwei Aktivisten aus Riad. Beide verabscheuten den Westen. Beide wollten das saudische Regime stürzen. Beide saßen jahrelang im Gefängnis. Der eine unterstützte gewalttätige Fundamentalisten. Nicht mit Gewalt, aber immerhin mit Worten. Der andere arbeitete als Journalist, er war als »liberaler Islamist« zum Kritiker und Gegner radikaler Islamisten und Dschihadisten geworden.

Mohammed verzieh den Vereinigten Staaten nichts. In den 90er Jahren hatte er einen Artikel »Warum ich die USA hasse« geschrieben, in dem er gelobte, seinen Sohn den Zorn zu lehren. Das ist umso bemerkenswerter, als Mohammed, der einen lang herunterhängenden Bart nach Art der Dschihadisten trug, an der Universität Kansas seinen Magister machte und an der Wells-Universität einen Doktortitel erwarb. In einem Café in Riad erklärte er mir 2003 bei einem Becher amerikanischen Kaffees, was ihn an Amerika so ungemein stört. »Die USA schauen auf unsere Kultur herab, sie greifen unsere Traditionen an.« Sie hätten muslimische Länder besetzt – den Irak, Afghanistan. Deshalb der »Widerstand« alias Terrorismus. »Die amerikanische Regierung ist direkt verantwortlich für die Anschläge. Sie wollen uns ihr Verständnis von Demokratie aufzwingen, sie wollen unser Erziehungssystem umkrempeln, die Religionspolizei abschaffen. Dagegen wehren wir uns.« Bei Eingriffen von außen folgt der Gegenangriff – so und ähnlich klingen bei Fundamentalisten die zahlreichen Gewaltbegründungen. Mohammed rechtfertigte die Gewalt der Dschihadisten im Irak, auch der Taliban in Afghanistan. Aber immerhin: Er teilte nicht deren Beharren auf vormoderner Lebensart. »Wir ändern uns, aber nach unserem Zeitplan, in unserem Rahmen, nach unseren Werten.« Mohammed besaß drei Computer zu Hause und betete fünfmal am Tag. Seine Frau lehrte an der Universität und führte das Haushaltsbuch auf dem Rechner, aber: »Ihre Ganzkörperverhüllung ist Ausdruck von Bescheidenheit. Modernität ist keine Frage der Kleidung, sondern des Geistes.«

Mohammed hatte viel Zeit, über die politische Zukunft seines Landes nachzudenken. Die saudischen Justizbehörden sperrten den jungen Islamisten von 1994 bis 1999 im al-Hayer-Gefängnis in Riad ein. Sein Vergehen: »Widerstand gegen staatliche Behörden und Bedrohung der Stabilität des Landes«. Mohammed behauptete, er habe nur der Religion zu mehr Geltung verhelfen wollen. Die Religion, sagte er, müsse alle Lebensbereiche durchdringen, sie bestimme alles und vor allem ihn persönlich: sein Verhältnis zu seiner Frau, zur Gesellschaft, zum König. »Wir haben eben keine Sonntagsreligion«, sagte er spöttisch zu mir. Deshalb hörte Mohammed keine Musik, deshalb sah er keine Spielfilme, die den Islam doch nur verhöhnen würden.

Das war alles seine Privatsache, doch für andere Menschen war vor allem Mohammeds Verhältnis zur Gewalt bedeutsam. Die Anschläge vom 11. September, die Attacken in Saudi-Arabien rechtfertigte er so: »Religiöse Menschen werden vom Westen und zunehmend auch bei uns in eine Ecke gestellt. Sie wehren sich einfach. Das ist einem Muslim nicht verboten«, sagte Mohammed. »Wissen Sie, wie immer mehr Religiöse denken? Wenn die Amerikaner kommen, um unser Leben zu ändern, werden wir sie im Dschihad töten. Wir wollen keine Sklaven sein.« Ich wendete ein, dass die Anschläge in diesem »Heiligen Krieg« meistens Araber treffen. Mohammed nickte: »Wenn sie Verbündete der USA sind.« Das galt irgendwie auch für die Regierung, gab ich zu bedenken. Mohammed lächelte abschätzig: »Sie können einzelne Gewalttäter verhaften, sie können Kontrollpunkte errichten und das ganze Land durchforsten. Aber eines können sie nicht wegsperren: die Idee.«

Dieser tödliche Funke hat sich aus den radikalislamischen Zirkeln über den Mittleren Osten verbreitet, sie hat weite Teile der Welt erfasst, als gewalttätiger Neofundamentalismus, zum Beispiel aus der Terrorwerkstatt al-Qaidas. Längst ist dieses »Netzwerk« keine kohärente Organisation mehr, die weltweit koordiniert Anschläge verübt, sondern eine »Idee«, die sich jeder Wohnstuben-Dschihadist irgendwo auf der Erde auf seinem Computer herunterladen kann. Der syrische Philosoph Sadik al-Azm verglich die islamischen Fundamentalisten 1993 mit katholischen Fundamentalisten und pointierte, dass sie »die Modernisten und Freidenker ihrer jeweiligen Religion als inneren Feind schlechthin betrachten«. Islamische Fundamentalisten beriefen sich auf eine erfundene vergangene islamische Gesellschaft.[2] Das ist richtig und bedurfte aber seither einer Ergänzung. Wie ließ sich erklären, dass Fundamentalisten − wie Mohammed − mit dem Computer zurück zur reinen islamischen Lehre strebten, aber in Afghanistan oder im Kaukasus Dorfbewohnern ihre »unislamischen« Gebräuche abgewöhnen wollten? Warum benutzen sie Flugzeuge, um das World Trade Center zu schleifen, aber träumen von einer rosarot getünchten Idealwelt aus der Zeit der ersten Kalifen? Der französische Politikwissenschaftler Olivier Roy hat den neuen Fundamentalismus als einen »Angriff auf die traditionellen Kulturen« des Nahen und Mittleren Ostens beschrieben, in denen die Religion in die Gesellschaft integriert war.[3] Diese Radikalen drängten aus der Gesellschaft heraus, sie würden legitime Herrschaft und deren religiöse Einrichtungen nicht anerkennen, sie lehnten traditionelle gesellschaftliche Autoritäten und klassische kulturelle Normen ab. Diese ihrer Heimatkultur entfremdeten Individuen würden sich neue, möglichst radikale Regeln aus verschiedenen Lehren zusammenstellen und diese dann für allgemeingültig erklären. So entstünde die Idee des Neofundamentalismus. Und Ideen wie diese hält Mansur, den ich auf derselben Reise nach Riad 2003 traf, für Teufelswerk.

Mansur trug seinen Bart kurz geschoren, war keine 1,70 Meter groß. Ovale Brille, ernster Blick. Er stellte sich als »liberaler Islamist« vor. Was das sei, fragte ich ihn als Erstes. Über die Antwort hatte er offensichtlich schon länger nachgedacht: »Eine Mischung von gemäßigten islamischen Werten und einem moderaten Lebensstil. Was sich im Islam mit dem modernen Leben nicht verträgt, sollte aufgegeben werden.« Der Dschihad zum Beispiel. »Das Konzept passt nicht in eine globalisierte Welt. Es gehört abgeschafft«, sagte Mansur. Dem Staat allein gebühre das Gewaltmonopol. Das ist sehr wichtig, denn Neofundamentalisten lehnen staatliche Autorität häufig ab. Für seine Artikel in saudischen Tageszeitungen musste Mansur Kritik von Mohammed einstecken, der über die »Unmöglichkeit des liberalen Islam« schrieb. Schlimmer waren die Todesdrohungen von militanten Fundamentalisten.

Früher fühlte sich Mansur von anderer Seite bedroht. Mit 15 Jahren verließ er die Schule und ging in eine Moschee, um bei einem Scheich zu studieren. Der Lehrstoff war eine besonders radikale Variante der wahhabitischen Ideologie, die Saudi-Arabiens Entwicklung in fast allen Lebensbereichen behindert. Mansur wurde selbst ein Scheich. »Ich lehrte, dass Gewalt ein angemessenes Mittel sei, die Welt zu verändern«, sagt er. Mansur glaubte, der Westen zersetze Saudi-Arabien mit all den Videoläden, die in Riad in den 90er Jahren an jeder Ecke öffneten. Also wies er seine Schüler an, in Videogeschäften Feuer zu legen. »Sie brannten gut, bis wir verhaftet wurden.« Mansur verbot seinen Jüngern, Papiergeld mit sich herumzutragen. Stattdessen mussten sie beim Einkaufen Säcke voller Münzen mit sich herumschleppen. Geldscheine zeigen Abbilder von Menschen, was ihm damals »unislamisch« erschien.

Bei unserem Gespräch schüttelte Mansur, mittlerweile 34 Jahre alt, den Kopf über seinen früheren Fanatismus. Wie Mohammed hatte auch er viel Zeit zum Nachdenken. Er saß Anfang der 90er Jahre im Gefängnis, dann wieder von 1995 bis 1999. Doch er nutzte die Zeit anders. Er las Bücher außerhalb des wahhabitischen Kanons, arabische Philosophen etwa, die bei jedem standhaften Wahhabiten auf dem Index stehen. Nach dem Gefängnis begann er, Artikel zu schreiben.

»Auch im klassischen Wahhabismus gediehen extreme Gedanken«, sagte Mansur. »Aber eines war undenkbar: den Emir zu stürzen.« Das sei anders beim »neuen Wahhabismus«, der die heutige Generation von Neofundamentalisten antreibe. »Um respektiert zu werden, muss man so radikal wie möglich sein«, sagte Mansur. »Im Irak und in Afghanistan will man die Amerikaner besiegen, in Saudi-Arabien will man den König stürzen.« Die saudische Regierung habe diese Bedrohung jahrelang selbst genährt, sagte Mansur. »Die Königsfamilie glaubt, der Wahhabismus sei der Islam. Sie müssen begreifen, dass er nur eine radikale Auslegung ist, nicht der Islam selbst.«

Sätze wie diese galten in Saudi-Arabien lange Zeit als umstürzlerische Sektiererei. Dann kam der Schock der Terrorwelle 2003. Seither konnte Mansur offen sprechen, weil die gewalttätigen Prediger des Wahhabismus das Re-

gime schon damals mehr bedrohten als die Kritiker. Neo-
fundamentalistische Sympathisanten wie Mohammed
griff Mansur frontal an: »Das radikale Wortgeklingel berei-
tet die Anschläge im Geiste vor. Eine Universität der Gewalt.« Mansur meinte die Lehrer in den saudischen Schulen,
die radikalen Wahhabismus predigten, die extremistischen
Scheichs, die Fatwas gegen Ausländer und liberale Saudis
aussprachen. Mansur war ein Vordenker der Gegenbewe-
gung. Es ging nicht darum, den Islam als Staatsreligion oder
den Koran als Quelle der Gesetzgebung abzuschaffen, sondern es galt, die neofundamentalistischen Wucherungen zu
bekämpfen.

Mit Verzögerung begann die saudische Regierung im
Jahre 2005, gegen die radikalen Prediger, Lehrer und Hirn-
verdreher in Staatsdiensten vorzugehen. Der Geheimdienst
begann, Seminare abzuhören, radikale Geister wurden aus-
sortiert, geprüfte Lehrer neu eingestellt. Der Erfolg wird sich
erst in Jahren beurteilen lassen, wenn die heutigen Schüler
sich entweder für eine geregelte Arbeit entscheiden oder für
Exkursionen nach Afghanistan – oder wo immer die Amerikaner dann kämpfen werden. Doch Mansurs eigentlicher
Reformvorschlag wurde vom Königshaus bisher nur sehr
zögerlich aufgenommen. Dieser Vorschlag war der wichtigste Grund, warum sich Mansur für einen »liberalen Islamisten« hielt. »Der größte Fehler bei uns ist mangelnde
Teilnahme der Menschen am politischen Leben. Wer frei
reden kann, muss nicht im Geheimen über ungelüfteten
Ideen brüten. Wir brauchen freie Meinungsäußerung und
Demokratie.« In Saudi-Arabien bleibt freies Reden ein ste-
ter Kampf gegen die Konservativen, Demokratie ist ein un-
scharfes Versprechen für eine ferne Zukunft. Mansur kämpft
dafür. Warum?

Olivier Roy bietet für den Einsatz vieler arabischer Islamisten für eine Demokratisierung eine überzeugende Erklärung. Er unterscheidet zwischen ihnen und den Neofundamentalisten, indem er den Islamisten eine optimistische
und Letzteren eine pessimistische Weltsicht zuweist.[4] Islamisten würden einen Staat nach islamischen Regeln auf-

bauen wollen, sie hielten Politik für ein geeignetes Mittel zur Durchsetzung ihrer Ideen, sie riefen zur Demokratisierung auf, da sie darin eine Chance zur Umsetzung islamischer Regeln in der Gesellschaft sehen würden. Für Neofundamentalisten dagegen sei »die Welt ein Ort voller Tücke«, sie würden nicht auf die Reform des Staates setzen, sondern allein auf Gott vertrauen. Die Himmelfahrtsbomber der al-Qaida und anderer dschihadistischer Gruppen sind demnach also keine Islamisten, sondern Neofundamentalisten.[5] Wo Islamisten im Kollektiv die Welt verbessern wollten und Gewalt als Mittel ablehnten, schreibt Roy, würden Neofundamentalisten als Individuen nach Erlösung suchen, vorzugsweise im militanten Dschihad, also auch in Terroranschlägen. »Die Reform der Seele sollte ihrer Meinung nach der Reform des Staates vorangehen.« Sie strebten nicht nach dem Aufbau von Institutionen, sie verachteten die Politik und ihre Möglichkeiten. Die Unterscheidung von Roy hilft an dieser Stelle, um im weiteren Verlauf dieses Kapitels die Neofundamentalisten der Reform ihrer Seele zu überlassen und die Islamisten aus der Nähe zu betrachten.

ÄGYPTENS ISLAMISTEN UND DER WEG DURCH DIE INSTITUTIONEN

Der Suezkanal. Er verbindet Mittelmeer und Indischen Ozean, bringt Europa und Südasien einander näher. Am Ufer dieses strategisch wohl bedeutsamsten Kanals der Welt steht die Wiege des Islamismus. Im Häuserlabyrinth von Ismailia hat der Volksschullehrer Hassan al-Banna 1928 die Gamaat al-ichwan al-muslimin, die Muslimbruderschaft, gegründet, die Mutterbewegung aller Islamisten. Damals war es eine soziale Bewegung junger, aufstrebender Bürger, die des krisengeschüttelten Kapitalismus überdrüssig waren und von Erneuerung mit islamischen Werten träumte. Im Ägypten der 30er Jahre herrschte im Gegensatz zum diktatorisch geprägten Kontinentaleuropa ein gewisser politischer Pluralismus – so konnte sich die Bewegung entwickeln. Sie inspirierte Prediger im Nahen Osten und in der ganzen Welt. In den 50er und 60er Jahren gründeten sich Muslimbrüder auch in anderen arabischen Staaten, wo sie teilweise sogar an der Regierung beteiligt waren. In Ägypten aber wurde die Mission zunehmend schwieriger. Als Partei waren sie unter den autoritären Regierungen verboten. Wo immer die Muslimbrüder politisch handelten, traten rasch Polizisten und Staatsanwälte auf den Plan. Immer wieder rollten Verhaftungswellen über sie hinweg. Ausgrenzung und Arrest waren die beiden häufigsten Antworten der ägyptischen Regierung auf ihren Erfolg.[6] Die Geschichte der Muslimbrüder seit dem 11. September erzählt, warum die Islamisten viel stärker wirkten, als sie tatsächlich waren. Sie erklärt, wie arabische Regime mit dem Schreckgespenst der Islamisten den Westen von der Notwendigkeit der Diktatur überzeugten, wie autoritäre Kleingeister um der Islamisten willen alle Ägypter der Mitsprache beraubten. Wie Repression Radikalismus schürte.

Das Hauptquartier des islamistischen Aufbegehrens lag im Kairoer Zentrum, unweit der amerikanischen Botschaft. Das Haus des Ärzteverbandes in der Kasr-al-Aini-Straße hatte schon bessere Zeiten gesehen. In dem Putz- und Kachelpalast aus den 50er Jahren vermuteten die Sicherheitsbehörden regelmäßig Widerstand gegen die Staatsgewalt. Geheimdienstleute saßen in der Nähe des Gebäudes im Schatten einer Mauer. Dort traf ich im Sommer 2004 zum ersten Mal den Arzt Dr. Issam al-Erian, der später in der Revolution von 2011 zum 16-köpfigen Führungsrat der Muslimbrüder gehört. Schatzmeister war er damals, mit wohlgetrimmtem Bart, randloser Brille, sanfter vertrauenerweckender Stimme. In einem Eckzimmer des Ärztegenossenschaftshauses empfing er seine Kunden. Eine Frau mit hellbraunem Kopftuch und dunklem langen Rock suchte einen Anwalt für einen Arbeitsvertrag. Al-Erian verstand sofort, er telefonierte kurz, schrieb eine Nummer auf und reichte ihr den Zettel. Die Frau bedankte sich unter mehrfachem Nicken. Der Nächste. Ein alter Mann brauchte einen Chirurgen, hatte aber kein Geld. Al-Erian kannte einen

Kollegen und gab ihm dessen Telefonnummer. So funktionierte sie, die islamistische Werbung.

Al-Erian saß damals schon seit 18 Jahren an diesem Schreibtisch, mit Unterbrechungen. Die Zeit von 1995 bis 2000 verbrachte er im Gefängnis, wegen »staatsgefährdender Umtriebe«. Die Muslimbrüder hatten gelernt, sich dem feindlichen politischen Biotop anzupassen. Weil sie als Partei von Parlamentswahlen ausgeschlossen waren, eroberten sie die Berufsverbände. Ob bei Ärzten, Anwälten, Journalisten – überall demonstrierten sie ihre wachsende Macht. Die Behörden verboten in vielen Verbänden Neuwahlen, weil die Muslimbrüder in jeder Abstimmung zulegten. Bei der Parlamentswahl im Jahr 2000 stellten Kandidaten, die den Muslimbrüdern nahestanden, die stärkste Oppositionsgruppe. Willkürliche Nachwahlen und willfährige Richter korrigierten das für den Staat unerfreuliche Ergebnis. Die Begründung hieß: Wenn die Islamisten die Mehrheit erringen würden, gäben sie die Macht nicht mehr her. Ich fragte al-Erian, was die Brüder täten, wenn sie tatsächlich einmal die Parlamentsmehrheit erobern würden.

»Wir wollen die Aufhebung des Ausnahmezustands, Meinungsfreiheit, Versammlungsfreiheit, Parteienfreiheit.«

Geschenkt, das wollten fast alle ägyptischen Oppositionsparteien; aber würden die Muslimbrüder bei einer Wahlniederlage die Macht auch wieder abgeben?

»Ja, natürlich. Wir wünschen uns die Begrenzung von Mandaten auf zwei Wahlperioden.«

Würden sie die Aufhebung von Gesetzen durch demokratisch gewählte Nachfolger akzeptieren?

»Durchaus, wenn sie nicht gegen die Verfassung verstoßen. Kein Gesetz darf die Prinzipien der Scharia verletzen. Sie ist gemäß der Verfassung die Hauptquelle der Gesetze.«

Wer in die von Generalen abgesegnete ägyptische Verfassung blickte, durfte staunen: So stand es darin. Darauf konnten sich Islamisten berufen, wenn sie die Achtung islamischer Gesetze in Ägypten forderten. Was hieß das für ägyptische Christen und die wenigen verbliebenen Juden?

»Sie genießen die gleichen Rechte und Pflichten wie Muslime. Der Islam ist nicht ihre Religion, aber ihre Zivilisation.«

Ägypten hat diplomatische Beziehungen mit Israel. Werden die Muslimbrüder diese achten?

»Wir brechen keine völkerrechtlichen Verträge. Aber Palästina ist und bleibt arabisches Land.«

Aber was tun mit dem jüdischen Staat, der schon seit mehr als einem halben Jahrhundert existiert?

»Seine Gründung und Unterstützung war ein Verbrechen des Westens.«

Rechtfertigte das Terroranschläge gegen Israel?

»Wir Muslimbrüder haben seit Langem jeder Art von Gewalt abgeschworen. Das unterscheidet uns von gewalttätigen Dschihadisten. Doch Widerstand in Palästina ist keine Gewalt, sondern Kampf für die Freiheit.«

Was ist mit Terrorismus im Irak und Saudi-Arabien?

»Der Irak ist von ausländischen Mächten besetzt, da ist der Kampf gerechtfertigt, Saudi-Arabien ist nicht besetzt, dort sind Anschläge ein Verbrechen.«

Waren die Anschläge des 11. September auch ein Verbrechen?

»Ja.«

Gewalt ist also nicht gleich Gewalt, lautet das zwiespältige Diktum. Anschläge in Amerika – nein, Attacken gegen arabische Regierungen – nein, da liegen Welten zwischen Islamisten und den Neofundamentalisten. Bei Israel hingegen sei Gewalt erlaubt, weil es – trotz der Anwesenheit der Juden seit Jahrtausenden und ihres Staates seit 1948 – als »besetztes Land« gilt. Der ägyptische Kultscheich Jussuf al Qaradawi, der den Muslimbrüdern nahesteht, lehnte in seinen Fatwas die al-Qaida-Anschläge gegen Amerika scharf ab, befürwortete aber Selbstmordattentate in Israel.[7] Israel war verhasst bei vielen Ägyptern, enge Beziehungen bestanden wirklich nur zwischen Regierungen und Diplomaten, nicht zwischen den Völkern. Die Muslimbrüder wussten, dass sie mit solchen Argumenten die Meinung vieler Ägypter trafen. Stimmungen aufzufangen oder – wenn nötig – anzuheizen, war ihre Stärke. Aber das erklärte nicht ihren Erfolg.

Der wirkliche Einfluss der Muslimbrüder lag nicht in politischen Traktaten. Nicht in Beratungsstunden im Ärztehaus. Nicht in der islamistischen Zeitung *Arabischer Horizont* mit der Auflage eines Vorstadtblatts. Das Blatt war eher Ausdruck von Schwäche. Einfluss und Macht lagen im Krankenhaus. In der Poliklinik im Stadtteil Dokki zum Beispiel. Diese Klinik gehörte zur Stiftung Dawat al-Haq – arabisch für »Ruf der Gerechtigkeit«. Gerechtigkeit erkannte der Besucher an einer Tabelle, die am Eingang ausgehängt war. Die Preisliste für die Leistungen der Ärzte. Sie war ungewöhnlich in Ägypten, wo sich Mediziner gern mit rasch zugesteckten Umschlägen bezahlen ließen oder der Heilung eine Rechnung hinterherschickten, die krank machte. Die Poliklinik in Dokki war nicht nur durchsichtig, sondern auch noch erschwinglich. Dafür waren die Wartestühle aus Plastik, die Neonröhren nackt, der Wegweiser zum Röntgenlabor mit Filzstift auf die Tür gekritzelt. Wichtiger war, dass das neue Röntgengerät funktionierte. Arme zahlten die Hälfte, weil reiche Islamisten halfen.

Aus Spenden wuchs das Gebäude in die Höhe. Auf dem Flachdach der Klinik ragte eine dreischiffige Moschee empor, ein stattlicher Raum, rundum eingefasst mit poliertem Granit. Das Minarett war noch nicht verputzt. »Wir wollen weiter aufstocken«, sagte mir Scheich Ahmed al-Kordi, der in der Moschee die Freitagspredigten abhielt. In Planung seien ein Waisenhaus, eine stationäre Klinik und ein Seminar für religiöse Erziehung. Die Nachfrage sei groß. Dawat al-Haq war ein Magnet, eine Wohlfahrts-AG, wie Islamisten sie in vielen Ländern betreiben. Zu den Feiertagen löffelten Besucher kostenlose Mahlzeiten. Bedürftigen wurde die Hadsch bezahlt, die Pilgerfahrt nach Mekka. Witwen und arme Familien mit mehr als drei Kindern bekamen auf Antrag jene Sozialhilfe, die der Staat nicht leistete.

Dawat al-Haq hatte offiziell nichts mit den Muslimbrüdern zu tun. Die Stiftung mied jegliche politische Diskussion. Nur gehörte sie zu dem islamistischen Netz, das sich bis heute eng über die dicht bevölkerten ägyptischen Städte und Dörfer spannt. In den Augen vieler verarmter Ägypter ist der Islam die Lösung, wie die Muslimbrüder rufen – und die Islamisten sind die Wohltäter. So ließ es sich leicht werben. Wie das ging, erklärte ein Journalist der Zeitung *Arabischer Horizont*: »Eine Familie lädt eine andere ein. Männer die Männer, Frauen die Frauen. Gemeinsam lesen sie den Koran. Schließlich beginnen sie, ihre Kinder vor bösen Einflüssen zu schützen, vor dem Fernsehen, vor staatlichen Schulen. Sie schicken sie in islamische Kindergärten. Dort bekommen sie nicht die verdrehten staatlichen Schulbücher zu lesen.« Stattdessen lagen Lehrwerke aus: *Die Pflichten der muslimischen Jugend* oder die Aufklärungsbroschüre *Warum ich den Schleier trage, mein Sohn.*

Gegen diese Literatur half kein Verbot, gegen Sozialhilfe wirkte keine Ausgangssperre, gegen Islamisierung der Gesellschaft war keine konkurrierende Idee gewachsen. Gamal Abdel Nassers ägyptischen Dritte-Welt-Sozialismus kannten die Jungen nur aus dem Geschichtsbuch. Was half also überhaupt gegen eine grassierende Frömmigkeit, die sich gegen Einfluss von außen abzuschotten suchte? Die Muslimbrüder politisch einzubinden, hieß eine weit verbreitete Empfehlung. »Je demokratischer das System, desto demokratischer die Islamisten«, lautete eine Formel.[8] Beteiligung am politischen Prozess führe zur »Entzauberung« der Islamisten, sagten Berliner Nahostexperten.[9] Ähnlich rieten amerikanische Institute zu einem Engagement der Muslimbrüder.[10] Dafür gab es schon sechs Jahre vor der ägyptischen Revolution eine historische Chance. Mitte des vergangenen Jahrzehnts drängten die Vereinigten Staaten ihre arabischen Verbündeten im Nahen Osten zur demokratischen Öffnung. Außenministerin Condoleezza Rice hielt im Juni 2005 eine historische Rede an der American University of Cairo, in der sie die demokratischen Wünsche der Völker unterstützte. Ein unerhörter Vorschlag im autoritären Ägypten, das seit dem Putsch der Freien Offiziere von 1952, den sie »Revolution« nannten, keine wirklich freien Wahlen mehr erlebt hatte. Doch damit sie nicht missverstanden wurde, ging Rice auch mit der eigenen Geschichte ins Gericht: »Über 60 Jahre hat mein Land, die Vereinigten Staaten, Stabilität über Demokratie im Nahen Osten gestellt – wir haben keines von beidem erreicht.«[11]

Ägypten wählte im September 2005 seinen Präsidenten, auf amerikanischen Druck zum ersten Mal mit mehreren Kandidaten. Im November 2005 folgte die Parlamentswahl. Geschickt hatten die USA im Hintergrund die ägyptische Regierung massiert, sodass sie Politiker aller Couleur antreten ließ. Das passte gut zu den »Demokratisierungs«-Vorschlägen der Muslimbrüder. Westliche Muster lehnten sie zwar ab, ob aus Washington oder Brüssel. Wenn die Amerikaner allerdings Druck auf Präsident Hosni Mubarak ausüben wollten, die Gesellschaft zu öffnen, dann – bitte sehr – war der Druck willkommen. Moderne Ideen von politischer Freiheit und traditionelle islamische Prinzipien gehören zu ihrer programmatischen Wundertüte.

WAHLERFOLG UND ERNÜCHTERUNG

Im Wahlkampf 2005 boten die ägyptischen Islamisten erstmals tiefe Einblicke in ihre schillernden Vorstellungen. Im November des Jahres fuhr ich nach Kairo und Alexandria, um mir die Kampagne der Muslimbrüder anzusehen. Ich wollte wissen, wofür sie warben, was sie zu Fragen der Demokratie und Toleranz gegenüber anderen zu sagen hatten. Faszinierend war, wie ungeniert sich moderne und rückständige Politiker offenbarten. Die Partei war nach wie vor verboten, doch ihre Kandidaten nicht. Sie warben als Unabhängige für sich. Dieses Mal saßen zu Beginn der Kampagne kaum Oppositionelle im Gefängnis. Und das führte in Kairo zu einer regelrechten Wahlkampfparty. Auf einem Platz zwischen hohen Neubauschachteln versammelten sich an einem frühen Abend im November 2005 mehrere tausend Frauen, alle mit Kopftuch, manche waren voll verschleiert. Die Kinder waren mitgekommen und wedelten mit ägyptischen Fähnchen im Takt zu einem arabischen

Popsong. Musik ist anders als bei Neofundamentalisten nicht verpönt bei den Muslimbrüdern. Frauen und Kinder sangen die Nationalhymne. Alles normal, lautete die Botschaft, auch die des Wahlplakats »Gemeinsam für Reformen«. Auf den bunten Schirmmützen der Kinder stand: »Der Islam ist die Lösung.« Das wiederholte der Moderator zur Einstimmung, die Frauen und Kinder antworteten im Chor: »So ist Gottes Gesetz.« Anschließend wurde einheimische Rowaa-Cola ausgeschenkt, schön süß und pelzig auf der Zunge.

Auf dem Podium traten die Redner der Muslimbrüder auf. Vorneweg eine Frau. »Lasst euch nicht einreden, Frauen könnten nichts verändern!«, rief sie in das Kopftuchmeer. »Jede Frauenstimme zählt bei dieser Wahl«, überschlug sich ihre Stimme. »Frauen sind die Träger der Reformen. Lasst uns wie Löwinnen vor den Wahlkabinen stehen und unser Wahlrecht verteidigen.« Makarem al-Deri kandidierte für das Parlament – eine Kopftuchfrau als Kandidatin im Wahlkreis Nasr City von Präsident Mubarak! Unabhängige Zähler sagten am Wahlabend, sie hätte den Wahlkreis gewonnen. Doch das war, bevor die Staatsmacht nachzählen ließ. Dann hatte al-Deri verloren. Einen Tag später traf ich sie in ihrem Büro in Nasr City. Sie gab mir zur Begrüßung nicht die Hand, sondern legte sie mit einer leichten Verbeugung auf ihr Herz. In wohl gemessener Distanz saß sie hintern Schreibtisch mit einem hellvioletten Kopftuch und einem dunklen Umhang. So wie im Seminarraum der al-Azhar-Universität, wo sie arabische Literatur und Sprache lehrte. Ihre Brille baumelte an einem Lederbändchen. »Demokratische Reformen sind ein islamisches Konzept«, sagte al-Deri und freute sich, dass die Amerikaner die Regierung zwangen, mehr Freiheit zu gewähren. Ihre Wunschliste: Ende des schon mehr als zwei Jahrzehnte andauernden Ausnahmezustands in Ägypten, Gewaltenteilung, Rechenschaftsablegung der Regierung.

Ich konfrontierte sie mit der Wunschliste von weltlichen Ägyptern, Christen und Liberalen, die oft an der Toleranz der Muslimbrüder zweifeln. Die christlichen Kopten fürchten die Islamisierung der Gesellschaft. Warum schaffen die Muslimbrüder nicht mehr Vertrauen bei Kopten?

»Keine Angst, wir können bei Weitem nicht alle islamischen Regeln einführen, weil die Gesellschaft nicht dafür bereit ist«, sagte al-Deri. »Eine islamische Regierung muss das Eigentum, die Gotteshäuser, die Gebräuche und das Leben von Nichtmuslimen schützen.«

Absolut gleiche Rechte?

»Absolut.«

Das gilt auch für Frauen? Zum Beispiel das Recht einer verheirateten Frau auf Arbeit?

»Der Mann darf sie nicht zwingen, zu Hause zu bleiben. Der Islam gibt ihr das Recht zu arbeiten«, sagte die Politikerin al-Deri, die selbst sechs Kinder hatte. »Im Zweifel aber sollte sie der Familie den Vorrang geben.«

Zwangsehen?

»Verbietet der Islam. Die Verheiratung von minderjährigen Töchtern ist eine lokale Tradition, kein islamisches Gebot.«

Kopftuch?

»Darf niemandem aufgezwungen werden, es ist eine persönliche Angelegenheit einer frommen Muslima.«

Makarem al-Deri ist eine gläubige konservative Politikerin, aber offen für Reformen und Selbstkorrektur. Solche Botschaften der Behutsamkeit verbreiteten die Muslimbrüder, wo sie konnten, am besten ging es über das Netz. Auf Ikhwan online (deutsch: »Brüder online«) präsentierten sich al-Deri und die Kandidaten der Bruderschaft 2005 vor sanftblauem Hintergrund. »Wir wollen zeigen, dass wir nicht Osama bin Laden sind«, sagte mir der Leiter der Website. Mit ihm arbeitete ein halbes Dutzend Redakteure in einer Zwei-Zimmer-Wohnung im 15-Millionen-Gewühl von Kairo. Ein bisschen konspirativ ging es schon zu. Die Hausnummer führte in die Irre, ich fand nur dorthin, weil meine Begleiterin schon mal da war. Sicher ist sicher. Die Netzseite wurde in Ägypten und Saudi-Arabien blockiert, erst kurz vor der Wahl hörten die Störungen auf. Doch für den Fall, dass die Polizei dem Büro einen Besuch abstattete, war die Technik in Privatwohnungen ausgelagert, kam das Layout von außen, schrieben die wichtigen Autoren woanders.

Ein Autor war Hazem Abu Ismail, ein 45 Jahre alter Rechtsanwalt, ein islamischer Prediger und Liebhaber von Stillleben mit Blumen an der Wohnzimmerwand. Bei ihm zu Hause klangen die Antworten auf die Fragen, die ich Makarem al-Deri gestellt hatte, schon radikaler. Als Jurist akzeptierte er die universalen Menschenrechte – »ja, ja« –, aber bei ihm fiel etwa das Recht auf eine homosexuelle Beziehung nicht darunter. Nichtmuslime sollen gleiche Rechte haben wie Muslime, aber auch gleiche Pflichten, befand er. Das Beispiel Alkohol. »Der Islam verpflichtet alle, rein zu sein«, meinte Abu Ismail allen Ernstes. Dürfen der Kopte und der Tourist also nicht mehr ihr kühl geliebtes ägyptisches Stella-Bier schlürfen? »Zu Hause oder im Hotelzimmer schon, aber Alkohol in Restaurants und Bars kann der Islam nicht akzeptieren.« Fast gleiche Rechte also nur. Kopten, befand Abu Ismail, dürften im islamischen Ägypten auch keine hohen Staatsämter bekleiden. Das Reizthema Kopftuch: Auch hier vertrat Abu Ismail eine konservativere Meinung als Makarem al-Deri: »Der Islam will, dass alle Menschen das Konzept des Kopftuchs ehren, und schützt so alle Frauen aller Konfessionen.« Und wenn manche Frauen auf diesen Schutz gern verzichten würden? »Auch Männer müssen geschützt werden. Wir wissen, dass im Westen Vergewaltigungen und Ehebruch geschehen, weil weibliche Schönheit überall ausgestellt wird. Das Kopftuch schützt alle.« Als ich ihn so ultrakonservativ daherreden hörte, dachte ich, Hazem Abu Ismail komme aus einer anderen Partei als Makarem al-Deri.

So sind die Muslimbrüder, wenn sie aus der Verbotszone ans Tageslicht kommen: konservativ allemal, manche duldsam, andere doktrinär, auf jeden Fall vielstimmig bis widersprüchlich. Das gilt für alle Islamisten, und das ist Teil ihrer Schwäche, wie wir später sehen werden. Gefürchtet werden sie meist von jenen Ägyptern, die ihrem kribblig-unvorhersagbaren Land nicht trauen. Diese Ägypter sitzen vor allem in der Regierung und in den Sicherheitsapparaten. Sie kehrten den halbfreien Wettbewerb der Parlamentswahlen vom November 2005 um und erstickten die zaghaften demokratischen Freiluftübungen. Polizeieinsatz, Verhaftungen, abgesagte Veranstaltungen – der ägyptische Frühling war schon wieder vorbei. Es sollten Jahre der Repression und des Misstrauens folgen. Allein am Wahlergebnis von 2005 ließ sich nicht viel rütteln. Die Muslimbrüder verfünffachten die Zahl ihrer Abgeordneten. Zwischen 2005 und 2010 nahmen sie immerhin 88 von 620 Sitzen in Ägyptens Parlament ein. Die kleinen säkularen Parteien verloren dagegen gewaltig, die überwältigende Mehrheit der Sitze hatte sich die regierende Nationaldemokratische Partei von Präsident Mubarak reserviert.

Keine Gefahr im Verzug also, wohl aber Gelegenheit für einen Test auf die Parlamentsfähigkeit der Islamisten. Zwei Jahre nach den Wahlen veröffentlichten die Muslimbrüder einen Programmentwurf, der die »Gesetze mit Bart« erkennbar machen sollte, aber am Ende mehr Verwirrung stiftete. Er ist nie fertig geworden, weil sich die Muslimbrüder endlos darüber stritten. Der Zwist ging oft entlang der Positionen, welche die Reformerin Makarem al-Deri und der Konservative Hazem Abu Ismail schon im Wahlkampf 2005 durchscheinen ließen. Oft ging es um die Toleranz gegenüber Kopten und um Frauenrechte. Für Reformer war das Kopftuch eine freie Willensentscheidung der Frau, für die Betonfraktion die obligatorische Schutzhaube des schwachen Geschlechts. Man war sich einig, dass Ehrenmord ein Verbrechen sei, aber manche Hardliner fanden, dass Emanzipation auch nicht viel besser sei. Dafür konnten die Reformer die Forderung durchsetzen, dass Frauen mehr politische Positionen besetzen sollten. Am Ende war wenig Linie zu erkennen, aber immerhin hatten die Brüder offener diskutiert als jede andere ägyptische Partei vor ihnen.[12]

Ihr Erfolg bei den Wahlen 2005 sollte für die Muslimbrüder zum Fluch werden. Das verunsicherte Regime verfolgte sie härter denn je. Im Parlament mussten Muslimbrüder plötzlich zu braven Parlamentariern werden, die im Sinne des Systems funktionierten. Sie mussten ihr religiöses Programm zunehmend den ägyptischen Gesetzen und Realitäten anpassen. Das gefiel Reformern wie dem Arzt und Mitglied des Führungsrats Abd al-Munim Abu al-Futuh, den ich im April 2008 in der Kairoer Ärztegewerkschaft an der Kasr-al-Ainy-Straße traf. Er verneinte damals sogar, dass die Muslimbrüder eine religiöse Partei seien: »Wir sind eine zivile Partei, die auf islamischen Prinzipien gründet, so ähnlich wie Christdemokraten auf christlichen Grundsätzen. Nicht jedes Gesetz muss dem Islam entsprechend angewendet werden, der Islam ist nur eine Quelle der Gesetze. Nicht als Zwang, sondern als Empfehlung.« Die Verbündeten von al-Futuh setzten sich im Parlament für mehr Transparenz in den Staatsausgaben ein, für rigorose Steuereintreibung, für demokratische Reformen. Aber al-Futuh hatte Gegner. Die Ultrakonservativen verfolgten ihre Agenda am rechten Rand. Sie machten gegen das geplante Verbot des Ganzkörperschleiers und der Beschneidung von Mädchen und Frauen mobil. Schließlich wirkte auch die parlamentarische Arbeit der Brüder so widersprüchlich wie ihr unfertiges Programm. Als Minderheitsfraktion wurden sie von der Regierungsmehrheit stets ignoriert, ihre Vorschläge hatten keine Folgen, ihre Führer landeten regelmäßig im Gefängnis.[13]

Die Übernahme von Verantwortung nach halbwegs freien Wahlen, die Teilhabe an der Politik – das hatten viele Muslimbrüder gefordert, das hatten ihre Gegner gefürchtet. Doch einmal im Zentrum der Macht angekommen, taten sich die Islamisten schwerer als erwartet. Nicht nur in Ägypten. Auch in Jordanien, Algerien und Marokko, wo Islamisten entweder schon einmal an der Regierung beteiligt waren oder im Parlament mitgearbeitet hatten, verloren sie in späteren Wahlen zum Teil kräftig an Stimmen. Islamistische Wähler sahen sie plötzlich als Teil des ungeliebten Regimes. An den Fleischtöpfen der Macht erwachte auf entblößende Weise der Hunger einiger Islamisten. Die algerische islamistische MSP stimmte 2006 mit anderen systemtreuen Parteien sogar gegen einen Passus im neuen Antikorruptionsgesetz, der von den Abgeordneten die Offenlegung ihres Vermögens gefordert hätte.[14] Wenn man aber Vermögen besaß, aus welchen Quellen auch immer, verblassten die Grundsätze bei einigen Islamisten schnell. Das führte zu Streit in der Bewegung. Konservative beklagten laut den massiven Verlust von Moral in der Nähe der Macht, so geschehen in der Islamischen Aktionsfront in Jordanien. Auf Zwist und offenen Wettbewerb können Spaltungen folgen. So geschehen in Algerien, wo es je nach Zählung bis zu fünf islamistische Parteien gibt, oder in Marokko, wo vier dieser Gruppen konkurrieren. Die Regierungen lassen die einen zu und die anderen nicht. So versuchen sie, die Islamisten gegeneinander auszuspielen.[15]

Das ägyptische Regime allerdings hat sich auf solche Experimente nie eingelassen. Die Chance bot sich, als Mitte der 90er Jahre freisinnige Islamisten die al-Wasat-Partei gründeten. Die Muslimbrüder waren zutiefst alarmiert über die Konkurrenz der moderaten Flankenmänner. Al-Wasat bewarb sich mehrmals erfolglos um Zulassung. Das Regime blieb hart und setzte auf die Ausgrenzung aller religiös motivierten Kräfte und die gezielte Verhaftung von Reformpolitikern. Diese Strategie hatte böse, wahrscheinlich beabsichtigte Folgen. Die Reformer unter den Muslimbrüdern wurden entmutigt und geschwächt, die Bewegung kapselte sich ein. Die Konservativen fragten provozierend, was denn das ganze Mitmachen im Parlament, die nächtlichen Stunden in den Ausschüssen, das Feilen an Vorlagen so gebracht hätte. Nichts? »Dann doch lieber Moral als Macht!« Das schleuderten sie den Reformern entgegen. Die Muslimbrüder kehrten sich nach innen. In den Wahlen zum neuen Führungsrat im Dezember 2009 verloren wichtige Reformer ihre Posten, von ihnen konnte nur der ehemalige Schatzmeister Issam al-Irjan einen Platz erobern. Noch in der Nacht seiner Wahl wurde er verhaftet und angeklagt, eine militärische Organisation für Anschläge in Ägypten gründen zu wollen.[16] Als nicht mehr abzustreiten war, dass die Anschuldigungen frei erfunden waren, kam er wieder frei. Bei einem Besuch im April 2010 traf ich ihn in Kairo wieder und fragte ihn nach dem künftigen Kurs der Muslimbrüder. Der Reformer hatte etwas Mühe, mir die innere Einkehr seiner Bewegung zu erklären, nachdem er früher die Tugend der politischen Aktivität gepriesen hatte. »Überall klagen die Leute über den Verlust der islamischen Werte – da müssen wir etwas tun«, sagte er. Was mit den parlamentarischen Werten sei, dem politischen Einsatz, fragte ich ihn. »Während wir für mehr Moral kämpfen, müssen wir im politischen Prozess bleiben und auf Reformen bestehen.« Die Muslimbrüder waren in einer Sinnkrise. Sie wollten sich selbst finden, wieder einmal in ihrer 80-jährigen Geschichte. Dann kam die Revolution.

Vom Aufstand der Ägypter neun Monate später wurde die Bruderschaft nicht minder überrascht als das Regime. Nicht die Islamisten hatten die Demonstrationen im Januar 2011 geplant, sondern die liberale Stadtjugend. Nicht bärtige Prediger führten die Revolte gegen Hosni Mubaraks verkrustete Obrigkeit an, sondern die Facebooker und Twitterer. Die Muslimbrüder gingen unter in der Masse der freiheitshungrigen Jugend, sie liefen dem Aufstand hinterher. Sprüche wie »Der Islam ist die Lösung« waren auf dem Tahrir-Platz in Kairo kein Thema. Aus Iran kamen warme Worte für die »islamische Revolution«, welche auch die Muslimbrüder empört zurückwiesen. Bei der Erhebung ging es um Demokratie, Freiheit, Ende der Korruption und eine zivile, endlich frei gewählte Regierung. Da konnten sich die Muslimbrüder nur noch anschließen.

Wenige Tage nach dem Sturz von Hosni Mubarak besuchte ich einen der mir gut bekannten Führer der Bruderschaft, Abd al-Munim Abu al-Futuh, im Haus des Kairoer Ärzteverbands. Er kam aus einer endlos langen Sitzung mit den Kollegen, er rang auffällig nach Worten, noch war alles frisch und unübersichtlich. Al-Futuh wog die Optionen ab. Selbstverständlich konnten die Muslimbrüder bei jeder künftigen Wahl auf ihre Bewegung und die islamische Mobilisierung setzen. Ihre Kraft hatten sie 2005 mit der Eroberung eines Fünftels der Parlamentssitze vorgeführt, keine andere Gruppe verfügte über vergleichbare Mittel. Doch al-Futuh warnte davor, nun sofort eine Partei zu gründen. Er wusste warum. Wenn die Muslimbrüder aus der Verbotszone heraustreten, müssen sie die Unschärfe ablegen. Sie können nicht mehr harmonisch den moralischen Imperativ beschwören, sondern brauchen ein politisches Programm. Sie müssen von einer Bewegung zur Partei werden. Was dann passiert, wusste al-Futuh aus Marokko und Algerien, aus Bahrain und der Türkei. Islamisten streiten, spalten, teilen sich. »Wenn die Freiheit kommt«, sagte al-Futuh, »dann kommt auch die Freiheit zu gehen.« Als Beispiel nannte er die Partei des türkischen Premiers Tayyip Erdogan, die sich vor einem Jahrzehnt vom harten Kern der Islamisten gelöst hatte. Für die Erzkonservativen der ägyptischen Bruderschaft war Erdogan ein erschreckend erfolgreicher Abtrünninger, für Futuh war er ein Vorbild. »Wenn ich je eine Partei gründen sollte, dann so eine, aber als nationale ägyptische Partei«, sagte er.

So traten die ägyptischen Muslimbrüder nach der Revolution in eine neue Welt ein, in der alle alten Gewissheiten dahin waren. Sie hatten sich unter Hosni Mubarak immer darauf verlassen können, dass sie in ihrem warmen moralischen Biotop verharren durften – und dass alle Rivalen aus dem konservativen Spektrum verboten würden. Der Wasat-Partei mit islamischen Wurzeln war bei Gericht stets die Genehmigung versagt worden. Doch nur acht Tage nach dem Sturz des Herrschers traten die Richter erneut zusammen und ließen al-Wasat zu. Damit hatten die Muslimbrüder schon politische Konkurrenz bekommen, noch bevor sie selbst eine Partei werden konnten.

Anmerkungen

1   Hans Magnus Enzensberger: *Schreckens Männer. Versuch über den radikalen Verlierer*, Edition Suhrkamp, Frankfurt/Main 2006, S. 45.

2   Sadik al-Azm: *Unbehagen in der Moderne. Aufklärung im Islam*, Fischer 1993, S. 129 ff.

3   Oliver Roy: *Der islamische Weg nach Westen. Globalisierung, Entwurzelung und Radikalisierung*, Pantheon Verlag, München 2006, S. 156–171.

4 Ebenda, S. 242 ff.

5 Die Unterscheidung ist deshalb so wichtig, weil in den Medien die Terrororganisation al-Qaida oft synonym mit dem Begriff Islamisten umschrieben wird. Wer das tut, verwirrt den Leser, weil er in der nächsten Ausgabe vielleicht schon schreiben wird, dass Islamisten in Ägypten, Jordanien und Marokko im Parlament sitzen. Und die säßen nicht dort, wenn sie Terroristen wären. Ein Beispiel für die Begriffsverwirrung liefern Günther Lachmann und Florian Fade: »Mord von Dresden empört die arabische Welt«, in: *Die Welt*, 7. Juli 2009, S. 4.

6 Michael Thumann (Hrsg.): *Der Islam und der Westen*, Berliner Taschenbuch Verlag, Berlin 2003, S. 13 ff.

7 http://www.unc.edu/~kurzman/Qaradawi_et_al.htm. Siehe dazu auch Gilles Kepel: *Die neuen Kreuzzüge. Die arabische Welt und die Zukunft des Westens*, Piper, München/Zürich 2004, S. 135.

8 Geprägt hat sie der Publizist Albrecht Metzger: *Islamismus*, Europäische Verlagsanstalt, Hamburg 2005, S. 54.

9 Muriel Asseburg (Hrsg.): *Moderate Islamisten als Reformakteure. Rahmenbedingungen und programmatischer Wandel*, Studie der Stiftung Wissenschaft und Politik, Berlin, Februar 2007, S. 86.

10 Marina Ottaway, Amr Hamzawy: *Islamists in Politics. The Dynamics of Participation*, Carnegie Papers, No. 98, Washington, DC, November 2008, S. 17. Siehe auch: International Crisis Group: *Egypt's Muslim Brothers. Confrontation or Integration?*, Middle East/North Africa Report No. 76, 18. Juni 2008, S. 24.

11 http://merln.ndu.edu/archivepdf/NEA/State/48328.pdf.

12 Ivesa Lübben: »Die Muslimbruderschaft und der Widerstand gegen eine dynastische Erbfolge in Ägypten«, in: *GIGA Focus*, Nr. 5, 2009, S. 6.

13 Eine glänzende Analyse der parlamentarischen Arbeit der Muslimbrüder findet sich bei den langjährigen Beobachtern der Islamisten Amr Hamzawy und Nathan J. Brown: »The Egyptian Muslim Brotherhood. Islamist Participation in a Closing Political Environment«, *Carnegie Paper No. 19*, Washington, DC, März 2010, S. 17–29.

14 Isabelle Werenfels: »Algeriens legale Islamisten. Von der fünften Kolonee zur Stütze des Regimes«, in: Muriel Asseburg, *Moderate Islamisten als Reformakteure*, a.a.O., S. 49.

15 Die Probleme der islamischen Bewegungen in Parlamenten und im politischen Raum beschreiben umfassend an den Beispielen Ägypten, Jordanien, Marokko, Kuwait, Jemen und Palästina: Nathan J. Brown und Amr Hamzawy: *Between Religion and Politics*, Carnegie Endowment for International Peace, Washington, DC 2010.

16 Hussam Tammam: »Die neue Führung der Muslimbrüder«, in: *Al-Masry al-Youm*, 18. Februar 2010.

GESCHÄFTSLEUTE:
GLAUBE, GELD, MACHT
IN DER TÜRKEI

O ben ist in der Türkei, wo ein Mann von ganz unten
steht. Tayyip Erdogan, der ehemalige Amateurfußbal-
ler aus dem ärmlichen Werftenviertel von Istanbul, war zumindest bis zur Wahl 2011 der mächtigste Premier des Landes seit den 50er Jahren. Ein gutes Jahr zuvor, im März 2010,
gab er der *Zeit* ein Interview in seinem Büro im obersten
Stockwerk der AKP-Parteizentrale. Es war früher Abend,
ein Montag, wir mussten auf Erdogan warten. Man führte
uns in ein Büro mit seidenbespannten Wänden. An einem
dunklen, flachen Holztisch wurden wir mit Reis und Boh-
neneintopf, Tee und Kaffee versorgt. Als wir trotz der Auf-
putschmittel schon etwas müde wurden, kam er geradezu
erfrischt und entspannt aus einer fünfstündigen Sitzung des
Zentralkomitees seiner Partei für Gerechtigkeit und Entwicklung.[1] Seine hohe Statur forderte auf natürliche Weise
Abstand ein zu seinen Helfern, die im Gespräch mit ihm
zum leichten Bücken neigten. Erdogan lehnte sich zurück
in eines der goldenen Seidenkissen auf einem violetten, ba-
nanenförmig gebogenen Sofa, den Arm fast cäsarenhaft
auf der Lehne. Premier seit sieben Jahren, Idol der muslimischen Welt, Schreckgespenst der Diplomaten, Stadionstar
in Deutschland, Volkstribun in der Türkei, eines der abso-
luten Schwergewichte unter den Politikern der G-20, der
wichtigsten Nationen der Welt. In dem Gespräch ging es

um türkische Gymnasien in Deutschland, um die Atompro-
gramme der Israelis und Iraner, um die außenpolitische Orientierung der Türkei im 21. Jahrhundert.[2] Am Ende gab er
mir, dem Gast, angesichts meiner schlanken Statur den guten
Rat:»Du musst mehr essen.«

Der mächtige Mann liebt Bodenhaftung und spricht oft
über das Menschliche, selbstverständlich in der Rolle des
Patriarchen. In der Türkei, einem Aufsteigerland, ist Tayyip
Erdogan der wichtigste aller Emporkömmlinge. Seine Karriere in den 90er Jahren als Istanbuler Bürgermeister hielt
das Land in Atem, sein Anstieg zum Gipfel im Ministerprä-
sidentenamt der Türkei ließ die politische Konkurrenz er-
schaudern. An seiner Person scheiden sich die Geister, die
Türkei zerfällt in Bewunderer und leidenschaftliche Hasser.
Die Polarisierung hat Gründe. Erdogan selbst ist ein Mann,
der die Zuspitzung, den Politzirkus, den Zoff schätzt. Doch
wichtiger noch ist der scharfe Riss durch das Land selbst, der
die jüngste Geschichte der Türkei geprägt hat.

Zwischen 2007 und 2011 warfen Regierung und Opposition einander vor, mit Putsch, Hochverrat und Ver-
schwörungen die alleinige Macht ergreifen zu wollen. Die
Armee probte im April 2007 einen halbherzigen Umsturz-
versuch. In großangelegten Ermittlungsverfahren nahmen
seither regierungstreue Staatsanwälte Hunderte von Verdächtigen wegen Verschwörung gegen die Regierung fest,
darunter hochrangige Offiziere und Polizeibeamte, pro-
minente Journalisten und Anwälte. Linksnationalistische
Kritiker hielten der Regierung vor, sie führe einen »zivi-
len Putsch« durch und schaffe den türkischen Laizismus ab.
Liberale warnten vor einer Instrumentalisierung der Justiz. Die Regierung dagegen fühlte sich von der Armee und
Bürokratie verfolgt. Die Bürger misstrauten den einen oder
den anderen – oder allen. Ein tiefer Riss ging durchs Land.

Den großen Streit in der modernen Türkei tragen nicht
Arme und Reiche aus, nicht Türken gegen Kurden, nicht
Muslime und Christen, nicht Säkulare gegen Islamisten,
sondern etablierte Bürger gegen aufsteigende Bürger. Eine
Rivalität der Bessergestellten: die Unterstützer der regieren-

den AKP von Tayyip Erdogan ringen mit den Vertretern des klassisch-säkularen Establishments. Auf der einen Seite steht der böse Verdacht der alten Türkei: Die Religiösen trügen das Kopftuch, um die säkulare Republik zu stürzen, sie hätten den geheimen Plan, einen zweiten Iran zu schaffen, sie würden nur so modern tun und wollten in Wahrheit die Scharia. Auf der anderen Seite das Selbstbewusstsein der Aufsteiger. Die gläubigen Türken begehren, nicht als rückständig abgestempelt zu werden. Sie finden sich viel fortschrittlicher als jene radikalsäkulare Klasse von Offizieren, Richtern und Beamten, die das Land Atatürks seit 1923 aus Ankara erzieht. Gläubige Türken stellen die Alleinherrschaft dieser Klasse infrage und rufen: Islam und Moderne, das passt zusammen. Mit dieser Losung ziehen sie von Anatolien in die Metropole Istanbul, mit ihr erobern sie aus der Provinz die Hauptstadt Ankara. Es geht um politische Macht, um wirtschaftliche Ressourcen und Zugang zu den Staatstresoren, kurzum: um die Kontrolle der Türkei im 21. Jahrhundert. Wer sind die anatolischen Aufsteiger, die den klassischen Eliten ihr Machtmonopol streitig machen? Und was machen sie mit der Macht? Eine Reise von Kayseri in Zentralanatolien nach Istanbul und weiter nach Ankara gibt einen tiefen Einblick.

ANATOLISCHE TIGER

Kayseri, das ist die Mitte der Mitte Anatoliens, eine Stadt der gläubigen Muslime. In der staubigen Ebene am Fuß des Erciyesgebirges gründeten die Seldschuken den ersten Turkstaat, heute beherrschen die Händler die Stadt. Basare in Kayseri werben für Schuhe und Rinderschinken. Händler haben Plakate des Staatspräsidenten Abdullah Gül von der AKP aufgehängt. »Wir sind stolz auf dich!«, stand darunter. Gül, ein enger Mitstreiter von Ministerpräsident Erdogan, war 2007 gegen den bitteren Widerstand des säkularen Establishments ins Amt gewählt worden. Der Sohn einer bürgerlichen Händlerfamilie kommt aus dieser Stadt.

In Kayseri lässt sich lesen wie in einem offenen Buch über die Türkei. Im Zentrum stehen die von Jahrhunderten geschwärzten Mauern der Sahabiye Medrese und der alten Seldschukenfestung. Doch sonst ist nicht viel von der Geschichte geblieben. Kayseri hebt ab in die Zukunft. Bagger pflügen alte Wohngebiete unter. Der neue Busbahnhof, ein Experiment aus Glas, Kunststoff und geweißtem Beton, sieht aus, als solle hier demnächst das Space Shuttle halten. Hinter dem Bahnhof geht es in das riesige Industriegebiet, wo 2004 an nur einem Tag die Grundsteine für 139 neue Betriebe gelegt wurden. Plakate werben dafür, mehr Cola Turka zu trinken und mehr türkische Traktoren zu fahren.

Saffet Arslan rauchte eine Davidoff-Zigarre an seinem aufgeräumten Schreibtisch, als ich ihn 2008 in Kayseri besuchte. Der Besitzer von Ipek, einer der großen türkischen Möbelfabriken, war einer der typischen Vertreter des aufstrebenden anatolischen Mittelstands. Eine anatolische Vaterfigur – große schwarze Brauen, silbergraues Haar, ein gezähmter Schnauzbart, eine goldene Lesebrille. Seine Leidenschaft: Sammeln von tesbih, das sind Gebetsketten. Zweite Leidenschaft: die Ausweitung des Geschäfts. Gerade erschloss er Iran und den Golf als neue Märkte. »Ich freue mich über die Öffnung der Türkei unter dieser Regierung«, sagte er. Globalisierung hielt Arslan für eine feine Sache. »Wir müssen uns dafür rüsten, unsere Banken neu organisieren und den Staat von überflüssiger Verantwortung befreien.« Kredite und Steuernachlässe, wie sie der türkische Staat vor Erdogans Machtantritt gern an notleidende Kombinate verteilt hatte, waren für ihn eine Krankheit. »Die verprassen nur das Geld und sind am Ende doch nicht wettbewerbsfähig.«

Arslan hatte sich in seinem Leben stets selbst subventioniert. Sein Vater war einfacher Teppichknüpfer. Die Eltern schickten Arslan nach der Grundschule zum Arbeiten. Als 14-Jähriger schon arbeitete er als Schreiner in einer Möbelwerkstatt. »Sofas und Stühle habe ich gezimmert, Sessel bespannt, dass keine Falte blieb«, lachte er und zeigte mir ein altes Foto von einem kleinen Möbelladen. Danach wurden es mehrere Läden, 1991 gründete er Ipek. »Damals kauften die Leute Seidenmöbel wie verrückt, die Fabrik expandierte schnell.« Ipek beglückte die Türken mit Klappbetten. Arslan kaufte in der Nachbarschaft Land dazu, im Zentrum von Kayseri betreibt er eine Einkaufspassage. War der 51-Jährige nun wertfreier Großkapitalist oder gläubiger muslimischer Unternehmer?

»Der Islam sagt uns, dass der Profit gerecht sein muss: Arbeite hart, übervorteile andere nicht, hilf denen, die in Not sind«, sagte Arslan. Wem half er? »Ich finanziere eine Schule, ein Sportzentrum, wir geben Studenten Stipendien.« Die Erciyes-Universität in Kayseri wurde von vielen Unternehmern unterstützt, Fakultäten und Schulen trugen den Namen von Stiftern. Das stehe nicht im Koran, sondern sei einfach die Kultur der Stadt, sagte Arslan stolz. »Wenn man hart arbeitet, tut man seine Pflicht und bringt Gott zum Lächeln.« Kayseri habe deshalb nicht viele Restaurants und kaum Bars, wo man ja eh nur Zeit verschwende. Doch Gott verpflichte den guten Muslim auch, nach Mekka zu fahren und fünf Mal am Tag zu beten. Auf der Hadsch war Arslan immerhin schon, aber zum Beten reichte die Zeit nicht ganz. Die Arbeiter durften während der Mittagspause auf dem kurzen Dienstweg in der Werksmoschee beten. Und am Freitag, einem Arbeitstag, fuhren sie im Kollektiv per Bus in die neue große Moschee.

Das Gotteshaus erinnert an die großen Istanbuler Baudenkmäler des 16. Jahrhunderts. Ein prächtiger Innenhof, eine Kuppel von 35 Metern Durchmesser, Marmorgalerien, Edelsteinsäulen und Goldlüster. Hier passen locker einige Tausend gläubige Werktätige hinein, unten die Männer, oben die Frauen mit Kopftuch. Kein Sultan hat sie erbaut, kein staatliches Religionsamt, sondern die Unternehmer von Kayseri. Daher auch der schöne Name: »Zentralmoschee der organisierten Industriezone«. Sie überragt ein benachbartes Kraftwerk mit chromblitzenden Wärmerohren, das die Fabriken von Kayseri ebenso befeuert wie die Fußbodenheizung des betonfrischen Gotteshauses.

Die Mischung aus High-Tech und hohem moralischen Anspruch, das Wirtschaftswunder aus ureigener Kraft in

Kayseri gilt vielen als »zentralanatolische Revolution«.[3] Wo der Großvater vor 20 Jahren noch in riesigen, aus Ankara gelenkten Kombinaten arbeitete, nahmen die Söhne und Enkel von Kayseri ihr Glück selbst in die Hand. Eine Art protestantischer Arbeitsethik im Islam half ihnen dabei.[4] Worum es am Ende ging, war Freiheit, das vielleicht wichtigste Motiv der »anatolischen Tiger«. Es war der ehemalige Premier und Präsident Turgut Özal, ein Weltbanker und gläubiger Muslim, der die Tiger in den 80er Jahren aus dem Käfig holte. Fort mit Devisenbewirtschaftung, Staatssubventionen und Zollmauern, her mit der Exportförderung: Özal wollte, dass die Unternehmer nicht mehr in Ankara bei den Beamten Schlange stehen mussten, um Geld zu verdienen. Der Islam bot dem neuen Mittelstand die moralische Rechtfertigung für die Schaffung von Wohlstand. Das anatolische Kapital verbündete sich mit dem gläubigen Volk und bildete später das Rückgrat der AKP-Regierung. Ihre Maxime: Islam und Moderne sind keine Gegensätze, ganz im Gegenteil. Der fleißige und gläubige Mittelstand wurde seit den 90er Jahren zu einem Motor der jüngsten türkischen Modernisierung. Aus Sicht dieser aufstrebenden, emanzipierten Bürger waren »Marktwirtschaft gut, Freiheit und Unabhängigkeit sehr gut«.[5] Alles Forderungen, die vielen türkischen Generälen und Staatsanwälten kalte Schauer über den Rücken jagten. Keine islamischen Radikalen erhoben diese Ansprüche, sondern gläubige Bürger, die in einer stabilen – dem Westen ähnlichen – Gesellschaftsordnung leben wollten.

Mit solchen Losungen wurde der praktizierende Muslim Tayyip Erdogan 2002 zum Premierminister gewählt. Die meisten seiner Anhänger kamen aus dem konservativen Anatolien, von der Peripherie der Türkei.[6] In Ankara aber saßen seit der Gründung der Republik 1923 die Richter, Beamten und Offiziere des Zentralstaates. Wie erobert man das Zentrum? Mit Geld, war die klassische Replik der anatolischen Mittelklasse. Die postmoderne Antwort seit den 90er Jahren lautete: mit Geist und Sendung, also mit Universitäten und Medien. Am Ende stand die Erschließung des

öffentlichen Raums. Istanbul, die Medienmetropole, der In-
dustriegigant, die Talkshow-Stadt, das kulturelle Herz der
Türkei, war bühnengerechter Schauplatz dieser Auseinandersetzung.

GEIST UND SENDUNG MIT KOPFTUCH IN ISTANBUL

Fatih bedeutet »Eroberer« – nach Mehmet Fatih, dem Eroberer von Konstantinopel 1453. Mitte der 90er Jahre gründeten anatolische Stifter die Fatih-Universität. Später kamen
ihre Kinder nach Istanbul. Vom aufgeräumten Fatih-Cam-
pus schauen die Studenten weit hinaus auf einen großen
See und in eine erfreuliche Zukunft. Auf dem Rasen vor
den backsteinernen Unigebäuden saßen bei meinem Besuch 2008 Kopftuchfrauen neben solchen mit blondierten
langen Haaren, glattrasierte Männer neben Schnauzbärten,
hellhäutige neben sonnengegerbten Typen. Studenten aus
China und Afrika, Mittelost und Russland, die meisten Türken, übrigens: mehr Frauen als Männer. An der Fatih-Universität studierten damals rund 8000 junge Leute. Anders
als an vielen Staatsuniversitäten kamen die meisten von ihnen nicht aus den Oberschichten von Ankara und Istanbul.
Gökhan Bacik, ein Nahostspezialist und Professor für Internationale Beziehungen, erläuterte beim Gang über den
Campus: »Sie stammen aus dem östlichen Hinterland, aus
konservativen Familien, die uns vertrauen, die sich unserer
Kultur nahe fühlen.« Was meinte er mit Kultur?, fragte ich
ihn. »Dass die Studenten sich in einer anständigen Atmo-
sphäre bewegen, dass zum Beispiel an der Uni keine Drogen konsumiert werden.« Dazu gehöre auch: Freitags gebe
es keine Seminare während des Mittagsgebets. An der Fatih-
Universität wurden Verwaltungswissenschaften, Ingenieur-
wesen, Geisteswissenschaften, Ökonomie, Internationale
Politik und Sprachen gelehrt, Chinesisch, Englisch, Spa-
nisch. Auffällig war, dass Arabisch nicht dabei war, wo doch
der Mittlere Osten immer wichtiger für die Türkei wurde.
»Nein«, wehrte Bacik ab, »das könnte vom säkularen Estab-

lishment missverstanden werden.« Deshalb hätte die Fatih-Universität bisher auch keine Fakultät für Religionswissenschaften eröffnet. »Für uns ist das zu risikoreich, wir sollten die Letzten sein, die über Religion reden.«

Weil man religiös ist. Die Universität wird von konservativen Geschäftsleuten aus Anatolien gesponsert, einer von ihnen war Baciks Vater. Alle stehen Fetullah Gülen nahe, dem Vordenker und Prediger eines moderaten türkischen Volksislam. Gülen saß in der Türkei im Gefängnis, war auch danach von Arrest bedroht und lebt bis heute im amerikanischen Exil. Säkulare Kritiker in der Türkei halten ihn für eine Art türkischen Khomeini, der irgendwann in die Türkei zurückkehren werde, um das Land in einen zweiten Iran zu verwandeln. Gülens Lehren geben das nicht her. Er tritt in seinen Schriften aus konservativer Haltung gegen den türkischen Etatismus auf, er will den Islam modernisieren, fordert, die Wissenschaft ins Zentrum zu rücken, den Dialog mit anderen Kulturen zu suchen, die einfachen Leute auszubilden, den Terrorismus zu bekämpfen. Ein konservativer Denker ist er allemal, doch zugleich ein Gegner islamischer Revolutionen, ein Konkurrent der radikalislamischen Neofundamentalisten.[7] Gülen soll die Universität, die von seiner Bewegung getragen wird, nie gesehen haben. Er traf nur jene Studenten, die ihn in den USA besuchen konnten. »Viele von ihnen gehen in die Wirtschaft, wenige in die Politik«, sagt Bacik. Ein Drittel kehrt in das Unternehmen der eigenen Familie zurück, viele heuern auf dem boomenden Arbeitsmarkt von Istanbul an. Einige Absolventen haben es ins politische Zentrum geschafft: als junge Abgeordnete oder Ministerialbeamte, meist für die AKP von Tayyip Erdogan.

Die Gülen-Anhänger sind nicht mit den AKP-Mitgliedern zu verwechseln, Erdogan selbst ist kein Gülen-Gefährte. Die AKP ist ein Bündel aus vielen Netzwerken. Doch sind die Gülen-Bewegung und die konservative Partei seit Längerem verbündet. Es ist die einflussreichste Allianz in der modernen Türkei. Sie marschieren getrennt und trumpfen oft vereint auf: im Staatsapparat, im öffentlichen Raum und in den Medien. Das Meinungsmonopol lag jahrzehnte-lang in den Händen säkularer, staatsnaher Großunterneh-mer. Das war gestern. Der Angriff auf die säkularen Medien kommt aus einem weißen Istanbuler Büropalast mit auto-matisch bewässertem Rasen – dem Hauptquartier der Zei-tung *Zaman*. Das einflussreiche Blatt hat eine Auflage von rund 750 000 Exemplaren. Dazu kommen eine Nachrich-tenagentur, ein Magazin und eine professionell gemachte englischsprachige Zeitung. Das Medienimperium gehört mehreren anatolischen Geschäftsleuten, die Fetullah Gülen nahestehen. Manche finden das *Zaman*-Gebäude mit sei-nem Atrium und den gläsernen Büros zu aseptisch oder zu amerikanisch. Aber das strikte Rauchverbot und die betonte Reinlichkeit sind Teil des Selbstverständnisses. Hier werden die Werte nach außen gekehrt: Der Redakteur sei anstän-dig, aufrichtig, gut organisiert und gefeit gegen Verführun-gen aller Art.

Bei meinem Besuch im Frühjahr 2008 ging ich auf po-liertem Granit, sah aufgeräumte Tische allenthalben und nahm die weiße Wendeltreppe hoch ins Büro des Verlags-chefs und Chefredakteurs. »Willkommen!« – Ekrem Du-manli zeigte zur Begrüßung auf ein Möbelstück, das eine hübsche Synthese aus östlicher Geselligkeit und westlicher Moderne war. Ich setzte mich auf einen langen Diwan aus schwarzem Leder in kühler Schlichtheit, getrennt durch ein Teetischchen aus Chrom und Weißlack. Der 1964 gebo-rene Chefredakteur, ein Kind der zentralanatolischen Stadt Yozgat, ließ Kaffee mit türkischem Honig servieren. Mich interessierte, welche Synthese Ekrem Dumanli seinen Le-sern verkaufen wollte.

»Glaube, Werte und ein säkularer Staat passen zusammen. Niemand will den Laizismus abschaffen. Das ist eine Ge-spensterdebatte.«

Worum geht es denn?

»Was die Türkei erlebt, ist ein Klassenkonflikt. Die Büro-kratie, Armee und ihre Verbündeten stören sich daran, dass die konservativen Anatolier ihre Werte betonen und plötz-lich mitreden wollen.«

Werte? Ist das die geheime islamische Agenda? Erst die Berufung auf Werte, dann Zwangskopftuch für alle?

»Die Agenda gibt es nicht. Es geht uns um liberal-konservative Weltanschauung, Familienwerte und die richtige Mischung aus türkischer Kultur und westlicher Demokratie.«

Wie sieht die Mischung in der Zeitung aus?

»Wir schreiben, die Türkei muss liberaler gegenüber allen Glaubensrichtungen, sie muss demokratischer und offener werden. Deshalb unterstützt *Zaman* den türkischen Beitritt zur Europäischen Union.«

Aber wie macht der Chefredakteur eine Zeitung mit konservativen Werten?

»Ganz einfach. Wir verzichten auf schöne Frauen im transparenten Ganzkörperformat, mit denen die Konkurrenz auf Seite 1 geht. Wir haben lieber ein schönes Layout.«

Stil, Verpackung und Erscheinung waren enorm wichtig für die Ehrgeizigen, die von der Peripherie ins Zentrum der Republik vorrückten. Das galt in den Medien genauso wie im öffentlichen Raum, den die gläubige neue Elite Zug um Zug eroberte. Von Papas erdbraunen verbeulten Stoffhosen, von Mamas weitem Küchenkaftan wollten die erfolgreichen Junganatolier nichts mehr wissen. Sie lehnten es ab, sich wie ihre Großeltern zu Haus zu verstecken und den Boulevard der säkularen Elite zu überlassen. In Istinye Park, einer glitzernden Shopping-Mall, war zu besichtigen, wie der besser verdienende muslimische Anatolier in die urbane Selbstverständlichkeit eintauchte. Sie trug Kopftuch und er das Baby. Die älteren Kinder fuhren mit dem Wasserscooter auf einem künstlichen See unter bunten Neonröhren, während die Eltern einkauften. Die Kopftücher der Frauen stammten von türkischen Herstellern wie Tekbir und Armine oder auch, wenn der Preis nicht störte, von Chanel oder Diane von Furstenberg. Der Caffè Latte nach dem Einkauf war vielleicht wertfrei, aber nach islamischen Regeln keineswegs verboten. So vertrieben sich säkulare wie religiöse Männer und Frauen die Zeit. Istinye Park war keine Oase der Frömmigkeit, aber eines der größten Einkaufszentren der Türkei, vom AKP-Bürgermeister gefördert, mit konservativen Unternehmern als Anteilseignern.

Türkische Islamisten sahen den Konsumrausch der Gläubigen mit Argusaugen. Sie schütteten ätzende Kritik über einem Istanbuler Kopftuchfabrikanten aus, der eine Schau konservativer Mode organisiert hatte. Seine Modelle seien zu schick, hieß der Vorwurf. Im Islam sei es Frauen nicht erlaubt, attraktiv vor Männern herzustolzieren, kritisierten Journalisten und Politiker der islamistischen Szene jene gläubigen Muslime, die fanden, dass Glaube und Luxus zusammenpasse. Hier war der Unterschied zwischen den bourgeoisen Aufsteigern, die eher die konservative AKP unterstützen, und den Islamisten der türkischen Glückseligkeitspartei zu besichtigten.[8] Die Islamisten und ihre meist armen Wähler aus den Unterschichten hielten solche Zurschaustellung von neuem Wohlstand für eine Schande, die gläubigen Aufsteiger aber wollten den süßen Verführungen der Bourgeoisie nicht entsagen. Religiöse Symbole wie das Kopftuch waren für sie Glaubensausweis und Konsumartikel zugleich. Das gläubige Bürgertum hielt Konsum für sein gutes Recht, wobei es von allem natürlich nicht zu viel sein sollte. Doch für den Fall, dass ein neues Auto bei der Auslieferung etwas zu großvolumig ausfiel, hielt der Präsident des muslimisch geprägten Unabhängigen Unternehmerverbandes MÜSIAD im anatolischen Konya eine beruhigende Erklärung bereit: »Alles, was ein guter Muslim braucht, um seine Arbeit gut zu machen und sein Leben zu erleichtern, ist niemals Luxus.«[9]

In der Amtszeit von Tayyip Erdogan wuchsen in Istanbuls grünen Vororten geschlossene Wohnanlagen für gläubige Muslime, die es sich leisten konnten. Die brandneuen, teuren Wohnungen waren schon nach kurzer Zeit ausverkauft. Sie lockten in der Regel mit einer kleinen Moschee, mit Palmen und einer Gegenstromanlage im Schwimmbad, an das man sich bei praller Sonne nicht im Bikini, sondern im luftigen Hosenanzug setzt. Dem Herrgott und dem Hautarzt zu Gefallen. Wer nicht das Geld hatte, dauerhaft in derart gesitteter Umgebung zu leben, konnte zumindest ein Wochenende in einem anständigen Hotel buchen. Fünf-

Sterne-Hotels mit islamischen Regeln wurden zu einem expandierenden Sektor des Tourismus, der auch arabische Besucher anzog. Bio-Restaurants, Schönheitsklubs und das Antiaging-and-Slimming-Center arbeiteten rund um die Uhr für ein gesünderes Leben der Besucher. Die Hotels boten Familiensuiten und geräumige Diwane im Restaurant. Eine Moschee war immer in Fußweite. In der Empfangshalle verkauften Juweliere golfballgroße Rubine und kalligrafische Gebetssprüche in Brillantenausführung. Reisebüros warben für Hadsch-Fahrten nach Mekka, wo man gegen Aufpreis ein Luxusappartement mit Blick auf die Kaaba mieten konnte. Was die Hotels aber in der Substanz von anderen unterschied, war die Getränkeauswahl. Alkohol gab es nicht. Die neue Elite trank Fruchtsaft. So wurde die Moderne mit dem Glauben äußerlich versöhnt, westlich inspirierter Universalkomfort verschmolz mit muslimischem Brauchtum. Das war keine Religiosität in Reinkultur, sondern ihre behagliche Popularisierung.

DIE EVOLUTION FRISST IHRE VÄTER: WIE ERDOGAN REGIERT

Wirkliche Islamisierung sieht anders aus als in der Türkei, das lehrt ein Blick in die Nachbarländer. Die rasche Ausbreitung islamischer Bräuche und Regeln in arabischen Gesellschaften oder in Pakistan fand hierzulande keine vergleichbare Fortsetzung. Hier führten waschechte Islamisten ein Nischendasein, während die neue muslimische Bourgeoisie westliche und globale Bräuche übernahm und mit islamischen Riten vermengte. Darin lag ein unbekümmerter Pragmatismus, den die Partei für Entwicklung und Gerechtigkeit AKP in der Politik umsetzte. Die Partei von Regierungschef Erdogan war keine islamistische Partei, zumal wenn man sie an den Maßstäben und der Geschichte der islamistischen Bewegung seit Gründung der Muslimbruderschaft 1928 maß. Der stellvertretende Vorsitzende der ägyptischen Muslimbrüder, Mohammed Habib, sagte in einem Interview mit der Zeitung *Zaman* 2008: »Aus unserer Sicht ist die AKP eine säkulare und liberale Partei. Sie ist nicht Teil der islamistischen Bewegung.«[10] Habib hatte das im Wesentlichen richtig beobachtet. Die AKP war eine Abspaltung von der türkischen islamistischen Bewegung, eine konservative Volkspartei, die über ihre religiösen Wurzeln hinausgewachsen war.

Tayyip Erdogan und Abdullah Gül gründeten sie 2001 auf den Trümmern der Tugendpartei des türkischen Altislamisten Necmettin Erbakan.[11] Die AKP trennte sich von der türkisch-islamistischen Bewegung. Damals gelang in der Türkei, was in Ägypten unter Präsident Hosni Mubarak nicht passieren konnte, weil die Muslimbrüder als Partei verboten waren und mit ihnen alle moderaten religiösen Abtrünnigen[12]. Hier liegt die Lehre und die Vorbildrolle der Türkei für die gesamte islamische Welt: Nur in halbwegs demokratischen Verhältnissen kann sich ein selbstbewusster gläubiger Mittelstand bilden und eine moderne konservative Partei für Muslime entstehen. Dem AKP-Parteiprogramm fehlten die islamistischen Dogmen und Dekorationen, die Darstellung der Religion als Heilmittel für alle möglichen gesellschaftlichen Defizite. AKP-Politiker schätzten in den ersten Jahren nach der Gründung den Vergleich mit der CDU, obwohl die deutschen Christdemokraten die AKP brüsk zurückwiesen und ihre Annäherung an die Europäische Volkspartei aktiv verhinderten. Die AKP wurde zu einem Sammelbecken für konservative und liberale Politiker, für religiöse und nationalistische Kräfte, für gläubige Kleinhandwerker und Großunternehmer, für türkische Hochschulabgänger und für einfache Leute mit Volksschulbildung. Um diese bunte Truppe zusammenzuhalten, fuhr die AKP-Führung einen pragmatischen Kurs; negativ ausgedrückt ließ sich auch von einer Zickzack-Politik sprechen, durch die viele Reformvorhaben auf der Strecke blieben oder in Minireförmchen endeten. Auf jeden Fall konnte die AKP in acht Jahren an der Regierung kaum ein Gesetz verabschieden, das den kernreligiösen Teil der türkischen Gesellschaft befriedigte. Ein Gesetz, das Studentinnen erlauben sollte, an Universitäten ein Kopftuch zu tragen, scheiterte 2008 vor dem Verfassungsgericht. Später wurde das Kopf-tuchverbot im Alltag aufgeweicht. Einige AKP-Politiker versuchten, das Trinken von Alkohol in der Öffentlichkeit einzuschränken. Doch in ihrer Regierungszeit von 2003 bis 2009 verdoppelte sich die Menge der alkoholischen Ge-tränke, die jährlich durch türkische Kehlen rannen.[13] Des-halb neigten streng gläubige Wähler in der Türkei zur isla-mistischen Saadet Partisi, der Glückseligkeitspartei, auf die der Altislamist Erbakan bis zu seinem Tod 2011 weiter star-ken Einfluss ausübte. Seine Wähler befürworteten in der Regel auch die Einführung der Scharia als Leitlinie türki-scher Gesetze. Noch in den 90er Jahren hatten sich bis zu 20 Prozent der Türken das islamische Recht gewünscht. Unter Erdogan waren nur noch rund acht Prozent dafür. Die tür-kischen Islamisten kamen bei den landesweiten Kommunal-wahlen 2009 auf rund fünf Prozent der Wählerstimmen. Sie saßen nicht im Parlament.

Die AKP dagegen war die einzige türkische Volkspar-tei − mit einer mächtigen wirtschaftlichen Basis im Hinter-grund, den anatolischen Aufsteigern, und mit dem Rück-halt der konservativen Massen der Türkei. Das Jahr 2007 sollte zu ihrem großen Triumph werden. Damals gewan-nen sie mit über 46 Prozent der Stimmen zum zweiten Mal die absolute Mehrheit im Parlament, noch im selben Jahr wurde der vorherige Außenminister Abdullah Gül zum Prä-sidenten gewählt. Die Repräsentanten der anatolischen Auf-steiger hatten damit die beiden wichtigsten politischen Pos-ten der Türkei erobert. Das Zentrum lag ihnen buchstäblich zu Füßen, Erdogan war auf dem Höhepunkt seiner Macht. Doch was hat er damit gemacht?

DER UNHEILVOLLE TÜRKISCHE ZENTRALISMUS

Um zu verstehen, wie ein Premierminister in Ankara re-giert, muss man sich die Möblierung dieser Stadt ansehen: breite Boulevards, Staub in der Luft, staatliche Bankgebäude, langgestreckte Verwaltungsklötze, Zäune und Stacheldrähte vor Militäranlagen, das massige Verteidigungsministerium, mehr Botschaften als Restaurants, Polizei an jeder Kreuzung, das Parlamentsgebäude aus dunklem Granit auf einem Berg genau 1923 Meter vom Grab Kemal Atatürks entfernt. 1923 ist das Gründungsdatum der säkularen Republik. Alles hat Symbolkraft im Zentrum des Staates. Alles, was die Türkei ausmacht, geht von dieser Mitte aus.

Von den Höhen des Premierministeramts in Ankara nahm sich die Türkei trotz ihrer Gebirge sehr flach aus. Die Behörden des extrem zentralistischen Staatsapparats bestimmten noch im letzten abgelegenen Dorf die Schullehrer oder legten die Preise für Haselnüsse fest. Ob Arbeitszulassung am Mittelmeer oder Reisepasserteilung in Ostanatolien, kein Verwaltungsakt, der nicht über die Schreibtische in Ankara ging. Der übertriebene Zentralismus wurzelte in Angst und Modernisierungszwängen zugleich. Beginnen wir mit der Angst, die in der Türkei lustvoll kultiviert wurde, ihr Name war Sèvres. In diesem Pariser Vorortnest hatten die Westmächte 1920 die Türkei nach erfolgreicher Besetzung aufgeteilt. Der ungleiche Friedensvertrag hielt nicht lang, die Rückeroberung des anatolischen Festlands durch Kemal Atatürk machte dem Spuk von Sèvres schnell ein Ende. In den 20er und 30er Jahren baute Kemal Atatürk einen straffen Zentralstaat auf, der seither bei Kemalisten und Nationalisten als sakrosankt galt.[14] Dieser Staat schaffte das Kalifat ab und schickte das Volk in die Grundschule. Er führte das lateinische Alphabet anstelle arabischer Schrift ein und baute riesige Industriekombinate. Die Planer in Ankara stießen das »rückständige Volk« in der Provinz vorwärts in die Moderne. Die Furcht aber ist geblieben. Dass das Volk zurück zu Religion und Tradition flüchten würde. Dass der Westen der Türkei ein »zweites Sèvres« aufzwingen könnte. Derlei Legenden wurden in Schulbüchern, Fernsehsendungen und Politikergeplauder wach gehalten. Der Zentralismus galt als so zwingend, weil Kemalisten und Nationalisten darin den Schutz vor Rückfall und Zerfall zugleich sahen.

Doch hatte der Zentralismus türkischer Machart einen gravierenden Nachteil. Weil alles auf Premier und Präsident in Ankara zulief, waren sie eigentlich viel zu mächtig. Ihnen fehlten die verfassungsrechtlichen Gegengewichte im Land. Deshalb hatten Kemalisten und Generäle eine merkwürdige Gewaltenteilung eingerichtet: Während die Regierung vom unkontrollierbaren Volk gewählt wurde und sich auf eine Mehrheit im Parlament stützte, sollten das Präsidialamt, das unantastbare Militär, das Verfassungsgericht und andere republikanische Institutionen in den Händen der klassischen Bürokratie bleiben. Staat und Regierung waren zweierlei. Die Eliten profitierten davon, dass die Türkei durch und durch zentralisiert war. Die Regionen waren machtlos, alle Wege führten durch Ankara. So konnten sie das vielfältige Land in Schach halten – und das vom Volk gewählte Kabinett. Die Verfassung, die die Generäle dem Land nach dem Putsch 1980 verschrieben, zementierte diese hierarchische Ordnung.

Tayyip Erdogan arrangierte sich mit der türkischen Verfassungslage in drei Schritten. Zunächst respektierte er als Reformer die alte Machtverteilung, dann übernahm er Methoden und Positionen seiner Widersacher, um seine Macht zu erweitern, schließlich begann er, die alte Ordnung umzubauen. Zwischen 2003 und 2006 machte sich Erdogan daran, das türkische Recht im großen Stile auf europäischen Zuschnitt zu bringen. Seine Regierung reformierte das Strafrecht und das Bürgerliche Gesetzbuch und drängte den Einfluss der Armee auf die Politik schrittweise zurück. Das Veto des kemalistischen Präsidenten Ahmet Necdet Sezer musste die AKP ein ums andere Mal hinnehmen. Mehr als Sezer befürworteten gläubige Muslime die Auflagen für einen Beitritt zur Europäischen Union. Vieles, was die EU der Türkei in den Beitrittsverhandlungen abforderte, deckte sich mit den Wünschen der anatolischen Aufsteiger: Achtung der Menschenrechte, Meinungsfreiheit, die Trennung von Militär und Politik, Zivilisierung der Polizei, Religionsfreiheit, Demokratisierung der Institutionen, Umschulung der Richter und Gerichte, die nicht den Staat verteidigen sollen, sondern das Recht. Auch Minderheiten, Christen und Kurden vor allem, profitierten von Erdogans Politik der Öffnung. Sein kraftvoller Reformkurs wurde Ende 2005 mit dem Beginn von EU-Beitrittsverhandlungen mit der Türkei belohnt.

Eine Putschdrohung per Internet beendete die relative Ruhe der ersten Amtszeit Erdogans. Es war im Frühling 2007, als der Premier die von den Wächtern der alten Ordnung gezogenen Linien überschritt. Erdogan wollte das Präsidentenamt, das bis dahin der Kemalist Sezer bekleidete, mit einem eigenen Mann besetzen. Abdullah Gül, der AKP-Außenminister, lief sich warm. Was in westlichen Demokratien ein völlig normaler Vorgang wäre, war in der Türkei eine Kampfansage. Der Generalstab ließ im April 2007 auf seiner Netzseite wissen, er könne auch eingreifen, wenn sich die Türkei nicht nach seinem Gusto entwickelte. Es begann eine Zeit des erbitterten politischen Kampfes, in dem es nicht um Islam oder Säkularismus ging, sondern um die nackte Macht. Im Folgejahr 2008 strengte das laizistisch dominierte Verfassungsgericht ein Parteiverbotsverfahren gegen die AKP an. Erdogan aber konnte die erste Schlacht für sich entscheiden. Abdullah Gül zog im Herbst 2007 in den Cankaya-Palast von Kemal Atatürk ein. Darum baute Erdogan Barrikaden: Er setzte die Volkswahl des Präsidenten durch, um seinen Widersachern die Rückeroberung des Präsidentenamtes zu erschweren. Im Jahr drauf scheiterte das AKP-Verbot vor dem Verfassungsgericht. Erdogan triumphierte.

Doch das Schicksal des Aufsteigers aus dem Werftenviertel Kasimpasa in Istanbul war: Je verbissener er kämpfte, desto mehr übernahm er bestimmte Positionen des türkischen Zentralstaats, die er früher selbst kritisiert hatte. Deutlich wurde die Anverwandlung des Außenseiters in seinen Konflikten mit freien Medien, in brutalen Polizeieinsätzen gegen regierungskritische Demonstranten, in seiner starren Politik gegenüber Armenien und im Zypernkonflikt, in seinen bisweilen provozierenden Äußerungen zur Kurdenfrage. Auffällig war, wie schnell seine Gefolgsleute es lernten, sich der Justiz zu bedienen. Diese gehorcht in der Türkei oft den Mächtigen und wendet widersprüchliche Gesetze gegen die Bürger an. Verhaftungen und Strafprozesse, die früher Erdogan selbst und linke wie rechte Oppositionelle aller Art trafen, richteten sich plötzlich gegen die Gegner der AKP.

Auch lernte der Premier von seinen Vorgängern die Kungelei alten Stils. Er beglückte bei der Aufgabe von Staatsaufträgen ihm nahestehende Konzerne. Besonders profitierte davon die von ihm bevorzugte Calik-Holding, die ihre Krakenarme in der Telekommunikations- und Energiewirtschaft, im Bau- und Finanzwesen sowie in den Medien ausstreckte, siehe die Privatisierung des Medienkonzerns ATV-Sabah im Dezember 2007. In den Staatsapparaten wurden AKP-Gefolgsleute mit Posten in Behörden und öffentlichen Unternehmen bedient. Mit der Armee raufte und kooperierte Erdogan, er traf sich regelmäßig mit dem Generalstabschef der Armee und suchte mit ihm gerade in der Kurdenfrage den Schulterschluss. Auf Kritik reagierte der Premier oft mit einer emotionalen und apodiktischen Rhetorik, die an frühere lautstarke Führer der Türkei erinnerte. Kein Zweifel: Tayyip Erdogan, der Mann aus der anatolischen Peripherie, war im Machtzentrum der Republik angekommen.[15]

Zum Testfall wurde die Haltung des Premiers zur hierarchischen Verfassung der Türkei. Erdogan und seine Mitstreiter hatten lange für eine Abkehr vom Zentralismus gekämpft. Doch nun, da sie selbst an der Regierung waren, fanden sie Geschmack daran. Durch die Wahl Abdullah Güls zum Präsidenten geriet die informelle kemalistische Gewaltenteilung durcheinander. Die Wahl des Kandidaten der Mehrheitspartei war für das nationalsäkulare Establishment ein schwerer Schlag. Der Präsident kam nicht mehr aus den Reihen der Bürokratie und der Armee, sondern aus der anatolischen Mittelklasse. Kaum gewählt, entdeckte Abdullah Gül die weitreichenden Hebel im Cankaya-Palast. Gül ernannte den Präsidenten des YÖK, der mächtigen Universitäts-Aufsichtsbehörde – sie ist ein wichtiges Werkzeug für die Ausbildung der türkischen Verwaltungs-

und Wirtschaftskader. Gül berief den Generaldirektor der staatlichen Sendergruppe TRT. Gül ernannte neue Verfassungsrichter. In den acht Jahren der AKP-Regierung veränderte sich die Türkei allmählich von der Staatsspitze bis zum Bürgermeisteramt, wie es in jedem derart stark zentralisierten Staat der Fall wäre. Die AKP wuchs in die zentralistischen Strukturen des türkischen Staats hinein. Ihr zunehmendes Selbstbewusstsein rührte auch aus der Stärke der Institutionen, welche die klassischen Eliten und die Armee einst zur Zementierung ihrer Macht geschaffen hatten. Die 1980 nach dem Putsch von Generalen abgesegnete Verfassung hielt dem Aufstieg der anatolischen Aufsteiger nicht mehr stand. Sie bot keinen Rahmen mehr für den freien politischen Wettbewerb im Land.

Gab es Aussichten auf eine grundlegende Verfassungsänderung? Als ich Tayyip Erdogan im März 2010 zum Interview traf, deutete er genau das an. Er kehrte gerade von einer Sitzung des Zentralkomitees zurück, auf der zahlreiche Gesetzesnovellen besprochen wurden. Deshalb konnte er meine Frage nach dem überfälligen neuen Grundgesetz gut parieren: »Nächste Woche wollen wir Verfassungsänderungen ins Parlament einbringen. Das Paket enthält (unter anderem) die Reform der Justizorgane, des höchsten Gerichts der Türkei und die Möglichkeit, Militärangehörige vor Zivilgerichte stellen zu können.«[16] Es ging um Erweiterung der Bürgerrechte, Verbesserung der Sozialrechte, Entmachtung der Militärjustiz. Erdogan war mit seinem Plan sichtlich zufrieden. Der Umbau des Staates, der mit der Volkswahl des Präsidenten begonnen hatte, nahm Form an. Doch das Gesetzespaket sollte der Auftakt für einen neuen Verfassungskonflikt werden. Die Opposition von Nationalisten und Kemalisten nahm rigorose Abwehrstellung ein. Am umstrittensten waren die Justizreformen, welche die Ernennungen für Richter am Verfassungsgericht und am Hohen Rat der Richter und Staatsanwälte veränderte. Was die AKP als EU-konforme Öffnung eines abgeschotteten, undurchsichtigen Verfahrens zur Bestellung der Richter präsentierte, sah die Opposition als weiteren Schritt zur Befestigung der

AKP-Herrschaft an. Das Wort von der autoritären Herrschaft machte die Runde. Aber Erdogan wusste das Volk die ganze Zeit hinter sich. Schließlich rief er die Türken in einem Referendum am 12. September 2010 zur Abstimmung. Und siegte überwältigend.

Das war kein »ziviler Putsch«, wie die nationalsäkularen Eliten behaupteten. Die scheinbare Übermacht der AKP lag in der Logik der alten hierarchischen Ordnung. Die Evolution fraß ihre Väter. Kemalisten und Generäle hatten diese Ordnung geschaffen und sahen sie nun durch die AKP und den Reformdruck der EU gefährdet. Unter dem Beifall aus Brüssel beschnitt Tayyip Erdogan die ausladende Macht der Armee. Mit der leicht renovierten Verfassung öffnete Erdogan die bisher geschlossenen Systeme der Justiz und begann, sie nach seinen Vorstellungen zu prägen. Mit jeder Reform verloren die Kemalisten allmählich ihre Bastionen – und Erdogan seine Konkurrenz im Staatsapparat.

Was aber blieb, war der Superzentralismus türkischer Machart. Genau hier lag das Problem. Nach über acht Jahren im Amt war die AKP-Regierung so allgegenwärtig wie Erdogans geräuschvoller Populismus. Das System gab seiner Neigung zur volkstribunhaften Selbstüberhöhung viel Raum. In Ankara bröckelten die Gegengewichte, im weiten Land fehlten sie ganz – dank dem überzüchteten Zentralismus. Jenseits der Hauptstadt sah die türkische Verfassung nur noch Entmündigung vor. Es ist bemerkenswert, dass in einem so heterogenen Staat wie der Türkei die Regionen so wenig Entscheidungsmacht besaßen. Zwar verabschiedete die AKP 2004 ein Gesetz, nach dem die Provinzen zumindest auf dem Papier ebenso viele Befugnisse erhalten sollten wie in europäischen Staaten.[17] Immer wieder versprach sie eine Dezentralisierung. Doch die Städte und Bezirke hatten keine ausreichenden Einkommensquellen, um diesen Rechten und Pflichten gerecht zu werden. Ihre Macht wurde durch einen widersinnigen Dualismus zwischen dem demokratisch gewählten Bürgermeister und einem von der Regierung entsandten Gouverneur zusätzlich geschwächt. Weder die armen kurdischen Provinzen im Osten noch die reicheren

Westprovinzen mit der laizistischen Festung Izmir, wo die kemalistische CHP traditionell die Mehrheit hatte, verfügten in Ankara über einflussreiche Interessenvertretungen. Zwischen Staatsspitze und Peripherie gab es keinerlei wirkliche Gewaltenteilung. Die Provinzen wurden nicht an gesamttürkischen Entscheidungsprozessen beteiligt, und es gab keine Institution, die eine solche Beteiligung ermöglichte. Regionen, Kommunen und Städte waren von der politischen Mitbestimmung *de facto* ausgeschlossen. Das war das größte Hindernis auf dem Weg zu einer echten Demokratie.[18]

Die meisten türkischen Politiker sahen darin kurioserweise kein Problem. Und das lag an dem Geburtsfehler der türkischen Republik: der ungelösten Kurdenfrage. Die einzigen politischen Kräfte, die laut »Weg mit dem Zentralismus!« riefen, waren die Kurden. Die prokurdische BDP verlangte mehr Selbstverwaltung und mehr Geld für Städte und Regionen im Osten. Deren Einkünfte gingen über Müllsteuern kaum hinaus. Der Bürgermeister von Diyarbakir forderte lokale Parlamente, dazu regionale Symbole. Wahrscheinlich wäre die Regionalisierung ein nachhaltiger und intelligenter Weg, das Kurdenproblem zu entschärfen und zugleich die politischen Gleichgewichte in Ankara neu auszutarieren. Aber die meisten türkischen Politiker bestanden auf Zentralismus gerade deshalb, weil die Kurden dagegen waren. Der Einheitsstaat war eines der vielen Tabus der türkischen Republik. Für Kemalisten und Nationalisten kam jede Form lokaler Selbstverwaltung der Selbstauflösung des Landes gleich. Erdogan selbst konnte angesichts der Verweigerungsfront ganz entspannt bleiben. Als Herr über Haselnusspreise und Lehrerverschickung, über Ankara und die Provinzen zugleich, hatte er keine Eile, seine Befugnisse zu beschneiden. Er dachte bisweilen laut über den Aufbau eines neuen Systems mit einem gewählten, starken Präsidenten nach – was sofort Befürchtungen über einen allgewaltigen Präsidialpopulismus provozierte. Das Land war schon überzentralisiert und gerade deshalb so tief gespalten.

Der Türkei – einer unvollendeten Demokratie – fehlt das Gegengewicht zur alles beherrschenden Mitte der Republik. Diesen Ausgleich zu schaffen, wird die Probe auf die demokratische Gesinnung der AKP. Benutzt sie ihre Machtfülle zur Verfassungsreform in Abstimmung mit der Opposition – oder nur zum Ausbau der eigenen Macht? Entwickelt sie die Türkei fort in Richtung Dezentralisierung und Demokratisierung? Oder tauscht sie nur die Leute aus und marschiert voran in einen übermächtigen Zentralstaat mit autoritären Zügen? Die gläubigen anatolischen Aufsteiger haben eindrucksvoll gezeigt, wie man nacheinander die Wirtschaft, die Universitäten, die Medien, den öffentlichen Raum und das politische Zentrum erobert. Sie müssen nun beweisen, dass sie bereit sind, die Macht auf Dauer mit ihren Gegnern zu teilen.

Anmerkungen

1   AKP steht für Adalet ve Kalkinma Partisi, auf deutsch: Partei für Gerechtigkeit und Entwicklung.

2   »›Im Finale halte ich zu Deutschland‹. Gespräch mit dem türkischen Ministerpräsidenten Tayyip Erdogan«, in: *Die Zeit*, Nr. 13, 25. März 2010.

3   *Islamische Calvinisten. Umbruch und Konservatismus in Zentralanatolien*, Bericht der European Stability Initiative, Berlin/Istanbul, 19. September 2005, S. 7.

4   Günter Seufert: *Café Istanbul. Alltag, Religion und Politik in der modernen Türkei*, Beck, München 1999, S. 124.

5   Gespräch mit Sahin Alpay, Politikwissenschaftler und Publizist an der Bahcesehir-Universität, 16. Februar 2008. Siehe auch Gül Berna Özcan, Murat Cokgezen: »Trusted Markets, The Exchanges of Islamic Companies«, in: *Comparative Economic Studies*, 2006, 48, S. 132–155, S. 135.

6   Hasan Kosebalaban: »The Rise of Anatolian Cities and the Failure of the Modernization Paradigm«, in: *Critique: Critical Middle Eastern Studies*, Band 16, Nr. 3, Herbst 2007, S. 229–240, S. 235.

7   Sehr aufschlussreich dazu das Buch von Helen Rose Ebaugh: *The Gülen Movement. A Sociological Analysis of a Civic Movement Rooted in Moderate Islam*, Springer Science and Business Media, Dordrecht u.a., 2010.

8   Auf Türkisch: Saadet Partisi.

9   Sebnem Gumuscu: *Economic Liberalization, Devout Bourgeoisie, and Change in Political Islam. Comparing Turkey and Egypt*, European University Institute, RSCAS Working Papers 2008/19, S. 9.

10 Cumali Önal: »Müslüman Kardesler. AK Parti laik, biz ise Islami bir partiyiz«, in: *Zaman*, 21. Oktober 2008.

11 Günter Seufert: *Neue pro-islamische Parteien in der Türkei*, Studie der Stiftung Wissenschaft und Politik, Berlin, März 2002, S. 18.

12 Die al-Wasat-Partei, siehe das vorhergehende Kapitel über die Islamisten.

13 »Alcohol Consumption Up, Government Agency Says«, in: *Hürriyet Daily News*, 29. Januar 2011.

14 Rainer Hermann: *Wohin geht die türkische Gesellschaft? Kulturkampf in der Türkei*, dtv, München 2008, S. 33.

15 Michael Thumann: »Turkey's Role Reversals«, in: *The Wilson Quarterly*, Sommer 2010, Band XXXIV, No. 3, S. 28–33. S. 33.

16 Gespräch mit dem türkischen Ministerpräsidenten, in: *Die Zeit*, Nr. 13, 25. März 2010.

17 Der kemalistische Präsident Necdet Ahmet Sezer legte dagegen sein Veto ein, siehe: »Sezer's Veto on Reform Complicated Problems for Kurdish Question«, in: *Today's Zaman*, 7. Januar 2011.

18 Michael Thumann: *A Very Secular Affair. The Power Struggle of Turkey's Elites*, Transatlantic Academy Paper Series, Washington, DC, April 2010, S. 16.

OBRISTEN:
DIE LETZTE HOFFNUNG
DER BEDRÄNGTEN ELITEN

In Istanbul ist es eigentlich immer zu eng. Zu viele Häuser, zu viele Autos, zu viele Menschen. Die Ausnahme machen der Bosporus und seine erfrischenden grünen Stadtviertel. Doch selbst am Wasser wird der Platz allmählich knapp, zumindest dem Gefühl nach. Es war einer dieser drückenden Sommertage 2009 in Arnavutköy am Bosporus, als drei Paare – die Frauen mit Kopftuch – ein elegantes Ufercafé betraten. Sie waren mit diesen chromblitzenden Geländewagen vorgefahren, ohne die der erfolgreiche Istanbuler in der vollgepackten Stadt einfach nicht mehr vorankommt. Ein schöner Tisch mit Blick auf die asiatische Seite des Bosporus war für sie reserviert. Sie bestellten Tee und türkischen Honigkuchen. Kurz nach ihnen kamen zwei weitere Frauen mit ihren Ehemännern in das Café, in hochhackigen Schuhen, mit offenem blond gefärbtem Haar. Der einzige freie Tisch war neben den gutsituierten Kopftuchfrauen, was den blonden Frauen sichtlich missfiel. Der Kellner schlug vor, dass sie kurz an der Bar auf einen anderen freien Tisch warteten. Doch die Zeit war knapp. Eine der Blondierten trat an den Tisch der gläubigen Muslime heran und bat sie, den Tisch freizumachen. Die schüttelten überrascht den Kopf. Die Blondierte sagte: »Sie müssen gehen. Das ist hier nicht *Ihr* Stadtteil.« Dann wurde es laut im Café, so laut, dass alle fünf Paare schließlich gehen mussten.

Diese Szene am Bosporus leuchtet den tiefen Konflikt in der türkischen Gesellschaft scharf aus. Hier giften nicht Säkulare die Islamisten an, nicht Arme die Reichen, nicht westorientierte Türken die auf den Osten fixierten. Es ist eine Fehde der Arrivierten, in der die etablierten Schichten der Türkei gegen die neuen Aufsteiger mobil machen und umgekehrt. Die Luft ist geladen, die Nerven liegen blank. Die klassischen Eliten im Dunstkreis der Armee und der hohen Bürokratie dominierten seit Gründung der Türkei 1923 den öffentlichen Raum und die Institutionen. Mit jedem weiteren Regierungsjahr der konservativen AKP von Premier Tayyip Erdogan verlieren sie ihre Vorherrschaft, wie ich im vorigen Kapitel zu zeigen versuchte. Sie reagieren gereizt auf jeden Schritt voran, den die Aufsteiger machen – sei es in den Ämtern von Ankara, in den Konzernetagen oder in einem Café.

Dieser Konflikt ist kein türkischer allein. Er schwelt gleich einem Flächenbrand in vielen Gesellschaften Asiens, Afrikas und Lateinamerikas. Etwas anders geartet auch in der westlichen Welt. Doch im Nahen Osten gewinnt er durch die religiöse Tünche eine besondere Schärfe. Am besten lässt sich das in der Türkei und in Ägypten beobachten, zwei Ländern mit einer langen Staatstradition, einer erfahrenen, großen Bürokratie und einer Bevölkerung von weit über 70 Millionen. Der Aufstieg gläubiger Muslime fordert in den beiden Großstaaten am östlichen Mittelmeer jene etablierten Klassen heraus, die den (oft autoritären) Staat als Hüter ihres Lebensstils und als Teil ihrer Identität begreifen.

Diese Schicht ist ein Produkt der ruckartigen Modernisierung Ägyptens und der Türkei im 20. Jahrhundert. Sie sollte nicht verwechselt werden mit jener Mittelklasse aus liberalen Intellektuellen, säkularen Studenten und Professoren, Bürgerrechtlern, die westliche Werte teilen und zumindest bis zur ägyptischen Revolution in den meisten Ländern des Nahen und Mittleren Ostens ein Randdasein fristeten.[1] Die obere Mittelklasse, von der hier die Rede ist, gehörte stets zum »Klub der Mächtigen«. Auch sie blickte nach Westen, auf ihre Weise. Diese Klubs pflügten ihre Länder von oben um, setzten die Industrialisierung durch, bauten die Städte in die Höhe, bliesen die Bürokratie auf. Als leitende Ingenieure, Direktoren, Ministerialbeamte, Offiziere, Polizeichefs, Ärzte und Rechtsanwälte in Staatsdiensten stießen sie ihre Länder in die Moderne und waren die Ersten, die davon profitierten. Am wachsenden Wohlstand konnten vor allem jene teilhaben, die eine gute staatliche Schule besuchten, von ihren Eltern ins Ausland für einen zweiten guten Abschluss geschickt wurden und dann in der Bürokratie die Leiter hinaufkletterten. »Wer diesen Weg einschlug«, schreibt der Historiker Tamim Ansary, »endete vermutlich als Anzugträger und lebte ein Leben, das sich kaum vom Leben der Menschen im Westen unterschied. Ihr Alltag wurde von Uhren bestimmt, sie lebten in Kleinfamilien, in ihrer Freizeit tranken sie Alkohol und gingen in Tanzklubs oder in die Oper. Ihre Kinder hörten Rock'n Roll, machten schon als Jugendliche ihre ersten sexuellen Erfahrungen und wählten ihre Partner selbst.«[2]

Wer diesen Weg nicht ging, hüllte sich in eher traditionelle Kluft, lebte stärker nach religiösen Ritualen, in riesigen, unübersichtlichen Familien mit fürsorglichen Onkeln und Tanten, die alle gern bereit waren, auf der Stelle eine Braut oder einen Bräutigam für einen jungen Menschen zu finden. Auf diese Leute blickte die Schicht der Anzugträger oft herunter und hielt sie für rückständig, was sie aus bestimmten Blickwinkeln auch waren. Doch hatten die Anzugträger damit kein grundsätzliches Problem. Man richtete alsbald Volksschulen ein, damit die Verlierer der Modernisierung wenigstens lesen und schreiben lernten. Das eigentliche Problem entstand erst in den vergangenen Jahrzehnten, als die vermeintlich Rückständigen plötzlich einen Anzug anlegten, wie wir im vorigen Kapitel gesehen haben. Dieses Kapitel soll sich hingegen mit der Reaktion der alten Oberschicht der Türkei und Ägyptens befassen. Wie »westlich« sind diese Eliten? Wie ist ihr Verhältnis zur Demokratie? Wie säkular sind sie? Wie verteidigen sie ihren Status? Unser Rundgang beginnt in Istanbul.

DIE KINDER VON KEMAL ATATÜRK

Wenige Tage nach dem geräuschvollen Café-Streit in Arnavutköy im Juli 2009 verabredete ich mich mit einigen Vertretern der klassischen türkischen Eliten, um mir ihre Sorgen anzuhören. Sie waren in den schönen Stadtteilen Istanbuls entlang des Bosporus nicht schwer zu finden. Wo man einen schönen Blick aufs Meer hat, ist die säkulare Klasse weitgehend unter sich, die Wohnungen und Häuser werden an Söhne und Töchter vererbt. Man sieht sie dann in den Cafés und Fischrestaurants sitzen, in den Nachtklubs tanzen und in Schwimmbädern planschen, die mit Jachtanlegestellen in die Meerenge hinausgebaut sind. Nicht alles ist *il dolce far niente*. Die Söhne und Töchter müssen hart studieren, später arbeiten, um den Standard ihrer Eltern zu erhalten, sie kämpfen sich im Jeep stundenlang durch den Verkehr der verstopften Metropole Istanbul ins Büro. Es ist ein Kampf auf höherem Niveau.

Die gutsituierten Türken, die ich in diesen Cafés traf, waren Dolmetscher, Journalisten oder arbeiteten für Wohltätigkeitsvereine. Ihre Eltern waren Diplomaten und Offiziere, Institutsleiter und Geschichtslehrer. Sie hatten alle längere Zeit im westlichen Ausland gelebt, als Korrespondenten oder Kinder von entsandten Diplomaten, in Handelsmissionen. In Istanbul besuchten sie Eliteschulen, das französischsprachige Galatasaray-Gymnasium, die deutsche Schule, manche später eine der englischsprachigen Universitäten. Diese Schulen nehmen nur eine sehr begrenzte Anzahl von Studenten auf, wer es durch die Eingangstür schafft, der fällt aus dem System kaum mehr heraus. Vorfahren, Ausbildung, Status führen im – der Theorie nach klassenlosen[3] – Gesellschaftsgefüge der Türkei zu einem höheren Status. Ein »Wert durch Ausnahmestellung«[4], ein Elitenbewusstsein entsteht. »Mein Mann studierte am Sankt-Josephs-Gymnasium, mein Großvater war ein leitender Arzt in der Armee«, sagte eine meiner Gesprächspartnerinnen. »Das vermittelt Ihnen eine Vorstellung davon, wer ich bin.« Doch ist das Selbstbewusstsein erstaunlich dünn. Als ich nach den Namen fragte, baten mich bis auf den Journalisten alle, anonym zu bleiben. Sie glaubten nicht, frei reden zu können, blickten sich mitunter um, erweckten den Eindruck von Verfolgten. Sie fühlten sich nicht mehr richtig sicher mit ihren Schutzschilden von Herkunft und Ausbildung und Staatsjob, fürchteten, dieser Schutz werde systematisch entwertet.

Ein Verlustgefühl hatte die klassische Elite der Türkei erfasst. Sie erkannte, dass zwei fundamentale Umwälzungen der Türkei gegen sie arbeiteten: die Massenwanderung von verarmten Türken aus Anatolien in die großen Städte Istanbul, Ankara und Izmir seit den 50er Jahren; die wirtschaftliche Liberalisierung und der Aufstieg des anatolischen Mittelstands seit den 80er Jahren. Die Immigration der Ärmeren veränderte das Bild türkischer Städte. Die Zugezogenen verweigerten sich der Etikette und den Umgangsformen der Großstadt, jener »kultivierten« Metropole, die als Heimat und Wohnstube bis dahin vor allem den gehobenen Klassen gehört hatte. Noch 1950 hatte Istanbul gerade mal eine Million Einwohner, heute zählt die Stadt mit den endlosen Vororten mehr als 16 Millionen. Die Dolmetscherin ärgerte sich bei einem Caffè Latte über die »Invasion der Landmassen«, fand sie »respektlos und raumgreifend«. Sie würden in den Bussen drängeln, auf der Straße jedem auf die Füße treten, ohne ein Wort des Bedauerns. Überall würden sie ihr stark riechendes Essen mitbringen und an Ort und Stelle verschlingen. Mit den Händen. Lahmacun zum Beispiel, eine scharf gewürzte Fleischpizza, oder Cig köfte, eine Art Frikadelle. »Und das gilt heute als türkisches Essen!«, klagte die Dolmetscherin und stellte resigniert fest: »Anatolien hat Istanbul erobert.« Die urbane Kultur des alten Istanbuls sei von den Bräuchen und Waren der »unzivilisierten« und »schlecht erzogenen« Leute verdrängt worden. »Nun fühlen wir klassischen Istanbuler uns verdrängt.«

Was war das klassische Istanbul? Ein wenig klingt die Erinnerung älterer Oberklasse-Türken wie ein Märchen, das in den Geschichtsbüchern nicht recht zu finden ist. Es sei »ihre« Stadt gewesen, in der ihnen keine »Fremden« die Hoheit auf Straßen und Plätzen streitig machten. Da hätten die

Türken mit Griechen und Armeniern angeblich in urbaner Eintracht gelebt.[5] Da hätten die Städter gewusst, wie Messer und Gabel und der Mokka nach dem Mahl zu halten seien. Da seien die Damen und Herren auf der Grande Rue de Pera im ehemals lateinischen Viertel Istanbuls in »Hüten und Handschuhen« flaniert, statt hastig einen Lahmacun herunterzuschlingen und die Hände am T-Shirt abzuwischen.[6]

Doch die Herrschaft der klassischen Eliten beschränkte sich nicht aufs Flanieren. Von Beginn der türkischen Republik an verstand sich die führende Klasse als »Erzieher« nach dem Vorbild des legendären Gründervaters Mustafa Kemal Atatürk. Der General und Oberlehrer der Türken reiste in den 20er Jahren höchstpersönlich über die Dörfer und brachte auf der mobilen Schiefertafel Bauern und Kutschern das Lesen bei. Mustafa Kemal machte die Türkei zu einem der großen Modernisierungsprojekte im Osten Europas, teilweise ähnlich der zeitgleichen Modernisierung der Bolschewiki in Russland. Die Abschaffung des Kalifats und der Sonderstellung Konstantinopels als Hauptstadt, die Alphabetisierung Anatoliens und die Einführung lateinischer Buchstaben für das Türkische, das Gebot einer westlichen Kleiderordnung sowie das Verbot traditioneller Hüte war eine gesellschaftliche Revolution, die von Atatürk und seinen Epigonen, den »Kemalisten«, rigoros durchgesetzt wurde.[7] Der moderne türkische Nationalstaat entstand. Seine Elite meinte, den »Wunsch und Willen der türkischen Nation« zu kennen, »die sich nicht ausreichend zu artikulieren« vermochte und einer Vertretung bedurfte.[8] Erziehung und Ausbildung als Königsdisziplinen der Bürokratie wurden streng zentralisiert im Ministerium für Nationale Bildung. Diese Behörde schickte Tausende von jungen Lehrern in die Provinzen, um das Volk in einem groß angelegten Unterrichtsfeldzug Wort und Schrift und das rechte Bewusstsein zu lehren. Sie wurden »Soldaten der Bildungsarmee« genannt, unter dem weisen Kommando des »Cheferziehers« Atatürk.[9]

Religion spielte in der türkischen Erziehungsdiktatur der frühen Jahre eine wichtige Rolle. Auf den ersten Blick sah es so aus, als würde Religion wie in der Sowjetunion verbannt und verboten. Mustafa Kemal schickte den Kalifen in die Wüste, er löste den Staatsapparat vom Islam. Gleichzeitig aber ließ er 1924 eine Religionsbehörde gründen, die fortan die Religion nicht verbot, sondern »türkisierte«. Freitagspredigten wurden nicht mehr auf Arabisch, sondern auf Türkisch abgehalten. Die Religion wurde zu einer Art nationalem Islam umdefiniert, zu einem Bekenntnis, das der loyale, moderne türkische Staatsbürger abzulegen hatte. Der Türke war Muslim, die Türkei entwickelte sich zu einer »Religionsnation«.[10] In diesem Verständnis vereinte die Türken neben ihren sprachlichen, geschichtlichen und kulturellen Gemeinsamkeiten vor allem auch ihre Religion. Türkische Griechen, Armenier und andere Nichtmuslime blieben seither unter dem Generalverdacht, eine fünfte Kolonne anderer Mächte zu sein. »Der kemalistische Staat nutzte von Anbeginn den sunnitischen Islam für den Nationenbau und für die Beurteilung der Zuverlässigkeit seiner Bürger.«[11] So wie die Türkei haben auch arabische Staaten die Religion für die Bildung der Nation und als Herrschaftsinstrument eingesetzt. Das werden wir weiter unten im Falle Ägyptens noch sehen.

Der türkische Laizismus, den Atatürk als ein ehernes Prinzip der Republik einrichtete, war also kein Laizismus im Sinne der strengen Trennung von Staat und Religion. Er war Teil der äußerlichen Verwestlichung der Türkei in den 30er Jahren, die vor allem auf die Zurückdrängung der Religion aus dem öffentlichen Leben abzielte. Laizismus wurde zur »Ersatzreligion«.[12] Glaube und Religiosität durften gemäß der kemalistischen Ideologie in der Politik keine Rolle mehr spielen, religiöse Formen politischer Organisation wurden geächtet. Vor allem aber sollte die Religion im Alltag nicht mehr sichtbar sein. Dabei ging es meist um Augenschein und Ausgehsitten: Zylinder statt Fes, Anzug statt Kaftan, Röcke statt Ganzkörperkostüm, Whisky statt Fruchtsaft, Menükarte statt Großfamilienschüsseln, Tango statt Ringelreihen, Operetten statt Arabeske, offenes Haar statt Kopftuch.

Letzteres ist heute in der Türkei zum Symbol der erbitterten Auseinandersetzungen geworden. Oberflächlich sieht
es wie ein Kulturkampf aus. Viele Kemalisten, darunter auch
meine Gesprächspartner in den Cafés von Arnavutköy, erregen sich über die Kopftücher der Ehefrauen von Politikern der konservativen Regierungspartei. Sowohl die Frau
des Premiers wie die Frau des Präsidenten tragen – von De-
signern gestylte – Kopftücher. Die unwillkommenen gläubigen Besucher der eleganten Bosporus-Cafés tragen ganz
ähnliche Tücher. Die Dolmetscherin klagte über das Gefühl, nach bald einem Jahrzehnt der AKP-Herrschaft von
Kopftuchträgerinnen umzingelt zu sein. Doch dieser Eindruck trügt. Tatsächlich ist die Zahl der Kopftuchträgerinnen unter der AKP-Regierung sogar zurückgegangen.[13]
Was sich verändert hat, ist die Sichtbarkeit der gläubigen
Frauen. Sie gehen heute in denselben öffentlichen Raum,
den die klassischen Eliten einst für sich reserviert hatten, in
dieselben Einkaufsstraßen, in dieselben Cafés. Das ist kein
Kulturkampf. Hier geht es um die angestammten und ange-
strebten Plätze in der Gesellschaft, um kemalistische Erbhöfe
und anatolische Eindringlinge, um Jobs und Posten, um die
Macht im Land. Auch Rache spielt eine Rolle. Ein AKP-
Hinterbänkler aus der anatolischen Stadt Kahramanmaras
drückte 2010 das Bedürfnis einiger anatolischer Aufsteiger aus, es den »kemalistischen Zuchtmeistern« mal richtig
zu zeigen: »In diesem Land haben sie jahrzehntelang jeden
auf die schwarze Liste gesetzt, dessen Tochter ein Kopftuch
trug … Sie haben alle konservativen Menschen diskrimi-
niert, jeden, der im Ramadan fastete. Jetzt werden *wir* sie auf
die schwarze Liste setzen.«[14] Der Mann wurde von der Par-
teiführung sofort zurückgepfiffen.

Doch die Angst sitzt den klassischen Eliten schon länger
im Nacken. Im Sommer 2009 besuchte ich Ali Sirmen in
seiner Istanbuler Stadtwohnung. Sirmen war Kommentator
der traditionsreichen kemalistischen Zeitung *Cumhuriyet*,
die für Jahrzehnte *das* meinungsbildende Blatt der türkischen Eliten gewesen war. Doch 2009 pflegte sie mit vielen
nationalistischen Artikeln und Verschwörungstheorien oft

die Neurosen ihrer Leser, die Auflage war auf knapp 60 000 Exemplare gesunken. Ali Sirmen gehörte zu den klugen Köpfen der Zeitung mit einer stets scharfkantigen Meinung. Es saß in seinem Wohnzimmer, das in einem Film über eine gutbürgerliche westliche Familie aus den 50er Jahren als perfekte Kulisse hätte dienen können. Sirmen klagte über den Verfall der Sitten, doch er meinte das politisch. Er erregte sich über den juristischen »Rachefeldzug der AKP-Regierung«, den sogenannten Ergenekon-Prozess, in dessen Verlauf nationalsäkulare Generäle, Politiker und Journalisten verhaftet wurden.[15] Mehrere Kollegen aus der Redaktion von *Cumhuriyet* saßen in Untersuchungshaft. Sirmen erinnerte daran, dass er als »Linker« in den Militärputschen von 1971 und 1980 auch im Gefängnis saß. Heute würde wieder geputscht.

Ich war überrascht, da die Armee doch eher in der Defensive sei. Was meinte er? »Die Türkei ist in einer Situation wie Deutschland 1933, als der Reichstag brannte«, sagte Sirmen. »Es ist ein Coup d'état der Zivilisten.« Die AKP-Regierung tausche alle leitenden Kader aus. Meinen Einwand, das würde jede demokratische Regierung im Westen auch tun, wenn sie es könne, ließ er nicht gelten. »Das ist bei uns nie so gewesen. Wir hatten stets staatliche Kontinuität.« Mit Demokratie habe der Machthunger der Regierung nichts zu tun, wenn sie die Kompetenzen der Armee zurückstutze. »Statt der Armee müssen bei uns erstmal die Zivilisten demokratisiert werden.« Ich fragte ihn, ob nicht genau das durch die EU-Beitrittsverhandlungen der Türkei geschehe. Er lachte ironisch. Die EU wolle die Türkei nicht, sie stütze die Regierung aber, um das Land zu schwächen, damit ihr keine Konkurrenz erwachse. Der stärkste Rückhalt der Regierung jedoch komme aus den Vereinigten Staaten, von dort, wo auch der regierungsfreundliche Prediger Fetullah Gülen Asyl erhalten habe.[16] »Die US-Regierung und einflussreiche Lobbygruppen in Washington stützen Erdogan.« Der Premier erfülle seinen Auftrag. Er spiele das von den Amerikanern gewünschte Modell eines »moderaten Islam« im Mittleren Osten und dürfe dafür die Türkei islamisieren. Er öffne den türkischen Markt für das amerikanische Finanzkapital. Er spiele der jüdischen Lobby an der Ostküste in die Hand. Er arbeite mit den Amerikanern militärisch zusammen. In einem Wort: der Westen ist für Erdogan und gegen die bedrohten klassischen Eliten der Türkei. Dieses Bewusstsein hatte sich bei vielen Kemalisten eingefressen. Ausgerechnet sie, die Vorhut westlicher Zivilisation im Nahen Osten, wurden in diesen dramatischen Jahren der Türkei vom Westen im Stich gelassen. Also mussten die klassischen Eliten sich allein verteidigen. Welche Mittel ihnen noch zur Verfügung standen, ließ sich in den Jahren seit 2007 eindrücklich beobachten.

Im April 2007 zündete der türkische Generalstab im politischen Ankara eine Bombe. Es war virtueller Sprengstoff in Form eines Memorandums, im dem die höchsten Offiziere der Türkei die konservative Regierung warnten, nicht zu weit zu gehen. Der Streit ging um die Besetzung des Präsidentenamtes, das ein Kemalist und Vertreter des Establishments besetzt hatte. Nun strebte der gläubige Muslim und AKP-Politiker Abdullah Gül mit seiner Kopftuchehefrau auf den Posten von Kemal Atatürk. Das kemalistische Establishment fühlte sich herausgefordert und mobilisierte das Militär, die Justiz, die Medien und sich selbst. Die Armee drückte ihre »Besorgnis« aus und erklärte sich zum »unbeugsamen Verteidiger des Säkularismus«. Das war eine kaum verhüllte Putschdrohung. Und wenn man den Ermittlern in dem Ergenekon-Hochverratsprozess glauben will, war dieser Versuch nur einer von vielen Plänen seit 2003, die AKP-Regierung zu stürzen. Das Verfassungsgericht leistete Schützenhilfe. Es stellte im April 2007 neue Regeln für die Präsidentenwahl auf und konnte Güls Wahl um ein halbes Jahr aufschieben. Die säkularen Medien schossen sich auf die Regierung ein. Im Mai 2007 strömten, von kemalistischen Verbänden organisiert, Tausende Demonstranten auf die Straßen von Ankara, Izmir und Istanbul, schließlich waren es Hunderttausende. Unter ihnen waren auch viele eher unpolitische Bürger, die ihr Unbehagen am Machtkampf in Ankara ausdrückten. Aber die Kemalisten gaben den Ton an und hielten ihre Banner hoch: »Atatürks Jugend tut ihren Dienst!«, »Wir sind alle Kemalisten!«, »Die Türkei ist säkular und wird es bleiben.« Ein Jahr später rüstete die Justiz weiter auf. Diesmal versuchten Staatsanwälte, die AKP als »Kristallisationspunkt antisäkularer Aktivitäten« zu verbieten. Die AKP musste sich ständiger Angriffe der säkularen Eliten erwehren. Dass sie überlebte, lag weniger an ihr als an der Schwäche der Gegner.

Die Schwerter der Kemalisten waren stumpf geworden. Die Putschandrohung verhallte und war den meisten Türken nur noch peinlich, da selbst viele Säkulare das Eingreifen des Militärs für ewiggestrig hielten. Anders als bei den Coups der 60er bis 80er Jahre hatte die Armee für eine Intervention keine Mehrheit mehr im Volk. Das Verbotsverfahren für die AKP im Verfassungsgericht scheiterte. Die Richter wollten nicht die ersten Juristen eines NATO-Landes und EU-Kandidaten sein, die ihre eigene Regierung verbieten. Die Medien arrangierten sich irgendwann mit der Regierung oder wurden wie im Fall des Dogan-Imperiums von den Finanzbehörden mit hohen Steuernachzahlungen eingeschüchtert. Die Massendemonstrationen hatten einmaligen Charakter, der Atatürk'sche Geist der Stunde verflüchtigte sich. Stattdessen gelang es der AKP, Abdullah Gül als Präsidenten durchzusetzen. Sie konnte die Wahlen 2007 mit überwältigender Mehrheit gewinnen. Sie ging anschließend daran, den Einfluss kemalistischer Festungen wie der Armee zurückzudrängen[17] und nach einem Verfassungsreferendum 2010 die Besetzung der hohen Gerichte zu verändern. So sehen Sieger aus.

Die klassischen Eliten fürchten nun, auf der Verliererseite der Geschichte zu stehen. Allmählich erkennen manche von ihnen die Ursachen. Zu lange weinten sie der von Generalen gegründeten Erziehungsdiktatur nach, zu lange setzten sie auf die ordnende Hand der Obristen, zu lange hofften sie auf die unrechtsstaatlichen Verbotsverfahren der hohen kemalistischen Justiz. Umzingelt von anatolischen Migranten, von religiösen Aufsteigern und Nationalisten mit Kopftuch sehnten sie sich nach einer Halbdemokratie, nach einer Auszeit von der Volksherrschaft. Darüber haben sie ihren festen, gesicherten Platz in der politischen Arena der Türkei verloren. Denn die Türkei hat sich – bei allen Defiziten – in den vergangenen 20 Jahren zu einer stabileren Demokratie entwickelt: mit einem friedlichen politischen Umfeld, weniger politischen Mordanschlägen, breiter Diskussion über die Zukunft des Landes, weniger Eingriffsmöglichkeiten für Generäle.[18] Mit der Demokratisierung ist der offene politische Wettbewerb härter geworden. Die klassischen Eliten sind häufig zu individualistisch, zu schlecht organisiert, zu unpolitisch. Ihnen fehlen die hoch motivierten Verbände und Denkfabriken, die hinter der AKP stehen. Ihnen fehlt eine in breiten Volksschichten aufgestellte, durchschlagsfähige, populäre Partei, die in Wahlen triumphieren kann. Ihnen fehlt ein positives politisches Projekt für die Zukunft der Türkei. Ob der im Mai 2010 gewählte volksnahe Vorsitzende der kemalistischen Staatspartei CHP[19] Kemal Kilicdaroglu das alles herbeizaubern kann, steht zum Beweis aus. Gegenüber seinem Vorgänger Deniz Baykal wirkt er erfrischend unideologisch. Seine Last ist die Partei. Die von Grabenkämpfen gezeichnete CHP konnte nicht mehr allein regieren, seit es in der Türkei freie Wahlen gab. Das war 1950.

DER UNWIDERSTEHLICHE CHARME DER OBRIGKEIT IN ÄGYPTEN

Das Bündnis von oberer Mittelklasse, Armee und Bürokratie findet sich in vielen Schwellenländern wieder. Überall dort, wo Wirtschaftskrisen, rascher Aufschwung und Verarmung die Gesellschaften umwälzen, neigen bedrohte Eliten und schwache Stände dazu, sich mit den vermeintlich Stärksten im Lande zusammenzutun. In diesen Ländern sind die gehobenen Schichten oft gerade nicht die Stütze der Demokratie und widersprechen der Gewissheit, an die wir uns im Westen nach dem Zweiten Weltkrieg gewöhnt haben. Diese verängstigten Bürger entwickeln eine Schwäche für autoritäre Lösungen. In Russland zum Beispiel unterstützten die technokratischen Eliten, die Industriedirektoren, die alten Bürokraten den Aufstieg des ehemaligen Geheimdienstchefs Wladimir Putin seit 1999. Sie bilden das Rückgrat der russischen »Einheitspartei«, die heute im Auftrag von Premierminister Putin das Parlament und die über 80 Regionen dominiert. In Pakistan haben sich die Oberschichten mit den Generälen gemein gemacht, damit diese sie vor islamistischen und neofundamentalistischen Bewegungen im Land schützen. Diese Bündnisse sind eine Umkehrung des Prinzips aus dem amerikanischen Unabhängigkeitskrieg im späten 18. Jahrhundert: »No taxation without representation.« Damals protestierten die Amerikaner gegen die britischen Herrscher, die von ihnen Steuern erhoben, ohne dass die Amerikaner im britischen Parlament eine Vertretung gehabt hätten. Heute rufen die bedrohten Mittelklassen in vielen afrikanischen, nahöstlichen und asiatischen Ländern ihren Herrschern zu: »No representation, no taxation.« Man verzichtet auf Mitsprache, man pfeift auf die Demokratie, solange Obristen und starke Männer an der Staatsspitze sie versorgen und schützen und vor schmerzhaften Steuern bewahren. Zugleich werden unliebsame Konkurrenten aus dem religiösen oder wirtschaftlichen Lager ferngehalten.

In Ägypten funktionierte dieses Prinzip ziemlich lange. Präsident Hosni Mubarak kam 1981 an die Macht, als sein Vorgänger Anwar al-Sadat von Islamisten erschossen wurde. Die autoritäre Herrschaft aktiver und ehemaliger Generäle in Ägypten dauerte seit der Militärrevolte 1952 an. Sie ließen immer wieder allgemeine Wahlen zu, die aber stets dem Prinzip folgten: »Die wählen, wir zählen.« Die Nationaldemokratische Partei NDP beherrschte bis zum spektakulären Brand der Parteizentrale in der Revolution vom Januar 2011 das ägyptische Parlament und die Gemeinderäte. Sie hatte, wie wir im Kapitel über die Islamisten gesehen haben, die Muslimbruderschaft politisch marginalisiert und auch moderate Abspaltungen von den Muslimbrüdern niemals zugelassen. Einigen liberalen und linken Parteien wurde eine Blockflötenexistenz zugestanden. Die obere Mittelklasse und die Eliten sahen die NDP als Garantie ihrer Existenz.

Ägypten – das war bis zum Januar 2011 die Türkei verkehrt. Während das Bündnis von Eliten und Armee in der Türkei durch die Demokratisierung und die Schwächung des Militärs an Wirkung verlor, versuchten sich die ägyptischen Oberschichten im Stahlpakt mit dem Regime zu retten. Wie sah der Deal aus?

»Kairo, das liegt nicht am Nil!«, lachte mein Fahrer. Wir hatten die Pyramiden von Gizeh hinter uns gelassen, fuhren seit einer Stunde nach Westen in die Wüste und waren immer noch nicht angekommen. Unser Ziel war eine der neuen Retortenstädte der 20-Millionen-Metropole Kairo, welche die Regierung in der Wüste hochziehen ließ. Sie ähneln den eingezäunten Villenvierteln in den Vorstädten von Istanbul und tragen so schöne Namen wie Neu-Kairo oder Allegria. Unser Ziel hieß »Stadt des 6. Oktober«, benannt nach dem Arabisch-Israelischen Krieg 1973, von dem die Ägypter sagen, sie hätten ihn gewonnen. Die Regierung von Hosni Mubarak wollte mit diesen Neusiedlungen in der Wüste das klaustrophobische Kairo entlasten, wo sich Menschen und Haustiere, Autos und Züge, Industrieanlagen und Werkstätten mit infernalischem Getöse übereinanderstapelten. Gedacht waren die meisten Neubauten für die werktätigen Massen, doch klafften Plan und Wirklichkeit weit auseinander. Nur ein Besserverdienender konnte sich diese Fahrt in die Wüste hinaus leisten. Nach einer weiteren halben Stunde im Stau krochen wir der Stadt des 6. Oktober entgegen, der französische Supermarkt leuchtete auf, nebst der »Hyper«-Shopping-Mall. Unser Wagen blieb vor einem Schlagbaum stehen. Nach kurzer Personenkontrolle ging es durch ein Eingangstor mit Türmchen und Säulen, vorbei an adretten Reihenhäusern, ostasiatischen Limousinen, Vorgärten mit satten Rasenflächen, Bugambilien und Zitronenbäumen, die vergessen ließen, dass wir mitten in der Wüste waren.

In der Eingangstür standen die Professorin und ihr Mann, ein Bankmanager.[20] Nach kurzer Begrüßung ging es durch die großzügige Wohnhalle hinaus in den Garten, wo eine automatische Rasenbewässerungsanlage unaufdringlich ihre Arbeit tat. Das Ehepaar von Mitte 50 gehörte nicht zu der superreichen Buttercremeschicht Ägyptens, das merkte ich gleich, als sie sich über die stark gestiegenen Preise der Restaurants ereiferten. Zugleich freuten sie sich darüber, dass die Sprenganlage die teure Wasserrechnung erheblich senkte. Vor ihrer Tür stand ein chinesischer Nachbau einer großen BMW-Limousine, aber eben kein BMW. Doch gut ging es ihnen trotzdem. Beide hatten in ihrer Kindheit die französische und die deutsche Schule in Kairo besucht und im Ausland studiert. Sie stiegen im ägyptischen System, wo man von unten kommend immer einen von oben kennen sollte, zu einer Literaturprofessorin und einem Bankmanager auf. Die Kinder studierten an englischen Privatuniversitäten. Am Mittelmeer unterhielten sie eine Ferienwohnung, dazu eine Wohnung in der Stadtmitte von Kairo für die Kinder, plus drei Autos. Verhältnisse wie in den besseren Wohnlagen am Istanbuler Bosporus: ein Haushalt der oberen Mittelklasse in Ägypten.[21] Doch auch hier gab es Sorgen.

»Der Verkehr!«, stöhnte das Ehepaar. Von der Satellitenstadt gebe es nur eine Buslinie in die Stadt, eine moderne Zugverbindung von den neuen Städten ins alte Kairo sei der Regierung offenbar nicht eingefallen. Haben sie sich dafür eingesetzt, Briefe geschrieben, im Ministerium angerufen? »Das eher nicht, wir haben ja unsere Autos, außerdem haben wir keine Zeit neben unseren Jobs.« Die Verbände, die Studenten und Aktivisten, die in Kairo für ein besseres, humaneres Leben kämpften, waren ihnen unbekannt. »Wir engagieren uns nicht, so politisch sind wir nicht.« Zeitungen lasen sie schon, auch Nachrichten verfolgten sie. Nur waren das für sie Botschaften aus einer anderen fremden Welt, die mit ihnen nichts zu tun hatten. »Wir haben nie gewählt!«, sagte die Professorin und schenkte eine Tasse Tee nach. Man sei mehr mit dem Leben beschäftigt, Arbeit, Kinder, Einkaufen, Haus, Garten, Personal, ich wisse schon. Ich fragte sie, ob sie beim Verfassungsreferendum 2007 abgestimmt hätte, in dem das Regime von Hosni Mubarak den autoritären Staat zementiert und die säkulare wie religiöse Opposition weiter geknebelt hatte.»Das sind für uns juristische Details, die uns nicht betreffen, das ist uns nicht so wichtig.« Ein entscheidender Satz: Im Desinteresse, im Verzicht auf Mitsprache, im freiwilligen Abtreten aller Verantwortung nach oben lag ihr eigentlicher Pakt mit dem Regime. Da musste die Professorin kaum noch sagen:»Ich bin grundsätzlich für Mubarak«, denn sie hatte ihn ja nicht gewählt. Interessant war dann aber wieder die Begründung. Sie sei zwar Muslimin, aber für eine liberale Lebensform, für die Emanzipation der Frau. Die verbotenen Muslimbrüder hielt sie für»fanatisch«, ähnlich wie die Kemalisten in der Türkei Kopftücher und Konservative scheuten. Eine Bedrohung?»Gewissermaßen ja, wenn Sie sich anschauen, was in Iran passiert.« Ägypten stehe ohnehin schon viel zu stark unter dem Einfluss der konservativen Golfstaaten. Dagegen sei Hosni Mubarak das letzte Bollwerk.

Die präsidialen Bautrupps waren während meines Besuchs ganz in der Nähe des Professoren- und Bankerhaushalts sichtbar. Sie zogen noch eine neue Shopping-Mall hoch. Diese Bauten waren wichtig, weil»religiöse Fanatiker« hier nur selten herfinden und die obere Mittelklasse in einer westlich anmutenden Scheinwelt flanieren kann. Auf Plakaten warben die Betreiber schon einmal vorab für das »moderne Leben«, das hinter den Glasfassaden zu erwarten sei. In der bereits hochgezogenen Hyper-Mall der Stadt des 6. Oktober sah es aus wie in jeder dieser gewöhnlichen Einkaufsfabriken zwischen Dallas und Dubai.

Dieselben Einzelhandelsketten, dieselben weißen Granitböden, dieselben Marken, dieselben glitzernden Rolltreppenhäuser, dieselben Plastikbecher-Cafés, dieselbe Berieselung mit englischen Popsongs. Und auf den ersten Blick auch dieselben Menschen. Mit dem Chaos des alten Kairo, dem geräuschvollen Durcheinander von Teppichhändlern, Teeausträgern, Goldschmieden, Bettlern, Obsthändlern, Taschendieben, Keramikverkäufern, Schuhputzern, Wahrsagerinnen und Geheimdienstspitzeln hat das alles nichts mehr zu tun. Autoritäre Regierungen lieben diese neue Übersicht und zunehmend auch sicherheitsbesessene westliche Behörden. Die Mall als Hülle des öffentlichen Raums eignet sich hervorragend zur Kontrolle. Sauber, abgeschottet, mit überwachten Eingängen und Ausgängen, jede Bewegung von Kameras aufgezeichnet – willkommen in der schönen neuen Welt der Autokratie. »Modernisierung«, schrieb die ägyptische Soziologin Mona Abaza ironisch, »scheint sich hier auf den Verbrauch von Luxusgütern« zu reduzieren. Freiheit sei demnach die Freiheit zu verbrauchen, die in der Losung gipfele: »Konsumieren und Mund halten!«[22]

Ägypten, darauf war das Regime von Hosni Mubarak stolz, erfreute sich im vergangenen Jahrzehnt eines erfreulichen Wirtschaftsaufschwungs. Der kam nicht bei den breiten Unterschichten und schlecht bezahlten Staatsangestellten, sondern vor allem bei der oberen Mittelklasse und den Eliten an. Gebettet auf deren Zufriedenheit, machte sich die Regierung weiter an den Staatsumbau, um Ägypten gegen die Unwägbarkeiten von Wahlen abzuschirmen. Hier enden natürlich alle Vergleiche mit der demokratischen Türkei. Die Verfassungsänderung von 2007 – eine persönliche Initiative Mubaraks – zielte vor allem darauf ab, die Hürden für alle Oppositionskandidaten bei den Wahlen zum Parlament und zur Präsidentschaft zu erhöhen. Die Wahlen selbst sollten nicht mehr von Richtern überwacht werden, von denen sich einige bei der Wahl 2005 zu unabhängig geriert hatten, sondern von einer geschmeidigen Wahlkommission. Künftige Kandidaten der Muslimbrüder wurden zusätzlich mit der politischen Auflage belegt, jedem religiösen politischen Bekenntnis abzuschwören. Ein neuer Antiterrorartikel schränkte die bürgerlichen Freiheiten weiter ein.[23] So wurden die Ergebnisse der Parlamentswahlen 2010 von vornherein festgelegt. Bei der Wahl im November holte die Staatspartei NDP fast alle Sitze, Oppositionsparteien wurden ausgebootet. Die Wahlbeteiligung lag bei höchstens zehn Prozent. Das Regime hatte kurz vor der Revolution jede Scham verloren.

Ägypten unter Hosni Mubarak gilt im Rückblick als Land des Stillstands. Das mochte auf die 30-jährige Amtszeit des Präsidenten und die erstarrte politische Landschaft zutreffen. Aber Mubarak, ein ehemaliger General der ägyptischen Luftwaffe, kam durchaus voran. Er modernisierte Zug um Zug die Ruinen der nasseristischen Staatswirtschaft. Er beschnitt den Einfluss des Militärs auf Konzerne und Institute. Er privatisierte Staatsbetriebe und dehnte die von seinen Günstlingen wohlkontrollierte Marktwirtschaft aus. Er verwandelte Ägypten von einem postsozialistischen Militärstaat in eine kapitalistische Oligarchenherrschaft. Hier liegt ein Schlüssel, um zu verstehen, warum sich das Militär in der Revolution von 2011 auf die Seite des Volkes stellte. Gamal Mubarak, der Sohn des Herrschers, leitete zum Ärger der Streitkräfte das einflussreiche Politkomitee der Regierungspartei NDP. Als Investment-Experte bei einer US-Bank in London hatte Gamal gelernt, was vielen Armeeoffizieren missfiel: schnelle Privatisierung und wirtschaftliche Liberalisierung. Die Reformen nach Wall-Street-Muster, dazu die ausufernde Korruption der Minister, die Bereicherung des Mubarak-Clans, die undurchsichtigen Beteiligungen an US-Firmen widerten das Offizierskorps zunehmend an. Da half auch nicht, dass Mubarak selbst ein hoch dekorierter Luftwaffengeneral war. Seine Familie galt als korrupt. Ein Direktorium von einem guten halben Dutzend Wirtschaftsgrößen kontrollierte die großen Konzerne und Holdings des Landes. Diese Oligarchen verstanden Privatisierung als Bereicherung und den Staat als Privateigentum. In der Regel besetzten sie in der Regierung oder in der Bürokratie hohe Posten. Von diesen Hochsitzen trieben sie die Wirtschaftsreformen in ihrem Sinne voran. Sie nannten diese »marktwirtschaftlich«.

Dieses Ägypten war der beste arabische Verbündete der Vereinigten Staaten im Nahen Osten. Man nannte es ein »moderates« prowestliches Land. Seit dem ägyptischen Friedensvertrag mit Israel 1979 überwies die amerikanische Regierung jährlich Militärhilfe in Milliardenhöhe an Kairo. Obwohl das Regime die amerikanische Demokratisierungsoffensive unter George W. Bush unterlief, stärkten die USA der Regierung von Hosni Mubarak fortgesetzt den Rücken. Noch 2010 kürzte Amerika sogar die Hilfe für Nichtregierungsorganisationen erheblich. Die Vereinigten Staaten waren neben den Eliten bis zur Revolution 2011 eine wichtige Stütze des Regimes. Was hatte der Westen davon? Erstens Frieden zwischen Ägypten und Israel, das war sehr wichtig. Doch hing dieser Frieden nicht zwingend am autoritären System, er hatte etwas Illusorisches, solange er nur auf Bajonette gestützt war. Erst nach dem Sturz des Regimes ergab sich die Möglichkeit, dass sich nicht nur der Präsident und der Geheimdienstchef in Kairo mit Israel aussöhnten, sondern das ganze Land. Die Armee versprach nach dem Sturz Mubaraks, sich an den Friedensvertrag zu halten. Zweitens drängte das alte Regime auf wirtschaftliche Modernisierung, auch das war im Prinzip begrüßenswert. Doch waren diese Reformen bei genauem Hinsehen gar nicht marktwirtschaftlich, denn sie waren vor allem darauf ausgerichtet, Gewinne und Werte zu privatisieren, aber den Wettbewerb darum auszuschließen. Die Oligarchie achtete peinlich darauf, dass jede Reform nur ihr selbst nützte und nicht ihren Konkurrenten. Vor allem auch solchen aus dem westlichen Ausland.[24] Als dritter Vorteil galt, dass die weltliche Regierung Mubarak Ägypten vor einer Islamisierung des Landes bewahrte. Das war nur halb richtig. Sicherlich zog das Regime alle nur greifbaren Hebel, um eine Erstarkung der Muslimbruderschaft zu verhindern. Gleichzeitig aber förderte sie die Islamisierung des Landes auf vielen Ebenen und entfernte Ägypten ganz bewusst von westlichen Lebensformen.

Gut zu sehen war das in mancher Shopping-Mall, dem in der Globalisierung erfolgreichsten Export »westlicher« Lebensform. Bei meinem Besuch 2009 führte mich ein Freund in die City Stars Mall von Nasser City. Sie war der Laufsteg der Mittelklasse in einem Kairoer Neubauviertel der 70er Jahre. Der Eingang war mit mächtigen Säulen verziert, gleichsam wie aus einem pharaonischen Tempel entnommen. Im Innern empfing mich zunächst das übliche Einerlei. Abgehängte Decken mit tausend Leuchten, aufpolierte helle Böden, Springbrunnen, gläserne Fahrstühle. Das Besondere lockte in der Basarabteilung. Hier ging ich auf Mosaikkeramiken weiter, schmale reich verzierte Säulen standen rechts und links Spalier, von der Decke hingen rote und gelbe Stoffe, die Zeltdächer imitierten. Die Läden boten Kissen, Teppiche, Metallgeschirr, Aladins Wunderlampen, Perlmuttschachteln. Sie imitierten den alten Kairoer Basar so keimfrei wie möglich auf der fünften Etage im Shoppingbereich C 5, mit Rauchmeldern und Notausgängen. Ein libanesisches Restaurant lud zum Sitzen unter Zeltplanen ein, ein Wasserpfeifencafé breitete sich unter großen bunt dekorierten Dunstabzugshauben aus. Doch eines vermisste ich beim antiseptischen Ethno-Shopping: ägyptische Produkte wie Anisschnaps und Stella-Bier. Das ließ tief blicken: Alkohollizenzen hatten die staatlichen Planer nicht vergeben. Diskret verneigten sie sich vor der populären Islamisierung. Westlich anmutende »Konsumkultur« und islamische Religionsvorschriften wurden zu einer unanstößigen Übung auf dem Einkaufsausflug am Samstagvormittag. Warum förderte die ägyptische Regierung den Islam?

Die Islamisierung von oben ist eine Variante des Herrschens im Nahen und Mittleren Ostens, die von den Eliten aktiv unterstützt wird. Wohl kontrolliert soll eine Art »offizieller Islam« entstehen, nicht nur in Ägypten. An der Bändigung der Religion haben sich zuvor schon – wie oben beschrieben – die Türken versucht, aber auch eine Reihe anderer muslimischer Länder. Algerien, Marokko, Irak und Kuwait zählen dazu, aber auch Pakistan und Saudi-Arabien, wo die Zähmung sich in den 90er Jahren als Züchtung neofundamentalistischen Gedankenguts herausstellte.[25] In Ägypten begann Anwar al-Sadat die Islamisierung von oben, um linksgerichtete Oppositionsgruppen auszuhebeln und Klassendifferenzen zu überspielen.[26] Hinter dem verordneten Islamtrend stand stets die Abschottung, entweder gegen die Opposition oder gegen das westliche Ausland. Gerade die liberale und säkulare Opposition wurde so marginalisiert. Die ägyptischen Muslimbrüder waren als Partei verboten, aber sahen einige ihrer Ideen vom Regime kopiert. Der von Mubarak ernannte Scheich der staatlich-islamischen al-Azhar-Universität forderte während des Ramadan 2007, regierungskritische Journalisten auszupeitschen.

Arbeiterstreiks nach westlichem Vorbild brandmarkte er als Verstöße gegen die Scharia.[27] In der Karikaturenkrise 2006 schürte die ägyptische Regierung die Wut im Volk über die Mohammed-Cartoons.

Am auffälligsten ist jedoch die Islamisierung im öffentlichen Leben. Hier ist ein islamischer Chic entstanden, der sich von westlichen Moden abgrenzt. Die Gesellschaften des Nahen Ostens, die in aller Regel unfertige Nationalstaaten sind, die aus Familien und Stämmen, verschiedenen Völkern und religiösen Gruppen kein einheitliches Staatsvolk schmieden konnten, bedürfen dringend eines Bandes für die Einheit nach innen und die Abschottung nach außen. Die Islamisierung eignet sich hervorragend zur Identitätsstiftung. Als Betonung des Wir gegen die anderen. Zu leiden haben darunter allzu oft die Minderheiten im Nahen Osten, die Christen, die Bahai, die Drusen, auf anderer Ebene die Homosexuellen – und alle, die eben etwas anders sind.

Deshalb ist die Losung »Wir oder das Chaos«, mit der autoritäre Regime und die sie tragenden Schichten im Nahen Osten sich legitimieren, geradezu absurd. Die Regime preisen sich als Hort der Stabilität, dabei fördern sie selbst Instabilität und pressen darüber eine Stahlglocke. Dabei sind verwundbare Geheimdienst-Staaten[28] entstanden, die seit dem Januar 2011 Land um Land erschüttert wurden. Die mächtige Aufstandsbewegung in Ägypten ließ die Profiteure des Regimes erzittern. Die Fabriken von Geschäftspartnern der Mubarak-Familie gingen in Flammen auf. Doch auch jene, die sich nur an die Säulen des alten Systems geklammert hatten, erfasste die Angst. Als ich die Professorin und den Bankmanager während der ägyptischen Revolte nochmals besuchte, saßen sie fast sprachlos in ihrem schönen Haus. Sie waren nicht in direkter Gefahr, sie hatten die Staatskasse nicht geplündert, sie hatten nur gut gelebt unter Mubarak. Während des Aufstands konnten sie im Supermarkt ihres gut bewachten Stadtteils einkaufen. Nun verließen sie ihr ummauertes Viertel nicht mehr. Sie wünschten sich, dass die Schulen wieder öffneten. »Wir hoffen, dass endlich wieder Ruhe einkehrt«, sagte die Professorin. »Dass die Demonstranten sich mit den Zugeständnissen der Regierung zufriedengeben, dass endlich alles wieder normal wird.« Ägypten normalisierte sich, doch ganz anders, als sie es sich ausgemalt hatte.

Die Zukunft des Nahen und Mittleren Osten wird weniger von den klassischen Oberschichten geprägt werden, die die Region in den vergangenen hundert Jahren modernisiert haben. In der Türkei lässt sich das schon klar erkennen, in einigen arabischen Staaten erahnen. Der Sturz von Hosni Mubarak steht beispielhaft für das Ende der Entwicklungsdiktaturen, die sich in den vergangenen 50 Jahren der Modernisierung von oben verschrieben hatten. Sie scheiterten daran, dass sie ihre Länder wirtschaftlich vorantrieben, doch die Gesellschaft in riesige Freiluftgefängnisse sperrten. Sie spannten ein Netz von korrupten Sicherheitsdiensten. Sie bauten Spitzelpyramiden, in denen einer die Geheimnisse des anderen nach oben weitergab. Sie errichteten Imperien der Angst. Im Rückblick wird der wahre Charakter dieser »moderaten« Regime deutlich.

Seine Träger und Eliten stellten sich in Washington und Berlin als Freunde Amerikas und Europas vor, doch zu Hause entfremdeten sie ihre Gesellschaften zielstrebig dem Westen. Sie kopierten westliche Lebensformen. Aber sie fachten den Nationalismus an, sie förderten die Islamisierung. Ob es Demokratie, Wirtschaft, die Menschenrechte oder die alltäglichen Lebensformen betraf, verfolgten die autoritären Regime eine antiwestliche Politik. In Amerika und Europa ließen sich viele von ihrer prowestlichen Kostümierung blenden. Man saß den falschen Freunden auf.

Anmerkungen

1   Die Mittelklasse gilt seit Aristoteles als Rückgrat einer guten Regierung, in der westlichen Literatur wird eine starke, selbstbewusste Mittelklasse als Voraussetzung für eine gut funktionierende Demokratie gesehen. Siehe Jill Littrell, Fred Brooks, Jan Ivery, Mary Ohmer: »Why You Should Care About the Threatened Middle Class«, in: *Jour-*

nal of Sociology & Social Welfare, June 2010, Vol. 37, Issue 2, S. 87–113, S. 96.

2 Tamim Ansary: *Die unbekannte Mitte der Welt. Globalgeschichte aus islamischer Sicht,* Campus, Frankfurt/Main 2010, S. 328.

3 Die säkular-kemalistische Staatspartei CHP erklärte in ihrem Programm von 1935 ausdrücklich, dass die türkische Gesellschaft keine Klassen kenne. Siehe Büsra Ersanli: *Iktidar ve Tarih. Türkiye'de »Resmi Tarih« Tezinin Olusumu (1929–1937),* Iletisim Yayinlari, Istanbul 2003, S. 193.

4 Pierre Bourdieu:»Forms of Capital«, in: *Readings in Economic Sociology,* Nicole Woolsey Biggart (Hrsg.), Blackwell Publishing, Malden, MA, 2002, S. 284.

5 Diese Eintracht ist eine Fiktion. Die Grande Rue de Pera, die heutige Istiklal Straße im Herzen Istanbuls, war am 6. und 7. September 1955 Schauplatz eines von türkischen Behörden organisierten Pogroms gegen die alteingesessene griechische Bevölkerung Istanbuls. Dazu beispielhaft die Dissertation von Dilek Güven: *Nationalismus, sozialer Wandel und Minderheiten. Die Ausschreitungen gegen die Nichtmuslime der Türkei (6./7. September 1955),* Ruhr-Universität Bochum 2005. Erstaunlich ist, dass die türkischen Oberschichten heute bedauern, was sie selbst mit verursacht haben. Die Verdrängung und Vertreibung der Griechen aus Istanbul war ein Werk der republikanischen Eliten der Türkei.

6 Arus Yumul: »Azinlik mi Vatandaş mi?«, in: *Türkiye'de Azinlik ve Çoğunluk Politikalari: AB Sürecinde Yurttaşlik Tartışmalari,* Ayhan Kaya and Turgut Tarhanli (Hrsg.), TESEV Yayinlari, Istanbul, 2005, S. 97. Siehe auch: Füsun Üstel und Birol Caymaz:»Seçkinler ve Sosyal Mesafe«, Research project of Istanbul Bilgi University Center for Civil Society Studies with Open Society Foundation, April 2009, S. 14.

7 Halil Gülbeyaz: *Mustafa Kemal Atatürk. Vom Staatsgründer zum Mythos,* Parthas, Berlin 2003, S. 185 ff.

8 Klaus Kreiser: *Atatürk. Eine Biografie,* C.H. Beck, München 2008, S. 272.

9 Esra Özyürek: *Nostalgia for the Modern. State Secularism and Everyday Politics in Turkey,* Duke University Press, Durham 2006, S. 34.

10 Günter Seufert: *Café Istanbul. Alltag, Religion und Politik in der modernen Türkei,* C.H. Beck, München 1999, S. 60.

11 Ebenda, S. 61.

12 Rainer Hermann: *Wohin geht die türkische Gesellschaft? Kulturkampf in der Türkei,* dtv, München 2008, S. 79.

13 Ali Carkoglu, Binnaz Toprak: *Degisen Türkiye'de Din, Toplum, ve Siyaset,* Tesev Raporu, Istanbul 2006.

14 So die Einlassung des AKP-Parlamentsabgeordneten Avni Dogan, zitiert nach: »AKP'li Dogan: Artik fisleme sirasi bizde!«, in: *Radikal*, 21. Februar 2010.

15 Der sogenannte Ergenekon-Prozess war in den Jahren seit 2008 ein vieldiskutiertes und umstrittenes Justizverfahren der Türkei. Die Ermittler verhafteten Hunderte von Generälen, Gendarmen, Politikern, Journalisten und warfen ihnen vor, Anschläge verübt, Morde und Aufruhr geplant zu haben, um die Türkei zu destabilisieren und schließlich die Regierung zu stürzen. Die Untersuchungen waren bei Niederschrift dieses Buches nicht abgeschlossen. Der Prozess wurde von Unregelmäßigkeiten und Verstößen gegen die Rechtspflege begleitet. Tatsache ist allerdings auch, dass seit Beginn der Verhaftungen von mutmaßlichen Bandenmitgliedern eine Serie von geheimnisvollen, nie aufgeklärten Terroranschlägen in der Türkei endete. Auch wurde eine Reihe illegaler Waffenlager der mutmaßlichen Verschwörer gefunden. Für eine regierungsfreundliche Sicht siehe Samil Tayyar: *Operasyon Ergenekon. Gizli Belgelerde Karanlik Iliskiler*, Timas Yayinlari, Istanbul 2008; für eine regierungskritische Sicht siehe: Gareth Jenkins: *Between Fact and Fantasy. Turkey's Ergenekon Investigation*, Silk Road Paper, Central Asia-Caucasus Institute, Washington, DC, August 2009.

16 Siehe das zweite Kapitel »Geschäftsleute« über die anatolischen Aufsteiger.

17 Michael Thumann: »Ausgeputscht. Mit der Verhaftung regierungsfeindlicher Generäle beginnt in der Türkei eine neue Zeitrechnung«, in: *Die Zeit*, Nr. 11, 11. März 2010, S. 5.

18 Rainer Herrmann: *Wohin geht die türkische Gesellschaft*, S. 130 ff.

19 Cumhuriyet Halk Partisi, zu deutsch Republikanische Volkspartei. Sie wählte nach einem Sexskandal ihres langjährigen Vorsitzenden Deniz Baykal im Mai 2010 Kilicdaroglu zu ihrem Vorsitzenden. Baykal jedoch wirkte noch weiter im Hintergrund.

20 Der Banker und die Literaturprofessorin baten mich, ihre Namen nicht zu nennen.

21 Dazu die interessante Definition von Mohammad Salah: »The Middle Class«, in: *Al-Hayat*, 1. Februar 2010.

22 Mona Abaza: *The Changing Consumer Cultures of Modern Egypt. Caro's Urban Reshaping*, American University Press, Kairo 2006, S. 24 f.

23 Thomas Demmelhuber und Stephan Roll: *Herrschaftssicherung in Ägypten. Zur Rolle von Reformen und Wirtschaftsoligarchen*, Studie der Stiftung Wissenschaft und Politik, Berlin, Juli 2007, S. 14 ff.

24 Ebenda, S. 27.

25 Oliver Roy: *Der islamische Weg nach Westen. Globalisierung, Entwurzelung und Radikalisierung*, Pantheon, München 2006, S. 94.

26 Mona Abaza, a.a.O., S. 198.

27 Ivesa Lübben: »Die Muslimbruderschaft und der Widerstand gegen eine dynastische Erbfolge in Ägypten«, in: *GIGA Focus*, Nr. 5, 2009, S. 7.

28 Gut beschrieben bei Rainer Hermann: *Krisenregion Nahost*, Vontobel-Schriftenreihe 1960, Zürich 2010, S. 70 ff.

REVOLUTIONÄRE:
AUF DEM BEFREIUNGSPLATZ
VON KAIRO

A m Tag, an dem sich Ägypten erhob, erbebte die Welt und schaute auf die Mitte von Kairo. Einen Steinwurf vom Ufer des Nils entfernt stand Großes auf dem Spiel. Die Zukunft Ägyptens. Die Richtung des größten Staates der arabischen Welt zwischen Demokratie und islamischer Republik. Das Schicksal vieler arabischer Regime. Ruhe oder Chaos in Europas Nachbarschaft. Die Zukunft der letzten Verbündeten Israels im Nahen Osten, der letzten Bastionen Amerikas in der geografischen Mitte der Welt.[1] Doch nicht diese Fragen trieben Millionen Menschen seit dem Beginn der Erhebung am 25. Januar 2011 dazu, den Abtritt ihres Herrschers zu fordern. Auf dem Tahrir-Platz, der großen Bühne der Revolution, gingen die Ägypter für ihre Freiheit auf die Barrikaden. Rockbands traten vor Panzerkanonen auf, Zivilisten trugen Soldaten durch die Menge, Religiöse legten sich ägyptische Flaggen über die Schultern, die Leute tanzten den Tag und die Nacht hindurch. Wie kam es zu diesem Aufstand, der Ägypten und die Welt veränderte? Warum erhoben sich die Ägypter, von denen es immer hieß, sie seien politisch so träge wie der langsam dahinfließende Nil?[2] Die Revolution hatte viele Gesichter. Sie gehörten Männern und Frauen, Arbeitern und Akademikern, Hungernden, Hoffenden und Religiösen. Sie gehörten Menschen wie der Ärztin Dina Omar Mohammed, dem

Universitätslektor Basem Schoiab, dem Aktivisten Schadi al-Ghasali, dem Muslimbruder Issam al-Erian und Ragab Mohammed, einem armen Straßenverkäufer.

DINA OMAR MOHAMMED

Am Tag, an dem sich Ägypten erhob, schaute Dina Omar Mohammed Fernsehen.[3] Bis tief in die Nacht sah sie die Bilder vom Tahrir-Platz. Am nächsten Morgen bat die 30-Jährige ihren Chef um Urlaub, kaufte sich ein Ticket und flog von Beirut in ihre Heimatstadt Kairo. Dina Mohammed ist Ärztin und lehrt Medizin in Beirut. Seit vielen Jahren lebte die Frau aus Kairo nicht mehr in Ägypten. Sie hatte ein gutes, geordnetes Leben. Dann sah sie die Jugendlichen in Kairo und in vielen anderen Städten der arabischen Welt aufstehen. Das machte sie als Araberin, als Ägypterin sehr stolz. Sie wollte dabei sein. Jetzt zählte jeder Einzelne, um den Protest größer und stärker und sichtbarer zu machen. Mit diesen Gedanken landete sie in Kairo.

In ihrer Heimatstadt eingetroffen, überredete sie ihre Schwester mitzugehen. Gemeinsam zogen die beiden zum Tahrir-Platz. Dina Mohammed war begeistert. »All diese Menschen, die aus allen Schichten kommen, gemeinsam. Das ist Ägypten!«, rief sie und winkte allen zu. Im bleiernen ägyptischen Alltag der letzten Jahre hatten sich diese Menschen nie getroffen. Da waren die Jugendlichen aus den Armenvierteln, die ohne Job und ohne Geld und ohne Zukunft aufgewachsen waren. Da waren die Angestellten, Intellektuellen, Ärzte, Rechtsanwälte, Richter, die meisten von ihnen um die 30 Jahre alt. Das Regime hatte diese Schichten stets sorgfältig nach links und rechts sortiert. Hatte die einen mit Lebensmittelsubventionen ruhig gehalten. Die anderen mit dem wirtschaftlichen Aufschwung gelockt. Das reichte nun alles nicht mehr. Gemeinsam fordern sie ein besseres, freieres Ägypten.

Dina Mohammed sah noch die Spuren des ersten großen Kampfes der Demonstranten mit der Staatspolizei, die Steine, die Glassplitter, den Stacheldraht. Als sich zum ersten Mal mehr als 50 000 Menschen auf dem Tahrir-Platz versammelten, war die Polizei mit aller Härte gegen die Menschen vorgegangen. Scharfes CS-Tränengas, Wasserwerfer, Gummikugeln. Hunderte von Demonstranten wurden verletzt, manche schwer. In den Krankenhäusern Kairos wurden die Blutkonserven knapp. Bisher waren fast 150 Menschen gestorben. Man erklärte ihr den Slogan der Bewegung: »Friedlich, friedlich!« So riefen die Demonstranten unaufhörlich und stellten sich dazwischen, wenn jemand versuchte, die anderen zu Gewalt anzustacheln oder die Sicherheitskräfte zu provozieren. Auf dem riesigen Tahrir-Platz mussten solche kleinen Eskalationen ständig entschärft werden, erklärte man ihr. Spitzel der Regierung und bezahlte Provokateure setzten alles daran, den friedlichen Protest zu radikalisieren, vor aller Welt bloßzustellen und so kleinzukriegen. Am neunten Tag der Proteste zogen plötzlich bewaffnete Anhänger des Herrschers auf den Tahrir, um die Demonstranten zu verjagen. Sie warfen mit Steinen und Brandflaschen. Die Staatsmedien berichteten in grellen Farben von Gewalt auf dem Tahrir, um weitere Menschen vor Protesten abzuschrecken. Nur wer die Satellitenkanäle empfing, sah, wie friedlich die Anti-Regierungs-Demonstranten auch diesen Sturm überlebten.

In diesen dramatischen Tagen auf dem Tahrir-Platz veränderte sich Dina Omar Mohammed. Von einem bürgerlichen Individuum wurde sie zu einem Teil der Masse, von einer Medizindozentin zu einer Revolutionärin. Sie wurde eine von Vielen, die sich auf dem Platz für länger einrichteten. Sie sah, wie die Polizei abzog und die Armee einmarschierte. Plötzlich standen Panzer vor dem berühmten Ägyptischen Museum. Dahinter brannte die Parteizentrale der herrschenden Nationaldemokratischen Partei von Präsident Hosni Mubarak. Wenn sie und ihre Schwester müde vom Rufen und Stehen wurden, suchten sie sich einen Platz auf einer Bordsteinkante, ein freies Fleckchen an einer Hauswand. Sie beschlossen, erst wieder zu gehen, wenn Präsident Hosni Mubarak endlich zurücktrat. Was dann kommen würde, wussten sie nicht. Wer wusste es schon?

»Ich bin für einen Kandidaten, den ich noch nicht kenne«, sagte Dina. Der General Omar Suleiman, der während der Revolte von Hosni Mubarak zum Vizepräsidenten ernannt wurde, konnte es nicht sein. Weil Mubarak ihn ernannte, hatte er alle Glaubwürdigkeit verloren. Der Herrscher hatte seinen besten Mann verbrannt. Dann war da noch Mohammed ElBaradei, der Friedensnobelpreisträger und Ex-Direktor der Internationalen Atomenergiebehörde. Doch der war Dina Mohammed irgendwie zu opportunistisch. Der komme immer nur »aus dem Ausland eingeflogen, wenn es etwas für ihn zu gewinnen gibt«, sagte sie. Die größte Enttäuschung dieser Revolte aber lag für sie gar nicht in Ägypten und in allen üblichen Verdächtigen, sondern im Ausland. Sie empörte sich, dass sich der demokratische Westen nicht von Anfang an voll und ganz auf die Seite der demokratischen Revolte stellte. Zu ängstlich fand sie die ersten Appelle der Vereinigten Staaten an Mubarak, einen »ordentlichen Übergang« zu garantieren. Zu hasenfüßig die Warnungen der Europäer, dass weder Gewalt noch Radikale herrschen dürften. »Die fürchten immer, dass, sobald Mubarak stürzt, die Islamisten das Ruder in die Hand nähmen«, sagte sie. »Die sollten mich mal anschauen!« Sie schüttelte ihre langen schwarzen Haare so, dass sie in der Sonne glitzerten und die Spitzen lustig über die kleine Borte ihres tiefen Ausschnitts hüpften. Ein Blick über den Tahrir-Platz sei doch wohl Beweis genug, dass die Tiefreligiösen und Islamisten hier ganz klar in der Minderheit seien.

Bunt gemischt waren die Demonstranten an diesem sonnigen Tag auf dem Tahrir-Platz schon. Doch Dina Omar Mohammed und ihre Schwester, die beiden Frauen in engen Jeans und feinen Stickjacken, fielen dennoch auf. Auch wegen des Goldkettchens an Dinas Hals. In den mondänen Straßen von Beirut ist es ganz normal, so auf die Straße zu gehen, keine Frau mache sich darum Gedanken. In Ägypten schon. »Die Jungs dachten wegen meines goldenen Amuletts und meines Ausschnitts, ich sei Christin«, lachte sie. Die Leute interessierten sich für sie, wollten mit ihr reden, sie vor Kameras und Fotoapparate schieben. Sie wollten zeigen, dass diese Jugendrevolte keine muslimische, keine islamistische, sondern eine nationale ägyptische ist. Das sind die Nachwehen des furchtbaren Anschlags auf die Kirche in Alexandria. Die Bombe, die in der Neujahrsnacht über 20 Menschen tötete, hatte das Land geweckt. Die Leute begriffen, wie schlimm Diskriminierung und Gewalt gegen Christen sind.»Wahrscheinlich wäre die demokratische Bewegung jetzt auch nicht so stark, wenn sich die Menschen nicht wenige Wochen zuvor gerade über die Bombe gegen die Christen empört hätten«, sagte Dina Omar Mohammed.

BASEM SCHOIAB

Am Tag, an dem sich Ägypten erhob, ging Basem Schoiab auf eine Beerdigung. Ein Freund des 36-jährigen Universitätslektors wurde zu Grabe getragen. Lange war er krank gewesen, nun war der erwartete Tod eingetreten. In einem Vorort von Kairo versammelten sich die Trauernden, während auf dem Tahrir das Volk aufstand. Basem Schoiab sympathisierte mit den Demonstranten wie Dina Omar Mohammed, aber an eine Beteiligung dachte er nicht. Massenaufmärsche waren seine Sache nicht. Er wollte keine Revolution, sondern eine geordnete Machtübergabe. Auf der Beerdigung verfolgte er keine Nachrichten. So erfuhr er nicht, dass zu der Zeit, da das Grab seines Freundes zugeschüttet wurde, sich die Gefängnisse öffneten. Die Gründe kannte in diesen Tagen niemand genau. Manche sagten, die Polizei öffnete auf Befehl von oben die Eisentore selbst und zog sich zurück. Andere sprachen von Angriffen der Bevölkerung auf die Gefängnisse, bis die Gitter aufgingen. Dieser Aufstand reichte bis tief in die Mauern des Unterdrückungsapparates. Frei aber kamen alle, auch die Schwerkriminellen. Das sollte Basem Schoiab zu spüren bekommen.

Als er über die Ringstraße nach Kairo hineinfuhr, war die Polizei verschwunden, die sonst an jeder Kreuzung stand. Fort – wie aus den Gefängnissen. Wo sonst Schutzpolizisten den Verkehr regelten, hatten Männer aus dem

Volk das Winken übernommen. Es wurde dunkel. Armeepanzer standen auf den Hauptstraßen und zentralen Kreuzungen. Schoiab wollte eine Freundin nach Hause bringen, die mit auf der Beerdigung war. Sie wohnte in einem besseren Viertel im Vorort Heliopolis. Als sie von der Hauptstraße abbogen, wurden sie an einem Checkpoint gestoppt. Menschen in Zivil, die sich bei näherem Hinsehen als Nachbarn entpuppten, durchsuchten das Auto. Schnell durften sie weiterfahren. Als sie bei seiner Freundin angelangt waren, warnten die Nachbarn sie: »Unser Viertel wird angegriffen, von Verbrechern, von Plünderern!« Heliopolis war kein Einzelfall. Ganz Kairo wurde zur Bühne der Banditen.

Basem konnte nicht mehr nach Hause fahren. Er wurde sofort von der Bürgerwehr eingeteilt. Die Männer eines jeden Hauses bauten den inneren Verteidigungsring auf. Da stand der Universitätsdozent plötzlich mitten in der Nacht auf der Straße, einen Stock in der Hand, wartend auf die Plünderer. Er fühlte sich im falschen Film. Einige der Nachbarn waren für die Waffen zuständig: Latten, Knüppel, wenige Pistolen, mit Sprit gefüllte Flaschen. Sie errichteten Straßensperren, parkten Autos quer auf der Fahrbahn. Straße für Straße wurde so gesichert. Zwischen den Sperren liefen Boten hin und her. Jeder musste das Kennwort wissen. Man erkannte sich an den weißen Armbinden.

Der Feind trug das Dunkel der Nacht. Wo die Angreifer genau herkamen, blieb unklar. Aus den Gefängnissen, aus den Slums der Vorstädte – oder aus den Armenvierteln nebenan. Dort hatte der Mob die Polizei vertrieben und Dutzende Polizeiwagen in Brand gesteckt. Sie hatten Knüppel, Messer und Pistolen dabei. Basem Schoiab lauschte angespannt den Schüssen, den Schreien am Rand des Stadtviertels. Diese Plünderer sind nicht die dunkle Seite des Aufstands, sondern die Rache des Regimes. In der ganzen Stadt hatte sich die Polizei zurückgezogen. Die Gefängnisse öffneten sich wie von Geisterhand. Das Chaos schien gewollt zu sein.

Beim Morgengrauen ließ das Schießen nach. Basem Schoib hatte Glück. Die äußere Verteidigungslinie hielt, die Banditen flüchteten, als es hell wurde. Er sank auf einer Kiste zusammen. Aus den Häusern wurden Tee und Fladenbrot gebracht. »Was ist das für ein Regime, das uns Sicherheit statt Demokratie verspricht?«, fragte er. »Und dann im Ernstfall die Polizei abzieht?« Wie konnte das passieren? Alles wirkte wie Absicht. Die demokratische Bewegung sollte diskreditiert werden, Mubarak und die Polizei als unentbehrlich dastehen. Da war sie wieder, die uralte Begründung der Diktatur: »Wir oder das Chaos!« Schoiab glaubte nicht mehr an die alten Weisheiten. Für ihn war klar, dass die Mächtigen die Unordnung schürten, um sich selbst zu legitimieren. Es war das Regime, welches das Chaos schaffte.

In der nächsten Nacht schloss sich Basem Schoiab der Bürgerwehr in seinem Wohnviertel an. Oben in der Wohnung wartete seine Familie die Nacht durch und reichte Essen hinunter. Unten stand er mit seinem Stock und den anderen Männern. Während er Wache hielt, dachte er nach. Noch vor wenigen Tagen hatte er nicht an den Demonstrationen teilnehmen wollen. Er hatte eine geordnete Machtübergabe bevorzugt. Doch wo war die Ordnung geblieben? »Vor einer Woche hätte Mubarak noch Reformen durchführen und freie Wahlen abhalten können«, sagte er. Jetzt war der Zeitpunkt verpasst. Konnte sich Basem Schoiab noch heraushalten? Hatte er nicht längst seine Sicherheit, sein Schicksal in die eigene Hand genommen? War er nicht längst Teil dieser großen, gewaltigen Graswurzelbewegung, die das ganze Land erfasst hatte? Noch am selben Abend übernachtete er auf dem Tahrir-Platz. Am nächsten Tag forderte er mit Millionen Ägyptern Mubaraks Rücktritt, auf der bisher größten Demonstration gegen das alte Regime.

SCHADI AL-GHASALI

Am Tag, an dem sich Ägypten erhob, ging für Schadi al-Ghasali ein wohlüberlegter Plan in Erfüllung. Der Chirurg und Spezialist für Lebertransplantationen hatte diesen Tag herbeigesehnt und dafür mit seinen Mitstreitern geprobt. Schadi al-Ghasali, ein kräftig gebauter großer 32-Jähriger, gehörte dem harten Kern der Organisatoren des Protestes an. Er stammte aus dem Umfeld der demokratischen Kefaya-Bewegung (»Genug!«), die im Jahr 2005 vor den ägyptischen Wahlen von sich reden gemacht hatte. Junge, gut ausgebildete Menschen wie er probten seit Jahren kleine Demonstrationen. Regelmäßig erstickte eine große Übermacht von Sicherheitskräften die Kundgebungen. Erst die tunesische Revolution wurde für die Ägypter das tiefgreifende Erlebnis, das zeigte: Herrscher können stürzen. »Es war der Moment, in dem wir uns entschlossen, nicht mehr nur zu demonstrieren«, sagte Ghasali. »Wir wollten die Revolution.« Am 18. Januar, vier Tage nach der spektakulären Flucht des Diktators Ben Ali aus Tunesien, versammelten sich die jungen Verschwörer in einer Privatwohnung und entwarfen den Schlachtplan des Aufstands. Es galt, zu Beginn möglichst wenige Menschen einzuweihen und doch im entscheidenden Augenblick möglichst viele Menschen auf den Marsch zu bringen. Sie wählten dafür den 25. Januar, einen hochsymbolischen Tag. Hosni Mubarak hatte dieses Datum vor wenigen Jahren zu einem Feiertag zu Ehren der Polizei erklärt. Die jungen Revolutionäre drehten ihn um in den »Tag des Zorns«.

Über Facebook und Twitter organisierten sie ihre Freunde und deren Freundesfreunde. Innerhalb weniger Stunden kamen Tausende zusammen. Am Morgen des 25. Januars versammelten sich Ghasali und seine Getreuen zu einer Kundgebung im Kairoer Arbeiterstadtteil Nahja. Dort schwoll der Zug auf knapp zehntausend Demonstranten an. Durch das Mittelklasseviertel Mohandessin ging es weiter in die Innenstadt. Rechtsanwälte, Ärzte, Angestellte schlossen sich dem Tross an. Ziel war der Tahrir-Platz, auf den es viele Jahre lang keine Demonstranten mehr geschafft hatten, weil die Polizei stets mit größter Brutalität dazwischenging. Doch dieses Mal war die Menge zu groß. Über 20 000 Menschen zogen johlend auf den Befreiungsplatz und feierten ihre Anwesenheit als ersten Sieg. Schadi al-Ghasali war unter ihnen. Dann ging die Polizei zum Angriff über. Ghasali suchte Schutz vor den Gummikugeln, die Menschen töten konnten, wenn sie den Kopf trafen. Aus Tunesien kamen die Tipps zur Bewegung im von der Polizei verminten Gelände. Wie man sich taktisch in die Seitenstraßen zurückzog und plötzlich wieder auf dem Platz stand. Wie man Angriffe übersteht und nicht den Fehler macht, selbst anzugreifen. Wie man das eroberte Terrain hält. Nur der friedliche Widerstand hatte in Tunesien zum Erfolg geführt. Viele Demonstranten hatten Cola-Flaschen dabei und Lappen, die mit Essig oder Zitrone getränkt waren. Gegen Tränengas. Ghasali erklärte den Demonstranten, dass sie sich das Gas zunächst mit Cola vom Gesicht reiben und dann die Augen mit klarem Wasser nachspülen sollten. Der junge Chirurg wurde zu einem der gesuchten Ärzte in den bitteren Schlachten der Demonstranten mit der Polizei. Er arbeitete im Hilfslazarett neben dem Ägyptischen Museum. Er verband blutende Kopfwunden und wusch verätzte Augen aus. Auf dem von Glassplittern und Pflastersteinen übersäten Asphalt starben zwei Menschen in seinen hilflosen Händen.

ISSAM AL-ERIAN

Am Tag, an dem sich Ägypten erhob, wurde Issam al-Erian verhaftet. Für das Vorstandsmitglied der Muslimbrüder war das nichts Neues. Er saß in den vergangenen zehn Jahren immer dann im Gefängnis, wenn es der Regierung gefiel. Vorzugsweise bei Wahlen, bei Kundgebungen, beim Brotaufstand vor drei Jahren, bei ausländischen Staatsbesuchen. Immer dann, wenn das Regime sichergehen wollte, dass die Islamisten keinen Ärger machen. Al-Erian, Arzt, ein hagerer Typ, mit Brille und kurzgeschorenem Bart, ist ein ruhiger Mann. Seine diplomatische Art hatte ihn zu einer der wichtigen Stimmen der Muslimbrüder gemacht. Und zu einem Vermittler. Am Vorabend seiner Verhaftung hatte er sich noch mit Mohammed ElBaradei getroffen. Während westliche Kommentatoren vor »Radikalen und Islamisten« in Ägypten warnten, sprach der durch und durch säkulare Friedensnobelpreisträger mit den gemäßigten Islamisten: über

Wege, das eiserne Regime zu lockern, über einen friedlichen Abgang des Präsidenten, über eine demokratische Zukunft für das Heimatland. Darüber sprachen Mohammed ElBaradei und Issam al-Erian.

Am nächsten Morgen bekamen beide Besuch von der Polizei. ElBaradei wurde unter Hausarrest gestellt, al-Erian mit einem vergitterten Polizeibus abgeholt. Er verschwand und niemand wusste, wohin. Seinem Sohn hatte er noch in letzter Sekunde sein Mobiltelefon in die Hand gedrückt. »Wir wissen nichts von ihm«, sagte Ibrahim al-Erian, der 26-jährige Sohn, jedem Anrufer. Sein Vater war schon so oft im Gefängnis gewesen. Doch der Sohn fürchtete, dass es dieses Mal anders sein könnte. Dass sich die Polizei an ihm rächen und ihn »dauerhaft ausschalten« würde.

Es kam dieses Mal anders. Doch nicht so, wie Ibrahim al-Erian es befürchtet hatte. Sein Vater saß in einer Zelle des Wadi-Natrun-Gefängnisses, eines berüchtigten Zuchthauses für politische Gefangene und Schwerverbrecher zwischen Kairo und Alexandria. Issam al-Erian hatte in dieser Nacht wenig geschlafen, es war laut und unruhig in den überfüllten Zellen. Plötzlich riss ein Häftling von außen die Zellentür auf: »Raus, schnell raus hier!« Al-Erian lief, so schnell er konnte. Auf der Flucht begann er zu begreifen, was passiert war. Dieses Gefängnis war nicht von der Staatsmacht geöffnet worden, um die Wohnviertel Kairos und Alexandrias in Panik und Revolutionsfurcht zu versetzen. Dafür waren hier zu viele politische Gefangene, zu viele Islamisten und Oppositionelle eingesperrt, die das Regime in dieser Situation auf keinen Fall befreit sehen wollte. Wadi Natrun war anders als die gewöhnlichen Gefängnisse. Hier hatte die Bevölkerung aus den nahe gelegenen Dörfern das Gefängnis angegriffen. Als die Häftlinge merkten, wie ihre Bewacher unter Druck gerieten, wagten sie den Aufstand. Die Gefängniswärter flüchteten. Polizeiwagen gingen in Flammen auf. Die Dorfbevölkerung und die Häftlinge öffneten die Zellen. Issam al-Erian war frei.

Zurück in Kairo, traf er sich als Erstes mit seiner Familie, seinem Sohn. Er nahm sein Mobiltelefon und stürzte sich in die Arbeit. Der Präsident hatte einen Vizepräsidenten ernannt. Ein über Nacht gebildetes neues Kabinett versuchte früh am Morgen, die Ministersessel zu finden. Das Militär aber erklärte die Proteste für legitim. Schien hier das Ende des Regimes, die Chance für eine friedliche Revolution auf? Al-Erian setzte sich mit den Parteifreunden in der Muslimbruderschaft zusammen. Was sollten sie tun? Auf keinen Fall nun islamistische Transparente enthüllen und der Angstpropaganda des Regimes recht geben. Pläne entwerfen, ja, für die Zeit danach. Aber was sind Pläne wert, wenn nichts vorhersagbar ist? Die Muslimbrüder waren genauso verwirrt wie das Regime, wie die Ägypter, wie die Welt. Wohin führte diese elementare Volksbewegung? Al-Erian sprach wieder mit Mohammed ElBaradei und dessen Mitstreitern. Er ging auf den Tahrir-Platz, auf immer neue Sitzungen, er schlief nicht mehr, sein Hals wurde dick, seine Nase schwoll an, seine Kehle wurde rau. An dem Tag, als in Kairo eine Million Menschen auf die Straßen drängten, hatte Issam al-Erian seine Stimme verloren. Niemand in der Bewegung der Muslimbrüder versuchte ernsthaft, sich an die Spitze der Demonstranten zu setzen, die täglich durch die ägyptischen Städte marschierten. Dies war keine islamische Revolution. Issam al-Erian schwamm einfach mit im großen Strom von Millionen Ägyptern.

RAGAB MOHAMMED

Am Tag, an dem sich Ägypten erhob, sagte Ragab Mohammed zu seinen drei Söhnen: »Geht! Die Zeit ist gekommen. Wir müssen uns wehren!« Er schickte die drei jungen Männer zur großen Demonstration gegen den Pharao. Ragab Mohammed setzte sich auf einen Plastikstuhl vor sein Geschäft und wartete. Er ist ein Mann aus den Straßen von Kairo: zerschlissene Arbeitskleidung, ein rot gefleckter Turban auf dem Kopf, sonnengegerbte Haut. Der 55-Jährige handelt mit Zement. Was er seinen »Laden« nennt, besteht aus einem großen Haufen Zementsäcke und eben jenem

Stuhl, von dem er sich erst wieder wegbewegen wollte, wenn seine Jungen zurück sein würden. Er sah sie weggehen, durch die schmale Gasse. »Sie heißt Saad-Zaghloul-Straße«, betonte er. Benannt nach dem großen Freiheitskämpfer gegen die britische Kolonialherrschaft. Heute ging es gegen einen ägyptischen Herrscher. Ragab Mohammed sah, wie seine Jungen um die Ecke bogen und den Weg zur großen Moschee am Giza-Platz nahmen. Hier wollten sie ihr Freitagsgebet verrichten und erst danach sollte die Demonstration beginnen. So ist es Brauch in Ägypten. Die Moschee am Giza-Platz, das war Ragab Mohammed klar, sollte einer der Brennpunkte des Kampfes zwischen den Demonstranten und der Polizei werden. Hierhin sollte auch Mohammed ElBaradei kommen, um zwischen Zehntausenden sein Gebet zu verrichten. Danach bekam er Hausarrest. Es sollte ein Tag mit vielen Verletzten werden.

Ragab Mohammed ist kein Mann, der seine Söhne blind und rücksichtslos in die Schlacht schickt. Er hatte in seinem Leben viele Zementsäcke geschleppt, um aus seinen Jungs ordentliche Leute zu machen. Sein ganzes Geld steckte er in ihre Ausbildung. Alle drei Söhne besuchten die Fachhochschule. Der Älteste machte eine Ausbildung als Verwaltungsfachmann, die beiden Jüngeren studierten Hotelwesen. »Ich bin ein einfacher Mann, aber das habe ich geschafft, das haben wir geschafft«, sagte er. Stolz und wütend. Was half das teure Studium? Seit Langem waren seine Söhne fertig, aber sie fanden keine Arbeit. Ragab Mohammend fühlte sich betrogen. Betrogen um die Zukunft seiner Söhne und auch um die eigene: »Ich hatte natürlich gehofft, dass sie gute Arbeit finden und ich mich dann endlich ausruhen kann.« Nun schleppte er weiter Säcke, und seine Söhne mit Diplom schleppten mit. Doch sie verdienten nicht einmal genug Geld, damit seine einzige Tochter heiraten konnte. »Wenn es allen Ägyptern so ginge, wäre es wohl leichter zu ertragen«, sagte Mohammed. Doch die Kommilitonen seiner Söhne aus wohlhabenden einflussreichen Familien bekamen natürlich sofort nach dem Studium einen Job. »Die Reichen herrschen und greifen sich alles.« Es sei höchste Zeit, dass sich etwas ändere. Egal wie.

Kurze Zeit später hörte Ragab Mohammed den Ruf der Muezzine. Ihr vielstimmiges Dröhnen klang an diesem Tag aufwühlend, aufmunternd, fast kämpferisch. Aber vielleicht war das auch nur Einbildung. Als der Gebetsruf verhallte, trat erst einmal Stille ein. Dann drang vom Giza-Platz Geschrei herüber. Kurz danach liefen die ersten Demonstranten mit verquollenen Augen durch die Gasse, suchten Schutz vor den Schlagstöcken der Polizei und dem sich rasch ausbreitenden Tränengas. Sie atmeten kurz durch, dann zogen sie wieder los. In den schmalen Gassen der Armenviertel von Kairo macht die Polizei nur selten Jagd auf Demonstranten. Die Gassen sind zu schmal und es gibt zu viele Balkone, von denen aus die Bewohner die Polizei attackieren können. »Ich habe keine Angst um meine Söhne«, wiederholte Ragab Mohammed immer wieder. Auch wenn es das erste Mal war, dass sie zu einer Demonstration gingen. Seine Familie hatte sich wie die meisten Ägypter nie für Politik interessiert. Wahlen waren eine Farce, natürlich, das war in Ägypten ganz normal. Die Herrschaft war von oben gegeben, unten versuchte Ragab Mohammed, seine Familie durchzubringen. Er war einer von 80 Millionen Ägyptern, von denen das Regime und die Welt dachten, sie würden ewig stillhalten. Das war gestern.

Ragab Mohammed stand von seinem Plastikstuhl auf. Er selbst hätte nie gedacht, dass der Herrscher einmal wackeln würde. »Wenn wir jetzt nicht die Chance ergreifen, sind wir bis ans Ende unserer Tage verloren«, sagte er. Seine Söhne hatten sich längst der größten aller Demonstrationen angeschlossen. Dem Millionen-Protest auf dem Tahrir-Platz. Mit jedem Tag des Protestes, mit jeder weiteren Demonstration verlängerte sich die Liste ihrer Forderungen. Ragab Mohammed wollte am ersten Tag, an dem sich Ägypten erhob, nur anständige Jobs für seine Söhne und eine Senkung der Lebensmittelpreise. Doch das Regime hielt dem hohen Tempo der Erwartungen und Ansprüche nicht stand. Während Mohammed auf dem Stuhl saß und die Schreie und Explosionen von den großen Plätzen der Stadt zu ihm herüberschallten, kam er zu dem Schluss, dass wohl auch eine neue Regierung fällig sei. Dass der Pharao gehen müsse. Dass endlich das Volk an die Macht kommen sollte. So saß er auf seinem Plastikstuhl und wartete und hoffte, dass Ägypten am nächsten Morgen nicht mehr so sein würde wie gestern.

HOSNI MUBARAK

Am Tag, an dem Ägypten sich erhob, schlug das alte Regime in blindwütiger Rache zurück. Sieben Plagen schickten die Herrscher Ägyptens über ihr geschundenes, widerspenstiges Land. Die Regierung ließ die Gefängnisse öffnen, die Polizei zog sich auf Befehl von oben zurück, damit die Ordnung verloren ging. Regierungsnahe Geschäftsleute bezahlten Banditenregimenter, damit sie für den Herrscher demonstrierten und die Revolte auf dem Tahrir-Platz erstickten. Sie kamen mit Knüppeln, Steinen und Brandflaschen, ritten auf Kamelen und Pferden in die Menge, um sie zu verwirren und zu besiegen. Der Geheimdienstchef und die Staatsmedien entfesselten eine Kampagne der Fremdenfeindlichkeit. Banditen jagten Ausländer, schlugen Korrespondenten, Offiziere nahmen ausländische Studenten und Berichterstatter mehrere Tage ins Kreuzverhör. Beamte sperrten das Internet in ganz Ägypten, blockierten Mobiltelefone und Twitterdienste.[4] Die Regierung zielte darauf ab, die Wirtschaft zu beschädigen, sie legte die Versorgung des Landes lahm, um den Unmut der Menschen gegen die Revolte zu richten. Der Herrscher Hosni Mubarak richtete sich vier Mal in autokratischer Umnachtung an sein Volk. Erst entließ er pompös die Regierung und versprach freie Wahlen, danach drohte er den Menschen, den Aufstand niederschießen zu lassen, dann warb er um das Volk, schließlich versuchte er, Verwirrung über seinen Abgang zu säen. Der Todeskampf des alten Regimes kostete über 300 Menschen das Leben, verletzte Tausende, zerstörte Existenzen und Lebenskarrieren. Doch am Ende der sieben Plagen siegte das ägyptische Volk in einer nationalen Revolution, die Weltgeschichte gemacht hat. Die Ärztin Dina Omar Mohammed und die

Muslimbrüder, der Chirurg Schadi al-Ghasali, die jungen Revolutionäre und der Universitätsdozent Basem Schoiab, die säkularen Politiker um Mohammed ElBaradei und der Zementhändler Ragab Mohammed: Ägypter aller Schichten, aller politischen Richtungen, aller Hautfarben hielten durch und triumphierten. Am 11. Februar 2011, dem 18. Tag der Revolte, trat Hosni Mubarak endlich ab. Das alte Regime war gebrochen.

Anmerkungen

1 Für die Sorgen der Vereinigten Staaten und Israels vor und während der ägyptischen Revolte siehe den ehemaligen hochrangigen US-Diplomaten und Publizisten Leslie H. Gelb: »Beware Egypt's Muslim Brotherhood«, in: *The Daily Beast*, 29. Januar 2011, (http://www.the-dailybeast.com/blogs-and-stories/2011-01-29/beware-egypts-mus-lim-brotherhood) und Robert D. Kaplan: »One Small Revolution«, in: *The New York Times*, 22. Januar 2011.

2 Viele amerikanische Beobachter sahen die Gefahren für die Beziehungen der USA zu seinem »moderaten« Alliierten Ägypten nicht in einer Volkserhebung, mit der man nicht rechnete, sondern vielmehr in einem Machtwechsel innerhalb der Eliten, in der Übergabe der Herrschaft im zentralisierten System. Siehe Daniel L. Byman: »The Implications of Leadership Change in the Arab World«, in: *Political Science Quarterly*, Band 120, Nr. 1, Frühjahr 2005, S. 59–83, S. 80 f.

3 Ich danke Julia Gerlach dafür, zwei der fünf in diesem Kapitel vorgestellten Charaktere porträtieren zu können. Sie sprach mit Dina Omar Mohammed und Ragab Mohammed.

4 Die Lahmlegung des Internets in einem so großen und gut vernetzten Land wie Ägypten war eine technisch hochkomplizierte Operation, die in der *New York Times* gut beschrieben wurde: James Glanz, John Markoff: »Egypt Leaders Found ›Off‹ Switch for Internet. A blackout during protests has mesmerized technical experts and raised concerns about other governments«, in: *New York Times*, 16. Februar 2011.

ÜBERLEBENSKÜNSTLER: EINE REISE DURCH KURDISTAN

HOCH OBEN AUF DEM BERG

In einem Dreihäuserdorf im Südosten der Türkei saß Abdulkadir vor einem Glas Tee und fasste die Lage zusammen. »Kurdistan ist wie ein Lamm«, sagte er. »Ein Lamm braucht einen guten Schäfer, sonst verendet es. Heute geht es Kurdistan sehr schlecht. Vier Länder besitzen es, die Türkei, Iran, Syrien und Irak. Aber niemand pflegt es und lässt ihm die Freiheit auf der Weide. Die Kurden im Nordirak nehmen sich ihre Freiheit.«

Abdulkadir hat sich seine Freiheit zurückerobert. Vor 14 Jahren hatte ihn die türkische Armee aus seinem Dorf vertrieben. Die Häuser wurden rasiert, die Schule eingeäschert, der Brunnen zerstört. Er und seine Frau lebten mit den neun Kindern ein Jahrzehnt lang in einem dunklen Zimmer in der Großstadt Diyarbakir. Dann kehrten sie zurück ins Dorf. Sie scheuchten die Wölfe aus den Ruinen. Nun servierte Abdulkadir starken, undurchsichtigen Tee auf dem bunt gestreiften Teppich. In der Ecke lief das Satellitenfernsehen, neben dem Bildschirm hing die Flinte an der Wand. »Ich bin hier geboren, ich werde hier sterben«, sagte er unbewegt. Sein Dorf, das waren ein Dutzend unbewohnte Ruinen, zwei Hütten nebst seinem wiedererrichteten Häuschen, eine Moschee ohne Minarett, der weite Blick von der Bergkuppe über die versteppten Gebirgszüge Ostanatoliens, ein Friedhof am Hang, das alte Schulgebäude hin zur Straße, der versiegte Brunnen. »Wir holen uns Wasser mit einem Esel aus drei Kilometern Entfernung.« Im Winter geht nichts mehr. Die Schule ist das ganze Jahr über geschlossen, der Unterricht kommt aus dem Fernseher. Abdulkadir, ein Kurde und Bürger der Türkei, hat moderate, erfüllbare Wünsche: eine Wasserleitung und einen Lehrer.

Das kann ihm der türkische Staat nicht bieten. Abdulkadirs Dorf liegt in der Nähe der Kampfzone. Der Staat schickt statt Lehrern stets Soldaten, Gendarmen, Dorfschützer auf diesen Berg. Für einen Krieg im Innern der Türkei, für einen Kampf um Land und Identität. Gehört das Land den Türken oder den Kurden? Sind seine Bewohner Türken oder sind sie Kurden? Darum wird seit Jahrzehnten gestritten.

Kurdistan – das ist die blutige Rückseite der Türkei. Viele Kurden finden, sie seien von der Geschichte bestraft. Die britischen Kolonialherrscher und der türkische General Mustafa Kemal Atatürk teilten ihre Gebiete in den 20er Jahren des vergangenen Jahrhunderts auf. Die Kurden wurden nicht gefragt, ihr Wunsch nach Selbstverwaltung, einem eigenen Staat, blieb in den Hauptstädten des damals übermächtigen Westens ungehört.[1] Seither gehörten sie zu vier fremden Nationalstaaten: zur Türkei, Syrien, Iran und Irak. Betrogen um ihr Land, rebellierten sie gegen ihre neuen Herren in Demonstrationen, Aufständen, jahrzehntelangen Guerillakriegen.

Die kurdische PKK, eine säkular gedrillte Kampforganisation, kämpft noch heute im Südosten der Türkei. Der türkische Staat bezeichnet sie als »Terroristen« oder »Separatisten«. Die PKK behauptet, sie streite für das Recht der Kurden. Die Kurden sind eines der größten Völker der Welt ohne eigenen Staat, aber bei Weitem nicht das einzige im Nahen und Mittleren Osten. Im Jemen, in Israel und Palästina, auf dem Kaukasus, in Usbekistan, Tadschikistan und Afghanistan kämpfen andere Volksgruppen aus ähnlichen Gründen gegen Nationalstaaten, die ihnen Land und Menschenrechte verwehren. Der Kurdenkonflikt steht für einen Fluch im Nahen und Mittleren Osten: den Nationalismus in multiethnischen, multireligiösen Staaten. Eine Reise durch Kurdistan von der Regionshauptstadt Diyarbakir nach Osten an die iranische und irakische Grenze und schließlich in die kurdischen Regionen des Nordirak soll das zeigen.

UNTEN IN DER GROSSSTADT

Wie sieht die »Gefahr für die Einheit der türkischen Republik« eigentlich aus? Nach Meinung der Strafverfolger von Diyarbakir so: grün-gelb gestreiftes T-Shirt, rote Strickjacke, weite Jeans, um den Hals ein Silberamulett, Kohlenaugen, lange lockige schwarze Haare, Turnschuhe in grün-gelb-rot, den kurdischen Farben. Canan war erst 17 Jahre alt, aber der Staatsanwalt forderte 80 Jahre Gefängnis für sie. Einen Molotow-Cocktail habe sie gebastelt, sagte er, Propaganda für Terroristen soll sie gemacht haben, eine Parteiveranstaltung der legalen Kurdenpartei[2] habe sie besucht und dort an den falschen Stellen applaudiert. Das reichte dem Staatsanwalt schon für acht Jahrzehnte.

Es gehörte reichlich Mut dazu, in dieser Lage als wandelnde Flagge herumzulaufen. »Ich trage die Farben nicht als Fahne, es sind die Farben der Natur«, sagte Canan, als ich sie in einer 500 Jahre alten Karawanserei in Diyarbakir traf. »Und ein bisschen Protest muss sein.« Widerspruch hatte Canan schon mehrmals ins Gefängnis gebracht. Mit 13 saß sie das erste Mal für sechs Monate in U-Haft wegen Unterstützung einer Terrorgruppe. Im Essen waren Insekten und Mäusedreck. Mit Hepatitis A wurde sie wieder entlassen. Die Beweisaufnahme und der Prozess wurden nie abgeschlossen. Später saß sie erneut in Haft, immer nur für ein paar Monate. Canan war kein Einzelfall. »Vier meiner engsten Freunde sitzen im Gefängnis«, sagte sie. Eine gewaltige Verhaftungs- und Anklagewelle rollte über den Osten der Türkei hinweg, die Staatsanwälte hatten die Macht. Die Kinder traf es meist als Erste. Die Generation Diyarbakir. Der türkische Staat gibt diesen Jugendlichen in den kurdischen Farben so gut wie keine Chance. Als Canan mit 13 Jahren zum ersten Mal aus dem Gefängnis entlassen wurde, war die Freiheit nur auf Bewährung. Der Prozess zog sich jahrelang dahin, sie behielt ihren Makel, weshalb keine Schule sie aufnehmen wollte. Canan nannte das »Schulverbot«. Die Polizei führte sie auf einer schwarzen Liste. Regelmäßig hielten Polizisten sie an, nahmen sie mit, setzten sie nach der Befragung in düsteren Straßen am Stadtrand wieder aus. Zum Abschied hörte sie dann Sätze wie diesen: »Geh endlich in die Berge zur PKK, damit wir dich erschießen können.«

Canan hatte einen Traum: Sie wollte gern Rechtsanwältin werden. »Ich möchte lernen, meine Rechte und die Rechte der anderen zu verteidigen.« Doch waren auch da die Chancen für sie gering, vor dem drohenden Gefängnisurteil, als eines von zehn Kindern eines pensionierten Stadtangestellten, ohne Schulausbildung. Was sie perfekt beherrschte, war die »Arbane«, ein kurdisches Schlaginstrument. In einem Kulturzentrum unterrichtete sie das Arbane-Spielen, es gab ihr Selbstbewusstsein. Was sie für ihre Stärke hielt, war ihr Willen. »Ich habe nicht vor, auch nur einen Tag länger in den Knast gehen.« Würde sie zu 80 Jahren Gefängnis verurteilt, gebe es nur zwei Möglichkeiten: »Entweder ich fliehe über die Grenze«, sagte sie und schwieg. Oder? »Ich gehe in die Berge.« Ich sah Canan nach unserem Treffen nicht mehr wieder.

Umkämpfte Berge. Umkämpfte Dörfer. Umkämpftes Land. Die Türkei musste bald nach ihrer Gründung 1923 den ersten blutigen Krieg in ihrem Osten führen, um kurdische Aufstände niederzuschlagen. In den 30er Jahren folgten weitere Massaker. Anfang der 80er Jahre bildete sich aus kurdischen Clans, linken Intellektuellen, abtrünnigen Söldnern und einstigen Schullehrern die kurdische Arbeiterpartei PKK. Sie führt seither den bewaffneten Kampf gegen den türkischen Staat.[3] Mit dem Krieg im Irak 2003 haben die Amerikaner die kurdische Frage wieder auf die internationale Tagesordnung gehoben. Sie rüttelt bis heute vier große Staaten durch – den Irak, Iran, Syrien und die Türkei. In jedem Atlas ist das Problem sichtbar: die Grenzen der Staaten stimmen mit den Siedlungsgebieten der Völker nicht überein. Schuld daran trägt zu einem guten Teil der Westen. Der Mittlere Osten holt heute auf blutige Weise Konflikte nach, welche Briten und Franzosen bei der Neuordnung der Region vor fast hundert Jahren hinterließen. Im Ersten Weltkrieg zerschlugen die Briten das gebrechliche Osmanische Reich. Englische Offiziere und Politiker gründeten neue Staaten und verwarfen andere, zogen Grenzen durch die Wüsten und radierten andere aus. Wo nötig, teilten sie die Verantwortung mit den Franzosen. Welche Menschen in diesen Gebieten lebten, welche Sprachen gesprochen wurden, welche Stämme das Sagen hatten – es waren lediglich Instrumente im Ersten Weltkrieg gegen Deutsche und Osmanen. Über Stammes- und Sprachgrenzen hinweg schafften die Briten Nationalstaaten, die es nie zuvor gegeben hatte. Sie stülpten den Nationalismus, eine westliche Ideologie, auf das Völkergemenge des Mittleren Ostens.[4] Diese Idee hat im 20. Jahrhundert über 100 Millionen Europäer das Leben gekostet, vielfach durch deutsche Schuld. Nun wütet sie im Mittleren Osten. Die Konsequenzen lassen sich heute sehen, weiter im Osten, auf der Fahrt von Diyarbakir an die iranische Grenze.

OBEN AUF DER BURG

»Hosap kalesi«, eine hoch aufragende Festung im Kurdenland, erzählt, wie hierzulande seit Jahrhunderten regiert wurde: von oben nach unten. Der heranreitende Feind verriet sich in der von kahlen Bergen umschlossenen Hochebene sofort. Der Untertan musste über Zugbrücken und an Schießscharten vorbei mühsam zum Herrn hinaufsteigen. Der Herrscher bewegte sich nur herab, wenn es unbedingt nötig wurde. So regierte im 17. Jahrhundert der kurdische Gebieter und Burgenbauer Mahmudi Suleyman. Auf den mit Zinnen bewehrten Türmen weht heute die türkische Staatsflagge. Am Fuße der Burg liegt heute ein Dorf, das moderne Karawanen abfertigt. Als ich mit meinem Fahrer dort durchfuhr, flickten bärtige, ölverschmierte Gestalten Autoreifen, ersetzten Achsen, erneuerten Bremsklötze.

Die iranische Grenze war nah, viele Lastwagen rollten vorbei, irgendeiner blieb immer am Straßenrand liegen. Nur neue Stoßdämpfer für unseren angemieteten Kastenwagen hatten sie nicht. Also rollten wir ungedämpft weiter, auf der Schlaglochpiste ins Städtchen Baskale. Das Städtchen handelte mit Langkornreis aus Indien, Tee aus Iran, Elektrogeräten aus China – und vor allem mit Heroin aus Afghanistan. Für die Gendarmerie, eine Abteilung der türkischen Armee, ein Grund mehr, mit Jeeps an jeder Kreuzung quer zu stehen.

Die Gegend im Länderdreieck zwischen Türkei, Iran und Irak stand unter Dauerspannung, von jeder Anhöhe konnte die PKK aus dem Nichts angreifen, jeder Quadratmeter Land musste verteidigt werden. Die PKK operierte vor allem an den Grenzen zu Iran und Irak, auf den zwei- bis dreitausend Meter hohen Gipfeln. Fassbar waren die Kämpfer nicht, feste Stellungen, eine Frontlinie hielten sie nicht, sonst wären sie längst besiegt worden. In der Nacht stießen ihre Trupps auf türkischen Boden vor, schlugen zu und verschwanden wieder in den Bergen des Nordirak. Die Bomben türkischer Jets konnten dagegen nur wenig ausrichten. Auf den Kuppen kleinerer Berge hatte die türkische Armee ihre Stützpunkte gebaut, gleich mittelalterlichen Festungen. Mit Wachtürmen, Mauern, Schießscharten und riesigen türkischen Flaggen. Die Technik der Landbeherrschung ließ sich hier ausgezeichnet erkennen. An den Bergrücken hatten türkische Soldaten aus Steinen weithin sichtbare Schriftzüge gelegt: »Fürs Vaterland würde ich mein Leben opfern.«

Unten, auf der Straße entlang eines Flusses, bot die Natur ein fast pathetisch schönes Bühnenbild. Der Strom hatte sich tief ins Gebirge gefräst und die in sein Bett gefallenen Felsblöcke glattgeschliffen. Ein Gewirr von Schluchten und Höhlen, Felsabrissen und Natursteinkathedralen säumte die Stromschnellen. Ideal für Schnitzeljagd, Versteckspiele oder eben einen Guerillakrieg. Die Dörfer der Gegend waren verfallen, die Menschen in die Slums der Städte geflohen, die Feldwege vom Unkraut überwuchert. Der Armee unterstellte lokale Miliztruppen – die Dorfwächter – passten auf, dass die Kurden nicht zurückkamen. Verstreut lebende Bauern waren ein Unsicherheitsfaktor. Für den modernen Herrscher sind Städte günstiger, die sich notfalls abriegeln lassen.

Hakkari, die Provinzhauptstadt im südöstlichen Dreieck der Türkei, ist von Natur aus eingesperrt. Die Stadt auf über 2000 Meter Höhe ist von düsteren Dreitausendern umgeben. Mitten im Zentrum steht ein Berg, auf dem normale Städte ein Ausflugslokal hätten oder eine halbschuhgerechte Festung für Touristen. Hakkari hat auf diesem Berg eine Kaserne. Aus ihr kann man zielgenau in jede Straße im Zentrum schießen. Ein Banner gibt den Ton vor: »Glücklich ist derjenige, der sich Türke nennen kann.«

Fadil Bedirhanoglus Glück als türkischer Staatsbürger hielt sich in Grenzen. Der Bürgermeister von Hakkari saß in einem Wald von 40 raumgreifenden Plastik-Blumengebinden, die er zu seiner Wahl im März 2009 bekommen hatte. Neben seinem Laptop stand eine verzierte Zuckerdose, auch ein Geschenk. Doch Bürgermeister zu sein, heißt in Hakkari nicht viel, zumal wenn er der prokurdischen DTP angehört. »Das Volk liebt mich, die Regierung in Ankara nicht«, scherzte Bedirhanoglu. Das Geld der Zentralbehörden, die Informationen von oben, die Entscheidungsgewalt lägen beim Gouverneur, den die Regierung ernenne. Dieser Mann sei ein Karrierebürokrat, kein Politiker, der mit den Menschen reden könne. Dabei gab es in Hakkari viel Anlass, mit den Menschen zu reden. Jede Woche demonstrierten die Kurden, jede Woche schlug die Polizei zurück. »Minderjährige Kinder liegen schwer verletzt im Krankenhaus, andere warten im Gefängnis auf ihren Prozess«, sagte Bedirhanoglu. Hakkari lag nahe der Kampfzone. Mir schien es, dass auch die ständigen Anschläge der PKK-Organisation auf türkische Soldaten für die Brutalität in der Stadt verantwortlich seien. Bedirhanoglu schüttelte den Kopf. »Uns beunruhigt nicht die ›Organisation‹, uns beunruhigt der Staat.« Die PKK werde so lange bestehen, wie sich der Staat der Realität verschließe. Die wäre? »Hier leben Kurden, die sich selbst verwalten, ihr Leben selbst organisieren wollen – alles in ihrer eigenen Sprache.« Solange diese Forderungen nicht erfüllt seien, würden Kurden in die Berge gehen und die Reihen der PKK füllen, sagte der Bürgermeister.

Solche Sprüche kommen in Ankara schlecht an. Die prokurdische Partei von Bedirhanoglu wurde im Dezember 2009 verboten, weil sie »Terroristen« unterstütze. Danach gründete sie sich neu unter anderem Namen. Verbot und Namensänderung war eines dieser türkischen Politrituale, die sich seit Jahrzehnten wiederholten. Dazu gehörte auch, dass in Ankara die rechten Ultranationalisten der MHP und die Linksnationalisten der kemalistischen CHP jedes Zugeständnis an die Kurden vehement ablehnten. Eine öffentliche Rede auf Kurdisch, ein fahnenschwenkendes Kind, eine Ahnung von Selbstverwaltung waren für die Opposition in Ankara gleichbedeutend mit dem sofortigen Zerfall der Türkei. Die regierende AKP suchte einen Weg zwischen den türkischen und den kurdischen Nationalisten zu finden. Sie erlaubte Sprachkurse, Universitätslehre und Fernsehsender auf Kurdisch, sie schränkte die fast grenzenlosen Vollmachten der Gendarmen und Armeeoffiziere im Osten ein, sie pumpte Geld in den Südosten. Ein wichtiger Grund war, dass die AKP bei der Wahl 2007 als einzige nichtkurdische Partei auch viele kurdische Anhänger gewann. Sie sammelte auch Stimmen religiöser Kurden ein, die sich von der säkularen prokurdischen DTP nicht angezogen fühlten. Was die meisten Kurden und Türken verbindet, ist das sunnitische Bekenntnis. Ministerpräsident Tayyip Erdogan sprach 2005 offen von einem »kurdischen Problem« und versprach Besserung. Seither schwankte er zwischen nützlichen Reformen und nationalistischen Reden, mit denen er sein Verhältnis zur Armee und dem kerntürkischen Wahlvolk aufpolierte. Mehr Selbstverwaltung, mehr Vollmachten für die Bürgermeister kamen weder für die nationalistische Opposition noch für Erdogan in Frage. Derweil entstand im kurdischen Südosten eine ganz besondere Art der Autonomie: die Schreckensherrschaft der Staatsanwälte.

In einem 500 Jahre alten armenischen Haus räumte Abdullah Demirbas einen Schreibtisch frei. Der vom Zentralstaat entlassene kurdische Bürgermeister von Sur kam gerade vom Gericht, wo ein Prozess gegen ihn lief. In seinem Büro versammelten sich Helfer und Menschen, die Rat suchten. Demirbas war Lehrer von Beruf, aber im ungeregelten kurdischen Leben war er Politiker, Seelsorger, Netzwerker, Förderer der kurdischen Sprache und einer, der mit seinen Körpermaßen und seiner Energie so wirkte, als könne er alle Kurden auf einmal umarmen. Die Liberalisierung der Minderheitenrechte durch die AKP nutzte Demirbas für mehr Bürgerservice. Die kurdische Oma musste auf dem Amt nicht mehr mit türkischen Wörtern ringen, sondern konnte ihre Sorgen in der Muttersprache vortragen. »Ich wollte, dass die Bürger die Regierenden besser verstehen«, sagte Demirbas. Er ließ Plakate und Touristeninformationen, Abfallbroschüren und PC-Programme auf Kurdisch, Türkisch und Arabisch drucken. Da die Schule kein Kurdisch lehrte, bot er den Bürgern kostenlose Sprachkurse an. Service oder Verbrechen? Sein Eifer trug Demirbas die Absetzung per Dekret und 20 Anklagen der Staatsanwaltschaft ein – wegen »willkürlicher Umsetzung der Sprachgesetze« und »Propaganda für die Ziele der PKK«. Die Jahre, die er bei einer Verurteilung abzusitzen hätte, wurden bei Gericht gerade noch addiert, als ich ihn sah. Besonders erbost hatte die Justiz ein Kinderbuch, das Demirbas auf Türkisch und Kurdisch herausgab. Der türkische Staat war stets besonders kritisch, wenn es um kurdische Kinderprogramme ging. »Das Dogma dahinter lautet: ein Volk, ein Staat, eine Sprache, eine Kultur«, sagte Demirbas. Ein Lehrsatz, der in den 20er Jahren beim Aufbau des türkischen Nationalstaats in Beton gegossen wurde und für den die Armee seither viele Jahre Krieg geführt hat.

An vorderster Front kämpfte die Staatsanwaltschaft, die versuchte, jeden, der öffentlich auf Kurdisch schrieb, druckte oder sprach, mit Klagen zu überziehen. Sie ignorierte die neuen, moderaten Gesetze der Regierung und nutzte geschickt die zahlreichen Gesetzeslücken. In der Mitte des vergangenen Jahrzehnts stiegen die Festnahmen im Südosten wieder sprunghaft an, ebenso die Zahl der Untersuchungshäftlinge. Kurdische Zeitungen mussten regelmäßig schließen, obgleich sie per Regierungsdekret erlaubt waren. Für einen kurdischen Politiker forderte ein Staatsanwalt fünf Jahre wegen Propaganda für die PKK – der Gesuchte konnte nicht verhaftet werden, weil er längst an Krebs gestorben war. Doch der kurdische Bürgermeister von Diyarbakir, Osman Baydemir, musste sich in einem Prozess für die »nichttürkischen« Buchstaben Q, X und W auf einer Neujahrskarte vor Gericht verantworten – für Buchstaben, die den »Zusammenhalt des Landes bedrohen«.

Hier liegt die zweite Front zwischen türkischem Staat und kurdischer Bevölkerung im Südosten, der Kulturkampf um die Frage:»Wie kurdisch darf ein Kurde sein?« Das Problem ist so alt wie die Türkei. Im Jahr 1923 gründete General Mustafa Kemal Atatürk den neuen Staat auf einem Territorium mit Muslimen und Christen, Arabern und Kurden. Das Osmanische Reich hatte den verschiedenen religiösen Gruppen einen besonderen Rechtsstatus garantiert, es war ein Imperium, kein Nationalstaat. Die Türkei aber verstand sich als solcher, und da begann die Verwirrung. Jeder Bürger des neuen Staates war also seit 1923 ein »Türke«, was Mustafa Kemal nach dem französischen Muster der politischen Nation interpretiert sehen wollte: ein Staatsbürger war automatisch ein »Türke«. Auch die Nichttürken. Mustafa Kemal warf die ethnische Bezeichnung mit dem staatsbürgerlichen Begriff zusammen.[5] Das nutzten Nationalisten und Kemalisten rücksichtslos aus. Sie verweigerten in den Folgejahren Nichttürken und Nichtmuslimen ihre Sprache, ihre Religion, ihre Identität – oft mit Gewalt.[6] Griechen in Istanbul wurde der Gebrauch ihrer Sprache verübelt (»Bürger, sprich Türkisch!«), in den 50er Jahren folgten staatlich organisierte Pogrome und Verdrängung. Den Kurden verbot die Regierung ihre Buchstaben und Sprache, seit den 80er Jahren tobte ein Krieg im Osten. Den Aleviten wurde der Status einer eigenständigen Religion verweigert, sie wur-

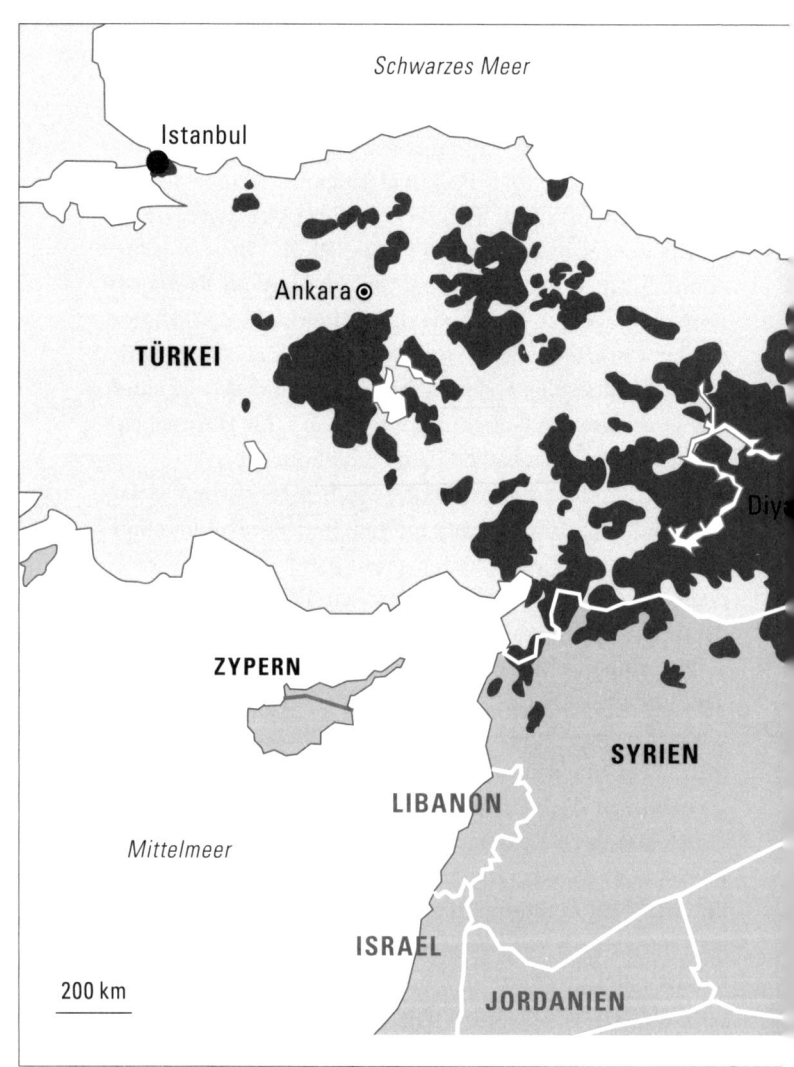

RUSSLAND

GEORGIEN

ARMENIEN

ASERBAIDSCHAN

Vansee

Baskale ●

Hakkari ●

● Dohuk

● Erbil

● Kirkuk

IRAK

Urmia-
see

Kaspisches
Meer

IRAN   ◉ Teheran

Hauptsiedlungsgebiete
der Kurden

ZEIT-Grafik/Quelle: Kurdisches Institut, Paris/AFP

Überlebenskünstler: Eine Reise durch Kurdistan   125

den Opfer von Diskriminierung und Anschlägen. Der türkische Nationalstaat wuchs zum institutionalisierten Verfolger der Vielfalt. Ein Musterbeispiel ist die in weiten Teilen noch heute gültige Verfassung von 1980, in der es vor Begriffen wie »Türkentum« und »Türkennation« nur so wimmelt. Doch waren sie schon damals hohl.

Heute ist der historische Versuch, die französische Nationalidee in Anatolien zu kopieren und dessen Völker unter die Glocke des Türkentums zu pressen, grandios gescheitert. Nach 80 Jahren der kemalistischen Einheitserziehung halten sich die wenigen verbliebenen Griechen immer noch für Griechen, pochen die Armenier darauf, Armenier zu sein, sehen sich die bis zu 15 Millionen Kurden als Kurden.[7] Der Kulturkampf fordert sie weiter heraus. Die Nationalisten unter ihnen nehmen die Waffe in die Hand. Doch wo gibt es Waffen und wie wird man zum Kämpfer?

IN DEN BERGEN

Die iranische Grenze war leicht zu finden. Am Fluss Zap bogen wir vor einer Militärbasis ab und folgten dem Schild »Iran«. Es ging steil hinauf, eine Schotterstrecke entlang eines verdreckten Baches. Nach einer halben Stunde: Güvenli. Die Sonne stand schon tief, die dürren Bäume warfen lange Schatten. Das Dorf war eine eigenartige Mischung aus neuen Bauernhäusern und romantischen Ruinen, aus einer alten Mühle am Bach und einem modernen Milchhof, der von der EU gefördert wurde. In den 90er Jahren war das Grenzdorf voll von PKK-Kämpfern. Deshalb wurde Güvenli 1996 von der türkischen Armee schwer beschossen, erobert und seine Bewohner vertrieben. Die Soldaten fällten die Bäume am Fluss, auch die Pfirsichplantage. Als die Besitzer nach einem Jahr zurückkehren durften, mussten sie das Dorf neu aufbauen. Hart war das Leben hier oben, der Winter lang, der Boden karg, die Wege weit.

Hüseyin lebte von der Nähe Irans. Er freute sich über den unerwarteten Besuch und lud uns auf den Vorzeigeteppich in seiner Hütte ein. Ich fragte ihn nach seiner Arbeit. Morgens um fünf Uhr sattelte er seinen Esel und trabte über die Berge nach Iran. Dort kaufte er Benzin. Verständigungsprobleme hatte er nicht, denn jenseits der Grenze lebten auch Kurden. Mit dem Esel schleppte er täglich an die 40 Liter zurück, die er an Sprithändler weiterverkaufte. So verdiente er vier Euro am Tag, aber nur im Frühling und Sommer, wenn die Berge passierbar waren. Im Winter lebte er vom »Ersparten«. Zwei arbeitslose Brüder brachte er mit durch. Hüseyins Familie war vom Kampf um Land und Kultur gezeichnet. Er hatte zehn Geschwister. Zwei Schwestern heirateten Kurden in Iran, zwei Brüder fielen in den Bergen als »Märtyrer«. Erst ging der Älteste zur PKK. Als er in einem Gefecht starb, machte sich der Jüngste auf. Er starb mit 18 Jahren. Dann ging der Zweitälteste. Es war eine Frage der Ehre, immer neue Kämpfer für die kurdische nationale Sache zu stellen. Hüseyin hatte seinen Bruder seit vielen Jahren nicht gesehen. »Manchmal ruft er an«, sagte er. Aus dem Nordirak. »Die Grenzen sind hier in den Bergen nicht wirklich wichtig.« Der Schnee sei schlimmer. Hüseyin schaltete den Fernseher ein. Wir sahen Roj TV, einen nationalistischen kurdischen Sender, der in der Türkei verboten ist, aber über Satellit von den meisten Kurden im Südosten empfangen wird. Die Bilder von Roj TV – eindringlich, ungeschnitten, blutig – würden im westlichen oder türkischen Fernsehen nie gezeigt werden. Der Film erzählte von einer Massenbeerdigung:

In den Bergen an der türkisch-irakischen Grenze suchten kurdische Dorfbewohner zwischen stelenartigen Felsen ihre toten Söhne und Töchter, Kämpfer der PKK. Sie fanden sie in Höhlen und Felsspalten. Sie wickelten die Leichen in Decken und trugen sie ins Tal, an einen Fluss. Dort wuschen Mütter und Väter schweigend die sterblichen Überreste ihrer Kinder. Am Ufer hoben sie Gräber aus und beerdigten die Gefallenen. Die Männer schaufelten Steine und Staub darauf, dann brachen die Frauen das Schweigen. Sie sangen Trauerlieder, die Männer begannen rhythmisch zu klatschen. Alle gelobten, einen »ewigen Kampf« zu führen.

Nach der Sendung legten wir uns schlafen. Am nächsten Morgen gab es eine Schüssel Joghurt, etwas Fladenbrot und ein Filzkissen mit auf den Weg. Für die Abfahrt im Kastenwagen, Richtung Irak. Bald mussten wir vor einer Brücke stehen bleiben, ein Jeep blockierte die Weiterfahrt, Soldaten vermaßen die Straße. Wir fragen warum, aber bekamen keine Antwort von ihnen. Ein wartender Bauer erklärte es uns. Was da vermessen wurde, waren Krater von Granateinschlägen. Am vorherigen Tag war eine Kolonne der türkischen Armee aus den Bergen angegriffen worden. Ein Soldat starb. Wir begriffen, dass wir mitten im Kampfgebiet waren. Konnten wir noch zurück? Die Straße war mittlerweile gesperrt, es ging nur noch vorwärts. Also warteten wir, bis alle Spuren gesichert waren und hofften, dass kein weiterer Angriff folgen würde. Nach einer Stunde ging es weiter.

Verkehr, das bedeutete auf dieser Strecke zwischen Hakkari und dem Grenzübergang in den Irak: Ziegenherden, Armeekolonnen, Bauern, Pferdekutschen, Dorfwächter, Männer in kurdischer Tracht mit Kefije und breitem Gürtel, Schützenpanzer, Lastwagen. Sie quälten sich über Serpentinen und Brücken, durch Tunnel und Checkpoints. Darunter konnten Kämpfer sein – oder Sympathisanten. Die Soldaten waren hochnervös, richteten das Gewehr auf jeden, den sie anhielten. Ein Kastenwagen mit einem Journalisten war ungewöhnlich, weshalb wir an jedem Kontrollpunkt ausgiebig kontrolliert wurden. Wir mussten aussteigen, die Pässe wurden per Hand abgeschrieben, die Koffer kontrolliert, der Wagen von innen und außen gefilzt. Andere Reisende durften derweil an uns vorbeifahren. Bei der zwölften Kontrolle auf 150 Kilometern verlor ich die Geduld und fragte, warum man sich so besonders für meinen Pass interessiere. Es sei nur zu meiner Sicherheit, sagte mir der fürsorgliche Gendarm, und: »Ausländer schmuggeln ja so viel.« Die türkischen Behörden werden mir die gewisse Erleichterung nachsehen, die ich empfand, als endlich die irakische Grenzstation und eine fremde Flagge in Sicht kamen: die Flagge der irakischen Region Kurdistan. Die Grenze teilt hier zwei Staaten – aber ein Volk.

Dohuk, die erste große Stadt im Norden des Irak, leuchtete geradezu im Vergleich zu den vernachlässigten kurdischen Orten in der Türkei. Die Straßen waren frisch geteert, Häuser erst kürzlich renoviert, im Zentrum wurde viel gebaut, es standen viel weniger Menschen untätig am Straßenrand. Offenbar gab es viel mehr zu tun für jene, die man nicht sah. Der Norden des Irak wirkte wohlhabender als der Osten der Türkei. Und das war ein wachsendes Problem für Ankara, wie mir bei einem Gespräch mit einem kurdischen Dichter aus der Türkei klar wurde. Ich traf Arjen Ari, einen Mittfünfziger, der einen schwarzen Zopf zur schwarzen Lederjacke trug. Ari hatte eigentlich keinen Grund, in der Türkei unzufrieden zu sein. Er konnte seine Gedichte auf Kurdisch in türkisch-kurdischen Verlagen veröffentlichen. Vier Bände hatte er während der Amtszeit der AKP herausgebracht. »Sie lassen viel mehr zu als frühere Regierungen«, sagt Ari. Manches aber könnten sie auch gar nicht mehr verhindern. »Seit Jahren tausche ich mich mit Schriftstellern in Iran, Syrien und im Irak aus«, sagte er. Er schrieb für kurdische Netzzeitungen, die in allen vier Ländern gelesen wurden. »Das Internet ist für uns die Tür zu den Kurden in den Nachbarländern.« Seine Gedichte und Artikel würden dort gelesen. Die kurdischen Satellitenkanäle und das Internet veränderten sogar die Sprache. »Die Dialekte des Kurdischen nähern sich allmählich an«, sagte Ari. Das sei auch dem Nordirak zu verdanken, wo sich immer mehr Kurden träfen. Er war gerade auf einem Literaturfestival in Dohuk. Was machte Irakisch-Kurdistan so attraktiv?

»Im Nordirak darf der Kurde Kurde sein«, sagte Ari. Er sprach von der autonomen Region Kurdistan im Irak, vom Protostaat ihres Präsidenten Massud Barsani, vom Piemont der kurdischen Nation. »Es gibt uns Zuversicht zu sehen, dass es möglich ist, einen eigenen Staat aufzubauen.« Es gebe dort ein Kulturinstitut, wo der »nationale Schatz der Kurden« gesammelt und gehütet werde: Märchen, Volkslieder, die Literatur der Kurden aus den vier Ländern. »Für mich ist der Nordirak das, was für einen gläubigen Muslim Mekka ist.« Doch wer ist der Prophet? Ari lachte und sagte nach kurzem Zögern: »Sicherlich kommt er aus jener Familie, welche die Freiheitsbewegung der Kurden angestoßen hat: von den Barsanis.«

Dieser Name weckt Hoffnung bei den einen, Beklemmung bei den anderen. Für die Kurden ist Massud Barsani ein Idol, für nationalistische Türken ein Schreckbild, für die sunnitischen Araber ein Gegner im Kampf um Land im Irak. Barsani und seine Verbündeten setzten die Föderalisierung und Fragmentierung des Irak durch, sie sorgten für einen fühlbaren Wirtschaftsaufschwung in ihrer Region, sie langten nach den Öl- und Gasquellen des Nordirak. Nach langem Tauziehen mit der Zentralregierung in Bagdad bekommen die Kurden nun 17 Prozent aller irakischen Rohstoffeinnahmen. Damit kann Barsani entspannt wirtschaften. Je erfolgreicher der Kurdenführer mit seinem Protostaat im Irak ist, desto mehr nimmt die Idee eines kurdischen Nationalstaats in den Köpfen Kontur an.

Erbil ist die Hauptstadt der Aufsteiger. Als wir in die Stadt fuhren, sahen wir als Erstes die großen weißen Neubauten, zehnstöckige Wohnblocks mit Luxusappartements, Schwimmbädern, davor Rasenflächen, Parkplätze und Schlagbäume, damit nicht jeder hineinkam. Vor zehn Jahren war Erbil ein Provinznest, heute ist es auf dem Weg zur Petropolis, einer vom Rohstoffgeld aufgepumpten Großstadt. Auf den Straßen stauten sich die Geländewagen und Limousinen. In Malls und Einkaufsstraßen eröffneten neue Möbelgeschäfte, Badezimmerausstatter, Baumärkte. Das Messegelände war ausgebucht, der neue Flughafen wurde von den internationalen Fluglinien als Alternative zum unruhigen Bagdad entdeckt, Investoren kippten jährlich Milliarden Dollar in die kurdische Metropole. Für kleine Fluchten aus der Großstadt waren eine Drahtseilbahn über einen Park und eine Wintersporthalle fürs Eislaufen im Sommer gebaut worden. Die Restaurants waren regelmäßig überbucht. Vor der Stadt im Bergkurort Salaheddin hatte sich die Regierung große Paläste aus Granit und Marmor gebaut.

In Erbil standen die anderen Insignien staatlichen Selbstbewusstseins: ein Parlament, ein Armeehauptquartier, derzeit eine Filiale der irakischen Streitkräfte, eine Zentralbank, eine Nationalbibliothek. Kurdistan – das war ein fast schlüsselfertiger Nationalstaat. Doch vorerst gehört er weiter zum Irak.

Zwischen der Realität einer kurdischen Autonomie im Irak und dem Traum von kurdischer Unabhängigkeit steht nicht weniger als ein neuer Krieg. Denn wie so oft im Mittleren Osten passen auch im Irak die Grenzen der föderalen Bezirke und die Siedlungsgebiete der Völker nicht überein. Die Kurden streiten mit den sunnitischen Arabern über ein langgestrecktes Gebiet. Es zieht sich mit dem träge fließenden Tigris von Norden nach Süden. Die Region des alttestamentarischen Ninive bei Mossul gehört dazu wie das erdölreiche Kirkuk weiter im Süden. Überall leben Araber und Kurden, aber auch Turkmenen, Assyrer und kleinere Volksgruppen. Wo soll man da die Grenze ziehen? Das fragte ich in Erbil einen Anhänger der kurdischen nationalen Idee. Ahmed Demirhan war Direktor einer hochmodernen Universitätsbibliothek. Zwischen den Regalen im weiten Lesesaal dachte er viel nach über den kurdischen Staat. Eine Grenzlinie wusste selbst er nicht zu ziehen. Aber Kirkuk sei kurdisch, so viel stand für ihn fest. Die Kurden seien eine Nation und hätten ein Recht auf einen Nationalstaat. Vorerst gebe man sich mit dem irakischen Föderalismus zufrieden. »Doch die Araber schaffen unnötige Probleme in Mossul und Kirkuk«, sagte er. »Man kann ihnen nicht trauen.« Vorschläge von außen, die Konflikte zu entschärfen, die Grenzen einfach offen zu lassen, fand er nicht hilfreich. Er war enttäuscht von den Amerikanern, die zwischen Kurden und Arabern vermitteln wollten. »Wem kann man noch trauen?«, rief er. »Nur noch uns selbst!« Womit er eine im Mittleren Osten weit verbreitete Weisheit aussprach.

Ziel unserer letzten Fahrt war die Stadt Kirkuk, die niemandem und allen gehört.[8] Kurden, Araber, Turkmenen und Assyrer streiten um das moderne Jerusalem des Irak. An einem Checkpoint weit vor der Stadt empfing uns eine Abordnung der KDP, der Partei des kurdischen Präsidenten Massud Barsani. Acht Männer in beigen Tarnanzügen, ausgerüstet mit automatischen Waffen, einer trug einen Tarnstrumpf über dem Kopf. Unsere Beschützer. Auch sie trauten nur sich selbst. Die Jeeps heulten auf, wir fuhren mit hoher Geschwindigkeit über die Autobahn. Je schneller wir fuhren, desto geringer war die Gefahr, angehalten oder überfallen zu werden. Nicht weit von der Schnellstraße entfernt schlugen Flammen aus hohen Rohren, es war überschüssiges Gas, das abgefackelt wurde. Wir fuhren durch die Ölfelder bei Kirkuk.

Sie sind Reichtum und Fluch der Stadt zugleich. Kirkuk hat Öl in rauen Mengen und von erster Qualität. Darum ist die Stadt begehrt, bei den Kurden, die sie beanspruchen, und bei den Arabern, die sie als ihr eigen betrachten. Seit dem Sturz Saddam Husseins 2003 geht es erneut um die Kontrolle der Stadt und ihrer Ölfelder. Dafür sind alle Mittel recht. Kirkuk wird geplagt von Bombenanschlägen, Attentaten und Morden. Kurz vor unserem Besuch tötete ein Selbstmordattentäter 19 Iraker, rund 50 wurden verletzt. Menschen werden wie Steine in die Stadt geworfen, benutzt und weggeworfen – oder in Reserve gehalten, je nachdem, was gerade ansteht.

Wir fuhren durch verwahrloste Viertel, meistens arabische, und Gegenden mit frisch getünchten Häusern und geteerten Straßen, meist kurdische. Die KDP tat etwas für ihr Wahlvolk. Nur nicht im Fußballstadion von Kirkuk. Dort hausten seit Jahren Tausende Kurden unter grauenhaften Zuständen. Lehmhütten standen auf Höhe der Mittellinie, alte Autos parkten auf den Tribünenplätzen. Die meisten Menschen wohnten in den Kriechkellern des Stadions. Als wir anklopften, kamen gebückte Frauen zum Vorschein, die in die Sonne blinzelten. Die Männer suchten Arbeit oder wenigstens ein paar Lebensmittel. Am Spielfeldrand hing die Wäsche, auf dem ehemaligen Laufparcours trieb grünlich schimmernd die Kloake, dazwischen spielten die Kinder.

Diese Kurden waren nach dem Fall Saddam Husseins zurück nach Kirkuk gekommen, angelockt von den Versprechungen kurdischer Politiker, angezogen auch von der Hoffnung, dass sie hier wiederbekommen, was einmal das Ihre war, Haus und Land. Der irakische Diktator hatte viele Kurden in den 80er Jahren vertrieben, weil er die Ölmetropole Kirkuk arabischer Kontrolle unterwerfen wollte. Dafür ließ er Tausende Araber ansiedeln. Als die Amerikaner nach ihrem Einmarsch 2003 Saddam Hussein stürzten, gingen die Kurden zurück nach Kirkuk. Das sind mehr als je vertrieben wurden, sagten die Araber und wehrten sich gegen die Zuwanderer. Die kurdischen Politiker aber zeigten das Leid ihrer Landsleute gern vor. Sie pflegten das Elend wie in einem Freilichtmuseum, um ihren Anspruch auf Kirkuk zu untermauern. Ein kurdisches Komitee für die »De-Arabisierung Kurdistans« gab 2006 einen Atlas von Kirkuk[9] heraus, der den kurdischen Charakter der Stadt mit Karten, Pfeilen und Zahlentürmen ausmalte. Politiker beider Seiten stritten um Volkszählungen und Referenden, drohten einander mit Krieg.

Westliche Besucher raten den Kurden häufig, sie sollten doch versuchen, vereint mit den Arabern einen föderalen Irak aufzubauen, und auf der anderen Seite der Grenze friedlich mit den Türken im kemalistischen Zentralstaat auskommen. Der Kompromiss sei doch besser als der Krieg, der in den vergangenen 30 Jahren viele kurdische Städte und Dörfer zerstört hat. Vernünftig wäre das. Doch kann dieser Kompromiss halten, solange die Kurden nicht erlangen, was Iraner, Türken und Syrer mit triumphaler Geste zelebrieren: den eigenen Staat? Das Unglück der Kurden ist der Fluch der Völker im Nahen Osten – der Kampf um Land. Die zählebige westliche Idee des Nationalismus aus dem 19. Jahrhundert[10] hat sich bis heute als stärker erwiesen als Kommunismus und Islamismus, zwei Ideologien aus dem 20.

Jahrhundert. Der Nationalismus befeuert immer aufs Neue den Kampf um Land in der muslimischen Welt. Diese säkulare Idee ist stärker als der religiöse Gemeinschaftsappell »Wir sind doch alle Muslime!«, wie sie die AKP von Tayyip Erdogan den Kurden immer wieder andient. Der Nationalismus trägt die alten Konflikte in unser Jahrhundert, in der Türkei wie im Irak, in Afghanistan und im Sudan, in Israel, Palästina und im Libanon. Deshalb gibt es in diesen Ländern Millionen von Vertriebenen und Entwurzelten. Wie sie bleiben auch die kurdischen Flüchtlinge von Kirkuk ihrem Schicksal überlassen, leben in den Katakomben der Arena, schlagen sich durch den Tag und warten, bis der Streit ums Land irgendwann gelöst wird.

Anmerkungen

1   Der Vierzehn-Punkte-Plan des amerikanischen Präsidenten Woodrow Wilson vom Januar 1918 sah für die nichttürkischen Minderheiten des Osmanischen Reiches eine »autonome Entwicklung« vor. Doch die Kurden waren zu uneins und die militärischen Voraussetzungen in Anatolien zu ungünstig, um einen kurdischen Nationalstaat durchzusetzen. Angesichts des Vordringens der nationaltürkischen Truppen von Mustafa Kemal verloren die Vereinigten Staaten und Großbritannien das Interesse an einem einzelnen kurdischen Staat. Siehe Martin Strohmeyer, Lale Yalcin-Heckmann: *Die Kurden. Geschichte, Politik, Kultur*, C.H. Beck, München 2000, S. 90.

2   Die prokurdische Partei, der parlamentarisch-legale Ableger der PKK, hieß damals DTP. Diese Partei wurde im Dezember 2009 vom türkischen Verfassungsgericht verboten und gründete sich neu als BDP.

3   Aliza Marcus: *Blood and Belief, The PKK and the Kurdish Fight for Independence*, New York University Press, New York 2007, S. 89 ff.

4   David Fromkin: *A Peace To End All Peace, The Fall of the Ottoman Empire and the Creation of the Modern Middle East*, Avon, New York 1990, S. 315.

5   Feroz Ahmad: *Turkey. The Quest for Identity*, Oneworld, Oxford 2003, S. 89.

6 Christopher Houston: *Kurdistan. Crafting of National Selves*, Indiana University Press, Bloomington und Indiana 2008, S. 135.

7 Ein liberaler Think-Tank in Istanbul hat in einer weitsichtigen Studie vorgeschlagen, die inflationär gebrauchten Begriffe »Türkentum« und »türkisch« aus der Verfassung zu streichen, weil sie ethnische Identität ausdrückten, nicht staatsbürgerliche Zugehörigkeit. Sie schlugen vor, stattdessen von »Bürgern der türkischen Republik« zu sprechen. Siehe Dilek Kurban und Yilmaz Ensaroglu: *Kürt Sorunu'nun Cözümüne Dogru. Anayasal ve Yasal Öneriler*, Tesev Yayinlari, Juni 2010, S. 22, 26.

8 Die Fahrt von Erbil nach Kirkuk habe ich im Mai 2009 für *Die Zeit* mit Ulrich Ladurner gemacht, dem ich dafür danke, dass ich unsere gemeinsamen Eindrücke hier wiedergeben kann.

9 Hashim Yasid Haddad u. a.: *Atlas of Kirkuk, Iraqi Kurdistan Region*, High Committee for Kurdistan De-Arabization, Erbil 2006.

10 Die Entstehung und Wirkung der Ideologie des Nationalismus erklären bis heute beispielhaft Benedict Anderson: *Die Erfindung der Nation. Zur Karriere eines folgenreichen Konzepts*, Campus, Frankfurt/New York 1996, sowie Ernest Gellner: *Nationalismus und Moderne*, Rotbuch, Hamburg 1995, und Eric Hobsbawm: *Nations and Nationalism since 1780. Program, Myth, Reality*, Cambridge University Press, Cambridge 1993.

NATIONALISTEN: BESUCH BEI HISBOLLAH UND HAMAS

E s gab Zeiten, da machte die Hisbollah um ihr Haupt-quartier kein großes Geheimnis. Das war 2005, vor dem Krieg Israels gegen die »Partei Gottes« und den Li-banon. Die Hisbollah-Presseabteilung gab mir per Telefon die Adresse durch. Ohne Aufpasser durfte ich selbstständig durch die staubigen Neubauviertel von Südbeirut schlen-dern. Ich sah Frauen mit Kopftüchern, wie zu erwarten war, aber auch solche ohne. Grüne Flaggen, bunte Krämerlä-den, Männer auf Plastikstühlen vor Teestuben, alte Merce-des-Limousinen, große Poster mit bärtigen Helden, Platten-bauten, deren Balkone mit braunen Vorhängen zugehängt waren, gegen Sonne und Blicke. Es roch nach gegrilltem Fleisch und Benzin. Wo die Straßen eng und die steinernen Wohnschachteln zehnstöckig wurden, wo die Seitenstraßen und Höfe überquollen vor Gerümpel, da war mein Ziel. Am Platz der Sicherheit lag das Hauptquartier der Hisbollah, der »Partei Gottes«. Der Schlagbaum mit dem Wärter war schnell passiert. Dahinter waren kein bombensicherer Palast und kein geheimer Kommandobunker zu sehen, nur Hoch-häuser. Die Betonschlucht der Märtyrer. Von großen Por-träts schaute der verstorbene iranische Ajatollah Khomeini herab und verfolgte meinen Weg in ein Wohnhaus.

Vor dem Aufzug wartete ein Hisbollah-Mitarbeiter. Er fuhr mit mir in ein höheres Stockwerk, drückte die Klingel an einer mit schwarzem Leder beschlagenen Wohnungstür ohne Namensschild, die Tür öffnete sich. Bitte die Aktentasche beim Goliath von der Sicherheit abgeben, dann geradeaus, da geht's in die gute Stube. Gestatten, Naim Qassim, stellvertretender Generalsekretär der Hisbollah. Scheich Qassim ist der zweitmächtigste Mann einer Organisation, die seit mehr als 20 Jahren als Todfeind der USA und Israels gilt.

Die Hisbollah ist für Amerikaner ein Synonym für weltweiten Terrorismus, in den Worten des ehemaligen US-Vizeaußenministers Richard Armitage gar das »A-Team der Terroristen«, weshalb al-Qaida nur das B-Team stelle. Mehrere westliche Staaten haben Hisbollah auf ihre schwarzen Terrorlisten gesetzt. Auf dem heimischen Spielfeld indes sorgt die Hisbollah wegen ihrer politischen Kraft für Aufsehen. Sie hat neben ihrer Miliz eine straff geführte Partei aufgebaut. Im Südlibanon, bei den Schiiten, räumen die schiitischen Islamisten und ihre Verbündeten regelmäßig alle verfügbaren Parlamentssitze ab. Hisbollah war lange Zeit die stärkste Oppositionspartei, die auch schon mal mit militärischem Druck Politik machte. Im Mai 2008 besiegten Hisbollah-Milizen ihre sunnitischen Konkurrenten in einem 24-Stunden-Bürgerkrieg. Ein Jahr später nahm Hisbollah in einer großen Koalition mit Sunniten und Christen auf den Regierungsbänken Platz. Darüber hinaus betreibt Hisbollah Inc. ein Forschungszentrum und Krankenhäuser, Fernsehsender und Bauunternehmen.

Je nach Sichtweise ist Hisbollah eine Armee, die sich eine Partei leistet, oder eine Partei, die nebenbei eine Streitmacht kommandiert. Sie pflegt ihr amphibisches Dasein – gegen alle Kritik im Libanon und von außerhalb. Darin ähnelt sie den palästinensischen Islamisten der Hamas, die nach einem Putsch 2007 im Gazastreifen allein regierte. Was sind das für Organisationen? Terrorgruppen oder nationale Parteien? Suppenküchen oder Streitkräfte? Im Libanon wünschten sich viele, Hisbollah würde sich eines Tages entscheiden: Will sie, bezahlt von fremden Mächten wie Iran, gegen Israel kämpfen oder will sie das von mehr als einem Dutzend

Religionen bewohnte Land mit gestalten? Die Antwort von Hisbollah: Beides.

Naim Qassims gute Stube war komplett abgedunkelt. Die Wände des Zimmers zierten Porträts der iranischen Ajatollahs Khomeini und Khamenei. Qassim saß auf einem Plüschsessel in einer Ecke, über ihm der Koran im Regal, auf einer Anrichte daneben das Wappen von Hisbollah im Las-Vegas-Stil: Rosa Leuchtröhren hinter Plexiglas zeichneten die Faust mit der Kalaschnikow über einer Weltkugel. »Was wählen Leute, die für die Hisbollah stimmen?«, fragte ich ihn. »Sie geben ihr Votum ab für die Fortsetzung des Widerstands gegen Israel und die Vereinigten Staaten«, sagte Naim Qassim unbewegt. Ich verstand nicht, was es da fortzusetzen gab, denn die US-Truppen waren zwar in den 80er Jahren im Libanon, zogen sich aber nach einem schweren Anschlag von Selbstmordattentätern 1983 zurück. Der Süden des Libanons war damals das Gefechtsfeld, auf dem Israel und Hisbollah miteinander Bekanntschaft machten. Die islamistische Kampforganisation entstand Anfang der 80er Jahre mit massiver iranischer Hilfe, als die Israelis den südlichen Libanon besetzt hielten.[1] Die Partei Gottes machte den Eindringlingen mit einer heimtückischen Waffe das Leben zur Hölle: mit Selbstmordattentaten. Die Hisbollah-Kämpfer wuchsen zu mythischen Helden, als sich Israel im Jahr 2000 zum kompletten Rückzug aus dem Libanon entschloss. Die Partei übernahm den panzerzerfurchten Süden und erklärte großspurig den »Sieg über Israel«. Hat sie mit dem Rückzug ihre Ziele erreicht?

Scheich Qassim war nicht ganz zufrieden: »Israel hält die Schebaa-Farmen weiter besetzt.« Das ist ein recht karger, von Schafen abgegraster Streifen Hügelland, den die Hisbollah und Syrien für Libanon reklamieren, während Israel ihn als syrisch ansieht. Und wenn Israel auch die Schebaa-Farmen räumen würde? »Dann bleibt noch Palästina.« Das klang nun allerdings nach einem ziemlich aussichtslosen Kampf. Israel ist mit Abstand die stärkste Militärmacht im Nahen Osten, Israel hat Atomwaffen. Scheich Qassim wollte nicht als naiv missverstanden werden: »Die Befreiung Palästinas ist eine rein palästinensische Angelegenheit. Wir unterstützen sie nur.« Womit? »Keine Details, bitte.« So viel sei gesagt: Naim Qassim pries die »edlen Motive« von Selbstmordattentätern, für ihn seien Anschläge »reine Verteidigung im Abwehrkampf in Palästina«. Die Attentate des 11. September oder Attacken auf Zivilisten im Irak lehnte er als »unislamisch« ab. Hier traf er die für Islamisten so charakteristische Unterscheidung: »Widerstand« in Israel ist wünschenswert, Attacken in New York nicht. Eine moralisch zweifelhafte Differenzierung von Gewaltanwendung, aber einer der vielen Unterschiede zwischen den Islamisten der Hisbollah und den Ideologen der al-Qaida.

Doch wenn die Hisbollah den Palästinensern nicht im Kampf beiseitespringt, wozu braucht sie dann noch ihre Parteisoldaten? Die von Amerikanern und Franzosen 2004 durchgesetzte UN-Resolution 1559 über den Libanon forderte die Entwaffnung der Hisbollah, auch die politischen Gegner in Beirut wollten die Demilitarisierung. Naim Qassim schwieg. Die Frage gefiel ihm nicht. Aber er ist ein beherrschter Mann. Sein Turban strahlte weiß, sein graumelierter Bart wirkte gepflegt, als kleine Extravaganz trug er einen Ring mit einem Rubin, den er länger ansah, als er nachdachte. Er sagte:

»Solange Israel Waffen auf uns richtet, ist Hisbollah eine Schutzmacht für den Libanon.«

Aber das Land hat doch eine Armee. Warum will die Hisbollah ihre Milizen nicht schrittweise in die nationalen Streitkräfte integrieren?

»Die libanesische Armee kann der israelischen nichts entgegensetzen. Israel ist die stärkste Macht im Nahen und Mittleren Osten. 400 Atomraketen, mehrere Milliarden Dollar US-Militärhilfe jährlich. Dagegen hilft nur islamischer Widerstand.«

Was Qassim damit meinte, erläutert sein Vorgesetzter, Generalsekretär Hassan Nasrallah, bei jeder sich bietenden Gelegenheit. Die Hisbollah habe Zehntausende Raketen auf Nordisrael gerichtet. Dazu stünden rund 20 000 Kämpfer dauernd unter Waffen, in einer Krise könne die Partei auf

60 000 Mann aufrüsten. Vor Organisation und Aufrüstung der Hisbollah hegten israelische Offiziere ihrerseits Respekt. Die libanesische Armee sei allein zu schwach. Ich versuchte es mit einer letzten Frage: Könnte ein palästinensischer oder ein libanesischer Friedensvertrag mit Israel die Hisbollah versöhnen? Qassim warf kurz und entschieden seinen Kopf in den Nacken. »Nein« heißt das im Nahen Osten. »Auch in hundert Jahren wird Israels Existenz noch illegal sein.«

So begründeten Hisbollah-Führer, warum die Kalaschnikows weiter zu ölen seien. Gegnerschaft zu Israel war Hisbollahs ideologische Mission und nationaler Mythos zugleich. Zu verführerisch war es, eine politische Partei und die Kriegsmacht des Vaterlands zugleich zu sein. Ein Jahr nach meinem Treffen mit Naim Qassim jedoch überspannte die Partei den Bogen. Im Juli 2006 griffen Hisbollah-Kämpfer eine israelische Patrouille an, töteten drei israelische Soldaten in einem Grenzscharmützel, verschleppten zwei weitere in den Libanon. Israel reagierte mehr als scharf auf die Provokation. Es überzog den Libanon mit einem fünfwöchigen Krieg, zerstörte weite Teile von Südbeirut, machte mehrere Dörfer im Süden und in der Bekaa-Ebene dem Erdboden gleich, zersiebte Waffenlager und Rückzugsräume der Hisbollah. Der Generalsekretär Hassan Nasrallah gab später zu, dass er mit einer so massiven Reaktion Israels nicht gerechnet hatte.

DER KRIEG

Niemand hatte das vorhergesehen. Nicht die Araber, nicht die Europäer, nicht die westlichen Reporter, die in diesem heißen Juli in Beirut ausharrten. Ich war von Damaskus aus mit dem Auto in die libanesische Hauptstadt gefahren, weil der Flughafen Beirut wegen Bombardements schon geschlossen war. Der direkte Weg über die Berge war versperrt. Im Süden rollten israelische Panzer. Nur von Norden kam man noch gut in die Stadt. Wenige Tage nach meiner Ankunft zerstörten israelische Kampfflugzeuge eine wichtige Brücke nach Norden im Christenvorort Dschunieh. Nur langsam begriff ich das Ausmaß des Problems. Beirut war umgeben von Ausfallstraßen, die im Nichts endeten. Umringt von gähnenden Abgründen dort, wo vorher Viadukte und Brücken in alle Richtungen führten. Vor der Küste kreuzten israelische Kriegsschiffe. Die Stadt war von der Außenwelt abgeschlossen.

Im Innern der belagerten Metropole waren die Dinge säuberlich aufgeteilt. Es gab viele Ansichten dieses Sommerkrieges. Zertrümmerte Straßen in Südbeirut oder Cappuccino-Frühstück im sunnitischen Westbeirut, solange der Kaffee reichte. Feigenernte in der Vorstadt oder Flüchtlingsschiffe nach Zypern. Innere Einkehr oder schreiende Verzweiflung. Fahrt ins Ferienhaus oder Verlust von Haus, Hof und Familie. In den Beiruter Stadtteilen Aschrafijeh und Dschemaiseh, bei den Christen, schien die Lage ruhig zu sein, waren die Cafés halbleer, bis die Israelis versehentlich ein Haus mit einem Gerüst beschossen, weil sie es für eine Raketenabschussbasis hielten. Danach blieben alle Christen zu Hause. In Hamra und Sanayeh, den Vierteln der libanesischen Sunniten, der internationalen Hotels, der American University, bedeutete der Krieg Schlangen vor den Tankstellen. Er trieb Tausende Flüchtlinge aus dem Süden in überfüllte Parks, leere Cafés und Restaurants; hin und wieder ein Beben unter den Füßen, wenn Kampfflugzeuge das von den Schiiten bewohnte Südbeirut heimsuchten. Die Bomberflotten kamen meist morgens, um ihre tödliche Fracht abzuwerfen. Die geballte Macht der Einschläge ließ unser überfülltes Hotel erzittern. Doch die Sunniten und die internationalen Korrespondenten waren nicht das Ziel. Vielleicht wären wir es gewesen, wenn die Israelis gewusst hätten, dass allein in unserem Hotel drei Dutzend iranische »Journalisten« eingecheckt hatten. Sie berichteten weniger nach Hause, als dass sie Hisbollah im Krieg berieten. Es half nicht viel.

Nach einem stundenlangen Bombardement machte ich mich vormittags auf den Weg in den Südteil der Stadt. Hisbollah-Leute kontrollierten die Straßen, Menschen räumten Schutt beiseite. Manche Straßen waren mit dem Wagen kaum zu befahren, weil die Häuser zur Hälfte auf die Straße gekracht waren, der Rest stand ausgehöhlt in einem Fundament aus Schutt. Verkohlte Fahnenmasten ragten in den Himmel, es rauchte an allen Ecken. Ich suchte das Hisbollah-Hauptquartier in Haret Hreik und konnte es nicht mehr finden. Die Betonschlucht der Märtyrer – eine unscharfe Erinnerung. Vor mir breitete sich eine Ruinenlandschaft aus. Zerborstene Mauern, Fenster und Dächer, verbogene Stahlträger, zersplitterte Möbel und verschüttete Autos. Ich nahm das Mobiltelefon und versuchte, ein paar Nummern von Hisbollah-Leuten zu wählen. Vergeblich. Haret Hreik hatte aufgehört zu existieren.

Ein kurioser Krieg. Die libanesische Armee schoss nicht zurück, wenn sie angegriffen wurde. Hisbollah führte mit iranischer und syrischer Hilfe einen Separatfeldzug gegen den weit überlegenen Nachbarn Israel: mit Kidnapping und Kurzstreckenraketen auf israelische Siedlungen. Am Boden, in Erdlöchern im Südlibanon, waren die Hisbollah-Kämpfer zäh, sie versteckten sich in Häusern, Höhlen, unter Zivilisten, die ihretwegen beschossen wurden. Israels mit Präzisionswaffen ausgerüstete Luftflotte warf Bomben über dem ganzen Libanon ab, ohne auf nennenswerte Gegenwehr zu treffen. Hisbollah verlor sein Hauptquartier, den Fernsehsender, die Bibliothek, Lehrräume, Wohnbauten – und militärisches Rüstzeug. Am Boden aber blieben die Israelis stecken, verkämpften sich gegen den unsichtbaren Feind im bergigen Südlibanon. Ihr Kriegsziel verfehlten sie: Hisbollah konnte ihre Kurzstreckenraketen bis zum Waffenstillstand auf Israel abschießen. Das nennt man asymmetrischen Krieg.

Doch wo waren die Hisbollah-Führer? Vom Generalsekretär Hassan Nasrallah und seinem Stellvertreter Naim Qassim war zunächst keine Spur. Hatte es sie getroffen? Dann meldete sich Nasrallah von einem unbekannten Ort. Erst eine Verlautbarung, dann eine Pressekonferenz. Das ganze Land verfolgte sie im Fernsehen. Nasrallah, nicht der libanesische Premier, war der Feldherr in diesem Krieg. Ein Mann, der auf seine Sicherheit achtgeben musste. Die Israelis treffen gut. Sein Vorgänger Abbas al-Mussawi wurde 1992 von einem israelischen Kampfhubschrauber samt Ehefrau, Sohn und Gefährten in die Luft gesprengt. Den wichtigsten militärischen Hisbollah-Strategen Imad Mughnijeh brachten Agenten 2008 in Damaskus zur Strecke. Hassan Nasrallahs Kopf war der große Preis in diesem Krieg. Doch die Israelis bekamen ihn nicht. Das machte ihn zur Legende und am Ende zum Sieger in dieser Auseinandersetzung.

Was Nasrallah verlor, war ersetzbar. Er musste sich für einige Zeit der Kritik von Christen und Sunniten aussetzen, den Libanon in einen unnötigen Krieg gezogen zu haben. Die Kritik ließ nach, je mehr seine politische Macht im Libanon wuchs. Er musste zusehen, wie die Israelis die schimmernde Wehr der Hisbollah empfindlich dezimierten. Mit der Zeit lieferten Iran und Syrien das Mehrfache des Verlorenen. Was er gewann, war unbezahlbar. Nasrallah führte zum ersten Mal einen Krieg gegen Israel, nicht wie seine Vorgänger als Separatveranstaltung im Bürgerkrieg der 80er Jahre, nicht als Terror- und Widerstandsübung in den 90er Jahren. Dies war ein richtiger Krieg, von der Provokation zu Beginn bis zum ordentlichen Waffenstillstand am Ende, mit Nasrallah als Strategen und Überlebenden, der noch am letzten Tag Raketen auf Israel fliegen ließ. Der »Löwe« wurde er fortan in der arabischen Welt genannt. Eine Masse von Nasrallah-Ansteckern, Postkarten, Mützen, T-Shirts, Feuerzeugen mit dem Konterfei des Generalsekretärs überschwemmte die Basare der arabischen Städte. Gamal Abdel Nasser war tot, Saddam Hussein gestürzt und gehenkt, Hassan Nasrallah wuchs zum gesamtarabischen Nationalhelden, zum Führer des Widerstands gegen Israel. Ein Schiit, zum ersten Mal, auch das war wichtig.

Doch wie spricht der bei den Arabern gefeierte, in Israel meistgehasste Mann zu den Menschen? Seine Pressekonferenzen sind ein Meisterwerk der künstlich hergestellten Unmittelbarkeit. Hierzu lädt das Pressebüro per Fernsehen und Internet-Ankündigung ein. Hinter einem Krankenhaus in Südbeirut befindet sich das Konferenzzentrum. Die Sicherheit kontrolliert die Ausweise, verzichtet aber auf die Personenkontrolle. Der Saal ist weiß getüncht, modern bestuhlt, mit Deckenstrahlern gleich einem Sternenzelt. Auf ein Handzeichen stehen die meisten Journalisten auf. Die Hisbollah-Hymne dröhnt aus den überforderten Lautsprechern. Dann spricht der Pressechef auf dem Podium und kündigt unter Beifall Hassan Nasrallah an. Der ist zwar nicht im Saal, erscheint dafür aber auf der Leinwand zwischen einer libanesischen Flagge und dem gelben Hisbollah-Banner. Dunkelblaues Hemd, weißer Kragen, grauer Umhang, graumelierter Bart, schwarzer Turban, aus dem ein Haar herauslugt. Nasrallah begrüßt die Journalisten herzlich, lächelt und kommt nach kurzer rhetorischer Verbeugung vor dem Propheten sogleich zur Sache. Es geht um Israel. Was der 50-Jährige sagt, unterscheidet sich nicht von dem, was sein Stellvertreter Naim Qassim mir verriet. Wie er es sagt, ist entscheidend, weil es Nasrallahs geradezu hypnotische Wirkung auf viele Araber erklärt. Der Mann spricht klar und langsam, mit gemessenen Gesten und reichem Mienenspiel. Seine Stimme ist eher weich, er spricht ein deutlich artikuliertes, gebildetes Arabisch. Man merkt ihm die Fernseherfahrung an. Nichts an ihm wirkt linkisch, er kommt von der Leinwand so natürlich herüber, als stünde er leibhaftig im Raum. Wenn Journalisten ihm Fragen stellen, hört er geduldig zu. Mal redet er eindringlich auf die Journalisten ein, mal plaudert er, mal pointiert er nicht unwitzig und lächelt breitverschmitzt, mal zieht er drohend die Augenbrauen zusammen. Am Ende bedankt er sich fürs Zuhören und sagt: »Bis zum nächsten Mal«, als sei es eine Fernsehshow. Vielleicht ist es auch genau das. Der Mann ist ein Medientier, das hat er vielen Politikern im Nahen Osten voraus. Er präsentiert sich als Führer der Nation – und viele Libanesen akzeptieren ihn als solchen. Wenn Nasrallah redet, sitzt das Land vorm Fernseher. Und wenn's wichtig wird, die ganze arabische Welt.

So war es auch während des Gazakriegs zur Jahreswende 2008/2009. Damals bombardierte Israel den Gazastreifen, um den Raketenbeschuss israelischer Städte durch palästinensische Radikale und die islamistische Partei Hamas zu beenden. Hamas sollte entscheidend geschwächt werden.

Eine Reihe von arabischen Regierungen, in Kairo, Amman und Riad, hielten sich auffällig zurück. Sie sahen Hamas als Ruhestörer und Gefahr an. Die Partei bezog ein Teil ihres ideologischen Rüstzeugs aus dem Zeughaus der ägyptischen Muslimbrüder, die den »Islam für die Lösung aller Dinge« halten. Die libanesische Hisbollah, die einst mit der fürsorglichen Hilfe des iranischen Botschafters in Damaskus aufgebaut wurde, erklärte sich vom ersten Tag mit Hamas solidarisch. Hassan Nasrallah verdammte die arabischen Regime in Ägypten und anderswo: »Sie sind Komplizen und Teil des amerikanisch-israelischen Projekts.« Seine Worte hallten wie Donner. Sein Aufruf, zu Hunderttausenden auf die Straße zu gehen, erschütterte das menschenreiche Ägypten und Jordanien mit seinen vielen Palästinensern. Hassan Nasrallah eröffnete eine neue Front, über die schiitisch-sunnitischen Linien des Nahen Ostens hinweg, in den Köpfen der Araber und auf den Straßen Kairos.[2]

Ich besuchte während des Krieges im Januar 2009 Ali Fayyad, ein hochrangiges Mitglied des politischen Flügels der Hisbollah, in seinem Kontor in Südbeirut. Was war das Ziel der Hisbollah in diesem Krieg, in dem es gar nicht um sie ging? »Das ist neu für uns«, sagte Fayyad[3]. »Früher haben wir uns nicht in die Belange anderer arabischer Staaten eingemischt.« Doch jetzt stehe die Welt vor einem gigantischen humanitären Desaster in Gaza. Die arabischen Regime täten rein gar nichts. Die Hisbollah forderte von Kairo dringend die Öffnung des ägyptischen Grenzstreifens zu Gaza, über den vor dem Krieg Lebensmittel, Medizin und Waffen zugleich flossen. »Wir wissen, dass diese Forderung Probleme zwischen uns und den arabischen Regimen schafft«, sagte Fayyad. »Das ist die wahre Teilung der arabisch-islamischen Welt, eine politische.« Hier die Menschen auf der Straße, dort die arabischen Diktaturen aufseiten Amerikas. Hier Hisbollah und Hamas, die in Wahlen an die Macht gekommen seien, dort die Könige und Militärmachthaber. »Übrigens wählt man auch in Iran, der eine spezielle Form der Demokratie hat«, fügt Fayyad lächelnd hinzu. »Wir machen aus unserem Bündnis mit Iran keinen Hehl.«

Im Nahen und Mittleren Osten ist das Ergebnis einer missratenen US-Demokratisierungspolitik und des anschließenden Rückfalls in die alte falsche Realpolitik in der Region zu besichtigen. Die arabischen Verbündeten des Westens stützten sich auf Polizeiprügel, um islamistische Bewegungen niederzuhalten. Doch sobald in Palästina oder Libanon gewählt wurde, gewannen die Feinde Amerikas und Israels. Hamas siegte in den Parlamentswahlen 2006, Hisbollah ist die nach Unterstützern stärkste Partei im Libanon. Natürlich ist dieses Bild freien Wählerwillens verzerrt. Zum Viererbündnis Hisbollah-Hamas-Syrien-Iran gehört eben auch die Damaszener Diktatur und das erbarmungslose Milizenregime der Pasdaran und Bassidschi in Teheran. Hamas hat die politische Konkurrenz der Fatah 2007 aus Gaza verjagt. Überhaupt ist er seltsam heterogen, dieser mittelöstliche Klub aus Sunniten, Schiiten und Alawiten, aus Islamisten und Säkularen. Oft haben sie verschiedene Interessen: Im Irak zum Beispiel arbeiten Syrien und Iran gegeneinander. Die Sehnsucht nach Demokratie hält sie gewiss nicht zusammen, nicht die Konfession und auch nicht der Islamismus. Die sunnitische Hamas und die schiitischen Islamisten sind keine natürlichen Verbündeten. Damaskus wiederum verfolgt die syrischen Islamisten mit aller Härte. Was schweißt sie zusammen?

Der Beiruter Soziologieprofessor Talal Atrissi, ein intimer Kenner der Hisbollah und des Iran, hält das Viererbündnis für eine Art pragmatischer Allianz gegen Israel und Amerika. Der Palästina-Konflikt ist die Handelsware, der Krieg ist der Kitt. Iran beliefert sowohl Hisbollah und Hamas mit Waffen und Geld. Damaskus ist meistens Treffpunkt und Umschlagplatz. Der Erfolg und die Ausstrahlung dieses Bündnisses weit über Syrien, Libanon und Iran hinaus gründen in ihrer radikalen Ablehnung der israelischen Politik. Davon wird im Kapitel über Iran später noch zu reden sein. Atrissi geht so weit zu sagen, dass die syrisch-iranische Allianz mit den Mittelmeerdegen Hisbollah und Hamas in heutiger Form nie entstanden wäre, hätten die Palästinenser nach dem Oslo-Abkommen 1993 ihren Staat bekommen.[4]

Man darf hinzufügen, dass die Isolation der Hamas durch Israel, Europa und Amerika die sunnitischen Islamisten geradezu in die Arme des schiitischen Iran getrieben hat.

Aber wenn denn der israelisch-palästinensische Konflikt so wichtig war für die Vier, warum eröffnete Hisbollah dann keine zweite militärische Front gegen Israel, um Hamas zu entlasten? Das fragte ich in Südbeirut Ali Fayyad. Hisbollah hätte Raketen aus seinem reichen Arsenal abschießen können. Er wehrte strikt ab. »Hisbollah ist eine libanesische Befreiungsbewegung. Wir haben immer die libanesische Souveränität verteidigt, das heißt die libanesischen Grenzen.« Hier schien erneut das nationale Denken der Hisbollah auf, das hinter dem gern plakatierten islamisch-internationalen Widerstand gegen Israel steht. Die Rhetorik war all-arabisch, das Handeln war durchaus national, und das war am Ende wichtiger. Hamas wurde bombardiert, Hisbollah hielt still. Die UN-Truppe für den Libanon, UNIFIL, die libanesische Armee und Hisbollah bewachten jeder für sich die Ereignislosigkeit an Israels Nordgrenze. Bis auf Tiefflüge israelischer Kampfjets und einen vereinzelten Raketenabschuss – nicht von Hisbollah – war nichts zu vermelden. Die Partei Gottes wusste: Hätte sie 2009 eine zweite Front gegen Israel losgetreten, wäre neues Unheil über die libanesischen Schiiten gekommen, Hisbollah hätte die breite Unterstützung im Libanon und vielleicht die nächsten Wahlen verloren. Hamas und Hisbollah kämpften an verschiedenen Fronten, jede Partei auf ihrem nationalen Terrain.

HAMAS

In Beirut unterhielt Hamas 2009 ein Büro. Sie sah die Vertretung als eine Art Botschafterresidenz in einem Nachbarland an. Israel hatte selbstverständlich keine Botschaft im Libanon. Die 47 Jahre alte säkulare PLO war in den palästinensischen Flüchtlingslagern von Beirut und Tripoli sichtbar vertreten, überall hingen Bilder des verstorbenen Jassir Arafat. Doch während des Gazafeldzugs 2009 war Osama Hamdan in Beirut der Gesandte einer der beiden Kriegsparteien und als solcher der prominenteste Palästinenser. Zugleich war er einer der Hamas-Führer. Ich wollte von ihm wissen, warum die Sunniten der Hamas sich vom schiitischen Iran unterstützen lassen. »Wir nehmen Hilfe von allen Seiten an«, sagte Hamdan. Das Verhältnis zu Iran sei gut, schon weil sich nicht so viele andere Bündnispartner in der Region anböten. Das Verhältnis zu Hisbollah sei gut, weil man den Widerstand gegen Israel teile. Was er nicht bestätigen wollte, war das Training von Hisbollah im Libanon und in Syrien für Hamas-Kämpfer.[5] Stattdessen: »Die arabischen Regierungen versagen uns die Solidarität.« Nun gut, die hielten lieber zu der säkularen Fatah-Bewegung, mit der Hamas in Dauerfehde lag. Hamas hatte seine Wurzeln in der internationalen islamistischen Bewegung, zu der auch die ägyptischen Muslimbrüder gehören.[6] Gab es da keine Solidarisierung mit der Bewegung in Kairo? Hamdan schüttelte den Kopf. »Unsere Beziehung mit den Muslimbrüdern ist keine von Bündnispartnern, sondern eine von Partei zu Partei in zwei verschiedenen Staaten. Wir sind nicht Teil ihrer Bewegung und haben in Kairo auch Beziehungen mit linken Nasseristen und anderen.« Es war ihm sehr wichtig zu betonen, dass Hamas nicht mit der in Ägypten verbotenen Partei der Muslimbrüder kungele. Dafür sprachen Hamas-Leute zu oft mit Vertretern des ägyptischen Regimes von Hosni Mubarak, um über sie Botschaften an Israel auszusenden. Doch was mir wirklich auffiel im Gespräch: Osama Hamdan wich stets aus, wenn ich das Gespräch auf das Religiöse lenkte, er verneinte, wenn ich ihn nach islamischer Solidarität fragte. Stattdessen: Realpolitik, Beziehungen zwischen den Nationalstaaten, Interessenkonflikte, Kampf gegen die »Besatzungsmacht Israel«.

So sah die Linie der Realisten innerhalb der Hamas aus. Sie verstanden Hamas als religiös grundierte Partei, die eine an der Wirklichkeit orientierte Politik im säkularen Raum machte. So hatten sie sich über die Jahre ihre Machtposition erobert. Es begann in den 80er Jahren mit Suppenküchen und Sozialprogrammen, Koranschulen und Kochkursen.

Ähnlich wie bei Hisbollah. Dann kam die palästinensische Intifada 1987, in der Hamas zum ersten Mal an Aufständen gegen Israel teilnahm; die Hamas-Charta von 1988, in der Israel das Existenzrecht abgesprochen und die Errichtung eines islamischen Staates in ganz Palästina als Ziel festgelegt wurde.[7] In den 90er Jahren baute Hamas die mörderische Taktik der Selbstmordattentate als Waffe aus, die in der zweiten Intifada und danach Hunderte von Israelis das Leben kostete. Im Jahr 2005 erklärte Hamas einen Waffenstillstand, die Politik rückte in den Vordergrund. Auch der schnelle Wechsel zwischen Kriegsführung und politischer Aktion erinnert an Hisbollah. Hamas nahm 2006 an den Wahlen teil und triumphierte. Zum Entsetzen Israels wählten die Palästinenser einen Hamas-Politiker zum Ministerpräsidenten. Ismail Hanijeh wurde von Israel und vom Westen geschnitten, seine Regierung isoliert. Eine Koalition mit der säkularen Fatah-Bewegung scheiterte, schließlich bekämpften sich Hamas und Fatah in einem Bürgerkrieg. Hamas übernahm 2007 die Macht im Gazastreifen, Fatah sicherte sich das Westjordanland. Seither versuchten Israel und die Amerikaner, mit der Fatah ein separates Abkommen über einen Frieden auszuhandeln. Doch dabei klammerten sie sich an eine Illusion: dass Hamas in Gaza isoliert sei.

Wann immer Hamas-Führer Hohn und Spott über die Fatah-Politiker ausgossen, konnten sie sich des Beifalls der großen Mehrheit der Palästinenser sicher sein. Das lange Schweigen von Präsident Mahmud Abbas im Gazakrieg hatte den Rückhalt des Fatah-Führers erodieren lassen. In den vermeintlichen Fatah-Hochburgen des Westjordanlandes verfügte Hamas über enorme Sympathien.[8] Sie war längst mehr geworden als eine islamistische Partei mit einer Miliz und einem islamischen Sozialnetz. Sie griff nach dem nationalen Mythos. Oder in Osama Hamdans Worten: »Die Leute unterstützen uns nicht, weil sie alle religiös wären. Sie sind für Hamas aus nationalen Erwägungen.« Deshalb würden auch palästinensische Christen Hamas unterstützen. »Wenn sie national denken«, fügte er lächelnd hinzu. Beweisen konnte er es nicht, doch darauf kam es nicht an. Spätestens seit dem Gazakrieg 2009 beanspruchte Hamas ganz ungeniert die Nachfolge der Fatah und der PLO als nationaler Befreiungsorganisation der Palästinenser. Sie hatte allein gegen Israel gekämpft, während die Fatah zugesehen hatte. Jassir Arafat war tot, Hamas lebte – und reklamierte die nationale Idee der Palästinenser für sich. Der Kampf um den nationalen Mythos ist vielleicht die größte Gemeinsamkeit mit Hisbollah.

HISBOLLAH-LAND

Der Libanon ist ein komplizierteres Terrain für nationale Ideen. Das Land ist zerrissen zwischen Schiiten und Sunniten, Christen und Drusen, mit verteilten Loyalitäten Richtung Syrien und Iran, Frankreich und Saudi-Arabien. Deshalb verhält sich Hisbollah im Libanon deutlich vorsichtiger als Hamas in Palästina. Das zeigt ein Vergleich der Aufstände von Hamas im Juli 2007 in Gaza und von Hisbollah im Mai 2008 in Beirut. In beiden Fällen marschierte die Parteimiliz nicht gegen Israel, sondern gegen den politischen Gegner. In Beirut und in Gaza warfen die Islamisten ihre Feinde in kürzester Zeit nieder. Doch hier die Unterschiede: Hamas zog eine Ein-Parteien-Herrschaft auf, verfolgte und meuchelte Fatah-Leute und musste aus der Ferne zusehen, wie die Fatah im Westjordanland es mit Hamas-Anhängern genauso machte. Hisbollah setzte sich mit den Gegnern an einen runden Tisch, den der Emir von Qatar für die Libanesen aufgestellt hatte. Seit dem Abkommen von Doha 2008 war Hisbollah in der libanesischen Regierung mit einer Sperrminorität vertreten. Die Partei hatte dafür Zugeständnisse beim Zuschnitt der Wahlbezirke gemacht und hielt sich an den Kompromiss. Nach der Wahl 2009 und einigem Gerangel bei der Regierungsbildung trat Hisbollah dann als gleichberechtigter Partner in eine Koalitionsregierung unter dem sunnitischen Regierungschef Saad al-Hariri ein. Islamistischer Pragmatismus: So ging die Partei Gottes weniger brutal, aber dafür erfolgreicher aus ihrem bewaffneten Aufstand vom Mai 2008 heraus als Hamas aus ihrem Bruder-krieg mit Fatah.

Das kann man Salamitaktik nennen oder einen Kom-promiss in einem multireligiösen Staat. Die Blaupause da-für lieferte mir der stellvertretende Generalsekretär Naim Qassim schon im Interview von 2005. Er irrte ein wenig, als er prophezeite: »Die kommende Zeit ist rein politisch.« Da kam noch ein Krieg dazwischen. Aber er sollte recht haben mit seiner politischen Voraussage, dass die Hisbollah Allian-zen mit anderen Parteien schließen, dass sie Teil des »demo-kratischen Spiels« sein wolle. »So werden wir mehr Einfluss im Parlament und auf die Regierung haben.« Worauf in mir sofort der Verdacht aufkeimte, die Hisbollah wolle die wach-sende Macht für die Umsetzung ihres islamistischen Pro-gramms nutzen. »Wir werden unseren Glauben niemandem aufzwingen«, sagte Qassim unbewegt und zitierte den Ko-ran: »Glaube kommt nicht durch Gewalt.« Natürlich sei er überzeugt davon, dass der Islam für alle Menschen segens-reich sei. »Aber wir kennen unsere Grenzen«, sagte Qassim. Der Libanon sei ein Land mit 18 Konfessionen. Da könne nicht eine über die anderen herrschen.[9]

Die Sunniten und die mit ihnen verbündeten Christen misstrauen dieser Rhetorik. Hisbollah griff immer wieder brutal ins libanesische Räderwerk ein, machte mit politi-schen und militärischen Mitteln Front gegen Regierungen, die ihr nicht gefielen. Oder hielt still, wenn die Dinge in ih-rem Sinne liefen. Die Hisbollah kann warten. Ihre schiitische Klientel ist schon heute die stärkste religiöse Gruppe im Li-banon, und sie wächst auch am schnellsten. Hisbollah-Füh-rern fällt es leicht, die Demokratie zu preisen und religiöse Gelassenheit zu demonstrieren. Tatsächlich laufen auf den Straßen in Südbeirut Frauen mit schwarzem Tschador ne-ben Frauen mit schwarzen offenen Locken. In der Nähe der Hisbollah-Büros bietet ein Supermarkt das größte Alkohol-sortiment der Stadt an. Die schiitische Partei Gottes hat Zeit. Keine andere Religionsgemeinschaft ist so gut organisiert wie sie. Als streng hierarchisch aufgebaute Partei mit einem Politbüro und einem Generalsekretär erinnert sie entfernt an das leninistische Muster.[10] Doch erstarrt sie nicht wie einst die KPdSU als Staatspartei, sondern baut ihren Einfluss im Land durch politische Kompromisse und modernste Technik aus. Hisbollah verbündet sich mit Christen. Sie unterhält eine eigene Armee, Krankenhäuser und Erste-Hilfe-Stationen, ein Forschungsinstitut, eine Bibliothek, eine riesige Datenbank. Im Konsultativ-Zentrum für Studien und Dokumentation ist jeder Artikel nachzulesen, den eine israelische oder amerikanische Zeitung je über Hisbollah geschrieben hat. Hisbollah beschäftigt juristische Schlichter für Rechtsstreitigkeiten, betreibt Schulen und Weiterbildungszentren, eigene Fernseh- und Radiosender,. Der Satellitenkanal al-Manar (»Der Leuchtturm«) streut Informationen gezielt in der ganzen arabischen Welt aus. Er serviert Nachrichten, Seifenopern mit Selbstmordattentätern, Propagandaclips (»Tod den Amerikanern!«), Kochsendungen und heitere Quizshows, wie die bei Hisbollah-Anhängern besonders beliebte »Reise nach Jerusalem«.

Der Test auf Hisbollahs zivile Einrichtungen war paradoxerweise der Krieg 2006. Die Verwüstung von Südbeirut, die Einebnung von Dörfern und massenhafte Zerstörung von Wohnraum im Süden Libanons – das war zwar das Werk israelischer Bomber, doch erst nach einer Provokation der Hisbollah. Konnte die Partei das wiedergutmachen? Die Antwort war Dschihad al-Binaa – der Aufbau-Dschihad. So heißt die Bauabteilung von Hisbollah, die seit 2006 die Rekonstruktion leitete und einige Wohnungsunternehmen koordinierte. Sie trat gegen die libanesische Regierung an, die von arabischen Staaten, vor allem den Saudis, unterstützt wurde. Dagegen alimentierten die Iraner den Aufbau-Dschihad von Hisbollah. Auch wenn die libanesische Regierung in Beirut und im Süden viel Geld verteilte, den Ruhm für den Wiederaufbau kassierte Hisbollah. Ihrer Propagandaabteilung gelang es, den unermüdlichen Einsatz der Partei für die Nation in den Köpfe zu hämmern.

Was bis zum Jahr 2000 israelische Manöverfläche war, wo sich 2006 nochmals israelische Panzer festfuhren, dort ist nun Hisbollah-Land: Gelbe Fähnchen mit der Kalaschnikow an den Straßen, Nasrallah-Plakate an den Häusern, Gedenktafeln für Märtyrer an den Dorfeinfahrten. Wegweiser zeigen an, wie weit es noch bis nach Jerusalem ist. Alles Gute kommt von Hisbollah, die Schulen, die Krankenhäuser, die Einkaufsstraßen, das saubere Trinkwasser, die Gasleitungen.[11] Im Süden ersetzt die Partei den Staat. Hisbollah stellt die Armee, sorgt für das religiöse Seelenheil, operiert die kranke Mutter, baut die Institutionen auf – und arbeitet zielstrebig am nationalen Mythos.

Im Sommer 2010 besuchte ich das Dorf Qana, um mir den Wiederaufbau anzusehen. Im Krieg von 2006 sorgte Qana für Schlagzeilen in der Welt. Israelische Bomber schossen auf Wohngebiete, 28 Zivilisten starben. Im Zentrum des Ortes hatte Hisbollah dem Schrecken ein monumentales Denkmal gesetzt, mit viel Granit, Fahnen und Fotos aller Toten. Daneben stand eine blitzweiße Moschee, gespendet vom Erdgas-Emirat Qatar. Dazwischen hatte Mahmud sein Haus wiederaufgebaut. 70 Jahre war er alt, sonnengegerbte Haut, schlank, grauer Schnauzbart. Er saß unter Tabakblättern, die er dem Staat verkaufte. Das Geld für sein Haus und der Bauingenieur kamen vom Dschihad al-Binaa. Mit drei Stockwerken war es vielleicht ein bisschen groß für seine Familie. Der Bruder lebte auch hier. Mahmuds drei Töchter waren im Dorf verheiratet, seine vier Söhne lebten im Ausland. In dieser Kampfzone gab es wenig Jobs. Mahmud wollte keinen Krieg, aber er war fest davon überzeugt, dass der Krieg in der Luft liege. Wofür dann der ganze Wiederaufbau? »Weil das hier unser Land ist«, sagte er. »Die Israelis können uns noch so oft bombardieren, wir werden es immer wieder neu aufbauen. Und wir werden siegen.« Wäre da nicht Frieden mit Israel besser?, fragte ich ihn. »Die wollen keinen Frieden, es kann keinen Frieden mit ihnen geben.«

Gegen so viel Gewissheit lässt sich schwer argumentieren. Man hört sie im Libanon überall: Der Krieg kommt sowieso, Frieden ist unmöglich. Dabei gibt es bis auf die von Hisbollah und Syrien so gern bemühten Scheeba-Farmen wirklich keinen Territorialkonflikt mehr mit Israel. Die so bereitwillige Fügung ins Vermeidliche ist Teil des nationalen Mythos, den Hisbollah dem ganzen Libanon zunehmend erfolgreich verkauft. In den 80er Jahren, im Bürgerkrieg, hatte Israel noch treue Verbündete im Zedernstaat. Heute wäre das undenkbar. Die Ablehnung Israels zieht sich über alle religiösen Gräben hinweg. Im Sommer 2010 geriet die überkonfessionelle libanesische Armee zum ersten Mal in eine direkte Konfrontation mit den israelischen Streitkräften. Darüber freuten sich viele Libanesen, auch Christen und Sunniten. Sie waren stolz darauf, dass ihre als zahnlos verschriene Armee den übermächtigen Nachbarn in die Schranken wies. Auch das war eine Folge des Sommerkriegs 2006: Seit dem Bombardement und der Zerstörung der Infrastruktur im ganzen Libanon wuchs der Widerstand gegen Israel allmählich zur nationalen Mission.

In dieser Disziplin aber lässt sich Hisbollah von niemandem übertreffen. Die Partei hat dem Widerstand einen ganzen Park gebaut. Hoch oben auf einem angenehm kühlen Berg im heißen Südlibanon liegt dieser im Frühsommer 2010 eröffnete Ausflugsort. Davor ein Riesenparkplatz für Tausende von Besuchern. Sie kommen aus dem ganzen Libanon, um sich zu amüsieren und national aufzurüsten. In Mlita, dem »touristischen Dschihad-Park«, wie ihn Hassan Nasrallah genannt hat. Im Zentrum liegt ein nachgestelltes Schlachtfeld nach Hisbollah-Geschmack. Umgekippte Jeeps und Mannschaftstransporter der israelischen Armee, hebräische Wappen im Schlamm, ein zerschmetterter Panzer mit einem Knoten im Kanonenrohr. Entzückte Familien knipsen die eisernen Belege israelischer Besiegbarkeit.

Heldengeschichten und Drohbilder führen weiter durchs Programm. Stelltafeln erzählen von israelischer Grausamkeit und libanesischem Heldenmut. Die Übermacht des Gegners nutzt Hisbollah als Argument, warum sie sich als politische Partei und Regierungsmitglied eine eigene Armee leistet. Die Frage, ob die Hisbollah nicht irgendwann entwaffnet würde, wie in der UN-Resolution 1559 gefordert und in Washington diskutiert[12], stellt heute im Libanon kaum noch jemand. Die israelische Bedrohung scheint real zu sein, siehe 2006, die libanesische Armee ist ihr nicht gewachsen, Hisbollah bietet sich als Lösung an für alle Libanesen. Im Kino des Partisanenparks von Mlita erklärt Hassan Nasrallah per Video, welche israelischen Städte die Hisbollah bei einem erneuten israelischen Feldzug angreifen würde. »Wenn sie Beirut bombardieren, dann greifen wir den Flughafen Ben Gurion und Tel Aviv an. Wenn sie uns beschießen, werden wir sie in jedem Winkel ihres Landes treffen.«

Nach dieser Prophezeiung geht es auf rosengesäumten Wegen am »Gift shop« und dem Café vorbei in den Partisanenparcours. Auf diesem Berg hatten sich in den 1980er Jahren die Hisbollahkämpfer gegen die israelische Besatzung in den Felsen gegraben. Heute ist das Labyrinth ein Museum. Ein Pfad führt geradewegs in die Unterstände, vorbei an Stalinorgeln, Maschinengewehren und Flugabwehrraketen, an denen Väter mit ihren Söhnen herumspielen. In den Bunkern kommt Abenteuergefühl auf. Stelltafeln erzählen von »Gefechten der Hirne«, vom »Krieg des Willens« – und liefern die Geschichtsversion für die Generationen von morgen: die Hisbollah-Miliz als Verteidigerin des libanesischen Vaterlandes gegen die israelische Bedrohung. In der Ideologie von Hisbollah gibt es keinen besseren Beleg für nationale Gesinnung als die stete Bereitschaft, das Leben für die Unversehrtheit Libanons zu geben.[13] Der Heldenpark von Mlita, die Cafés, der Panzerfriedhof, die Moschee über dem Bunkerareal wären in einem Krieg wahrscheinlich unter den ersten Angriffszielen israelischer Bomber.

Der Partisanenparcours von Mlita entspricht der nationalmusealen Erinnerung, die andere Staaten sich für die patriotische Legendenbildung gebaut haben: das Atatürk-Denkmal in Ankara, die Gedenkstätte für den Großen Vaterländischen Krieg auf dem Poklonnaja Gora in Moskau, das World-War-Two-Memorial von Präsident George W. Bush in der Mall von Washington. Hisbollah baut zielstrebig am Bild einer nationalen Partei, die den gesamten Libanon gegen die äußeren Feinde verteidigt.

Mitunter bekommt das Gemälde Risse. Wie im Januar 2011, als Hisbollah eine Regierungskoalition mit Christen und Sunniten verließ, um anschließend den Ministerpräsidenten Saad Hariri zu stürzen. Der Grund waren die Ermittlungen des Internationalen Libanon-Tribunals, das versuchte, den 2005 verübten Mord an dem legendären Milliardär und Ex-Premier Rafik Hariri, Saads Vater, aufzuklären. Als der Verdacht auf Leute im Umfeld von Hisbollah fiel, begann Hassan Nasrallah Sturm gegen das Tribunal zu laufen. Eine Anklage seiner Leute würde nicht zu dem gewünschten Bild passen: Hisbollahs Bomben träfen nur die Feinde des Vaterlands, nicht seine Bürger. Doch wer sich an die Bürgerkriegsszenen vom Mai 2008 erinnerte, hatte an dieser Version ohnehin Zweifel. Nasrallah verhalf einer neuen, genehmeren Regierung ins Amt – ohne einen Vertreter der Hariri-Familie. Dem libanesischen Verfassungsproporz gemäß stand ihr natürlich ein sunnitischer Premier voran, dieser Ausgleich wurde weiter streng geachtet.

Es gibt Libanesen, die voraussagen, dass sich die Partei Gottes im politischen Geschäft »säkularisieren« wird, islamisch im Programm und pragmatisch, interessengeleitet im Alltag.[14] So würde die Partei ihre Anhängerschaft stark verbreitern, so würde sie wohl automatisch zur politisch beherrschenden Macht im Libanon. Denkbar ist auch, dass Hisbollah Nationalismus und Islamismus zu einer neuen hochattraktiven politischen Legierung entwickelt, die in der islamischen Welt weitere Nachahmer findet. Hamas versucht, wie wir gesehen haben, einen ähnlichen Weg zu gehen. Der Kampf um Land in Israel und Palästina, aber auch die ganz ähnlichen Konflikte im Irak, in der Türkei und im Jemen bieten ein ideales Umfeld für den möglichen Aufstieg von Nationalislamisten.

Der große Gegner Israel tut Hisbollah den Gefallen, der Partei gegenüber fast ausschließlich in militärischen Kategorien zu denken. Israel nennt Hisbollah wie auch Hamas verfälschend »Terroristen« und tritt ihre Behandlung an Armee und Geheimdienste ab. Viele westliche Staaten, voran die USA, haben sich dieser Sichtweise angeschlossen und führen die Nationalislamisten in derselben Gattung wie irakische Selbstmordattentäter und afghanische Höhlenbomber.

Offen ist, wie lange sich Israel und der Westen diese monumentale Unterschätzung von Hisbollah noch leisten können.

Anmerkungen

1 Judith Palmer Harik: *Hezbollah. The Changing Face of Terrorism*, Tauris,
   London/New York 2004, S. 39 ff. Vergleiche August Richard Nor-
   ton, der in den 80er Jahren ein amerikanischer UN-Beobachter im
   Libanon war: *Hezbollah. A Short History*, Prince University Press,
   Princeton und Oxford 2007, S. 32 ff.

2 Der Beiruter Politikprofessor Ahmad Hamzeh nennt Hisbollah eine
   »Brücke zwischen Schiiten und Sunniten, Iran und den Arabern, aber
   auch ein Projekt der arabisch-islamischen Welt in ihrem Kampf gegen Israel«. Ahmad Nizar Hamzeh: *In the Path of Hizbullah*, Syracuse
   University Press, New York 2005, S. 149.

3 Ali Fayyad war Direktor des »Konsultativ-Zentrums für Studien und
   Dokumentation«, eine Art politisches Archiv der Hisbollah.

4 Gespräch mit Talal Atrissi, dem Direktor des Instituts für Soziologie
   an der Libanesischen Universität Beirut, im Januar 2009. Seine Einschätzung passt zu der selbstkritischen Analyse eines Israelis über die
   Gründungsphase der Hisbollah. Es war niemand Geringerer als der
   israelische Ministerpräsident Ehud Barak, der 2006 sagte, dass die israelische Besetzung Libanons in den 80er Jahren Hisbollah geschaffen
   habe. Siehe August Richard Norton, *Hezbollah*, S. 33.

5 Information von Talal Atrissi.

6 Azzam Tamimi: *Hamas. A History from Within*, Olive Branch Press,
   Northampton, Mass., 2007, S. 39 ff.

7 Ob die Charta der Hamas heute noch volle Gültigkeit hat, ist weithin
   umstritten. Im Wahlmanifest von 2005 vertrat die Hamas zum Teil ab-
   weichende Positionen, auch wenn die Hamas-Charta bis heute nicht
   offiziell widerrufen wurde. Im Jahr 2008 sprach der ehemalige US-
   Präsident Jimmy Carter auf einer Nahostreise unter anderem mit dem
   Hamas-Führer Khaled Meschal. Danach hatte er keinen Zweifel, »dass
   die arabische Welt und die Hamas Israels Existenzrecht in den bis 1967
   gültigen Grenzen akzeptieren würden«. Meschal betonte das auch
   noch einmal in einem offiziellen Interview 2009. Siehe das Interview
   von Jay Solomon, Julien Barnes-Dacey: »Hamas-Chief Outlines Terms
   for Talks on Arab-Israeli Peace«, in: *The Wall Street Journal*, 31. Juli 2009.

8 Ulrich Ladurner, Michael Thumann: »Wo der Krieg zu Hause ist«, in: *Die Zeit*, Nr. 1, 30. Dezember 2009.

9 Naim Qassim überreichte mir beim Abschied sein Buch, in dem er warnte, die Beteiligung Hisbollahs am politischen Prozess nicht als ersten Schritt zur Selbstentwaffnung der Miliz zu verstehen. Naim Qassem: *Hizbullah. The Story from Within*, Saqibooks, London 2005, S. 201.

10 Ahmad Nizar Hamzeh, a.a.O., S. 66.

11 Shawn Teresa Flanigan, Mounah Abdel-Samad: »Hezbollah's Social Jihad: Nonprofits as Resistance Organisations«, in: *Middle East Policy*, Band XVI, Nr. 2, Sommer 2009, S. 122–137, S. 135.

12 Bilal Y. Saab: »Rethinking Hezbollah's Disarmament«, in: *Middle East Policy*, Band XV, Nr. 3, Herbst 2008, S. 93–106, S. 102.

13 Amal Saad-Ghorayeb: *Hizbu'llah. Politics and Religion*, Pluto Press, London 2002, S 83.

14 Ebenda, S. 190.

ANGST IM WESTEN

KULTURKAMPF:
VON KARIKATUREN UND
KOPFTUCHVERBOTEN

So sieht er aus, der Kampf der Kulturen: In Bagdad bombardierten Terroristen Christen mitten im Gottesdienst. In den afghanischen Bergen kämpfte sich die NATO gegen die militanten Taliban fest. In Florida versammelte ein christlicher Prediger Gläubige und Reporter in der Absicht, vor den Augen der Welt den Koran zu verbrennen. Der französische Senat verbot muslimischen Frauen bei hohen Strafen, ihre Gesichter zu verhüllen. Eine große Mehrheit der Deutschen begrüßte die Thesen eines Bundesbankmitglieds, der Muslime als Gruppe für genetisch dümmer als andere Menschen hält. In New York schlug der Streit um eine Moschee nahe Ground Zero in rohe Gewalt um. In der Woche des neunten Jahrestags der Anschläge vom 11. September 2001 war die Welt in Aufruhr.

Die Endzeitstimmung hat den Westen seither fest im Griff. Eine Flut von Büchern überschwemmt den Markt mit Titeln wie »Die letzten Tage von Europa«, »Deutschland schafft sich ab«, »Europe's Slow Motion Suicide«, »Londonistan«, »Die Bedrohung im Herzen Europas«. In Talkshows wird der Untergang der westlichen Zivilisation verhandelt, Politiker mahnen die Wähler zur Wachsamkeit vor Anschlägen, Bürger streiten über Neubauten von Moscheen und Schließung von Kirchen. Der französische Politologe Dominique Moisi hat in einem klugen Buch eine »Kultur der

Angst« im Westen diagnostiziert, die sich aus der Sorge um den wirtschaftlichen Abstieg und die kulturelle Überfremdung speist.[1] Die Angst, das ist vor allem der Islam, das Gegenbild der Geschichte. Es ist die Religion der »Anderen«, des »Feindes«. Manche sehen im Islam einen neuen Faschismus, andere sprechen von einem neuen Totalitarismus. Mit diesen Begriffen wird der Kulturkampf ins Existenzielle gehoben, das ist das Gefährliche an diesen Übertreibungen. Auf dem Feldzug gegen eine neue todbringende Ideologie – so bedrohlich wie der Totalitarismus des 20. Jahrhunderts – kann es nur Sieger und Besiegte geben. Nur Victory Day und bedingungslose Kapitulation, nur Leben und Tod.

Genau hier öffnet sich die Falle von Osama bin Laden, Pate des Terrors vom 11. September. Den Kampf gegen die Ungläubigen hat er zum höchsten religiösen Ziel erklärt, den Dschihad und den Märtyrertod als letzten, edelsten Kampf gegen den Westen verherrlicht. Was die Terroristen sich wünschen, ist ein Gegner, der auf ihre Herausforderung mit gleicher endzeitlicher Inbrunst antwortet. Der seine Ideale verrät, weil er glaubt, sein Leben sei bedroht. Der sich selbst entblößt und dadurch verwundbar wird. Viele im Westen durchschauen den Hinterhalt und lehnen die Kassandrarufe der westlichen Panikmacher ab.[2] Und dennoch hinterlässt der unaufhörliche Trommelwirbel Spuren. Der Westen verändert sich allmählich. Bisweilen vergisst er sich sogar auf den Schlachtfeldern der Identitätsdebatte: in Konflikten im und mit dem Nahen Osten, in Debatten an der Heimatfront und in der Politik, die daraus entsteht. Was macht den Kulturkampf aus?

NAHOSTKONFLIKTE

Anfang des Jahres 2006 sprach Scheich Dschamal, ein radikaler Geistlicher, in der libanesischen Stadt Sidon: »Die Beleidigung des Propheten Mohammed verpflichtet alle Muslime, Rache zu nehmen.« Mit Dschamal waren Leute gekommen, die für sich in Anspruch nahmen, das »Volk« zu

sein, und Schilder hochhielten: »Tötet die Dänen!« Ein läng-
licher, rot-weiß-brauner Stoffballen ging in Flammen auf,
ein Puppentorso, der den gemeinen Dänen darstellen sollte.
Das war ein Einzelfall im Januar 2006. Sidon wurde im Februar Normalität im Mittleren Osten.

Dänemark machte Weltkarriere. Zwölf Karikaturen über
den Propheten Mohammed in der Kopenhagener Zeitung
Jyllandsposten lösten einen globalen Kulturkampf aus. Die
einen riefen: »Meinungsfreiheit!«, die anderen erwiderten:
»Gotteslästerung!« Für beide Seiten ging es angeblich um
das weltanschauliche Fundament ihrer Zivilisation. Man
mochte über den schlechten Witz und den borniertem Eifer
der dänischen Karikaturenliebhaber geteilter Meinung sein,
doch was wirklich verstörte, war der globale Nachhall auf
eine schnell vergilbende Ansichtskarte aus der europäischen
Provinz. Wie konnten Karikaturen, die nur wenige Muslime in der Welt gesehen hatten, so viele islamische Länder
in Aufruhr versetzen? Wie konnten die Dänen, von denen
nicht jeder Muslim in der Welt schon mal gehört hatte, zum
kontinentübergreifenden Hassobjekt werden?

Was im Karikaturenstreit wirkte, war eine Mischung aus
kulturkämpferischem Aktivismus und sträflicher politischer
Nachlässigkeit hier und dem Willen muslimischer Fanatiker und nahöstlicher Regime dort, aus der Krise Funken
zu schlagen. Alles begann 2005, als ein Redakteur der konservativen Zeitung *Jyllandsposten* testen wollte, »wie weit die
Selbstzensur in der dänischen Öffentlichkeit« gehe. Ende
September 2005 veröffentlichte er die Karikaturen, von denen eine den Kopf des Propheten als Bombe zeigte. In einer »säkularen Demokratie mit Meinungsfreiheit«, schrieb
der Redakteur, »muss man Beleidigungen, Spott und Ver-
höhnung hinnehmen«.[3] So geschah es. Zunächst gab es auf
die Veröffentlichung keine Reaktionen, was als Herausforderung gedacht war, schien folgenlos zu verpuffen. Es bedurfte hartnäckigen Nachfragens dänischer Journalisten,
welche die längst verblichene Zeitungsseite immer wieder
aus dem Archiv zogen, bis muslimische Aktivisten in Dänemark beschlossen, sich verspottet und beleidigt zu füh-

len. Eine Gruppe radikalisierter dänischer Muslime zog in die Welt hinaus, sich an ihrem Land zu rächen. Mit den Karikaturen im Gepäck reisten sie zu den Institutionen der arabischen Welt, an Universitäten, zur Arabischen Liga, um Klage zu führen. Dort zeigten sie nicht nur die gedruckten Zeichnungen, sondern auch unveröffentlichte, weitaus geschmacklosere: betende Muslime beim Sex mit Tieren zum Beispiel. Das Gift war in der Welt.

Nur wenig später erregten sich Online-Scheichs, islamistische Blogger und Endzeitprediger. Empörung auch von höchsten Stellen: In Ägypten protestierte der vom Regime eingesetzte Großimam der al-Azhar-Institution Mohammed Tantawi gegen die Karikaturen. Die Botschafter von elf muslimischen Ländern in Kopenhagen verlangten eine Entschuldigung der Zeitung und einen Termin beim dänischen Regierungschef. Hier kam nun das Versagen von Anders Fogh Rasmussen hinzu. Der Regierungschef, der mit einer Antiausländerkampagne an die Macht gekommen war und sich von einer rechtsextremen Partei tolerieren ließ, verschärfte die anfängliche Minikrise um Karikaturen erheblich, indem er über viele Wochen auch nur ein kurzes Gespräch mit den Botschaftern verweigerte.[4] So verbreitete sich das Gift, für das zunehmend mehr Ideologen in der islamischen Welt Verwendung fanden. Sie mobilisierten geräuschvoll die Zukurzgekommenen und Tumultbedürftigen.

Für den europäischen Fernsehzuschauer waren die flammenden Proteste auch eine Erdkundestunde darüber, bis wohin das Verbreitungsgebiet des Islam reicht. In Indonesien zerbrachen die Scheiben dänischer Vertretungen. Auf den Philippinen und in Thailand brannten Flaggen. In Kaschmir, in der indischen Hauptstadt Delhi, in Somalia, Mauretanien, Iran, im Irak, im Libanon und in Syrien zog der Mob der tödlich Beleidigten durch die Städte und verdammte Dänemark, Europa und Amerika gleich mit. In Syrien, wo die Bevölkerung sonst im Angesicht der Geheimpolizei aufs Demonstrieren verzichtet, steckten die erzürnten Massen die dänische Botschaft in Brand. In Iran verwüsteten staatlich

sanktionierte Wutbürger die Botschaft Österreichs, nicht zufällig jenes Landes, das gerade die EU-Präsidentschaft übernommen hatte. Dagegen Ruhe in der Türkei und in Saudi-
Arabien, in Marokko und Kuwait. Moderate Islamisten in
Ägypten und Jordanien riefen zur Gewaltlosigkeit auf. Das
sehr ungleiche Bild in diesen Ländern zeigt, dass hier nicht
ein Funke flog und prompt die ganze islamische Welt in
Flammen stand. Es ging kaum um Glauben und Propheten. Die Proteste waren in den meisten Fällen das Ergebnis
gezielt entfachter und so weit wie möglich gelenkter Wut.
Denn eine ganze Reihe von Regimen und extremistischen
Gruppen hatten am »Volkszorn« erhebliches Interesse, sie
waren die Profiteure des Protests.

Aus der Karikaturenkrise war dreierlei zu lernen. Erstens,
es ist im Zeitalter nach dem 11. September leicht geworden,
die Welt in Brand zu stecken. Das Erregungspotenzial kann
jederzeit von interessierten Mächten genutzt werden, die Bereitschaft, es den anderen mal zu zeigen, ist enorm gewachsen. Zweitens, zum Kulturkampf gehören immer zwei. Aktivisten im Westen und Brandwerfer im Osten. Fanatiker der
»freiheitlichen Provokation« hier und Fundamentalisten der
Religion und ihrer Instrumentalisierung dort. Der Unterschied: Aktivismus ist kein Verbrechen, Brandstiftung schon.
Die Gemeinsamkeit: Beide Seiten verbindet der Wunsch
nach Klärung in komplizierten, meist multiethnischen Gesellschaften, wo die Dinge eben nicht so klar liegen, wie man
sich das manchmal wünschte. Drittens, die Karikaturenkrise war eine Warnung. In ganz ähnlichen Situationen sollten westliche Politiker und Institutionen in der Folge anders
handeln als die Dänen im zweiten Halbjahr 2005.

Ein Beispiel war die verunglückte Rede des Papstes in
Regensburg im Jahr darauf. Benedikt XVI., dessen Pontifikat bekanntermaßen darunter leidet, dass er mehr Gelehr-
ter als Seelsorger ist, hatte ein islamkritisches Zitat eines byzantinischen Kaisers über Mohammed gefunden, welches er
mit dem schrulligen Entzücken des theologischen Forschers
ausweidete. Das Zitat war lang und Benedikts Interpretation
widersprüchlich. Medienzitate indes sind dafür berüchtigt,

dass sie kurz und griffig sind. Genau diese gingen im September 2006 um die Welt und sorgten für große Aufregung in den muslimischen Ländern. Der ägyptische Kultscheich Jussuf al-Qaradawi rief über den Satellitensender al-Dschasira Millionen Araber zu einem »Tag des friedlichen Zorns« auf. Islamische Führer widersprachen dem Papst, Iran unterstellte ihm Kreuzzugsmentalität, al-Qaida rief gleich zur Hinrichtung auf. Benedikt aber war die Gesprächsverweigerung eines Anders Fogh Rasmussen völlig fremd. Er korrigierte sich nicht, aber distanzierte sich ausdrücklich von dem Zitat des byzantinischen Kaisers. Er bemühte sich, die Wogen zu glätten, suchte die Aussprache, reiste wenige Monate später in die Türkei, meditierte in der Blauen Moschee von Istanbul und beeindruckte manche Kritiker. Benedikts Pontifikat blieb überschattet von dem Vorfall, doch es kam nicht zu einer Wiederholung der schlimmen Anschläge und Brandstiftungen in der Karikaturenkrise.

Die blieben auch nach dem Dresdner Gerichtsmord Ende 2009 aus. Damals erstach ein Russlanddeutscher mitten im Gerichtssaal eine ägyptische Apothekerin, die wegen wiederholter fremdenfeindlicher Belästigung gegen ihn geklagt hatte. Die Dresdner Justiz war durch die laxen Kontrollen im Gericht bloßgestellt, und mit ihr Deutschland. Politiker und Medien brauchten ein paar Tage, bis sie die mögliche Dimension dieses scheinbaren Provinzskandals begriffen. Doch dann reagierten Politiker und Diplomaten, Kanzlerin und Bürgermeister so weithin hörbar und nachhaltig, dass aus dem Dresdner Verbrechen kein Weltenbrand wurde. Auch in Ägypten, dem Heimatland von Marwa al-Scherbini, hatte niemand Interesse daran. Das zeigt, dass der Kulturkampf nichts schicksalhaft Unabwendbares ist. Er muss von beiden Seiten gewollt und ständig angeheizt werden. Erst dann kann es brennen.

Anders ist es bei Kriegsbühnen, die nicht künstlich geschaffen werden, sondern seit langer Zeit existieren. Am gefährlichsten: der israelisch-palästinensische Kampf um Land. Der Nahostkonflikt kann jederzeit in Gewalt umschlagen und zu neuen Zerwürfnissen zwischen dem Westen und der muslimischen Welt führen. Der Gazakrieg um den Jahreswechsel 2008/2009 war so ein Moment am Abgrund. Damals eskalierte ein monatelanger Schlagabtausch zwischen Israel und Hamas, die seit einem Putsch 2007 Gaza kontrollierte. Israel blockierte den Landstreifen, ließ ausgesuchte Lebensmittel und kein Baumaterial hinein. Die Lage spitzte sich zu, als palästinensische Kämpfer israelische Städte nahe Gaza fast täglich mit Katjuscha-Raketen beschossen und israelische Flugzeuge zur Vergeltung Hamas-Gebäude angriffen. Am 27. Dezember 2008 starteten die israelischen Streitkräfte die dreiwöchige Offensive »Gegossenes Blei«. Die Angriffe zertrümmerten Regierungsgebäude, Hamas-Unterkünfte, Schulen, Waffenlager, Fabriken, Abschussrampen und Brücken in Gaza. Hamas schoss bis zum Ende der Offensive Raketen ab. Der Krieg endete ohne nachhaltige Ergebnisse für beide Seiten.

Doch er hatte die Welt aufgewühlt. Die Vereinigten Staaten und Deutschland unterstützten Israel, einige EU-Staaten ermahnten die Israelis und verurteilten Hamas, während in europäischen Städten gegen Israel wie auch gegen Hamas demonstriert wurde. Im Mittleren Osten spaltete sich die Arabische Liga und die Organisation der Islamischen Konferenz, die einen verdammten die israelischen »Verbrechen«, die anderen schwiegen betreten. Die Fronten waren also nicht gerade gezogen, und dennoch trennte auch dieser Krieg aufs Neue den Westen vom Osten. Vereinfacht gesagt: Im palästinensisch-israelischen Konflikt ist das doppelte Nichtverstehen des Westens und des Ostens zu besichtigen. In Amerika und Europa begreift man nicht, warum so viele Araber Israel als ewigen Feind betrachten und die Bedrohung des jungen Landes durch Radikale und das iranische Regime nicht erkennen. Im Nahen Osten versteht man nicht, warum der Westen über Israels Menschenrechtsverletzungen so großzügig hinwegsieht. Im Westen erregt man sich über die Versuche des iranischen Regimes, den Holocaust zu leugnen und dazu noch Konferenzen zu veranstalten. Im Nahen Osten kocht der Zorn, wenn Siedler im Westjordanland und in Jerusalem Palästinenser vertreiben und auf sie schießen. Hier werden die Attacken gegen israelische Städte angeprangert. Dort die Luftangriffe auf Gaza. Die einen beklagen die »Delegitimierung« Israels, die anderen fragen, warum der Westen nicht mit Hamas-Politikern spricht, obwohl sie 2006 sogar ordentlich gewählt wurden.

Der zentrale Vorwurf vieler Muslime ist, dass westliche Regierungen an die Konflikte im Nahen Osten zweierlei Maß anlegen. Das gilt nicht nur für Israel. Auch die arabischen Verbündeten der Vereinigten Staaten wurden lange Zeit geschont. Washington verzieh dem 2011 gestürzten Ägypter Hosni Mubarak, was es im Falle des Syrers Baschar Assad laut beklagte. Wahlmanipulationen im Ägypten Mubaraks oder im Jordanien König Abdallahs waren im Westen ein Randthema, während sie im iranischen Fall zur Staatsangelegenheit in Washington, Berlin und London wurden. So sah im Gegensatz zu wohlklingenden Presseerklärungen westlicher Kanzleien die klassische Realpolitik aus.

Eine Kunst, welche auch muslimische Regierungen bestens beherrschen – siehe ihre Freundschaft mit Omar Hassan al-Baschir, dem sudanesischen Präsidenten. Im März 2009 erließ der Internationale Strafgerichtshof einen Haftbefehl gegen al-Baschir wegen der Vertreibung und Ermordung von Hunderttausenden in der sudanesischen Provinz Darfur.[5] Den arabischen Führern fiel die Selbstbekleckerung nicht auf, als sie den gesuchten Verdächtigen noch im selben Monat auf dem roten Teppich der Arabischen Liga in Doha küssten und umarmten.[6] Die arabische Presse unterstützte ihre Führer und sprach vom »westlichen« Strafgerichtshof. Kein Kommentar verzichtete auf die allzu offensichtliche Pointe, dass westliche Regierungen al-Baschir im Eilverfahren verurteilt sehen wollten, aber nichts gegen die israelischen »Verbrechen in Gaza« unternähmen.[7] Die arabischen Medien und Regierungen prangerten die westliche Heuchelei im Vergleich von Darfur und Gaza an, doch entblößten zugleich ihre eigenen Doppelstandards.

Der Streit um die Deutung von Gaza und Darfur, über Karikaturenkrisen und Ermordung von Christen im Nahen Osten ist längst Gegenstand einer großen Debatte geworden, in der sich alle Seiten vergewissern, wogegen und wofür sie sind. Dabei ist das oft gar nicht leicht zu entscheiden. Zu verworren sind die Schlachtfelder im Nahen Osten, zu kompliziert auch die Fronten in den immer wieder aufflammenden West-Ost-Streitereien. Im Gefechtsnebel von Realpolitik, Kriegskulissen und Endzeiterklärungen gibt es keine einfachen Antworten. Jedenfalls nicht einfach genug. Deshalb haben populistische Politiker, Boulevardmedien und jeder, der ein wenig Ruhm auf den Schauplätzen des Kulturkampfes sucht, einen Schuldigen identifiziert: den Islam.

ISLAMDEBATTEN

Auf einer Podiumsdiskussion im Münchner Literaturhaus im März 2004 diskutierte ich mit Peter Scholl-Latour über die türkische Regierungspartei AKP. Der Bestsellerautor hielt Ministerpräsident Tayyip Erdogan für einen »Islamisten« und warnte die Europäer, auf die Schwächung des säkularen türkischen Militärs zu drängen. Ich hielt dagegen, dass Erdogan früher gewiss ein Islamist gewesen sei, sich aber seit 2002 als pragmatischer Reformer gezeigt habe. Wenn die Türkei in die EU strebe, werde das Militär seine politische Vorrangstellung automatisch verlieren, weil Putsche eben nicht zur Demokratie passten. Scholl-Latour wendete ein, die Türkei dürfe nie in die EU kommen. Nun, wir waren uns nicht ganz einig. Nach der Diskussion kam ein älterer Mann aus dem Publikum auf uns zu, gratulierte Scholl-Latour und sagte zu mir: »Sie verstehen nicht die Bedrohung Europas durch den Islam. Lesen Sie mal den Koran.«

Ich habe mich mit der Lektüre, ehrlich gesagt, immer etwas schwer getan. Nach dem 11. September 2001 ist der Koran in westlichen Ländern zu einem Bestseller geworden. Das heilige Buch galt auf einmal als Gebrauchsanweisung für den Nahen Osten, als Schlüssel, um die Probleme der Region zu begreifen. Sollte ich ein schlechtes Gewissen haben, weil ich den Schlüssel darin nicht fand? Das heilige Buch der Muslime lässt sich für die Ablehnung und Befürwortung von allem Möglichen heranziehen. Die deutsche Islamwissenschaftlerin Annemarie Schimmel sagte einmal, die »Gefahr des Fabulierens« bei der Koranauslegung sei doch recht groß.[8] »Was sagt der Koran zur Gewalt? Zur Frauenunterdrückung? Zur Freiheit des Individuums?« So lauten die Fragen in vielen Artikeln und Talkshows im Westen. Was der Koran wirklich sagt, weiß niemand so genau, und diejenigen, die es ganz genau zu wissen glauben, streiten sich wiederum erbittert darüber. Über den Nahen Osten von heute habe ich daraus kaum etwas gelernt.

Koran und Islam stehen jedoch oft im Zentrum der westlichen Debatte über die Region und über die Probleme der Integration von Muslimen. Nicht nach Bildung, Herkunft, sozialem Umfeld, Traditionen und Konservativismus wird gefragt, sondern nach der Religion. Alles, was in den Vierteln europäischer Städte mit einem großen Anteil von Zuwanderern schiefläuft, lasten einige Medien und Publizisten dem religiösen Bekenntnis an. So geschieht es bei den regelmäßig aufflammenden Debatten über Ehrenmord, Zwangsverheiratungen und Gewalt in der Schule.[9] Ähnlich bei den Debatten über terroristische Bedrohungen und Anschläge in westlichen Städten.[10] Die differenzierten Untersuchungen, warum im Westen geborene Muslime zu militanten Dschihadisten werden, werden meist nur von wirklich interessierten Kreisen wahrgenommen.[11] In den Talkshows werden dagegen Fundamentalismus und Religiosität, Islam und Islamismus, der Einzelne und die Gesamtheit der Muslime munter miteinander verrührt. Die Muslime im Westen werden aufgefordert, sich von Taten zu distanzieren, die irgendwo auf der Welt ein Muslim beging. Ihrer Religion werden die Krise des Nahen Ostens und der so wahrgenommene Niedergang westlicher Gesellschaften angelastet.

In Deutschland machte im Herbst 2010 ein Buch des ehemaligen Berliner Finanzsenators und Bundesbankvorstandsmitglieds Thilo Sarrazin Furore. In *Deutschland schafft sich ab!* hatte Sarrazin viele richtige Fakten aus längst veröffentlichten Studien und Artikeln übernommen. Forscher und Journalisten beschrieben seit Jahren die tiefgreifenden Fehler bei der Integration muslimischer Einwanderer und deren erheblichen Anteil daran. Doch Sarrazin tat so, als wäre er einer der Ersten, die auf das Versagen aller Seiten hinwiesen. Wirklich neu an seinem Buch war nur eine vulgärdarwinistische Theorie über den Verfall der Intelligenz in Deutschland. Sarrazin sagte, dass sich infolge der verstärkten Einwanderung aus bildungsfernen Schichten der »Anteil der weniger Tüchtigen und weniger Intelligenten von Generation zu Generation« erhöhe, weil Einwanderer mehr Kinder bekämen und »der Erbanteil der Intelligenz bei mindestens 50 Prozent« liege.[12] Das Buch erreichte eine Millionenauflage.

Kritik am Islam und an Muslimen hat längst die Arena der Debatte verlassen. Sie treibt bisweilen absurde Blüten. So mahnte der deutsche Fußballklub FSV Frankfurt zwei muslimische Spieler ab, weil sie im Ramadan gefastet hatten. Eine Kiefernorthopädin in Donaueschingen verwehrte einem Jugendlichen die Behandlung mit der Begründung, dass er mit Vornamen »Cihad« (in deutscher Umschrift: Dschihad) heiße. In den USA entschuldigte sich der Chefredakteur des *Portland Press Herald* bei seinen Lesern dafür, dass er am 11. September 2010 ein Foto von betenden Muslimen abbilden ließ, weil dieser Tag mit dem Ende des Ramadan zusammenfiel. Der US-Nachrichtensender CNN feuerte seine Nahostredakteurin für eine Twitter-Nachricht, in der sie den Tod des libanesisch-schiitischen Geistlichen Mohammed Hussein Fadlallah einen Verlust nannte.[13] Und in New York demonstrierten im Herbst 2010 Tausende von Menschen gegen die Errichtung einer Moschee als »Zitadelle des Islamismus« in der Nähe von Ground Zero, dem Tatort des 11. September. Diese Auswüchse stehen nicht für die Bevölkerungsmehrheit im Westen. Aber sie zeugen von einer angsterfüllten Aufgerautheit, die die offenen Gesellschaften des Westens anders bedrohen könnte, als ihre kulturkämpferischen Verteidiger es ahnen.

Aufmerksame Beobachter erkennen mittlerweile einen »liberalen Rassismus«. Seine Vertreter würden den Islam vor allem auf die Unterdrückung der Frauen, die Unfähigkeit zur Demokratie und die Neigung zu archaischer Gewalt reduzieren. Die Angriffe auf den Islam kommen so »im Gewand des Liberalismus und als Verteidigung der Moderne daher. Es sind Werte einer aufgeklärten, sympathisch pluralistischen Lebensweise, die in Stellung gebracht werden gegen den Islam«.[14] Viele Bürger im Westen, gleich welcher politischen Couleur, sehen den Islam und die Kultur der Muslime in ihren Ländern als »Bedrohung ihrer Identität«.[15] Die Ablehnung dieser Religion oder seiner Repräsentanten dient dagegen Parteien und ihren Anhängern zunehmend als Selbstvergewisserung in einer politisch und ideologisch unübersichtlichen Zeit. In Deutschland positionieren sich Politiker der CDU/CSU gegen die muslimische Türkei und die Beitrittsverhandlungen mit der EU. Liberale sind selbstverständlich gegen die Scharia. Linke kritisieren den Islam, weil er eine Religion ist. Rechte beziehen Stellung, weil sie den Islam als Antipoden des Christentums begreifen. So hat jeder einen Grund, dagegen zu sein.

Längst machen extrem rechte Islamkritiker Politik, gründen Parteien, gewinnen Einfluss auf westliche Regierungen. Ihr bekanntester politischer Kopf ist der niederländische Rechtspopulist Geert Wilders. Aufsehen erregte er zunächst durch seinen Film »Fitna« und dann 2010 durch die Tolerierung der niederländischen Regierung, die ihm Mitsprache in Staatsangelegenheiten verschaffte. In mehreren europäischen Ländern gehen Rechtspopulisten mit Islamkritik und Schreckbildern der Zuwandererapokalypse auf Stimmenfang. Doch sie machen auch Politik im Nahen Osten. Im Dezember 2010 fuhr eine Gruppe österreichischer, deutscher und holländischer Rechtsausleger nach Israel, um das »Existenzrecht Israels gegen die islamische Terrorbedrohung« zu verteidigen. Man durfte sich die Augen reiben. Hier priesen Leute den israelischen Staat, von denen einige schon mit Holocaust-Leugnern sympathisiert hatten. Sie lehnten die Sprachenvielfalt, Multikulturalität und internationale Einwandererkultur israelischer Art rundheraus ab. Doch für eine Reise ins weltläufige Tel Aviv waren sie nicht gekommen. Ihnen ging es um die Stärkung einer internationalen antiislamischen Front. Israel gilt diesen rechtsextremen Politikern als Vorposten des Abendlandes, der gegen den gemeinsamen Feind kämpft. Die Reise ins Heilige Land war aus ihrer Sicht die Fortsetzung des Moscheenkampfes mit anderen Mitteln. Wie sehr ihre Solidarität Israels Ansehen schadete, war nicht ihr Problem.

Die Rechtspopulisten wissen, auf welchem fruchtbaren Boden sie säen. Israel und die Juden lassen sich bestens instrumentalisieren, wenn es gegen den Islam geht. Längst hat sich im politischen Alltag Deutschlands der Begriff von einer »christlich-jüdischen Leitkultur« breitgemacht. Politiker der Unionsparteien jonglieren damit in Sonntagsreden, der CSU-Chef Horst Seehofer packte sie im Oktober 2010 sogar in ein Sieben-Punkte-Programm zur Einwanderung. Wie verlogen die Rede von »unseren christlich-jüdischen Wurzeln« dabei ist, weiß jeder, der sich an den Antisemitismus im deutschen Kaiserreich, etwa des populären Hofpredigers Adolf Stoecker von der Christlich-Sozialen Arbeiterpartei oder auch des Nationalhistorikers Heinrich von Treitschke (»Die Juden sind unser Unglück«), erinnert. Kleinbürger und Mittelstand fürchteten damals, von einer »fremden Kultur« überrannt zu werden. Nur waren deren angebliche Agenten vor hundert Jahren eben nicht muslimische Einwanderer, sondern Juden.

Hinter der Rede von den christlich-jüdischen Grundlagen des Westens steckt eine beunruhigende Verlagerung des politischen Denkens vom Recht zur Kultur. Die »geschlossene Logik einer christlich-jüdischen Wertegemeinschaft« betont die kulturellen Fundamente der Gesellschaft und lässt das nicht kulturell definierte Grundgesetz und die EU-Verfassung von Lissabon als Rahmen des gesellschaftlichen Miteinanders in den Hintergrund treten.[16] In der Rhetorik konservativer Politiker in Europa entsteht eine imaginäre Kulturgemeinschaft, zu der Muslime eben nicht gehören. Die Berufung auf die kulturelle Identität droht die rechtlichen Universalwerte zu ersetzen, auf die der Westen bisher sein Selbstverständnis baute. Noch sind solche

Szenarien Wunschträume einer Minderheit, noch hat sich die Ideologie des Primats der Kultur vor dem Recht nicht durchgesetzt. Aber sie wirkt sich in bestimmten Bereichen schon auf die Politik des Westens aus.

POLITIK DER ANGST

Integration von Zuwanderern braucht Zeit. Bei den Deutschen, die nach 1945 aus dem europäischen Osten nach Westdeutschland kamen, waren es Jahre. Bei den Türken, die seit den 60er Jahren nach Westeuropa, vor allem in die Bundesrepublik zogen, reichten mitunter zwei Generationen nicht. Staat und Zuwanderer haben die Eingliederung verschleppt. Doch da sich nun die Probleme plötzlich überall auftürmen, flüchten Populisten gern ins Äußerliche und Offensichtliche. Sie bearbeiten mit großem Getöse abseitige Fragen der Architektur, der Kleidung, der Schulzimmerdekoration. Damit gehen sie auf Stimmenfang, derweil die tatsächlichen und schwerer lösbaren Herausforderungen im Bildungssystem und in der Arbeitswelt auf die nächste Generation verschoben werden. Hauptsache, sie können den Islam und die eigene Identität in die öffentliche Debatte ziehen.

Erstes Beispiel ist das Minarettverbot in der Schweiz. Dort leben rund 300 000 Muslime, von denen sich die Gläubigen zum Gebet meist in eine Hinterhofmoschee zurückziehen. Nicht sichtbar für die Außenwelt, ohne Minarett. In der ganzen Schweiz gab es bis in unser Jahrhundert hinein überhaupt nur drei Moscheen mit dem charakteristischen Turm für den Muezzin, in Zürich, Genf und Winterthur. Das war lange Zeit kein Problem. Erst als Muslime in Kleinstädten neue Moscheen mit Minaretten bauen wollten, protestierten einige Bürger. Rechtspopulisten griffen den Zwist mit sicherer Witterung für Identitätsthemen auf. Die Schweizer Volkspartei erkannte in der Form des Minaretts eine Rakete, die als Angriffswaffe gegen Schweizer Werte diene. Die Anbauten, die niedriger als Kirchtürme und Fabrikschornsteine werden sollten, wurden zum nationalen Streitobjekt. Im Referendum vom 29. November 2009 stimmten die Schweizer mit überwältigender Mehrheit für ein Bauverbot von Minaretten. Die Ablehnung war dort besonders hoch, wo weit und breit kein Minarett zu sehen war.

Nebenan in Frankreich konzentrierte sich die konservative Regierungspartei von Präsident Nicolas Sarkozy auf eine andere Äußerlichkeit: den Gesichtsschleier frommer muslimischer Frauen. Der Staat verbot das Tragen in der Öffentlichkeit, der Präsident begründete es so:»Die Burka entspricht nicht der Vorstellung der französischen Republik von der Würde der Frauen.« Man kann über den Stoff trefflich streiten. Lehrerinnen, Richterinnen, Beamte sollten ihn während der Amtsausübung sicherlich nicht tragen, um Beruf und Bekenntnis sauber voneinander zu trennen. Der Koran verlangt die Vollverhüllung nicht, sie ist beim Essen und Sprechen unpraktisch und entspringt den Traditionen von Wüstenvölkern, die sie als Schutz vor Sonne und Flugsand für sinnvoll hielten. Heute gilt sie vermehrt als Gewebe zur Identitätshebung und zum Schutz vor fremden Männerblicken, worauf mancher erzkonservative Ehegatte besteht. In Ägypten, wo Schleier früher kaum üblich waren, kann man das gut beobachten. In Frankreich jedoch ging es um ein absolutes Ausnahmephänomen, da im ganzen Land höchstens 2000 Frauen ihr Gesicht verhüllen, wahrscheinlich sogar weit weniger.

Dennoch gelang es Nicolas Sarkozy, die öffentliche Debatte Frankreichs 2010 über Wochen mit diesem Thema zu vergiften. Erst machte eine Enquetekommission im Januar ihre Vorschläge, dann diskutierte die Nationalversammlung ausführlich das Gesetz, schließlich segnete der Senat im September das neue Verbot ab. In der Zwischenzeit hatte die Aufregung über die »Rückständigkeit der Migranten« und die Verhüllung ganz Frankreich erfasst und griff auf andere europäische Länder über. In Spanien, Österreich und in den Niederlanden wurden zeitgleich, in Belgien schon früher, ähnliche Verbote diskutiert. Man muss keine Burka tragen, um diesen Eifer in den Randgeländen Europas grotesk zu finden. Hier wird kein Programm zur Eingliederung, sondern zur Entfremdung verfolgt.

In Deutschland gibt es Plädoyers für einen Vollschleier-Bann, aber bisher keine gereiften Gesetzesvorschläge.[17] Doch das Feld der Identitätsinitiativen ist weit und voller Variationen. Die Deutschen erregen sich über Kruzifixe in Schulräumen, über die Nutzung ehemaliger Kirchen und Moschee-Neubauten. Sie streiten über Einwanderungstests und die Frage, wie viele deutsche Mittelgebirge ein Bewerber um den deutschen Pass kennen muss. Vor allem aber haben sie im vergangenen Jahrzehnt mit großem Eifer über die Türkei diskutiert. Mit dem Beginn der EU-Beitrittsverhandlungen 2005 schien der über 40 Jahre alte Wunsch der Türkei, endlich Teil der europäischen Integration zu werden, in greifbarere Nähe zu rücken. Der Umgang europäischer Politiker mit dem EU-Beitrittsgesuch der Türkei ist ein Musterbeispiel dafür, wie ein wichtiges Zukunftsthema der europäischen Politik von Identitätsideologen für tagesaktuelle Zwecke gekapert wurde.

TÜRKEIPOLITIK

»Die Türken kommen!« Westliche Vorurteile gegenüber der Macht am Bosporus reichen bis ins Mittelalter zurück, als die Türken dort noch gar nicht eingetroffen waren. Das Byzantinische Reich auf dem Territorium der heutigen Türkei galt zwar als Teil Europas, aber als Gegenbild des Westens. In der Zeit der Kreuzzüge stilisierten fränkische Krieger das oströmische Konstantinopel zum ärgsten Feind hoch und verwüsteten es bei der Eroberung 1204. Die osmanischen Türken haben die Rolle von Byzanz geerbt, in beiden Spielarten. Immer gehörten sie ein wenig zu Europa und seinem Ränkespiel, doch blieben sie zugleich der schauerliche Widerpart, die islamische Bedrohung am östlichen Rand des Kontinents. So pflegte das christliche Europa sein Erbfeindsyndrom. Liberale fühlten sich vor allem von der osmanischen »Despotie« abgestoßen. Mit der Parole vom »schrecklichen Türken« zog der liberale englische Politiker William Gladstone 1880 in den Wahlkampf und löste seinen konservativen Gegenspieler Benjamin Disraeli ab.[18] Damals empörte sich die Öffentlichkeit in westlichen Ländern über die Brutalität, mit der das Osmanische Reich die Aufstände der Balkanvölker niederschlug. Gladstone führte ein Prinzip in die europäische Politik ein, das später viele Nachahmer gefunden hat: Mit den Türken lassen sich Wahlen gewinnen.

Dieses Prinzip kehrte ab Oktober 2005 in die Politik zurück, als die Beitrittsverhandlungen mit der Türkei begannen.[19] Bei anderen Ländern im östlichen Europa war der Verhandlungsbeginn der Moment, in dem die Diplomaten aus Brüssel übernahmen und die Diskussion der Politiker verstummte. Mit der Türkei war es genau umgekehrt. Zwar setzten die Fachleute aus Brüssel ihr präzises Räderwerk der Erweiterung in Gang und legten der Türkei die obligatorischen 35 Verhandlungskapitel zur Hausarbeit vor. Doch gleichzeitig zogen führende EU-Politiker und Publizisten die Gespräche unaufhörlich auf die Bühne der Tagespolitik. Sie brachten die europäisch-türkischen Beziehungen an den Rand der Zerrüttung.

Das Diplomatenwerk ist schnell erzählt. Beitrittsverhandlungen sind eigentlich keine Verhandlungen. So muss jedes Kandidatenland seine heimischen Gesetzbücher gewissenhaft neu schreiben, damit sie der Gesamtheit des europäischen Rechts, den rund 85 000 Gesetzesseiten des Acquis Communautaire, entsprechen. Über den Acquis wird nicht diskutiert, er wird übernommen. Das ist bei der Türkei nicht anders als bei allen bisherigen Kandidaten. Neu ist, dass die Türkei von vornherein von mehreren europäischen Finanztöpfen ausgeschlossen wird. Die Freizügigkeit in der EU bliebe ihren Bürgern bei einem Beitritt so lange verwehrt, bis die EU-Länder etwas anderes beschließen. Am Ende der Verhandlungen will die EU überdies prüfen, ob sie selbst aufnahmebereit ist. Wer diese Bedingungen 2005 genau las, wusste, dass ein Beitritt der Türkei in naher Zukunft eher unwahrscheinlich war. Damit hätten europäische Politiker ihre Wähler zu Hause beruhigen können, falls diese sich denn Sorgen machten. Doch genau das Gegenteil sollte geschehen.

Es war das historische Unglück der Türkei, dass bald nach Aufnahme der Beitrittsverhandlungen ihre wichtigsten politischen Befürworter in Europa die Bühne verließen. In Deutschland übergab Gerhard Schröder 2005 die Kanzlerschaft an Angela Merkel. In Frankreich ging 2007 Jacques Chirac, und Nicolas Sarkozy wurde Präsident. Sarkozy hatte sich im Wahlkampf einen Ruf als Türkeigegner gemacht. Bald nach seinem Amtsantritt bekräftigte er seine felsenfeste Meinung: »Die Türkei hat keinen Platz in Europa.«[20] Wie das mit den unterschriebenen Verträgen über die Beitrittsgespräche zusammenpasste, erläuterte er nicht. Sarkozy stellte in den folgenden Jahren bei jeder guten und schlechten Gelegenheit die Zugehörigkeit der Türkei zu Europa aus kulturellen Gründen in Frage. Die Beitrittsgespräche und der Fortschritt der Reformen in der Türkei interessierten ihn dabei wenig. Auf seinen Fingerzeig blockierte Frankreich mehrere Verhandlungskapitel mit der Begründung, sie »könnten zum Beitritt führen«.

In Deutschland hatte Kanzlerin Angela Merkel öffentlich stets für eine »privilegierte Partnerschaft« plädiert, ein wolkiges Konzept des türkisch-europäischen Nebeneinanders, das der Türkei nicht mehr versprach, als sie vor Aufnahme der Beitrittsgespräche schon hatte. Als Kanzlerin und als CDU-Vorsitzende setzte Merkel in der Türkeifrage wechselnde Masken auf. Bei Reisen nach Ankara und beim Fastenbrechen in Istanbul mit Ministerpräsident Tayyip Erdogan sprach sie feierlich »pacta sunt servanda«: Sie stehe zu den Beitrittsverhandlungen.[21] Auf einem Istanbulbesuch 2010 sagte sie, nun habe sie verstanden, dass die Türken die privilegierte Partnerschaft nicht mögen. Einem führenden CDU-Politiker verriet sie im vertraulichen Gespräch, dass sie eine Integration der Türkei in Europa für nötig halte. Doch auf wichtigen CDU-Parteitagen und vor Wahlen zog Merkel die andere Maske heraus. Dann entmottete sie die privilegierte Partnerschaft oder sagte auch schon mal, dass in Deutschland das Grundgesetz und nicht die Scharia gelte.[22] Zu den Europawahlen 2009 präsentierte die CDU ein Wahlprogramm, das sich wie ein Manifest des Kulturkampfes las. Von der »Identität« der EU war darin die Rede, die gefestigt werden müsse und nur noch die Aufnahme des katholischen Kroatiens erlaube. Nur »europäische« Staaten könnten den EU-Beitritt beantragen. Für die Türkei müsse eine »privilegierte Partnerschaft« reichen.[23]

Die Debatte über den Türkeibeitritt hatte 2009 längst einen anderen Charakter angenommen. Es ging kaum noch um geopolitische Erwägungen, deutsche und europäische Interessen, wirtschaftliche Stärken und Schwächen oder die Reformen in der Türkei – es ging meistens um das Thema: »unsere Identität« und »deren Islam«. In den Bierzelten wurden die Wahlkämpfer viel deutlicher als im CDU-Programm von 2009. Wenn es um die Türkei ging, war die Rhetorik konservativer Politiker in Deutschland und europäischen Ländern von denen der Rechtspopulisten kaum zu unterscheiden. Sie zeichneten Schreckbilder von Millionen neuer muslimischer Zuwanderer und des Zusammenbruchs der EU. Die europäische Integrationsdebatte wurde zum Hindernis für die Türkei. Einige Medien verschärften das Getöse. Befürworter eines Beitritts wurden in aggressivem Ton der grenzenlosen »Naivität« geziehen. So widerfuhr es dem CDU-Politiker und Vorsitzenden des Außenausschusses im Bundestag Ruprecht Polenz, einem profilierten Befürworter des Türkeibeitritts.[24] Der Schriftsteller Ralph Giordano warf ihm in der Tageszeitung *Die Welt* vor, die »menschenrechtsfeindliche Seite« und die »patriarchalische Stagnation« im »islamischen Kreis« zu ignorieren.[25] Was in Brüssel eigentlich verhandelt wurde und wo die Türkei dabei stand, war unwichtig.

Dort aber waren die Beitrittsgespräche längst ins Stocken geraten, aus zwei wichtigen Gründen. Erstens starteten die Verhandlungen schon mit einer schweren Hypothek. Die EU war 2004 so töricht, das lästige Zypernproblem zu importieren. Bei der Erweiterung 2004 wurde der griechische Teil Zyperns aufgenommen, obwohl die Griechen in einem Referendum einen mühselig ausgehandelten UN-Vereinigungsplan abgelehnt hatten. Die türkischen Zyprer hatten dem Plan zugestimmt, wurden aber weiter mit Isolation bestraft. Darauf pochten die griechischen Zyprer als frischgebackenes Mitglied der Union. In ihrer Empörung wollte die Türkei nicht – wie die Verträge es vorsahen – normale Beziehungen mit der Republik Zypern aufnehmen. Die EU fror daraufhin acht Verhandlungskapitel ein, Zypern und Frankreich blockierten weitere. Zweitens war in der Türkei nach einer fulminanten Phase der Reformen von 2003 bis 2006 eine nachhaltige Ermattung eingetreten. Zahlreiche EU-Dossiers blieben offen, weil Bürokraten in Ankara sie sabotierten, weil Wahlen anstanden oder weil sie der regierenden AKP von Premier Erdogan schlicht und einfach nicht ins Programm passten. Überfällige Neuerungen blieben stecken, in Fragen der Pressefreiheit und der Unabhängigkeit der Justiz gab es Rückschritte. Längst sind die Beitrittsgespräche zu einem Tunnel geworden, in dem viele es zu eng, eintönig und trübe finden, aus dem aber auch keiner so leicht herauskommt. Die Verträge von 2005 sind nur von der Türkei selbst oder einer großen Mehrheit der Mitgliedsländer aufzukündigen.[26]

Doch die Stimmung ist hin. Nur noch zehn Prozent der Franzosen und Österreich, knapp 16 Prozent der Deutschen waren 2008 noch für den Beitritt. In der Türkei sank die Zustimmung von 70 auf 50 Prozent im Jahr 2010. Bei Wahlkämpfen meiden türkische Politiker das Wort Europa, das längst die Wähler verschreckt. Tayyip Erdogan kritisiert die EU bei jeder Gelegenheit und sagt, dass ein Scheitern der Verhandlungen »kein Weltuntergang für die Türkei« wäre.[27] In Europa hören populistische Politiker und Publizisten nicht auf, auf moribunde Beitrittsgespräche einzudreschen, die den Namen bald nicht mehr verdienen. Sie weiden EU-Fortschrittsberichte aus, nur um Argumente zu finden, warum die Türkei nicht nach Europa gehört. Nicht das Recht ist ihr Maßstab, sondern Kulturbekenntnisse. Die Verhandlungen können sich – im Korsett der Verträge – noch Jahre dahinquälen. Doch der historische Versuch, ein mehrheitlich muslimisches Land in die Europäische Union zu bringen, droht am Ende daran zu scheitern, dass es muslimisch ist.

Das wird Folgen haben. Das Kulturkämpferische in den europäischen Konflikten mit der muslimischen Nachbarschaft, in den Islamdebatten und in der Politik bleibt der Welt nicht verborgen. Längst geht die Beschädigung des europäischen Ansehens über die islamischen Länder hinaus.[28] Ein Beispiel: Angela Merkel sagte vor dem Deutschlandtag der Jungen Union 2010 beiläufig, dass »Multikulti gescheitert« sei. Der Satz machte Weltkarriere. Erst stand er nur in der *New York Times*. Doch weil jeder die amerikanische Presse liest, entsetzten sich alsbald *Vatan* in Istanbul, *India Times*, *China Daily* und viele andere. Sie waren sich einig, dass Merkel von vorgestern sei, dass sie das 21. Jahrhundert mit seinen Arbeitsmigranten, Flüchtlingen, Aus- und Zuwanderern, die globalen Städte von Rio de Janeiro bis Dubai, kurz: die moderne Welt, nicht verstehe. Natürlich war das ungerecht und verfälschend, weil Merkel ja durchaus einen Sinn fürs Globale hat und nur eine kleine Pointe vor heimischem Publikum auf Kosten der deutschen Linken reißen wollte. Doch so kam es draußen nicht an. In lateinamerikanischen, afrikanischen und asiatischen Ländern gilt es mittlerweile als Standardweisheit, dass »Europa ein Problem mit dem Islam« habe. Nur dass man dort im Unterschied zu Europa den Schuldigen nicht allein im Islam sieht.

Viel ist die Rede vom Ende des atlantischen Zeitalters. Manches daran mag übertrieben klingen, weil die USA nach wie vor die einzige Weltmacht sind, doch manches stimmt.[29] Europa, aber auch die multikulturellen Vereinigten Staaten drohen nicht nur ihre wirtschaftliche Vormachtstellung zu verlieren. Sie laufen Gefahr, in der Aufregung über muslimische Zuwanderer und den Islam ihre Stellung als Marktplatz und Tauschbörse der Welt aufzugeben. Unsicherheit greift um sich, das Vertrauen in die eigenen Institutionen sinkt.[30] Immer höhere Hürden zur Erlangung eines Visums für Europa und die USA, die Debatten über die »Anderen« und die stete Terrorangst tragen zur Festungsmentalität und einer wachsenden Ungastlichkeit bei. Osama bin Laden könnte seinem Ziel zehn Jahre nach dem 11. September näher kommen, wenn der Westen die falschen Schlüsse aus der Bedrohung durch militante Fundamentalisten zieht: Wenn Universalwerte gegen Identität eingetauscht, wenn Rechtskultur mit Kultur verwechselt, wenn westliche Anziehungskraft durch Igelhaltung ersetzt würden. Dann würde der Kulturkampf in das nächste Stadium übergehen: in den Verrat an der westlichen Zivilisation durch den Westen.

Anmerkungen

1   Dominique Moisi: *Kampf der Emotionen. Wie Kulturen der Angst, Demütigung und Hoffnung die Weltpolitik bestimmen,* Deutsche Verlags-Anstalt, München 2009, S. 146 ff.

2   Beispielhaft dazu Patrik Bahners: *Die Panikmacher. Die deutsche Angst vor dem Islam. Eine Streitschrift,* C.H. Beck, München 2011.

3   Flemming Rose in seinem Begleitartikel zu den Karikaturen in *Jyllandsposten* am 30. September 2005, siehe die redaktionelle Darstellung: »The Cartoon Crisis. How it unfolded«. http://jp.dk/udland/article129 2543.ece.

4   Tøger Seidenfaden, Chefredakteur der mit *Jyllandsposten* im selben Verlag erscheinenden Zeitung *Politiken* sprach von Dänemark als Beispiel dafür, wie »Xenophobie« auf demokratischem Wege zur Mainstream-Meinung, ja zur »politisch korrekten Haltung fast aller Parteien« wird. Gespräch im Kopenhagener Verlagshaus von *Jyllandsposten/Politiken* am 14. Januar 2009.

5   Der Internationale Strafgerichtshof schrieb den Haftbefehl gegen Omar al-Baschir im Juli 2010 wegen des erweiterten Verdachts auf Völkermord neu aus: http://www.icc-cpi.int/iccdocs/doc/doc907140.pdf.

6   Nicht dabei war der ägyptische Präsident Hosni Mubarak, allerdings nicht wegen al-Baschir, sondern wegen eines Sonderstreits mit dem Gastgeber Qatar um Palästina.

7   Siehe exemplarisch den Artikel in der ägyptischen Staatszeitung *al-Ahram* von Galal Nassar: »Behind Arresting Al-Bashir«, in: *Al-Ahram Weekly,* Nr. 938, 12.-18. März 2009 und den Leitartikel der saudischen regierungsnahen Zeitung *al-Watan:* »What About Other Crimes?«, 5. März 2009.

8   Annemarie Schimmel: *Der Islam*, Philipp Reclam Universalbiblio-
     thek, Stuttgart 1991, S. 44.

9   Siehe Necla Kelek, die den Mord an der Berliner Deutschtürkin Ha-
     tun Sürücü unter anderem mit Koransuren erklärt: »Der Fall Sürücü.
     Sie zahlt den Preis für unsere Freiheit«, in: *FAZ*, 24. April 2006.

10   Hans-Peter Raddatz: *Von Allah zum Terror? Der Djihad und die Defor-
     mierung des Westens.* Herbig-Verlag, München, 2002, und Daniel Pi-
     pes: *Militant Islam Reaches America*, Norton & Company, New York,
     2003.

11   Oliver Roy: *Der islamische Weg nach Westen. Globalisierung, Entwur-
     zelung und Radikalisierung*, Pantheon Verlag, München 2006, und Gil-
     les Kepel: *Die neuen Kreuzzüge. Die arabische Welt und die Zukunft des
     Westens*, Piper, München/Zürich 2004.

12   Thilo Sarrazin: *Deutschland schafft sich ab. Wie wir unser Land aufs
     Spiel setzen*, Deutsche Verlags-Anstalt, 16. Auflage, München 2010,
     S. 356 f.

13   Ajatollah Fadlallah galt als einer der geistigen Väter der Hisbollah
     in der Frühphase der Bewegung, hat aber im Laufe seines Lebens
     durch beweglichere Ansichten zu Frauenfragen und zur Globalisie-
     rung viele Anhänger gewonnen. Auch wendete er sich gegen ira-
     nische Vorherrschaftsansprüche im Libanon.

14   Carolin Emcke: »Liberaler Rassismus«, in: *Die Zeit*, Nr. 9, 25. Februar
     2010.

15   Das französische Ifop-Institut stellte im Dezember 2010 fest, dass 40
     Prozent der Deutschen und 42 Prozent der Franzosen die Präsenz
     muslimischer Gemeinschaften als Bedrohung ihrer Identität wahr-
     nehmen: http://www.ifop.com/media/poll/1365-2-study_file.pdf.

16   Wie das in der Praxis funktionieren könnte, beschrieb Thomas Ass-
     heuer: »Zuerst beschwören Politiker eine Wertegemeinschaft, die re-
     ligiös und kulturell so fugendicht geschlossen wird, dass andere da-
     rin von vornherein keinen Platz finden können. In einem zweiten
     Schritt wird die homogene ›Wertegemeinschaft‹ dann so lange mit
     den bürgerlichen Grundrechten zu einer unauflöslichen Einheit ver-
     schmolzen, bis der elementare Unterschied zwischen Verfassungsnor-
     men und kulturellen Werten unkenntlich wird.« Siehe Thomas Ass-
     heuer: »Die neuen Feinde. Das Gerede von der ›christlich-jüdischen
     Leitkultur‹ schürt den Fremdenhass«, in: *Die Zeit*, Nr. 43, 21. Oktober
     2010, und Ulrich K. Preuß: »Kein Ort nirgends. Die vergebliche Su-
     che nach der deutschen Leitkultur«, in: *Blätter für deutsche und interna-
     tionale Politik*, Heft 6/2010, S. 67–79, S. 79.

17   Siehe den Sammelband von Alice Schwarzer (Hrsg.): *Die große Ver-
     schleierung. Für Integration, gegen Islamismus*, Kiepenheuer & Witsch,
     Köln 2010.

18 Heinz Kramer, Maurus Reinkowski: *Die Türkei und Europa. Eine wechselhafte Beziehungsgeschichte*, Kohlhammer, Stuttgart 2008, S. 68.

19 Für die Debatte für oder gegen einen Beitritt der Türkei zur EU siehe das Buch von Claus Leggewie (Hrsg.): *Die Türkei und Europa. Die Positionen*, Suhrkamp, Frankfurt/Main 2004.

20 Nicolas Sarkozy:»J'ai besoin d'une majorité large pour réformer en profondeur«, in: *Le Figaro*, 6. Juni 2007.

21 Michael Thumann:»Schöne Tradition. Die Kanzlerin zum Fastenbrechen in der Türkei«, in: *Die Zeit*, 6. Oktober 2006.

22 Katja Gelinsky: »Deutsche Gerichte wenden die Scharia an«, in: *Frankfurter Allgemeine Zeitung*, 29. Dezember 2010.

23 *Starkes Europa – sichere Zukunft. Programm der Christlich Demokratischen Union Deutschlands zur Europawahl 2009*, S. 13. http://www.cdu.de/doc/pdfc/090316-europa-wahlprogramm-2009.pdf

24 Ruprecht Polenz schrieb ein weitsichtiges, nachdenkliches Plädoyer für den Beitritt: *Besser für beide. Die Türkei gehört in die EU*, Edition Körber-Stiftung, Hamburg 2010.

25 Ralph Giordano: »Voller Naivität. Ruprecht Polenz wirbt für den Beitritt der Türken in die EU«, in: *Die Welt*, 19. Juni 2010.

26 *European Stability Initiative: A Very Special Relationship. Why Turkey's EU Accession Process Will Continue*, Istanbul/Brüssel, 11. November 2010, S. 1.

27 Tayyip Erdogan:»EU Process Failure not a Doomsday for Turkey«, in: *Today's Zaman*, 20. Juli 2007.

28 Zur negativen Wirkung der stockenden EU-Türkei-Verhandlungen in Asien siehe: *Reflections of EU-Turkey Relations in the Muslim World*, Open Society Foundation, Istanbul 2009, S. 16 ff.

29 Siehe Jan Roß: *Was bleibt von uns? Das Ende der westlichen Weltherrschaft*, Rowohlt, Berlin 2008.

30 Siehe eine Allensbach-Umfrage von Januar 2011, erläutert von Thomas Petersen:»Das gemeinsame Interesse an Europa ist in Gefahr«, in: *Frankfurter Allgemeine Zeitung*, 26. Januar 2011.

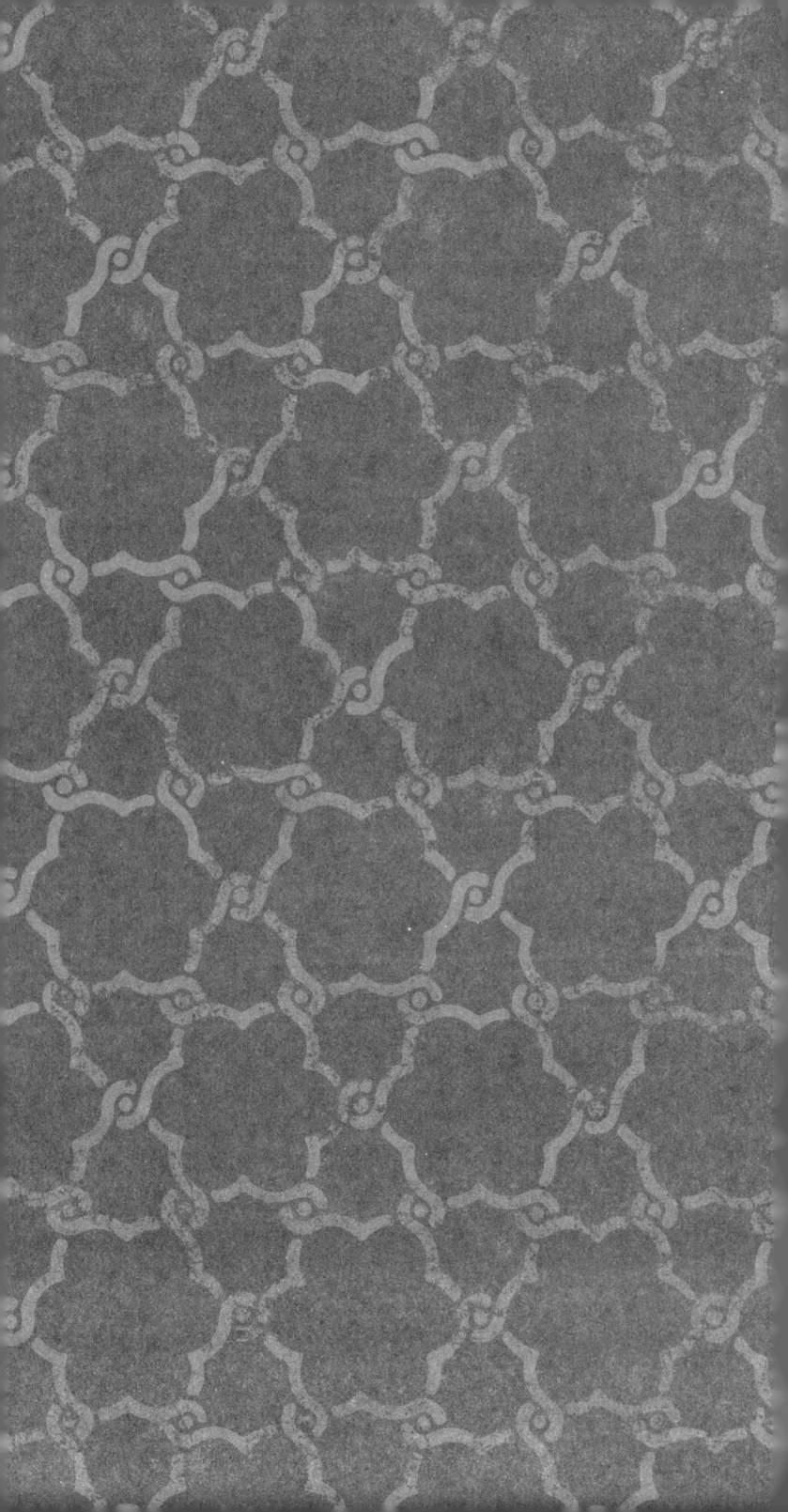

AUFBRUCH IM OSTEN

FRAUEN: MIT DEM TEUFEL
AUF DEM DIWAN

In diesem Land ist selbst der einfachste Weg kompliziert. »Wo wollen Sie hin?« Ein Mann im Thob, dem weißen Gewand der Saudis, baute sich vor mir im Korridor auf. »In die Frauensektion?« Und auf das Kopfnicken: »Nein, da können Sie nicht hin.« Er griff zum Telefon. »So«, atmet er in den Hörer, »der Chef hat's erlaubt. Na, Sie müssen es wissen.« Die Frau mit dem Überwurf wusste es. Sie winkte kurz aus einer Tür am Ende des Redaktionsbüros und verschwand wieder. Hinter der Trennwand der Geschlechter öffnete sich jene nahe ferne Welt, die für Männeraugen nicht bestimmt ist. Für einen Moment fühlte ich mich fast privilegiert, dass ich Einblick bekam. In den weißgetünchten Raum mit drei Schreibtischen, zwei Computern, einem Purpurvorhang und fünf Blättern Topfgrün. Hier saßen nun ganz unter sich ein Mann und eine Frau – weder verwandt noch verheiratet. Das kommt in Saudi-Arabien dem Ausnahmezustand gleich.

Nicht dass ich Iman al-Khtani wirklich gesehen hätte. Ihre Abaja, der Schleier, entblößte nicht mehr als die schwarzen Augen, ihre hellblaue Brille, eine Ahnung von Stirn und die mit der Pinzette gezähmten, feinen Brauen. Ihre männlichen Kollegen sahen noch nicht einmal das von ihr. Sie telefonierten nur. Redaktionskonferenzen fanden per Lautsprecher statt. Hatte man sie in eine Ecke abgeschoben? »Nein, ich arbeite genauso lange und hart wie meine

Kollegen, ich bekomme auch das gleiche Gehalt«, sagte al-Khtani selbstbewusst. 22 Jahre war sie alt, als ich sie 2004 besuchte. Sie hatte Anglistik am Mädchen-College Riad studiert, schaffte gleich den Sprung zur Redakteurin in der großen Tageszeitung *al-Watan*. Sie schrieb gerade einen Artikel über Hanadi Hindi aus Mekka, eine saudische Heldin der Gegenwart. Sie war die erste Frau des Wüstenlandes, die als Pilotin Karriere machte. Im jordanischen Exil.

Iman al-Khtani hielt eine Ausgabe von *al-Watan* hoch. Zwei Mädchen lachten da von Seite 29, akkurat in Kopftüchern natürlich, aber mit unverhülltem Gesicht. »Ein Politikum«, sagte sie. »Die Mädchen wollen Cheerleader beim Fußballklub al-Ittihad werden.« Unerhört! Über die Abbildung von Frauengesichtern empörten sich prompt einige radikale Geistliche. Ein dubioses »Dschihad-Forum« im Internet griff *al-Watan* frontal an und veröffentlichte Fotos der verantwortlichen Redakteure mit dem Aufruf: »Wenn ihr die tötet, seid ihr Märtyrer.« Unsere Gegner, sagte al-Khtani gelassen, mit leiser Stimme.

Damals, 2004, dauerte das saudische Selbstgespräch über Reformen, Öffnung und Modernisierung schon mehr als ein Jahrzehnt an. Niemand spürt Reformen oder Stillstand in diesem für Nichtmuslime schwer zugänglichen Land so stark wie die Frauen. Die wenigsten arbeiten, die meisten verlassen das Haus nur zum Einkaufen. Die Ausgrenzung behindert längst die politische und wirtschaftliche Modernisierung. Saudi-Arabien ist der krasseste Fall einer Region, in der Frauen strukturell benachteiligt sind – in der Familie, im Job, in der Politik oder bei der Scheidung. Liegt es am Islam, am Patriarchat, am Staat? Die Krise vieler arabischer Länder hängt auch an der Frage, was Frauen dürfen und nicht dürfen. An ihren Freiheiten lässt sich ablesen, ob ein Land fähig ist, sich zu verändern. In Saudi-Arabien nimmt die Hälfte der Bevölkerung am öffentlichen Leben bisher kaum teil. Am anderen Ende der arabischen Welt, in Marokko, sieht man Frauen meist mit unverhüllten Gesichtern auf den Straßen. Das ist der Unterschied: Hier die lange Zeit abgeschottete arabische Halbinsel, dort der französisch beeinflusste Maghreb. Hier ein Land, das jede Reform tarnen muss, damit Radikale sie nicht zerfleddern. Dort ein König, der mit großer Geste das Familienrecht von Grund auf modernisiert hat. In Saudi-Arabien und Marokko, am Ostpol und am Westpol der arabischen Welt, ist am besten zu besichtigen, was die Frauen im Nahen und Mittleren Osten bedrückt und wo ihre Freiheit beginnt.

SEHEN IST SÜNDE: SAUDI-ARABIEN 2004

Die Ausgangslage in Riad ist wie versteinert. Dabei wird in kaum einem anderen Land so viel über Frauen geredet wie in Saudi-Arabien. Der Grund: Man sieht sie nicht. »Einfacher wäre es, das Land in zwei zu teilen«, lachte Iman al-Khtani. »Hier die Frauen, da die Männer.« Da aber im echten Leben nun einmal alles durcheinander geht, haben die Saudis ein penibles System der Geschlechtertrennung entwickelt. Sie nutzen den technischen Fortschritt, um die Tradition zu konservieren. Öffentliche Räume und Privatgemächer werden sorgfältig parzelliert mit nur einem Ziel: Männer und Frauen, die nicht verheiratet oder verwandt sind, verirren sich nie in denselben Raum.

Schauplatz Einkaufspassage: Die kühne Stahlkonstruktion hat der britische Architekt Norman Foster hochgezogen. Frauen flanieren vor den Auslagen westlicher Designer. Im pechschwarzen Ganzkörpergewand samt Schleier kaufen sie ultrakurze Röcke, tief ausgeschnittene Badeanzüge, bestickte T-Shirts – ausschließlich für den Hausgebrauch. Nach Hause fahren sie nicht in U- oder S-Bahnen, die kennt Riad nicht. Sie werden chauffiert, von ihrem Mann oder einem Fahrer aus Bangladesch oder Pakistan, den die Saudis aus irgendeinem Grund als geschlechtslos ansehen. Frauen selbst dürfen nicht Auto fahren. Auch wenn der Koran zu Automobilen natürlich nicht Stellung nimmt und früher die Frauen des Propheten ganz allein auf Kamelen ritten. Der Unterschied? Kein Kämpfer für das Fahrverbot kann ihn befriedigend erklären, aber bitte nicht dran rühren.

Schauplatz Café: Einen halben Liter lauwarmen Cappuccino im geschmacksneutralen Pappbecher bieten amerikanische Ketten in Riad an jeder Ecke feil. Die Männersektion ist ein großer Raum und sieht aus wie überall auf der Welt. In die »Familien- und Frauensektion« gelangen Männer ausschließlich in Frauenbegleitung. Drinnen ein Labyrinth von Vorhängen. An der Kaffeetheke stehen die Damen noch verhüllt, erst im sicheren Séparée fällt der Schleier. Man sieht nicht mehr als einen Fuß vom Nachbartisch unter dem Vorhang hindurch. Die von der Regierung eingesetzten Sittenwächter, eine aggressive Spitzeltruppe in Straßen und Passagen, achten auf die Einhaltung der absurden Regeln.[1]

Schauplatz Universität: Natürlich unterrichten männliche Professoren auch Studentinnen, zum Beispiel an der King-Saud-Universität in Riad. Aber wie vermeidet man es, dass er sie dabei sieht? Auch das wäre zu Zeiten des Propheten noch nicht möglich gewesen: In dem Land, das Kinos verboten hat, wird die Vorlesung über den Fernseher in den Hörsaal eingespeist. Besonders raffiniert ist eine Glaswand, durch welche die Studentinnen sehen können, die aber für den Dozenten verspiegelt ist. Sehen ist Sünde.

»Glauben Sie bloß nicht, dass der Koran das alles vorschreibt«, sagte al-Khtani zu mir. Dort sei nur von angemessener »Bedeckung« der körperlichen Reize die Rede. »Wir leben hinter hohen Felsmauern der Tradition. Die Bräuche, nicht der Islam, schränken unsere Freiheit ein.« Was jedem einleuchtet, der den unverhüllten Kopf einer sunnitischen Libanesin mit dem leichten Tuch der Marokkanerin und dem schwarzen Ganzkörpergewand saudischer Frauen vergleicht.

Es geht hier nicht um gute oder schlechte Muslime, um fromme oder unfromme Frauen – sondern um Regeln, die hier liberaler, dort konservativer sind. Saudi-Arabiens Herzland, der Nadsch, vermengt die strengen Bräuche der Beduinenkultur mit einer besonders rigorosen Auslegung der heiligen Schriften und Vorschriften – dem Wahhabismus. Doch was genau beschränkt die Frauen in Saudi-Arabien?

Sind es die Männer? »Auf jeden Fall!«, rief al-Khtani. Die von Patriarchen in Stahl gegossenen Regeln. Die von ihnen missbrauchte Religion. Der allen Frauen aufgezwungene Schutz vor Blicken. Sagte Iman al-Khtani, die Journalistin. Eine Schülerin und eine Geschäftsfrau widersprachen ihr – und legten dabei unbewusst offen, was sie einschränkt.

Ein Professor der King-Saud-Universität hatte mich zu sich nach Hause eingeladen. Von der Haustür führte er mich direkt in den riesigen, mit poliertem Granit ausgelegten Herrensalon. Seine Frau sah ich nicht, hörte nur ihre Stimme aus einem anderen Teil des Hauses. Doch seine 14-jährige Tochter Schorun betrat unbefangen den Salon und setzte sich auf eines der mit Tigerfell bespannten Sofas. Sie war unverhüllt, zeigte dem Besucher die schwarzen langen Locken. Ihren Vater, einen liberalen Hochschullehrer, störte das nicht. »Der Islam verlangt von der Frau nicht, dass sie sich verschleiert«, sagte er mit fester Stimme. Sie widersprach – aus praktischen Gründen.

»Das stimmt, Vater, aber ich will nicht von irgendwelchen Typen belästigt werden. Also trage ich draußen lieber den Schleier.«

»Da liegt doch das Problem. Die Frauen verstecken sich, und die Neugier steigt. Wenn alle den Schleier abnehmen, wird das Bedürfnis schwinden, Frauen anzustarren.«

»Unser Lehrer sagt, wenn eine Frau den Schleier trägt, gleicht sie einem geschützten Edelstein. Schönheit soll man nicht mit jedem teilen.«

»Aber deine Freundinnen bedecken sich auch nicht alle.«

»Noch nicht. Aber alle sprechen darüber, über Schleier mit speziellem Design.«

»Die Sittenpolizei sagt, Designschleier sind Sünde.«

»Nein, ein schöner, schlichter Schleier ist völlig in Ordnung«, sagte Schorun unbeirrt.[2]

»Fromm schon, aber auf jeden Fall schick soll es sein«, lächelte der Vater, als seine Tochter wieder den Saal verlassen hatte. Wäre seine Tochter noch im Raum gewesen, hätte sie auf dieses Nachtreten sicher die richtige Antwort gehabt. Wenn ich mehr lernen wollte »über die Grenzen, die sich Frauen selbst setzen«, riet er mir, sollte ich einmal mit dieser Frau sprechen. Und er gab mir eine Mobiltelefonnummer.

Ich war dem Professor dafür dankbar. In Saudi-Arabien ist es schwer für männliche Ausländer, eine saudische Frau zu treffen. Man muss sich von engen Freunden ihre Mobiltelefonnummer besorgen. Sie muss bereit sein, den Fremden zu sehen. Und sie sollte, wenn es ernst wird, das Gartentor öffnen. Dschauhara al-Otaischan machte das per Fernbedienung. Als sich das Eisenportal beiseiteschob, kam eine in hellem Stein gehaltene Villa mit vergitterten hohen Fenstern zum Vorschein. Sie blieb verschlossen. Der Gärtner führte mich in einen Flachbau gleich daneben, eine Art gigantisches Wohnzimmer mit einem Schwimmbad in der Mitte und einem Fußboden aus Glas. Die Luft war gefüllt mit Aprikosenessenz. Beim Warten auf einem cremefarbenen Diwan in Gesellschaft eines Porzellangeparden schossen mir die landesüblichen Fragen durch den Kopf: »Wird sie komplett verhüllt sein? Wird sie den Handschlag mit einem Mann meiden?«

Dschauhara al-Otaischan ist eine pragmatische Geschäftsfrau. Sie reichte zur Begrüßung die Hand, rückte ihr Kopftuch zurecht, ihr Gesicht mit den kräftig geschminkten Augen lag frei. In sicherer Entfernung setzte sie sich auf den Diwan und legte zwei Mobiltelefone neben sich. »Wenn Mann und Frau an einem Ort sind, sitzt stets der Teufel als Dritter dabei«, sagte sie. Ich wusste nicht, wen von uns beiden sie damit mahnen wollte. Weil die Begegnung mit der zweiten Art so heikel sei, würden in Saudi-Arabien Männer und Frauen getrennt arbeiten, essen, feiern, sagte sie. »Ist doch mal ein Mann dabei, fühle ich mich durch mein Kopftuch vor Blicken geschützt.« Ich wendete ein, dass gerade erst das Kopftuch durchdringende Blicke herausfordere. So wie viele saudische Verbote erst Begehrlichkeiten schaffen würden, über die man in anderen Ländern gar nicht rede, so normal seien sie. Frauen am Steuer zum Beispiel.

»Westliche Menschenrechtler beißen sich gern an vordergründigen Symbolen fest«, wehrte sie ab. Kleidung, Kinos, Führerschein. »Keine Missionierung, bitte«, sagte sie. »Ihr im Westen stellt immer gleich den Islam unter Generalverdacht – damit hat das nichts zu tun.« Der Islam gebe Frauen alle Freiheit. »Welche Freiheit?«, fragte ich zurück. »Wenn saudische Frauen für die Eröffnung eines Geschäfts, für die Einlieferung ins Krankenhaus, bei Aufnahme einer Arbeit männlichen Beistand brauchen?«[3] Al-Otaischan schüttelte den Kopf. Wer Saudi-Arabien verstehen wolle, müsse auf die Tradition schauen. Als ihr Vater ein junger Mann war, lebte er noch als Beduine in der Wüste. »Veränderung braucht Zeit. Ich möchte mir keinen Lebensstil vom Westen aufzwingen lassen.«

»Geht es um Lebensstil oder nicht vielmehr um Rechte?«, fragte ich sie. Warum dürfen saudische Frauen nicht allein reisen, nicht allein Verträge abschließen, nicht Auto fahren? »Freiheit heißt nicht, gleich zu sein«, sagte die 46-Jährige, die sieben Kinder auf die Welt gebracht hatte. »Westliche Frauen, die partout wie Männer sein wollen, verlieren die Freiheit, eine Frau zu sein. Freiheit heißt auch, die Rechte des eigenen Geschlechts zu genießen, ohne schlechtes Gewissen Kinder aufzuziehen, nicht ständig draußen im Wettbewerb zu stehen.«

Dieses Argument habe ich oft gehört in der islamischen Welt, nicht nur von Männern. Es sind oft konservative arabische Frauen, die sich bewusst absetzen von westlichen Bildern der Moderne. Sie kritisieren den Westen, wo Frauen »in Eile und Mühsal« Kinder bekommen, durch die Schule begleiten, den Haushalt nebenbei erledigen und dennoch Karriere machen und Geld verdienen müssten.[4] Al-Otaischan, eine bodenständige Geschäftsfrau, fand das »unmenschlich«. Und ich hatte den Eindruck, dass sie mir auswich. Ich besuchte sie schließlich nicht lange vor der Wahl der saudischen Kommunalräte 2005, als die Ungleichbehandlung der Geschlechter zum Himmel schrie. Frauen durften nicht wählen. In der Schura, die dem Ministerrat des Königs Gesetze, Reformen empfiehlt, saßen damals nur Männer als feste Mitglieder. Warum? »Nicht jede Tür muss sich sofort öffnen«, erklärte al-Otaischan. »Das ist unsere erste Wahl.

Jetzt wählen nur Männer. Bitte sehr. Beim nächsten Mal wollen wir dabei sein.«

Mir kam der Gedanke, dass al-Otaischan der Konkurrenz mit Männern vielleicht lieber ausweichen wollte. »Überhaupt nicht«, gab sie zurück.»Es gibt Dinge, die sind mir viel wichtiger als das Wahlrecht – wie mein Geschäft zum Beispiel.« Die saudischen Behörden hatten 2004 die Rechte von Frauen ausgeweitet, Geschäftslizenzen zu erwerben. Als die Kinder aus dem Gröbsten heraus waren, stellte al-Otaischan Kinderfrauen ein und besorgte sich drei Lizenzen: für den Import von Nahrungsmitteln und medizinisch-technischem Gerät, dazu eine Medienlizenz.»Probieren Sie mal die Pralinen, die ich aus Frankreich importiere.« Ihre wachsende Firma suchte qualifizierte Leute. Zwölf Mitarbeiter organisierten nationale und internationale Konferenzen. »Eine Arbeit, mit der ich mich beweisen kann.« Sie gestaltete gerade eine Tagung für das Innenministerium.»Ich habe die Ausschreibung unter drei Dutzend Männern gewonnen, weil mein Vorschlag der beste war«, sagte sie sichtlich befriedigt. Frauen wie sie stellten ein Jahr nach der Lizenzreform schon zehn Prozent der Geschäftsleute.»Auch im saudischen System kommen Frauen nach oben. Sie müssen nur ihre Chancen nutzen.«

Das klang schon fast ein wenig amerikanisch. Eine besondere Beziehung zu Amerika stand als Foto auf einer Anrichte.»Mein ältester Sohn«, sagte sie.»Er studiert in Denver, Colorado.« Ich gratulierte und fragte sie, ob die Freiheit und Offenheit Amerikas ein Vorbild für die Geschäftsfrau sei. Sie schüttelte den Kopf, »nicht nach Abu Ghraib und Guantánamo«, den Gefangenenlagern im Irak und auf Kuba. »Sie haben gute Universitäten in den USA«, sagte al-Otaischan, aber anstelle von Freiheit brächten sie »Unglück über die arabische Welt«. Ihre Heldin hieß Margaret Thatcher. »Sie war entschlossen, stark und fair zur arabischen Welt, sie hat viel für die Wirtschaft getan.« Dann gab sie mir noch ein paar von ihren Pralinen und verließ den Schwimmbadsalon – zurück in ihr Haus, das vor meinem Blick verborgen blieb.

Dschauhara al-Otaischan ist der Prototyp einer selbst-bewussten saudischen Frau, die sich im System der Ge-schlechtertrennung erfolgreich eingerichtet hat und es auf ihre Weise mitträgt. Die Schülerin Schorun wächst hinein und empfindet es als normal. Die Journalistin Iman al-Khtani begehrt dagegen auf und erkämpft sich die kleinen Freiheiten in der Geschlechtersegregation. Bei allen dreien fiel mir auf, dass sie wenig von Religion sprachen und viel mehr von Lebensumständen, Sitten, Alltagssituationen. Das ist so ziemlich das Gegenteil der westlichen Diskussionen, wo von Frauenunterdrückung und im selben Atemzug vom Islam die Rede ist. Aber Religion ist nur ein Thema unter vielen. Worüber meist zu wenig gesprochen wird, ist die Po-litik und die Figur des Herrschers.

Saudi-Arabien ist ein Land, das seit seiner Gründung 1932 um eine Dynastie herum gewachsen ist. Der Staats-gründer Abd al-Asis Ibn Saud hinterließ viele Söhne, die – trotz ihres hohen Alters – heute noch herrschen. Bis August 2005 regierte der zuletzt todkranke König Fahd bin Abd al-Asis al-Saud. Die Amtsgeschäfte führte der Kronprinz und Nachfolger, Abdallah bin Abd al-Asis al-Saud, der sich bis 2005 eingerahmt sah von den ultrakonservativen Brüdern Fahds, den sogenannten Sudeiri-Brüdern. Sie und ihre Ver-bündeten wachten eisern über die saudische Etikette, die im Verschnitt von islamisch-wahhabistischer Staatsreligion und Stammestraditionen entstand. Abdallah hingegen eilte der Ruf eines Reformers voraus. Als er im August 2005 end-lich König wurde, hielt das Land den Atem an. Was würde er verändern? Was ein Herrscher bewirken kann, zeigt der Blick an den westlichen Pol der arabischen Welt, nach Ma-rokko.

RECHT VOR TRADITION: MAROKKO 2006

Diese Stadt ist harte Arbeit. Saadia Wadah trieb ihren sil-bernen Toyota durch den Stau, schaltete hin und her zwi-schen erstem und zweitem Gang, um im Takt von Casablanca mitzuhalten. Die 49-Jährige war dezent geschminkt, trug ein Nadelstreifenkostüm, die dunkelblonden Haare fielen offen auf die Schultern. Sie fuhr zum Familiengericht in Habouz, einem Stadtteil des marokkanischen Millionenmolochs am Atlantik. Dort vertrat sie in aufreibenden, langwierigen Prozessen Frauen, die sich von ihren Männern scheiden lassen. Wadah war Anwältin für Familienrecht und eine gute Autofahrerin. Geschickt wich sie jedem Taxi aus, das auf unserer Spur überholte und mit hoher Geschwindigkeit auf uns zuraste. Anwältin in Marokko – das war ihr nicht in den Schoß gefallen. »Mein Vater arbeitete als Reisebusfahrer, meine Mutter war Hausfrau«, lachte sie. Die Mutter half Wadah bei der Erziehung der drei Kinder, die jetzt schon fast erwachsen sind. Ihr Mann arbeitete als Urkundenbeamter bei Gericht. Saadia Wadah gehört nicht zu jener marokkanischen Bourgeoisie, die französischsprachige Schulen besuchte, in Frankreich studierte und dann bei der Rückkehr die von den Eltern eingefädelten Jobs antrat. Sie arbeitete sich hoch und ist stolz darauf: »Ich war schon immer links.« Und linke Anwälte arbeiten etwas anders als rechte, sagte sie. »Ich versuche, meine Mandantinnen vor unbelehrbaren Richtern und den Machthabern daheim zu schützen.« Und ein neues Gesetz, »das wir dem weitsichtigen König zu verdanken haben«, sei dafür sehr wichtig.

»Moudawana« heißt das marokkanische Zauberwort. Moudawana, das ist das Synonym einer neuen Zeitrechnung in diesem Land. Moudawana bedeutet »Familienrecht«, doch es meint mehr: die Gleichberechtigung der Geschlechter. Das ist wichtig in Marokko, in dessen Dörfern die meisten Frauen immer noch nicht lesen und schreiben können, wo manche Väter und Onkel gern Töchter und Nichten minderjährig verheiraten, wo Ehemänner Gewalt gegen die Ehefrau nicht selten für ein Naturrecht halten. Die Moudawana ist seit ihrer Einführung 2004 Legende. In den meisten Ländern der arabischen Welt wäre sie noch heute nicht durchzusetzen. Das neue Familienrecht Marokkos macht manchen Männern Angst und vielen Frauen Hoffnung. Ob es Erfolg hat, entscheidet nicht der Gesetzesbuchstabe, sondern allein der Alltag in den Familien und in den Gerichten. Und da sitzt Saadia Wadah in einer Scharnierposition.

»Was bringt das neue Recht?«, wollte ich von ihr wissen. Wadah spreizte ihre Hand am Steuerrad und zählte an den Fingern ab. Ehen dürfen nicht mehr einfach in der Moschee, sondern müssen vor Familiengerichten geschlossen werden; das Heiratsalter wird auf 18 Jahre heraufgesetzt; Frauen brauchen nicht mehr die Zustimmung eines männlichen Familienmitglieds zur Heirat; Vielehen werden nur noch in Ausnahmefällen erlaubt; Frauen können von sich aus die Scheidung beim Familiengericht einreichen; die Ehe kann aufgelöst werden, wenn sie zerrüttet ist, und nicht nur, wenn beide es wollen; bei der Scheidung wird das gemeinsam erwirtschaftete Eigentum aufgeteilt; die Frau darf das Sorgerecht für die Kinder ebenso beantragen wie der Mann; sie und die Kinder haben das Recht auf Unterhalt nach der Ehe.

»Ein Katalog«, sagte Saadia Wadah, »der die alten marokkanischen Verhältnisse vom Kopf auf die Füße stellt.« Diesen Katalog verabschiedete zwar das Parlament mit seinen Königstreuen, Sozialisten, Konservativen und Islamisten, aber diktiert wurde er nach jahrelangem bitterem Streit von seiner Majestät höchstselbst. Als Juristin und als Linke war Saadia Wadah strikt gegen die umfassende Macht des Königs im Land, aber sie wusste auch: »Ohne ihn hätten wir nie dieses Gesetz bekommen.«

Was war das für ein König, der aus einer jahrhundertealten Dynastie stammte und mit Mitte 40 sein Land umkrempelte, der mit ererbter autoritärer Allmacht regierte und ein fortschrittliches Familienrecht einführte? Auf Casablancas Straßen war er kaum präsent. Aus dem Fenster von Saadia Wadahs Auto waren nur Werbeplakate zu sehen, keine Monarchenbanner. Einen Personenkult wie in anderen arabischen Ländern wollte Mohammed VI. vermeiden, und dennoch war er zu Beginn seiner Regierungszeit zur Kultfigur geworden. Der König hatte gleich bei Amtsantritt 1999 die Diskussion über die Geschlechtergleichheit eröffnet, er setzte fünf Jahre später die Moudawana durch, er heiratete eine offene, intelligente Frau und lebte seinem Volk eine moderne Ehe vor.

Seine oft jugendlichen Fans, aber auch die Medien, sprachen gern von M 6 – das stand für Mohammed VI. Stück für Stück entfernte er die Patina, die sich in den Jahrzehnten der Herrschaft seines Vaters auf das Land gelegt hat. Hassan II. hatte eine Frau, die sich in konturlosen Stoffballen zu verstecken pflegte und fast nie öffentlich zu sehen war. Mohammeds Frau dagegen trug modische Kostüme und lange, rot schimmernde Haare statt eines Kopftuchs. Wann immer sie auftrat, war es ein Ereignis. Königin Salma kam aus kleinen Verhältnissen und hatte dennoch gute Universitäten besucht. Sie war Präsidentin der marokkanischen Krebshilfe. Sie liebte es, barfuß durch den Palast zu gehen. Sie fuhr nach Libyen und plauderte mit dem Herrscher Muammar al-Gadhafi in dessen Zeltresidenz. Sie trat gern an Mohammeds Seite vor das Volk. »Alle sagen, das war keine arrangierte Ehe, sondern eine Liebesheirat«, erzählte Saadia Wadah. Ob das nun stimmte oder nicht, es war eine schöne Geschichte und mehr als das, ein lebendes Symbol. Königin Salma und König Mohammed symbolisierten den Bruch mit der marokkanischen Tradition. Und das neue Familienrecht belegte, dass dieser Umbruch allmählich auch die Gesellschaft erfasste.

Fast drei Jahre nach Inkrafttreten des Gesetzes war die Zahl der Scheidungen, in denen der Mann die Frau »verstieß«, sprich: ohne Umschweife an die Luft setzte, deutlich zurückgegangen. Die Scheidungen im »gegenseitigen Einvernehmen« waren gestiegen. Die Fälle von Polygamie wurden seltener, aber noch immer lebten Männer mit mehreren Frauen zugleich. Saadia Wadah malte nicht rosarot, sie sprach vorsichtig, wie eine Juristin es tun sollte. Aus ihrer Praxis wusste sie um die zu vielen Schlupflöcher, die der Gesetzestext ließ. Sie zog den Schlüssel aus dem Zündschloss. Wir standen vor dem Familiengericht von Habouz. Das massige Gebäude aus den 40er Jahren lag in einem dicht bebauten Viertel mit alten, nur nachlässig gepflegten Wohnhäusern. Erster Eindruck auf dem Platz: viele Menschen. Erster Eindruck im Gebäude: noch viel mehr Menschen.

In der Halle stand die Tür zu einem voll besetzten Verhandlungssaal offen. Auf dem Podest saßen die Richter in grün-schwarzen Roben, auch eine Richterin war darunter. »Eheverträge, Scheidungen, das Sorgerecht, Unterhaltspflichten alles wird hier verhandelt«, erzählte Saadia. Enge Korridore, überall Menschentrauben. Frauen und Männer warteten auf Richter. Ein Ehepaar stritt noch vor der Tür des Gerichtssaals. Eine Frau hatte es sich auf einem Treppenabsatz bequem gemacht, eine Mandantin von Wadat. Aischa war aufgeregt vor der Verhandlung, sie war noch nie vor Gericht. Dort stand ihre 27 Jahre alte Ehe zur Verhandlung. Aischa hatte mit 17 geheiratet und fünf Kinder geboren. Zwei davon lebten noch mit ihr daheim. Warum Scheidung? »Es war sowieso keine Liebesheirat«, sagte Aischa. Ihre Augen waren groß und weich, sie trug ein hellblaues Kopftuch über ihrem langen, bestickten Kostüm. »Seit einiger Zeit ist es nur noch unerträglich.« Der Mann spiele den Pascha, schlage sie regelmäßig, spreche nicht mehr mit ihr, es sei denn, um sie zu beleidigen. Die Kinder hätten Angst vor ihm. Bei einem Streit neulich habe er ein Messer gezogen und ihr mit dem Tod gedroht. Da sei es aus gewesen. »Ich habe sofort die Koffer gepackt.« Der Richter will ihr und ihrem Mann nun zehn Tage zum Nachdenken über die Ehe geben. So will es das Gesetz. »Danach lasse ich mich scheiden.«

Eine Trennung in Marokko dauert drei Monate. Auch das ist Gesetz. Aischa hatte das Sorgerecht für die Kinder beantragt und Anspruch auf das Haus erhoben, in dem sie lebten. Sie möchte Unterhalt von ihrem Mann, weil sie ihr Leben allein den Kindern gewidmet hat. »Er will das natürlich nicht, er will die Kinder, das Haus, alles!« Der Richter sollte ihr später das Sorgerecht für ihre drei Kinder zusprechen, dazu das Haus und Unterhalt durch ihren Mann bis zum 18. Lebensjahr der Kinder. Saadia Wadah hatte Erfolg und Aischa Glück mit dem Richter. Er entschied so, wie sie es erhoffte.

»Hat die Frau einen guten Richter, bekommt sie ihr Recht«, sagte Wadah. Wenn der Richter eine Schwäche für Geld habe, bekomme sie es oft nicht. So fielen Entscheidungen oft zugunsten des zahlungskräftigeren Mandanten aus. Die Bestechung sei nur selten nachweisbar. Als Falle konnten sich auch erzkonservative oder islamistische Richter erweisen. »Die nehmen weniger Geld, dafür haben sie aber gegen Polygamie oder Heirat von Minderjährigen kaum etwas einzuwenden«, sagte Saadia Wadah. Deshalb brauche Marokko dringend eine bessere Ausbildung der Richter. Sie hätten viel Macht über die Einzelschicksale. Und es sei schwer, gegen ihre Entscheidungen Berufung einzulegen. »Da aber, wo etwas zu machen ist, beginnt meine Arbeit.« Hier endete für mich die Führung der Familienanwältin durch die neue Welt der Moudawana. Saadia Wadah musste in eine Verhandlung, verabschiedete sich mit einem festen Händedruck und verschwand in einem Saal des Familiengerichts von Casablanca-Habouz.

Bis heute ist die Moudawana in vieler Hinsicht ein beispielhaftes Familienrecht in der arabischen Welt. Doch die Fragen der Richterausbildung, der Auslegung, der Aufklärung der Frauen über ihr Recht brennen weiter. Wie verbreitet man die Informationen in einem Land, in dem mindestens ein Drittel der Bevölkerung nicht lesen und schreiben kann? Viele Nichtregierungsorganisationen bieten Hilfe an[5], einige Medien klären auf, Parteien versuchen sich daran. Aber nicht alle haben die gleichen Absichten wie Saadia Wadah. Um mehr darüber zu erfahren, fuhr ich in eine der konservativen Hochburgen des Landes.

Von der Metropole fährt man in etwa 90 Minuten nach Salé, das auch am Atlantik liegt. Casa, wie seine Bewohner Casablanca nennen, ist der urbane Moloch Marokkos. Dagegen wirkt die ehemalige Piratenstadt Salé wie das Museum einer Zeit, die nicht vergehen will. Im Zentrum von Casa machen Banker, Reeder und Großhändler ihre Geschäfte, in den Gassen von Salé handeln die Marketender, die Korbflechter, die Bauern. Casa hat einen Hafen, in den die Welt kommt, Salé hat Gerbereien und Wollfärbereien, die nur findet, wer in die winkligen Höfe vordringt. In Casa steht die größte Moschee der Welt, ein Koloss aus Marmor und Hybris am Atlantik, in Salé besuchen alte Frauen das

Sufi-Heiligtum von Sidi Ahmed Benashir, ein Katzenasyl mit geduckten Mauern und Wänden voller Kerzenwachs. Was bedeutet das neue Familienrecht in diesem romantisch-rückständigen Ort?

In Salé hat die halb offizielle spirituelle Bewegung von Scheich Abdessalam Yassine ihre Hochburg. Die Islamisten sind einflussreich, sie werben vor allem um junge Leute. Einer der Parteigänger der Bewegung für Gerechtigkeit und Spiritualität wartete auf mich am verabredeten Treffpunkt, dem Gefängnistor von Salé. Gegenüber führte der Weg in die engen Straßen eines Neubauviertels. Ein unscheinbares Mietshaus war das Ziel. In einer hellen Wohnung im ersten Stock öffnete mir Nadia Yassine die Tür, die Tochter des hochbetagten ehrwürdigen Scheichs. Sie trug eine braune Jacke und eine braune Hose, nicht zu weit und nicht zu eng. Ihr Kopftuch saß locker und ließ das Ohr samt Ohrring frei. Ihre Augen waren kräftig geschminkt. Nadia Yassine führte mich in das Diwanijja-Zimmer und bat mich, auf einer gelben Endloscouch Platz zu nehmen. Ein Mann servierte uns marokkanischen Tee.

Nadia Yassine ist eine Art Alice Schwarzer der islamistischen Bewegung. Selbstbewusst, scharfzüngig, nie um das letzte Wort verlegen. Sie kritisierte amerikanische Politik und war doch oft auf US-Konferenzen anzutreffen. Sie nutzte die engen Freiräume der marokkanischen Monarchie und kritisierte als Antimonarchistin den König. Auf einer Konferenz 2005 hatte sie gar das Ende der Monarchie und eine Republik nach iranischem Muster in Marokko vorhergesagt. Frauen an der Spitze islamistischer Bewegungen sind eine seltene Erscheinung. Gerade deshalb war Yassines Einfluss auf Frauen und ihre Rechte sehr groß. Ihr Wort zählte im Volk. Ich wollte wissen, was sie über die Moudawana dachte.

»Der größte Teil des Textes geht in Ordnung«, sagte Nadia Yassine, »die Erziehung ist das Problem.« Auf dem Land seien rund 80 Prozent Analphabeten. »Die neue Freiheit auszuleben, von ihr wirklich zu profitieren, das ist das größte Problem vieler Frauen.« Die Hälfte aller marokkanischen Mädchen lebten auf dem Land, sagt sie. Die hätten nur drei

Perspektiven im Leben: als Haushälterin, als Ehefrau oder als Prostituierte. »Damit das neue Gesetz ihnen wirklich helfen kann, brauchen die Frauen auf dem Land vor allem Schulen.« Nur bessere Erziehung, sagte die Islamistin, könne die Gleichstellung von Mann und Frau bringen. Ich konnte ihr kaum widersprechen.

Doch tun sich viele Islamisten mit der Emanzipation der Frau schwer. Der Lackmustest ist oft die Frage nach der Polygamie. »Eine Macho-Interpretation des Korans«, sagte Nadia Yassine abschätzig. Sie räumte ein: »In der Prophetenzeit waren dem Mann bis zu vier Frauen erlaubt.« Aber das sei lange her. Die heilige Schrift werde leider fast immer von Männern ausgelegt, das müsse sich ändern.[6] Trotz Moudawana gab es in Marokko 2006 immer noch Fälle von Vielehe. Nadia Yassine gab dem Gesetz die Schuld, weil es der Frau die Scheidung nahelege, wenn sich der Mann eine zweite Frau nehme. »Er sollte sie um Erlaubnis fragen müssen.« Die Polygamie komplett zu verbieten, so weit wollte sie nicht gehen. »Wenn es im Koran steht, kann man es nicht ganz abschaffen. Mehrehen sollten möglich sein, wenn sie krank wird, wenn sie keine Kinder bekommt. Aber die Frau muss unbedingt zustimmen.« Das wäre, befand sie, eine Lösung im Einklang mit dem Koran.

Nadia Yassine hat vier Töchter im Alter von Anfang bis Ende 20. Sie selbst war bei unserer Begegnung 48 Jahre alt, beredt, schnell, klug und wurde als mögliche Nachfolgerin des alten Scheichs gehandelt. Ihr Handicap: eine Frau zu sein. Litt sie unter den klassischen Ansichten marokkanischer Männer, die sich eine Frau als Chefin nicht vorstellen konnten? »Wir wollen keine Gesellschaft und keine Familie, wo die Frau den Mann spielt und umgekehrt«, entgegnete Nadia Yassine. »Der westliche Mann hat doch ein Problem, weil seine Männlichkeit infrage gestellt wird.« In der islamischen Gesellschaft sei die Frau für das Gefühl zuständig, der Mann für Disziplin und Kraft. Der Mann sorgt für das materielle, die Frau für das sentimentale Wohlergehen der Familie. Das stehe zwar nicht genau so im Koran, aber: »Es ist der spirituelle Sinn der Familie.«

Das klang sehr traditionell. Konnte das der Grund sein, warum Frauen bei den Islamisten so unterrepräsentiert waren? Nadia Yassine schüttelte den Kopf. »Die Hälfte der Mitglieder unserer Bewegung sind Frauen. 30 Prozent der Schura-Ratsmitglieder sind Frauen, mit steigender Tendenz. Die Frauen haben ihre Komitees, da entscheiden sie selbst, sie haben ihre eigene Netzseite.« Aha, man trennt Männer und Frauen wie in Saudi-Arabien? »Es gibt eine Grenze, ja, aber nicht wie in Saudi-Arabien«, sagte sie. »Wir veranstalten zum Beispiel regelmäßig Sabbaticals von bis zu zwei Wochen, wo Frauen und Männer sich gemeinsam zur Meditation zurückziehen.« Nadia Yassine lud auch männliche Besucher zu den Seminaren islamistischer Frauen ein. Verkapselt und sektenhaft zu sein, das war genau der Eindruck, den die Tochter des Islamistenscheichs vermeiden wollte. Am Ende gab sie mir noch ihre Mobilfunknummer mit auf den Weg. »Rufen Sie an!«

Mehr Rechte für arabische Frauen – das verlangt Schritte von oben und von unten. Von Herrschern und ihren Kritikern. Von Männern und Frauen. Von Säkularen und Islamisten. In Casablanca und Kairo, in Beirut und Palästina habe ich Frauenrechtlerinnen getroffen. Die meisten waren starke Frauen, mutig und überzeugend. Nicht ihre Schuld, dass es nicht reicht, wenn allein perfekt aufgeklärte, westlich gebildete Araberinnen die Islamisten und das Patriarchat kritisieren. Solange die Gläubigen mauern, werden die kommenden Generationen einfacher Frauen es nicht leichter als ihre Mütter haben. Die Botschaft der Freiheit muss durch alle Schichten sickern. Sie braucht Avantgardisten wie die Anwältin Saadia Wadah. Verbündete unter Konservativen wie Nadia Yassine. Und sie braucht – so sind die meisten arabischen Gesellschaften leider aufgebaut – den Druck von oben. Mohammed VI. hat die Moudawana eingeführt, er ließ die ersten Predigerinnen der arabischen Welt in die Moscheen. Seine Regierung hatte nicht eine, sondern sieben Ministerinnen. In den Lokalwahlen 2009 wurden weit über 3000 Frauen in Gemeinderäte gewählt.[7] Ein Vorbild für den Rest der arabischen Welt? Was bedeutete es nach

2005 für Saudi-Arabien, dass der Herrscher Abdallah bin Abd al-Asis al-Saud ein Reformer war?

SCHLÄGE FÜR SITTENWÄCHTER: ZURÜCK IN RIAD 2010

Sie bestellte einen saudischen Champagner – gekühltes Mineralwasser mit Früchten und Minzblättern. Geschwind brachte der Kellner eine Karaffe für zwei. Eine Begegnung mit einer saudischen Frau ist stets ein Experiment. Die Männer am Nebentisch taten zumindest so, als würden sie nicht hingucken, als sie dem Ausländer zuprostete. Während des Gesprächs rückte sie das schwarze Kopftuch zurecht, die schwarzen Haare fielen in die Stirn, die Klimaanlage blies von oben, sie zog das Tuch nach links, das rechte Ohr samt Ohrring wurden sichtbar, sie verdeckte sie wieder, nicht ohne links einen Teil des Halses freizulegen. Kurz darauf band sie das verrutschte Tuch neu, wobei der Kopf für Sekunden ganz unverhüllt blieb. Sie beherrschte die Kunst, sich zu zeigen und nicht gesehen zu werden. Lockerungsübungen im modernen Saudi-Arabien.

Dschumana al-Schami traf mich im Café eines der Glitzerhotels von Riad. Die Journalistin spürte die Grenzen im saudischen Alltag auf und prangerte sie an. »Fast immer setzen Männer die Schranken, aber Frauen werden zu ihren Komplizen, wenn sie alles hinnehmen.« Al-Schami war groß gewachsen, sie sagte das sehr entschieden, so als solle man sich besser nicht mit ihr anlegen. Barrieren für Frauen, sagte sie, würden nicht nur erzkonservative islamische Geistliche errichten: »Es sind oft einfache Saudis.« Anfang des Jahres 2009 hatte die königliche Regierung Frauen per Dekret erlaubt, ohne männliche Begleitung zu reisen. »Eine Riesenerleichterung für Frauen im Job, aber mancher Hotelangestellte legt sich aus alter Gewohnheit quer.« Solche Leute bringt al-Schami in die Zeitung, damit sie Gelegenheit haben, sich zu schämen. Geißeln und Bloßstellen hilft.

»Sehen Sie sich um«, sagte al-Schami, als wir etwas später durch einen prächtigen Einkaufstempel spazierten. »Eine wachsende Zahl von Frauen verhüllt ihr Gesicht in der Öffentlichkeit nicht mehr.« In den Restaurants ließen sich viele Frauen nicht mehr in die Familienabteilung abdrängen, sondern gingen selbstbewusst in die Single-Abteilung, wo früher die Männer unter sich waren. »Sie sitzen auf Konferenzen zwischen Männern und sagen ihre Meinung, gern auch mal abweichend.« Vor Jahren war es undenkbar, dass saudische Frauen mit Gesicht in der Zeitung abgebildet wurden. Bot die des Skandals unverdächtige Financial Times ihren Lesern eine Besprechung des Musicals »Cabaret« mit Foto, schwärzten Zensoren Beine und Arme der Tänzerinnen in jedem importierten Exemplar. »Heute treten die ersten Moderatorinnen im saudischen Fernsehen auf«, sagte Dschumana. Ein Telecoup in diesem Land, in dem es bisher weniger ums Sehen als ums Nichtsehen ging.

War die vorsichtige Öffnung dem König zu verdanken? Nicht allein. Abdallah war Teil einer wachsenden Modernisierungspartei in Saudi-Arabien, die das schwerfällige Land in die Gegenwart schieben wollte. Geschickt bediente er sich der Meinungsfreiheit als Werkzeug des Staatsumbaus, um den Widerstand konservativer Würdenträger und einfacher Menschen zu betäuben. Freies Reden legitimierte seine Reformen. Er selbst zeigte sich in den Zeitungen auf Fotos neben saudischen Frauen mit unverhüllten Gesichtern. Abdallah hielt seine Hand über Zeitungen, die Missstände anprangerten. Als bei sintflutartigen Regenfällen in Dschidda Schülerinnen in den Fluten ertranken, forderten Journalisten der Reformzeitung *al-Watan* als Konsequenz aus der Katastrophe sofort Schwimmunterricht für Mädchen – und nebenbei auch gleich die Fahrerlaubnis für Frauen. Aus Sicherheitsgründen. Abdallah suchte auch die patriarchalischen Sitten einzuschränken. Das Land hatte kein Heiratsmindestalter, weil Traditionalisten behaupteten, die Heirat von Minderjährigen sei Teil der saudischen Kultur. Deshalb druckte die Regierung Heiratsverträge, in denen das Alter der Braut erstmals angegeben werden musste.

Seither hofften Abdallahs Anhänger auf ein Gesetz, das das Heiratsalter auf 18 Jahre festlegt.

Gesetze wurden in Saudi-Arabien bis 2009 von Männern gemacht. Im Schura-Rat, einer vom König ernannten Versammlung, der in einem ausladenden Flachbau an der Peripherie von Riad tagte. Drumherum Palmen, dauerbewässerter Rasen, Checkpoints – im Innern endlose Korridore zum Verlaufen und ein mit Kristall, Gold und Marmor beschwerter Sitzungssaal, der einem westlichen Parlament aus dem 19. Jahrhundert ähnelt. Ich war mit einer Frau verabredet, einer »Abgeordneten«. Nourah al-Yousef, gehüllt in schwarzes Tuch mit Chiffonschal, nahm an den Sitzungen des Schura-Rats teil. Weil sie eine Frau war, bis 2009 nur beratend; später wurde sie vom König zum Vollmitglied ernannt. Die Stimme der selbstbewussten Wirtschaftsprofessorin zählte in diesem Gremium, das der Regierung Gesetze vorschlug und zur ersten wirklichen Kontrollinstanz in der Geschichte Saudi-Arabiens heranwuchs. »In der letzten Sitzung des Schura-Rats wurde ein Minister sehr hart befragt«, erzählte Noura al-Yousef mit dezentem Behagen. »So hart, dass er hochrot anlief und anfing zu schreien.«

Derlei mussten sich die Herrschenden in Saudi-Arabien früher nicht bieten lassen. Die Inquisition durch die Schura hatte einen mächtigen Verbündeten: König Abdallah förderte diese arabische Art der Rechenschaftsablegung. Abdallah selbst stand im März 2009 vor der Schura und erläuterte seine Reformpläne. Seither wuchs der Mut der Schura-Mitglieder, die Regierenden mit Beschwerdebriefen aus der Bevölkerung zu konfrontieren. Wohin das alles führte? »Zu Offenheit und dem ungehinderten Gespräch über uns selbst«, lächelte Noura al-Yousef. Doch sollte es nicht beim Elitenvergnügen bleiben. »König Abdallah lädt die Menschen regelmäßig zum Nationalen Dialog ein.« Das sei eine Art Marktplatz des Redens, gewaltige Konferenzen, »wo sich Sunniten und Schiiten treffen, wo religiöse Extremisten mit Liberalen in einem Raum sitzen, wo über Frauen, Jugend, Arbeit, Toleranz und Erziehung diskutiert wird«. Das wuchs sich allmählich aus zum nationaltherapeutischen Gespräch mit Bürokraten, die doch schon immer alles so und nicht anders gemacht hatten, und mit Bürgern, für die früher alles besser war als es morgen je sein kann. Kritiker der Konsultokratie sagten, es werde nur gesprochen und nichts getan. Noura al-Yousef hielt dagegen: »Handeln beginnt mit dem Reden über die Probleme.«

Mitunter treiben Katastrophen die saudischen Reformen voran. Als 2002 eine Mädchenschule abbrannte und die Feuerwehr tatenlos zusah, weil die Männer die Mädchen ohne Ganzkörperschleier nicht retten durften, war das Land erschüttert. Heute dürfen Feuerwehrmänner überallhin, ob die Bedrängten Schleier tragen oder nicht. Die Erziehung der Mädchen wurde dem Religionsministerium entrissen und dem Erziehungsministerium unterstellt. Noura al-Yousef nutzte diesen Fortschritt, um einen alten Traum zu verwirklichen. Wir fuhren auf eine Baustelle im heißen Vorstadtstaub der saudischen Metropole. Hier ließ Noura al-Yousef mit ihren Mitstreitern eine Frauenuniversität bauen, die mehr zu bieten hatte als die klassischen Studien für Mädchen, Religion und Literatur. Das Projekt war revolutionär in diesem Land, wo vor wenigen Jahren noch der Religionsminister bestimmte, was eine Frau zu lernen hatte. Und es beantwortete die Frage: Wie kommen Frauen in gute Positionen, um wirklich mitzureden? »Wir werden Fremdsprachen und Naturwissenschaften lehren«, sagte al-Yousef, »Schwerpunkte werden Volkswirtschaft, Business und Recht sein.« Es sollte eine der Prestigeuniversitäten des Landes werden mit erstklassiger Ausrüstung und Vorzeige-Professoren.

Über diesen Campus wird für Saudi-Arabien ein Weg in die Moderne führen. Ein anderer ist die König-Abdallah-Universität für Wissenschaft und Technologie, an der Frauen und Männer erstmals gemeinsam studieren können. Hier treibt der König in einem von konservativen Gralshütern abgeschotteten Laborversuch das Land voran. Doch Abdallah ist 86 Jahre alt, er ist gebrechlich und musste sich Ende 2010 wochenlang in einem New Yorker Krankenhaus behandeln lassen. Ein möglicher Nachfolger ist der erzkonservative Innenminister Prinz Najef. Er gehört zu den gestrengen Sudeiri-Brüdern, die ihrer Machtentfaltung unter König Fahd nachtrauern. Najef wird nachgesagt, die allmähliche Öffnung des Landes stoppen zu wollen. Das wäre dramatisch, denn die Stellung der Ewiggestrigen in Behörden, Moscheen und Universitäten ist zwar erschüttert, doch nicht erodiert. Noch ist es ein sehr weiter Weg zur Gleichstellung der Geschlechter in Saudi-Arabien. Deshalb ist es so wichtig, dass nicht nur reformorientierte Kräfte im Königshaus den Beton der Tradition aufbrechen. Starke Impulse kommen aus der Gesellschaft selbst.

Ich traf Iman al-Khtani wieder, jene junge Redakteurin, die ich 2004 noch mit Ganzkörperschleier im Frauentrakt der Zeitung *al-Watan* getroffen hatte. Jetzt trug sie nur ein Kopftuch und sah ganz anders aus, als ich sie mir vorgestellt hatte: ein relativ schmales Gesicht, eher dünne Lippen, zierliche Nase. Sie las mir ihre Lieblingsnachrichten der letzten Wochen vor. Die saudische Dichterin Hissa Hilal hatte bei einem im Fernsehen übertragenen Poetenwettbewerb den dritten Platz belegt. Sie war mit einem Gedicht gegen Extremismus in die Endrunde gekommen. Strophen gegen radikale Geistliche, die sie mit Selbstmordattentätern verglich. Dafür erhielt sie Morddrohungen. Die Fernsehzuschauer wählten Hissa Hilal unter die ersten drei Preisträger. Oder diese Nachricht: Ein junges unverheiratetes Paar wurde von einem Sittenwächter gestoppt. Der verängstigte Mann erlitt einen Ohnmachtsanfall. Seine kräftige Freundin wurde mächtig wütend und verprügelte den Sittenwächter so heftig, dass er ins Krankenhaus musste.

»Wir schlagen zurück«, freute sich Iman al-Khtani. Die Gesellschaft verändere sich und damit Bräuche und Rituale. Sie trommelte auf die Tastatur ihres Computers. Hier ihre Zahlen: Schon 2005 studierten an den saudischen Universitäten so viele Frauen wie Männer. Mehr als 100 000 verließen jährlich die Hochschule mit Diplom. Doch viele von ihnen blieben ohne Job. Damit teilten sie das Schicksal der Männer – ganz gleichberechtigt. Saudi-Arabiens Männer und Frauen haben die gleiche Sorge: die Bevölkerungsexplosion. Auf eine Frau kommen durchschnittlich mehr als fünf Kinder. Zwei Drittel der Bevölkerung sind unter 25 Jahre alt. Neue Generationen werden durch ihre schiere Zahl die alte Ordnung sprengen. Der aus dem Ölboom überkommene Sozialvertrag Saudi-Arabiens zerbricht: Wohlfahrt des Staates gegen Wohlverhalten der Bürger. Auch in Saudi-Arabien kam es im Gefolge der Revolutionen in Tunesien und Ägypten zu Protesten. Die Arbeitslosigkeit der Männer ist auf mindestens 14 Prozent, nach pessimistischen Schätzungen auf über 20 Prozent hochgeschnellt. Sie hat manchen Saudis eine Armut beschert, die das Land seit den 70er Jahren nicht mehr kannte.

Irgendwann, sagte Iman al-Khtani, werden sich viele Familien die Chauffeure für die Frauen nicht mehr leisten können. Sparen heißt selbst fahren. »In einigen Dörfern sitzen die Frauen schon am Steuer.« Denn ein effizientes System des öffentlichen Nahverkehrs fehlt. Neusaudische Bräuche geraten in Gefahr. Die Kreditkarte für die Gattin als Kompensation für ein Leben hinter Mauern werden viele Männer nicht mehr bezahlen können. Auch die Villa mit separatem Frauenflügel will erst verdient sein. Doch wer keine Arbeit hat, dem fehlt das Geld. Und wer kein Geld hat, bekommt keine Frau. Schließlich will es die Tradition, dass der Mann für die Gemahlin bezahlt. Da kommen schnell mehrere zehntausend Dollar zusammen. Über 50 Prozent der Männer in heiratsfähigem Alter sind ledig, weil sie keine Arbeit haben. Bald dürfte von selbst aufhören, was so manche saudische Ehefrau beklagt: Dass sich ihr Mann – ohne sie auch nur zu informieren – eine zweite Gattin leistet. Über 15 Prozent der saudischen Angestellten sind heute Frauen, spuckte al-Khtanis Computer für mich aus. Das sei nicht viel, aber ihre Zahl steige. Für die Gleichberechtigung sei die Jobfrage von zentraler Bedeutung. Frauen mit guten Arbeitsstellen würden immer begehrter werden bei den saudischen Paschas.

Doch wie lernt ein Mann im Land der Geschlechtertrennung eine Frau mit gutem Job kennen? Ein Trick lässt sich auf der König-Fahd-Straße in Riad beobachten, einen Steinwurf entfernt von Iman al-Khtanis Büro. Vor einer

Ampel stehen die Autos auf vier Spuren im Stau. Ein junger Mann läuft auf die Straße und hält einen Zettel an die Seitenscheibe einer weißen Limousine. Darin sitzt eine junge – und wie er hofft – unverheiratete Frau, die nach dem Arbeitstag aus der Garage einer Bank chauffiert wird. Auf dem Zettel steht seine Telefonnummer. Gefällt er ihr, ruft sie vielleicht an. Vielleicht aber auch nicht.

Anmerkungen

1   Es handelt sich um die gefürchtete »Kommission zur Verbreitung der Tugend und der Verhinderung des Lasters«, die auf Einhaltung der Scharia-Gesetze und vieler nicht von der Religion gedeckten Regeln und Sitten achtet.

2   Simonetta Tabboni (»Difference in Public Space«, in: *Islam in Public. Turkey, Iran, and Europe*, hrsg. von Nilüfer Göle und Ludwig Ammann, Bilgi University Press, Istanbul 2006, S. 461–479, S. 474) hat westliche und islamische Arten der »Körpermanipulation« durch Kleidung verglichen und festgestellt, dass gerade durch die Art der Bekleidung kulturelle Normen transportiert würden. Nicht nur in Saudi-Arabien, auch im Westen, wo auch nicht alles erlaubt sei.

3   Die Bevormundung von saudischen Frauen durch einen männlichen Beistand hat Human Rights Watch sehr überzeugend in einem Bericht angeprangert: *Perpetual Minors. Human Rights Abuses Stemming from Male Guardianship and Sex Segregation in Saudi Arabia*, New York, April 2008, S. 10 ff.

4   Nach Gallup-Umfragen will eine Mehrheit der Frauen in muslimischen Ländern gleiche Rechte wie Männer, aber sie beziehen dies auf den Gesetzesrahmen, nicht auf die kulturellen Rechte. Eine Mehrheit ist der Meinung, im Westen werde Frauen nicht genügend »Respekt« gezollt. Nur eine Minderheit will sich an »westlichen Werten« und kulturellen Rechten orientieren. John L. Esposito und Dalia Mogahed: *Who Speaks for Islam? What a Billion Muslims Really Thinks*, Gallup Press, New York 2007, S. 107–109.

5   Die Gesellschaft für Technische Zusammenarbeit leistet hier wichtige Arbeit: http://www.gtz.de/de/30928.htm, siehe auch: Michael Thumann: »Majestät wünschen Emanzipation«, in: *Die Zeit*, Nr. 6, 4. Februar 2007.

6   Zu den Vorstellungen der Bewegung von Scheich Yassine zur Gleich-
     berechtigung der Geschlechter siehe auch Alfred Hackensberger: *Le-
     xikon der Islam-Irrtümer. Vorurteile, Halbwahrheit, Missverständnisse von
     Al-Qaida bis Zeitehe*, Eichborn, Frankfurt 2008, S. 74.

7   Maati Monjib: »A Legislated Victory for Moroccan Women«, in: *Arab
     Reform Bulletin*, Carnegie Endowment, Washington, DC, 6. Oktober
     2009, http://carnegieendowment.org/arb/?fa=show&article=23950.

MÄNNER: »BEI UNS IST KEINER SCHWUL«

L event Boran war 13 Jahre alt, als seine Eltern ihn das erste Mal zum Psychiater schickten. Der Istanbuler Arzt bescheinigte ihm, »unnormal« zu sein. Jungen, die sich zu Jungen hingezogen fühlten, verstießen gegen die Moral und den Koran, sagte der Psychiater. Levent[1] müsse sich ändern, sonst stehe ihm zur Strafe ein elendes Leben bevor. Levent ist heute 24 Jahre alt und kann sogar ein ganz klein wenig lächeln, wenn er die Geschichte erzählt. »Ich habe aufgehört, meine natürlichen Neigungen zu ersticken«, sagt er. »Aber mein Leben zwischen 13 und 18 war ein quälendes Ringen mit mir und der Therapie des Arztes.«

Nur in einem Punkt hatte der furchtbare Psychiater recht: Das Leben ist tatsächlich schwer für Homosexuelle im Nahen und Mittleren Osten. Liegt es am Islam? Alle monotheistischen Religionen hadern mit der gleichgeschlechtlichen Liebe. Das Alte Testament hält zur Abschreckung die Geschichte von Lot in Sodom bereit. In einigen westlichen Ländern liegen Verbote und Verfolgungen kaum zwei Jahrzehnte zurück. In Deutschland kennen viele noch den Paragrafen 175, der sexuelle Handlungen zwischen Männern unter Strafe stellte. Seither hat sich vieles verändert. Heute dürfen Homosexuelle in vielen europäischen Staaten heiraten oder sie regieren ganze Metropolen. Jedes Jahr ziehen Gay Pride Parades über Europas Boulevards, das rosarote Berlin fiebert nach dem großen Vorbild von New York in jedem Sommer dem Christopher Street Day entgegen. In den meisten muslimischen Ländern ist das undenkbar, Homosexuelle werden gehetzt und verfemt, ihre Menschenrechte mit Füßen getreten. Warum?

In Levent Borans Heimatstadt Istanbul steht hoch über dem Marmarameer ein großer Palast, aus dessen Sälen und Hinterzimmern ganz andere Geschichten überliefert sind. Der Topkapi Sarayi – ein über die Jahrhunderte zusammengefügtes Gesamtkunstwerk aus hinreißenden Gemächern, Orangerien, Großküchen, Gärten, Balkonen mit Meeresblick, Gebetsräumen, einer byzantinischen Kirche und natürlich dem Harem. Im Osmanischen Reich war Homosexualität zwar bis in 19. Jahrhundert nicht erlaubt, aber durchaus üblich unter jenen, die es sich leisten konnten. Am Hofe des Sultans tummelten sich Scharen von Tänzern, die mit buntem Make-up, langem Lockenhaar, teuren Kostümen aus Gold, Silber, Samt und Perlen ihre Schönheit perfektionierten. Köcekler nannte man diese Jungen aus nichttürkischen, christlichen oder jüdischen Familien. Sie wurden mit sieben oder acht Jahren in die Tänzerschule berufen und arbeiteten am Hof des Oberhaupts der islamischen Welt, bis ihnen Bärte wuchsen und sie das kindliche Äußere verloren. Dichter priesen die Köcekler, Komponisten widmeten ihnen ihre Musik, Herrscher suchten ihre körperliche Nähe.[2] Die Knabenliebe (türkisch: oglancilik) war durchaus Teil des Alltagslebens in einer Gesellschaft, die Frauen und Männer oft zu trennen pflegte und die Freundschaft unter Männern überhöhte. Dann kam die Verwestlichung der Türkei, das Zeitalter der Tanzimat-Reformen brach an. In der zweiten Hälfte des 19. Jahrhunderts verschwanden die Kindertänzer allmählich wie auch die Haremskultur. Die Modernisierung machte der Homosexualität als Elitevergnügen ein Ende – und zugleich dem Tabu: Ab 1852 war sie im Osmanischen Reich straffrei.

Noch heute wirkt das Zentrum Istanbuls wie ein Ort, an dem auf den ersten Blick alles erlaubt scheint. Beyoglu, das ehemals christliche Viertel und Herz der lebenslustigen Türkei, verwandelt sich abends in die schillernde Partyzone eines andernorts gläubigen Landes. Musik dringt aus jeder offenen Tür. Auf den Straßen stehen Tische, darauf die bunten Mittelmeervorspeisen, die Schnaps- und Biergläser, davor die Menschen, Schulter an Schulter. Zum Gehen ist kaum Platz. In den Clubs von Beyoglu tanzen die Transvestiten, an der Tarlabasi-Straße stehen die aufgedonnerten Strichjungen zwischen den grell geschminkten Prostituierten. Im Café Erdbeere und im Café Lila Katze treffen sich Schwule und Lesben auf einen Drink. Und drumherum schlürfen die ausgehfreudigen Istanbuler ihren eisgekühlten Raki.

Levent hat sich einen Irish Coffee bestellt. Seine braunen Haare hat er nicht kurz geschoren, wie sonst bei türkischen Männern üblich, dazu trägt er einen Dreitagebart und ein dunkelrotes T-Shirt mit einem eher klein gedruckten subversiven Spruch: »Simon says terrible things about you.« Levent ist vorsichtig. »Die Türken zelebrieren männliche Identität.« Also meidet er bunte Kleidung. Hat den geraden Schritt des türkischen Mannes verinnerlicht. Geht mit seinem Freund niemals Hand in Hand auf der Straße. »Ich gebe vor, wie die anderen zu sein, ich verstecke mich – aus Selbstschutz.« Und wenn nicht? »Dann schlägt die Gesellschaft zu.« Anschnauzen, Beleidigungen, Prügel – 37 Prozent der türkischen Homosexuellen haben Umfragen zufolge schon Gewalt erfahren. Wie Levent in seiner Universität. Ein Kommilitone, der von seinen Neigungen erfuhr, bot Levent auf dem Campus lautstark Geschlechtsverkehr an. Andere lachen laut auf, wenn sie ihn sehen. Einige Professoren mokieren sich über seine Stimme, die sie für »auffällig anders« halten. Wegducken ist die Reaktion. Wie die meisten Homosexuellen in der muslimischen Welt spricht Levent ungern über sich. Ein Coming-out hieße, sich selbst zu gefährden: »Ich verstecke mich in der Gesellschaft, ich gebe vor, wie die anderen zu sein, um mich zu schützen.« Mit seinen Eltern hat er niemals offen geredet. Er ahnte nur, dass seine Mutter etwas spürte. Aber wissen wollte sie es nie.

»Sichtbarkeit zieht Gewalt nach sich«, urteilt ein Human-Rights-Watch-Bericht über die Lage türkischer Homosexueller.[3] Andere Menschenrechtsorganisationen berichten Ähnliches aus der arabischen Welt. Die Diskriminierung beginnt in den Familien, wo manche Väter, Brüder und Onkel die sexuelle Neigung ihrer Verwandten mit Faustschlägen bekämpfen, in Einzelfällen mit Waffen. 2008 ging die Geschichte eines Ehrenmordes an einem Homosexuellen durch die Istanbuler Presse. In arabischen Ländern schreiben viele Zeitungen lieber erst gar nicht über diese brisanten Themen. Dabei würde gerade Öffentlichkeit helfen, Verbrechen zu verhindern. Vor Gericht rechtfertigen sich Täter mit dem »unmoralischen« oder »unislamischen« Verhalten ihrer Opfer – und kommen damit immer wieder durch. Die Gesetze arabischer Länder schützen nicht selten die Täter.

Im Libanon sind gleichgeschlechtliche Beziehungen verboten, aber wie so oft ist im quirligen Beirut möglich, was sonst in der arabischen Welt nicht geht. Im Lichtspielhaus Morocco laufen Schwulenfilme und bei Dunkin' Donuts im Zentrum von Beirut kann man sich beim Zwinkern von Tisch zu Tisch kennenlernen. In Bars und Klubs im Christenviertel Aschrafiyeh und in den Vororten der Stadt tanzen Männer hüftenschwingend die Nächte durch. Weil die Behörden und Gerichte wegschauen, reisen Araber aus dem Mittleren Osten, vor allem vom Golf, auf der Suche nach Abenteuer in das kleine bunte Mittelmeerland. In Beirut gibt es die einzige Organisation der arabischen Welt, die sich für die Rechte von Schwulen über die Grenzen hinweg einsetzt. »Helem« kämpft mit einer Website, einer Bibliothek und Aufklärungsdiskussionen um die Anerkennung der Menschenrechte von Homosexuellen. Doch Öffentlichkeit kommt auch von anderer Seite.

Die arabische Literatur hat Schwule und Lesben längst entdeckt. Die Zeiten perlengesäumter Gedichte auf verführerische Tänzerknaben sind freilich vorbei. Damit aber ist auch die Duldsamkeit verloren gegangen. Es war der ägyptische Literaturnobelpreisträger Nagib Mahfuz, der in seinem Roman *Die Midaq-Gasse* zum ersten Mal in der modernen arabischen Literatur einen Homosexuellen auftreten ließ. Ein alternder Caféhaus-Besitzer war sein Antiheld, der seine viel zu jungen und viel zu auffälligen Liebhaber zu einem Glas Tee und mehr einlud. Das konnte nicht lange gut gehen. Seine Ehefrau, Mutter von fünf Kindern, machte ihm eine Szene vor versammelter Nachbarschaft. Ein Scheich erklärte die Moral von der Geschichte: »Wahre Liebe gibt es nur für die Familie des Propheten.« Homosexualität bei Mahfuz ist eine Entgleisung, eine Verirrung, eine Form des »moralischen Verfalls«.[4] Andere Autoren haben später das Dampfbad als Stätte moralisch fragwürdiger Begegnungen ausgemacht, den »Hammam«, in dem soziale, sittliche und körperliche Schranken fallen. Man könnte meinen, bei den Kritikern habe es sich vor allem um traditionelle und religiöse Autoren gehandelt. Doch ein Blick auf die unzweifelhaft säkulare Prägung des Schriftstellers Mahfuz, der 1994 von einem Islamisten mit einem Messer schwer verletzt wurde, lehrt etwas anderes. Nach dem Roman *Die Midaq-Gasse* waren es nicht selten linke und arabisch-nationalistische Autoren, die Homosexualität als ansteckenden westlichen Import und Zeichen des Verfalls deuteten.[5]

In der Ablehnungsfront sind sie sich einig mit den Herrschenden in islamistisch geprägten Staaten wie Iran, Saudi-Arabien oder Sudan. Dort steht auf gleichgeschlechtliche Liebe die Todesstrafe, aber der Umgang mit Schwulen ist sehr unterschiedlich. Iran lässt männliche Homosexuelle umoperieren, weil Transsexuelle nur als »Kranke« gelten, aber keine Verurteilung fürchten müssen. Es war noch der erste Revolutionsführer Ajatollah Khomeini, der Geschlechtsumwandlungen in einer Fatwa für erlaubt erklärte. Seither sieht der Staat das »Problem« als gelöst an. Deshalb behauptete der iranische Präsident Mahmud Ahmadinejad im September 2007 bei einer Rede vor der Columbia-Universität in New York: »In Iran haben wir keine Homosexuellen wie in Ihrem Land.«[6]

In Saudi-Arabien dagegen genießen Schwule und Lesben sogar einen gewissen Freiraum. Die starke Trennung der Geschlechter im Alltag macht Seitensprünge zu einer äußerst komplizierten Übung. Schon ein einfaches Caféhausgespräch, das Sitzen im selben Auto mit einer fremden Frau oder einem nicht eng verwandten Mann wird mit Peitschenhieben bestraft. Für homosexuelle Beziehungen gibt es mehr Gelegenheit, und sie fallen viel weniger auf. Das ändert aber nichts daran, dass Homosexualität verboten ist und mit der Todesstrafe enden kann. In vielen arabischen Ländern machen islamische Prediger Hetzjagd auf gleichgeschlechtlich Veranlagte. Geistliche im Irak riefen sogar zur Tötung von Schwulen auf, was eine Reihe von brutalen Folterungen und Morden zur Folge hatte. Auch weniger konservative Länder wie Marokko haben Verbote verhängt. In den Vereinigten Arabischen Emiraten empfiehlt ein Regierungssprecher Hormonbehandlungen. In Palästina nutzen Polizisten die diffuse Rechtslage, um Homosexuellen ungestraft Geld abzunehmen oder sie zu vergewaltigen. Ägypten macht insofern eine Ausnahme, als Homosexualität dort nicht verboten ist, dafür aber um so leidenschaftlicher verfolgt wird.

Vor wenigen Jahren sprengte die ägyptische Polizei eine Homosexuellenparty auf einem Boot auf dem Nil. Die Besucher wurden festgebunden, blutig geschlagen und gefoltert. Anschließend veröffentlichte der nationalpopulistische Politiker und Verleger Mostafa Bakry die Namen und Adressen der Misshandelten in seiner Zeitung. Sie wurden öffentlich des Satankultes verdächtigt, sexueller Exzesse und – als wäre es das Schlimmste – obskurer Verbindungen nach Israel. In Tanta am oberen Nillauf verhaftete die Polizei systematisch Homosexuelle und quälte sie in der Haft, um sie zu Spitzeln in der Szene zu machen. Am Ende der Spirale von Folter, Verrat und Verhaftung saßen über hundert Männer im Gefängnis.

Istanbul mag da als Zufluchtsort erscheinen, aber Levent Boran fühlt sich auch nicht wirklich sicher. »Hier nutzen einzelne Polizeibeamte unsere Verletzlichkeit in der Gesellschaft.« Das funktioniert so: Prostitution ist in der Türkei außerhalb von registrierten Bordellen verboten. Polizisten machen deshalb bei Istanbulern, die als schwul gelten, regelmäßig Hausdurchsuchungen. Sie stellen die Wohnung auf den Kopf und suchen nach Scheinbelegen für illegale Prostitution. Wer mehr als ein Kondom im Haus hat, dem wird ein Bestechungsgeld abgepresst.[7]

Ägypten, die palästinensische Westbank und die Türkei hatten bis Anfang 2011 Regierungen, die entweder Islamisten bekämpften oder wie in der Türkei im eng gesteckten Rahmen eines säkularen Systems arbeiteten. Warum verfolgen weltliche Beamte im Mittleren Osten Homosexuelle? Hier reicht der Islam als Erklärung allein nicht aus.

Levent Boran zeigt auf die säkulare Armee der Türkei, den Rammbock gegen den Islamismus. »Militärs sehen in uns psychosomatisch Kranke«, sagt Levent. Deshalb sollen Homosexuelle im Prinzip nicht dienen. Das Vorurteil sei, dass sie rund um die Uhr Sex mit Männern wollten. Levents Freund wird derzeit gemustert. »Sie sagen ihm, du siehst sehr männlich aus, du bist nicht schwul.« Jetzt verlangen sie einen Psychotest und ein Foto, das ihn beim Geschlechtsverkehr mit Levent zeigt. Solche Fotos kursieren dann schon mal im Netz. Häufig sorgt die Armee fürs Outing. Doch der Sinn der Fotos ist nicht nur die öffentliche Bloßstellung. Die Offiziere suchen nach dem Weib im Manne, um ihn zu verachten, sagt Levent. »Nach dem Studium muss auch ich zur Musterung – dann müssen wieder Fotos her.«

Die Armee in der Türkei ist mehr als die Schule der Nation. Sie versteht sich als Wächter der autoritären Staatsverfassung von 1982, als Hüter des Laizismus und als Schöpfer der türkischen Männlichkeit. Die Armee prägt das Bild des Mannes in der Türkei mehr als jede andere Institution[8], sie gibt vor, was männlich sein soll: stark, stolz, allzeit bereit, angriffslustig, gewalttätig, nicht weinend, hart gegen sich selbst, diszipliniert. Und vor allem: nicht feminin.[9] Ein Armeearzt sagte einem Homosexuellen bei der Untersuchung: »Ihre sexuelle Orientierung ist nicht auffällig, Sie verhalten sich nicht wie eine Frau. Sagen Sie einfach nicht, dass Sie schwul sind und tun Sie ihren Dienst wie ein richtiger Mann.«[10] In der Armee wird das »kochende Blut des jungen Mannes gekühlt«, schreibt die türkische Soziologin Pinar Selek.[11] Sie hat mit transsexuellen Soldaten gesprochen, ihre Leidenszeit nachgezeichnet. Zuerst wurde versucht, aus ihnen »richtige Männer« zu machen. Als die Bekehrung scheiterte, wurden sie bespuckt, erniedrigt, gefoltert.

Auch laizistische türkische Richter haben sich der Eindämmung der Homosexualität verschrieben. Ein Istanbuler Gericht verbot Ende Mai 2008 die Menschenrechtsorganisation Lambda, weil sie einen nichttürkischen Namen trage und mit ihrem Einsatz für Homosexuelle »gegen die Gebräuche und Traditionen des Landes« verstoße. Wie diese nach Auffassung einiger Juristen aussehen, hat das sechste Istanbuler Strafgericht in einer Entscheidung vom Februar 2007 genauer ausgeführt.[12]

Vor Gericht stand ein Homosexueller, der einen Partner beim Sex ermordet hatte. Der Mörder beantragte Strafminderung. Er habe beim Geschlechtsverkehr die aktive Rolle gehabt. Das Opfer habe jedoch vorgeschlagen, auch einmal aktiv zu werden. Da habe er sich in seiner Ehre verletzt gefühlt und den Mann mit dem Küchenmesser erstochen. Die Richter konnten den Schmerz des Täters nachvollziehen und minderten die Strafe um ein Drittel.

Man blättert vergeblich im Koran, um dafür eine Erklärung zu finden. »Hier geht es um den Männlichkeitswahn in den patriarchalischen Gesellschaften vieler muslimischer Länder«, sagt der Verteidiger der Organisation Lambda Firat Söyle. »Der Mann muss beim Sex aktiv sein, sonst wird er zur Schande für die Männlichkeit, so lautet diese Moral.« Der Islam, meint Söyle, diene hier nur als erhabene Rechtfertigung, um das platte Patriarchat zu zementieren. Hier bekommt das seltene Einvernehmen von Nationalisten und Islamisten, von Religiösen und Säkularen, von Linken und Rechten im Mittleren Osten einen Sinn. Quer durch alle Lager gilt Homosexualität als Krankheit, weil sie die Vorstellung der guten Ordnung in der Sexualität, weil sie das tradierte Bild des Mannes erschüttert: Nur nicht weiblich sein! Und wenn man als West- oder Südeuropäer den Spiegel dreht, fällt auf, dass bei uns ganz ähnliche Ansichten teilweise noch wirksam oder vor nicht langer Zeit ausgestorben sind.[13]

Was heißt die westliche Entwicklung für Homosexuelle im Mittleren Osten? »Barcelona, Amsterdam, Berlin mit ihrer toleranten Stadtkultur sind für uns natürlich große Vorbilder«, sagt Levent Boran. Was sich vor allem lernen lässt: Es gibt durchaus Möglichkeiten, die Gefahren der Sichtbarkeit einzudämmen. »Wir sind vor allem dann schwach, wenn wir einzeln und nicht organisiert auftreten«, sagt Levent. Das Gegenmittel: der Aufzug der Massen. Jeden Sommer zieht auch in Istanbul eine Gay Pride Parade mit bunten Kostümen durchs Zentrum, es gibt Theateraufführungen und Fotoausstellungen. Istanbul, offene Stadt. »In der Megametropole finden auch Leute, die anders sind, ihre Nische«, sagt Levent. Nur dass die zentrale Fußgängerzone Istanbuls wohl etwas mehr ist als eine Nische. »Wir wollen allen zeigen, dass wir Teil dieser Stadt sind.« Und das klingt zum ersten Mal ziemlich selbstbewusst.

Anmerkungen

1   Levent Borans echter Name wurde geändert, um ihn zu schützen.

2   Osmanische Reisende wunderten sich auf Reisen in Westeuropa, dass westliche Christen öffentlich »keine Zuneigung gegenüber männlichen Jugendlichen ausdrückten, dass sie diese nicht in Gedichten vergötterten, weil es gegen ihre Natur und Moral« sei. Siehe: Khaled el-Rouayheb: *Before Homosexuality in the Arab-Islamic World, 1500– 1800*, University of Chicago Press, Chicago/London 2005, S. 2.

3   Human Rights Watch: *»We Need a Law for Liberation«. Gender, Sexuality, and human rights in a changing Turkey*, Mai 2008, S. 4.

4   Frédéric Lagrange: »Male Homosexuality in Modern Arabic Literature«, in: *Imagined Masculinities. Male Identity and Culture in the Modern Middle East*, hrsg. von Mai Ghoussoub, Emma Sinclair-Webb, London 2006, S. 169–198, S. 178.

5   Ebenda, S. 189.

6   Helene Cooper: »Ahmadinejad, at Columbia, Parries and Puzzles«, in: *New York Times*, 25. September 2007.

7   Michael Thumann: »Der rosa Halbmond«, in: *Die Zeit*, Nr. 27, 26. Juni 2008.

8   Emma Sinclair-Webb: »Military Service and Manhood in Turkey«, in: *Imagined Masculinities*, a.a.O., S. 65–92, S. 69.

9   Ayse Gül Altinay: *The Myth of the Military-Nation. Militarism, Gender, and Education in Turkey*, Palgrave, New York 2004, S. 78 f.

10   Oyman Bagaran, *Militarized Medical Discourse on Homosexuality and Hegemonic Masculinity in Turkey*, Magisterarbeit, Boğaziçi Universitesi, Istanbul 2007, S. 1.

11   Pinar Selek: *Zum Mann gehätschelt, zum Mann gedrillt. Männliche Identitäten*, Orlanda, Berlin 2010, S. 226.

12   Human Rights Watch: »We Need a Law for Liberation«, S. 23.

13   Alfred Hackensberger (*Lexikon der Islam-Irrtümer. Vorurteile, Halbwahrheit, Missverständnisse von Al-Qaida bis Zeitehe*, Eichborn, Frankfurt 2008, S. 130) weist auf die »feminilli« in Neapel hin, Transvestiten, die den passiven Part im Geschlechtsverkehr mit Heteromännern übernahmen. Auch in Griechenland gibt es die Aktiv-Passiv-Unterscheidung, um zwischen heterosexuell und homosexuell zu differenzieren.

MODERNE:
DEMOKRATEN IN DER WÜSTE

I n dieser Revolte standen die Frauen ganz vorn an der Front. Unter dem Perlendenkmal der bahrainischen Hauptstadt Manama hatten sie sich auf Asphalt und Wüstensand eingerichtet, mit Kindern, Wolldecken und Nahrungsmitteln. Sie saßen eng beieinander. Viele schützten sich gegen Sonne und Blicke mit schwarzen Schleiern und Sonnenbrillen, hielten Rosen und bahrainische Flaggen in den Händen. Uneinnehmbar wirkte dieser Block der zornigen Frauen. Sie wollten gleiche Rechte für alle Bürger, dazu wirklich freie Wahlen und ein Ende der Königlichen Privilegien. So wurde der große Platz unter der Perle zum Epizentrum der bahrainischen Revolte. Die Frauen entrollten ihre Banner: »Wir sind die Kinder von Hussein, dem Märtyrer, der für Gerechtigkeit und Islam gestorben ist.« Die Sicherheitskräfte wussten, sie würden lieber sterben als gehen. Am Ende befahl der König, den Protest blutig niederzuschlagen. Das Perlendenkmal als Symbol der Rebellion wurde abgerissen.

Der bahrainische Aufstand war anders als jene, die die arabische Welt seit der tunesischen Revolution im Januar 2011 gesehen hat. Eine Revolte am wohlhabenden Golf. Ein Aufstand gegen einen König. Eine Erhebung liberaler Sunniten – und vor allem der Schiiten. Sie schickten die meisten Demonstranten gegen die Regierung, sie stellen mit 70 Prozent den größten Teil der Bevölkerung, sie inszenierten den

Aufstand der Frauen. Die Schiiten forderten das bahrainische Königshaus heraus, ihre sunnitischen Herrscher. Die Proteste sandten Schockwellen durch die Golfregion: nach Saudi-Arabien, an dessen Ostküste viele Schiiten leben; nach Iran, dessen Regime selbst Unruhen gewärtigte; in die USA, die im Hafen von Manama das Hauptquartier ihrer fünften Flotte unterhielt – strategisch günstig zwischen Saudi-Arabien und Iran. Die Bruchlinien der Region führen mitten durch den Inselstaat. Deshalb schickten die Golfstaaten im März 2011 Truppen nach Bahrain, um das Königshaus zu retten. Deshalb schossen Polizisten auf Demonstranten. In Bahrain stand Großes auf dem Spiel.

Die Revolte im kleinsten arabischen Land folgte dem Muster der arabischen Aufstände seit Beginn des Jahres 2011: Unzufriedenheit im Volk, Unfähigkeit zur Reform bei den Herrschern, eine Jugend, die keine Aussichten, aber viel Agilität hat, riesige Facebook-Gemeinden, die sich schnell organisieren können. Schon jahrelang hatten Blogger und Oppositionelle über einen Aufstand nachgedacht. Dann kam der tunesische Funke. Als im Januar 2011 das korruptdiktatorische Regime von Zine al-Abidin Ben Ali zusammenbrach, rebellierten wenige Wochen später die Menschen in Ägypten, Jemen, Jordanien, Libyen und eben auch in Bahrain. Die Revolten schickten Angstschauer durch die Paläste der islamischen Welt. Die Hausherren regierten nicht selten seit Jahrzehnten. Viele von ihnen waren Offiziere und Generäle. Ihre Regierungen, Streitkräfte und Sicherheitsministerien kontrollierten jede demokratische Übung. In Ländern wie Bahrain, Jordanien, Marokko, Kuwait wurden im vergangenen Jahrzehnt zwar die Parlamente, aber nicht die Herrscher gewählt. Ägypten veranstaltete Scheinwahlen, die der Staatspartei des Präsidenten zuverlässig eine erdrückende Mehrheit bescherten. Im Irak und Palästina wurde seit 2005 zwar frei gewählt, aber danach kämpften bewaffnete Fraktionen um die Macht. Länder wie Libyen, Saudi-Arabien, die Vereinigten Arabischen Emirate oder Syrien wählten gar nicht oder nur so begrenzt, dass von Wahlen nicht die Rede war.

Das Demokratiedilemma in der Arabischen Welt hatte schon der Arab Human Development Report der Vereinten Nationen 2004 grell beleuchtet.[1] Die arabischen Autoren sprachen darin die Hindernisse offen an, die herrschsüchtigen Staatsapparate, die Machtfragen, die Korruption, die autoritäre Erziehung, Familien- und Clanstrukturen. Viele im Westen fragten angesichts der Misere, ob Islam und Demokratie vereinbar sind. Ist das Freiheitsdefizit in der islamischen Welt ein Problem der Religion oder ein Problem des arabischen Staates? Gerade am Beispiel Bahrain kann man diese Frage verblüffend gut beantworten.

Der Staat ließ sich nämlich nicht mit den autoritären Systemen in Ägypten, Tunesien und Libyen vergleichen. Bahrain tastete sich in den vergangenen zehn Jahren vorsichtig voran auf dem Weg zu mehr Demokratie. König Hamad ibn Isa al-Chalifa brach im Jahr 2001 mit der autoritären Tradition seines Vaters und bescherte dem Land demokratische Institutionen. Seitdem hatte Bahrain ein frei gewähltes Parlament, halbwegs freie Medien, eine bisweilen erstaunlich offene Diskussion im Land. Es entwickelte sich eine Monarchie mit parlamentarischen Zügen. Im Abgeordnetenhaus stellten Islamisten die größten Fraktionen. Dem kleinen Land ging es besser als den Irakern, die zwar ein frei gewähltes Parlament hatten, aber nicht die Freiheit, gefahrlos auf die Straße zu gehen. Von den Saudis oder den Iranern, deren manipulierte Wahlen 2009 in einem brutalen Ausnahmezustand endeten, ganz zu schweigen. Bahrain hatte diese Länder hinter sich gelassen und sich zu einem Laboratorium der arabischen Demokratie entwickelt. Seine Experimente im vergangenen Jahrzehnt erzählen von den kleinen Erfolgen und der großen Tragik der Freiheit im Mittleren Osten.

ERSTER VERSUCH: DAS PARLAMENT

Zwischen den hochgereckten Glitzertürmen der Banken von Manama duckt sich das Parlamentsgebäude weg, schlicht, weiß und flach. Manche Bahrainer finden, das passe so recht zum Unterhaus, denn seine 40 gewählten Abgeordneten genießen nicht mehr Rechte als die 40 vom König ernannten Mitglieder des Oberhauses, des Schura-Rats. Mehrere Parteien hatten deshalb die ersten freien Wahlen 2002 boykottiert. Die Zwölfzylinderlimousinen auf dem Parlamentsparkplatz deuteten jedoch an, dass der Staat seinen Parlamentariern zumindest großes symbolisches Gewicht zumisst. Adel al-Mu'auda, Chef der einflussreichen islamistischen Asaleh-Fraktion, saß bei meinem ersten Besuch 2005 vor seinem Schreibtisch, der mit einem kleinen Mercedes-Modell geschmückt war. Er selbst trug einen langen, fast zotteligen schwarzen Bart, wie ihn auch die Wahhabiten in Saudi-Arabien tragen. Das Parlament fand er vorzüglich, den Wahlboykott einiger Oppositionsparteien bei der Wahl von 2002 verstand er nicht. »Niemand kann eine perfekte Demokratie über Nacht einführen«, sagte er. »Der König will eine Kontrolle über den Wandel behalten.«

Immer langsam also. Das Parlament verabschiedete über die Jahre viel weniger Gesetze, als man von den Abgeordneten hätte erwarten können, vor allem keine selbst verfassten. Dafür wurde viel diskutiert – offen, laut, kontrovers, ohne dass irgendeine höhere Instanz eingegriffen hätte. Eine aktuelle Stunde zu Fragen der Landesverteidigung gab dafür ein Beispiel. Da stritten die Parlamentarier über die Frage: Stärkt es die Kampfkraft des bahrainischen Heeres, wenn allen Soldaten das Tragen eines Vollbartes befohlen wird? Unbedingt, meinten die islamistischen und konservativen Parteien. »Unfug!«, erwiderten die säkularen Fraktionen. Obgleich die Religiösen eine knappe Mehrheit hatten, kam keine Entscheidung zustande.

Der Islamist Adel al-Mu'auda ließ sich davon nicht entmutigen und verfolgte unverdrossen die brennenden Kleidungsfragen im Königreich. Anders als in Saudi-Arabien dürfen Frauen in Bahrain Auto fahren. Dabei ist es ihnen verboten, sich das Gesicht zu bedecken: Verkehrssicherheit vor Tradition. »Eine unerträgliche Beschränkung der Freiheit der Frau«, befand al-Mu'auda. Mit gleichgesinnten Abgeordneten regte er im Parlament eine Diskussion darüber an, ob Frauen auch komplett verhüllt am Steuer sitzen dürfen. Eine Debatte ohne Frauen übrigens, denn weibliche Abgeordnete gab es damals noch nicht. Am Ende erlaubte der König die Kopfverhüllung im Auto per Dekret. Den Anstoß dazu gab das Parlament. Gesetze prägte es selten, aber Diskussionen, auch über seriöse Themen wie das Staatsbürgerschafts- und das Familienrecht. Daraus schöpfen die Abgeordneten Selbstbewusstsein.

Bahrain lieferte im vergangenen Jahrzehnt Beispiele für die Region. Auch in Kuwait und in Marokko verhedderten sich die Abgeordneten in endlosen Debatten über Frauen- und Familienrechte, über Fragen von Moral und Lebensstil. Oft fehlte es an der nötigen Sachkunde, wenn wirtschaftliche Themen auf der Tagesordnung standen. Die Parlamente in Kuwait und Bahrain waren zersplittert, in den Fraktionen ebenso wie in den Diskussionen.[2] Aber zugleich zeugten sie von Vielfalt und politischem Wettbewerb. In Kuwait konnte sich das Parlament in nationaler Not 2006 sogar einigen, den kranken Herrscher abzusetzen und einen gesunden Halbbruder als Regenten vorzuschlagen. Das war eine der hellen Stunden des jungen Parlamentarismus am Golf.

ZWEITER VERSUCH: RECHT UND RELIGION

Munira al-Fahro ist eine Frau mit Einfluss in Bahrain. Lange Zeit saß sie im Obersten Rat für Frauen, der König, Regierung und Parlament direkt beriet. Man sprach ausführlich über das neue Familienrecht. Der Treffpunkt war oft die weiße Villa von Munira al-Fahro, ihr weites schönes Wohnzimmer mit den vielen Vasen, Diwanen und Seidenkissen, auf denen die Politiker Platz nahmen. Die 1941 geborene Soziologieprofessorin ist großgewachsen, schlank, trägt mittellanges, kastanienbraun gefärbtes Haar. »Demokratie hin oder her – wir haben in Bahrain die gleichen Probleme wie viele arabische Staaten«, sagte al-Fahro. Fürs Heiraten ist per Gesetz niemand zu jung, was konservative Eltern nutzen, um ihre Mädchen minderjährig unter die Haube zu bringen. Frauen können ihre Staatsbürgerschaft nicht an ihre Kinder weitergeben, weshalb Jugendliche geschiedener Ehen nicht bei der Mutter bleiben können, wenn der ausländische Vater in sein Heimatland zurückkehrt. Nach einer Scheidung hätten Frauen keine Unterhaltsansprüche, sagte al-Fahro. »Das alles wollen wir verändern.«

Andere nicht. Adel al-Mu'auda und religiöse Alliierte sabotierten das neue Familienrecht im Parlament, wo sie nur konnten. Draußen machte die bahrainische APO mobil: Ein schiitischer Mullah sammelte Unterschriften gegen das Gesetz. »Im Parlament können Frauen ihre Sicht nicht erklären, weil sie gar nicht vertreten sind«, sagt Munira al-Fahro. Sie selbst kandidierte bei Wahlen und verlor nach Manipulationen – denn weder die Regierung noch die sunnitischen Islamisten wünschten eine liberale, selbstbewusste Frau im Parlament. Bärtige Männer warnten vor weiblichen Kandidaten. Die Wähler, auch Frauen, wählten am Ende nur Männer.

»Unser Land ist einfach sehr konservativ«, seufzte Munira al-Fahro. Vor allem die jungen Studentinnen trügen ein Kopftuch oder gleich den Ganzkörperschleier. »Sie lehnen alles ab, was ich lehre«, klagte al-Fahro, »und glauben lieber dem Imam bei der Freitagspredigt.« Da hörten sie dann, dass Koedukation in Bahrains Schulen von Übel sei, noch unheilvoller aber sei der Alkohol, der in Bahrain an allen Ecken ausgeschenkt wird, und die Discos seien das Schlimmste. »Unsere Demokratie mag voranschreiten«, sagte sie, »aber mit ihr laufen die konservativen Trends.«

Was hieß das für das Familienrecht? »Eine umfassende Reform kommt nicht durchs Parlament«, war sich Munira al-Fahro sicher, dafür war die Zahl der islamistischen Abgeordneten zu groß. Die Taktik könnte nun sein, Einzelgesetze durchzupauken. »Am besten aber wäre es, der König würde das ganze Paket einfach verordnen.« Modernisierung per Dekret? Al-Fahro sagte: »Er hat schon die freien Wahlen eingeführt, nun soll er sein Werk vollenden.«

Das war ein Schlüsselversuch im bahrainischen Laboratorium. Hätten die Bürger in anderen arabischen Staaten die

Freiheit, stünden sie wohl schnell vor der gleichen Entscheidung: Soll ein modern denkender König einer konservativen Volksvertretung die Macht aus der Hand nehmen, wenn das Parlament den Weg in die Moderne blockiert? Noch krasser formulierte es eine ehemalige Schülerin von Munira al-Fahro: »Ihr wollt also die Demokratie ersticken, nur weil ihr fürchtet, die Islamisten könnten sie erdrosseln?« Im Parlament klang es ähnlich. Der Islamist Adel al-Mu'auda schimpfte über die Modernisierung per Notverordnung: »Das wäre das Ende der Demokratie.«

Die arabische Welt testete im abgelaufenen Jahrzehnt zwei Wege in die Moderne – die Erneuerung von oben ebenso wie das Ausdiskutieren im demokratischen Wettbewerb. In Marokko setzte der König ein neues, modernes Familienrecht auf einen Streich durch, wie wir im Kapitel über die Frauen gesehen haben. In Bahrain und Kuwait, zwei konservativeren Ländern, wurden vergleichbare Reformen im parlamentarischen Streit verzögert. Jeder kleinste Fortschritt musste mühsam erkämpft werden. Ein säkularer Abgeordneter in Manama, Abdulnabi Salman, plädierte für Gelassenheit. Der Aufbruch in die Moderne, sagte er, werde auch über Umwege gelingen. »Lasst die Islamisten ruhig Gesetze machen, lasst sie über Kleidungsfragen und Lebensart reden.« Von Wirtschaft und Finanzen hätten sie keine Ahnung. »Das merken die Leute sehr schnell und wählen sie das nächste Mal eben nicht wieder«, sagte Abdulnabi Salman selbstbewusst. Er hatte den Mut zum Experiment, den arabische Demokraten auch brauchen werden, wenn die Revolutionen von 2011 ihnen mehr Freiheit bringen.

DRITTER VERSUCH: DIE FREIE REDE

»Zugegeben, in unserem Parlament wird noch viel geschwätzt«, sagte Mansur al-Dschamri, »aber immerhin frei geschwätzt.« Der bahrainische Starjournalist konnte sich noch bestens an die 90er Jahre erinnern, als auf die freie Rede Gefängnis stand. Damals war al-Dschamri als Mitglied der bahrainischen Befreiungsbewegung im Exil. Erst als der Polizeistaat abrüstete, kehrte er zurück. Unvorstellbar war damals auch seine Zeitung *al-Wasat,* die er bei meinem Besuch 2005 souverän mit zwei Mobiltelefonen im Anschlag führte. »Wir machen reichlich Gewinn, das erhöht unsere Unabhängigkeit«, sagte Mansur al-Dschamri. Die frisch gekalkten Wände der Redaktion zierte ein Plakat mit dem Einmaleins der Nachrichten: »Wer? Was? Wo? Warum?« Die Redakteure waren jung. Sie saßen durcheinander im großen Newsroom, Frauen mit Kopftuch, Frauen ohne Kopftuch, Männer mit Schnauzbart und Männer ohne Schnauzer dazwischen. In den Nachbarländern Saudi-Arabien und Iran wäre das unerhört, in Bahrain war das ganz normal. Mit der Frage »Was darf ich nicht?« beschäftigten sie sich nur selten. Das war vor allem Chefredakteurssache. »Wir können vieles schreiben, was wir wollen«, sagte al-Dschamri. Vieles? Was nicht? Den König und seinen ungeliebten Onkel, den seit Jahrzehnten herrschenden Premierminister, mochte kein Journalist offen attackieren. Man kritisierte an ihrer Stelle die weniger wichtigen Minister, die austauschbar waren. Denn wer am Premier herumkrittelte, konnte Schwierigkeiten bekommen.

Der Menschenrechtsaktivist Abdelhadi al-Chauadscha tat es. Er hatte 2004 den Premier öffentlich gescholten und obendrein erklärt, er bete für dessen Tod. Dafür kam er in Untersuchungshaft. »Manche meinten, er sei ein politischer Gefangener«, sagte Mansur. Der Erste seit dem Ende der Diktatur. Alle Zeitungen schrieben über den Fall, es gab Demonstrationen, Aufruhr, Straßenblockaden. Ein Wetterleuchten der Revolte von 2011. Einige hielten seine Inhaftierung für rechtens, andere fürchteten um die kleinen Freiheiten der bahrainischen Bürger. Der Staat reagierte schließlich streng und nachsichtig zugleich – Gewaltenteilung gewissermaßen. Die Richter entschieden auf ein Jahr Haft, der König aber begnadigte Chauadscha noch am selben Tag. »Eine bahrainische Lösung«, sagte al-Dschamri. »Leidenschaftlich lauwarm, immer auf der Suche nach dem Kompromiss.«

So war es 2005, zur Zeit des arabischen Frühlings, als in vielen Staaten der Region halbfreie Wahlen und offene Aussprache hoffen ließen, dass die auf Bajonetten ruhenden Regime abrüsten würden. Die Funktionsstörung der arabischen Demokratisierung wurde jedoch in genau dieser »bahrainischen Lösung« sichtbar, von der al-Dschamri sprach. Der König gönnte einem Untertanen einen einmaligen Straferlass. Er gewährte Gnade, kein Recht. Mitte des vergangenen Jahrzehnts ließen viele arabische Führer die Zügel locker, teils auf amerikanischen Druck, teils der allgemeinen Stimmung folgend. Doch weil aus Gönnertum und Gnade keine einklagbaren Rechte wurden, konnten die Herrscher später vieles zurücknehmen. Das war die große Tragik der kleinen arabischen Freiheit.

Als ich das Königreich vor den Wahlen im Oktober 2010 wieder besuchte, stand das Land unter dem Schock schiitischer Proteste und einer überharten Reaktion der Regierung. Oppositionspolitiker saßen in Untersuchungshaft. Journalisten wurden nach kritischen Artikeln von höherer Stelle angerufen und gewarnt. Die Einschüchterung wirkte. Von den fünf großen Tageszeitungen waren vier schnell auf Linie der Regierung. Mit Ausnahme von *al-Wasat* von Mansur al-Dschamri, der um einen unabhängigen Kurs rang. Damit er keinen Ärger bekam, las er seine Zeitung jede Nacht vor dem Andruck noch einmal Zeile für Zeile durch. Er durfte sich in den dramatischen Wochen vor der Wahl keine Ausrutscher erlauben, die den Premierminister gereizt hätten. Die bahrainischen Wahlen 2010 waren ein großer Schritt zurück auf dem quälend langen Weg zur Demokratie.

VIERTER VERSUCH: FREIE WAHLEN

Dieses Mal hatten sie wirklich Angst. Die Regierung fürchtete sich vor der eigenen Bevölkerung, die Behörden gerieten vor den Wahlen in Panik. Es gab Proteste, gegen den Häusermangel, gegen die Jobkrise, gegen die Privatisierung des Landes durch Angehörige der Königsfamilie. Bahrain ist eben kein rundum vergoldetes Emirat, sondern ein recht normaler Staat mit Armen und Reichen. Nur dass die Armen meist Schiiten und die Wohlhabenden fast immer sunnitische Muslime sind. Die Schiiten sind zahlenmäßig weit überlegen, dafür sitzen die Sunniten im Königspalast. Ein doppelter Gegensatz. Um zu verstehen, was er bewirken kann, fuhr ich im Oktober 2010 in das schiitische Dorf Ma'amer.[3]

In diesem Flecken aus grauen Häusern und halb befestigten Straßen kochte die Wut. Es war schon Abend, als mir ein Mann in weiter Tracht die Tür öffnete. Er sah aus wie Mitte 50, war aber 36 Jahre alt und teilte sich mit seiner 14-köpfigen Familie zwei Räume in diesem Haus. Es fehlte an Platz und an Arbeit. Ein Bruder arbeitete als Fahrer, sie lebten von seinem Gehalt. Wie, zeigte ein Blick in die Küche: Reis, Maisöl, Fladenbrot. Sie wählten die Wifaq-Partei, die Bewegung schiitischer Islamisten, die sich 2006 zum ersten Mal zur Wahl gestellt hatte. Doch ein Kreuzchen alle vier Jahre reichte nicht, um ihrem Frust Luft zu machen. Zwei andere Brüder protestierten gegen ihre miserable Lage. Das geht in Bahrain so: Man nimmt ein paar Reifen, schichtet sie übereinander und zündet sie an – fertig ist die leuchtende Straßensperre. Dafür saßen die Jugendlichen, 20 und 22 Jahre alt, zur Zeit meines Besuches im Gefängnis. Reifen anzünden gilt in Bahrain als Terrorakt und Versuch, den König zu stürzen. Die Obrigkeit verhaftete im Spätsommer 2010 Dutzende von Jugendlichen, schiitische Führer wurden des Landes verwiesen. Vor dem Haus, wo die Geheimpolizei die Zeit im verdunkelten Auto totschlug, hingen zur Mahnung zwei große Fotos der verhafteten Brüder. Die Polizei kleisterte sie mit Farbe zu. Unentdeckt blieben die Aufkleber von schiitischen Helden im Gemeinschaftsraum der Familie: iranische Mullahs, der Führer der libanesischen Hisbollah. Der schiitische Bogen im Mittleren Osten.

Das ist die Angst der Regierenden: die schiitische Bevölkerungsmehrheit, der nahe Iran, die Verbindungen eines kleinen Teils der bahrainischen Schiiten ins Nachbarland und in den Libanon. Die islamistisch-schiitische al-Wifaq ist die stärkste Fraktion im Parlament von Bahrain. Bei den Wahlen 2006 hatte sie 17 von 40 Sitzen erobert. Wifaq ist eine religiöse Partei, doch nicht mit den radikalen Bewegungen im Libanon oder Iran liiert. Bei der Abstimmung 2010 versuchte sie, ihren Erfolg auszubauen. Wahlkampf in der Wüste.

Ich fuhr mit dem stellvertretenden Wifaq-Vorsitzenden aus der Hauptstadt Manama ins Innere der Insel, wo die Kandidaten ihre Zelte in den Wüstensand gestellt hatten. Dschawad Fairus hatte einen kurz geschorenen Bart, Brille, volle Gesichtszüge. Der Mittvierziger war einer der wichtigsten Politiker in dieser Kampagne. In der Wüstenstadt Hamad, seinem Wahlkreis, parkte er auf einer Sandfläche neben einem Zelt. Das war sein Kampagnenquartier, vor dem schon viele Leute auf ihn warteten. Fairus schüttelte viele Hände, bevor er auf das Podium mit Kränzen und bunten Plastikblumen sprang. Die schiitischen Zuhörer saßen auf Plastikstühlen im Wüstensand. Helfer verteilten Tütensaft gegen die feuchte Hitze des Golfs. Die Männer saßen rechts vor dem Podium, die Frauen von ihnen durch eine Wand getrennt auf dem linken Flügel. Gebannt hörten sie zu. Auf der Bühne verlangte Fairus Gerechtigkeit für die Übervorteilten. Protestierte gegen die großflächige Privatisierung der Strände und Fluren der Insel. Forderte Häuser und Wohnungen für alle. Die Menschen quittierten es mit Applaus und Jubelgesängen. Ein extra bestellter Männerchor dankte Gott mit Koranversen. Der schnell wachsenden Bevölkerung eine klimatisierte Behausung zu verschaffen, ist Bahrains größte Sorge. Die größte Anstrengung der Regierung bei den Wahlen galt jedoch der Wifaq: die stärkste Kraft der Opposition, die Partei der Schiiten sollte geschwächt werden.

Wie die Regierungsarbeit im Wahlkampf funktionierte, erzählte mir Fairus auf der Fahrt zurück nach Manama. Die staatlichen Zeitungen würden fast jeden Tag Hetzartikel über ihn bringen, sagte er: »Da heißt es, ich versorge meine Schwestern und Brüder mit Pfründen, ich fahre mehrere dicke Autos, ich benutze eine Gebetskette aus Gold und Diamanten. Woher haben die das?« Die Netzseite von al-Wifaq sei blockiert, die Parteizeitung eingestellt. In seinem Wahlkreis trete ein reicher Bahraini gegen ihn an, beim dem die Leute auf Polsterstühlen und Teppichen säßen und der nach der Rede Kühlschränke und Klimaanlagen ans Volk verteile. Bei der letzten Wahl hatte Wifaq noch 17 von 40 Parlamentssitzen erobert. »Die da oben wollen verhindern, dass es mehr werden«, sagte Fairus.

Autoritäre Regime in der arabischen Welt und jenseits davon haben viele Mittel, eine Wahl im Sinne der Machthaber ausgehen zu lassen. Russland entwickelte seit 2000 unter Präsident Wladimir Putin ein modernes Modell, das in Teilen Asiens und des Mittleren Ostens Schule gemacht hat. Es ruht auf drei Säulen: Medien mit landesweiter und großer Reichweite stehen unter staatlicher Kontrolle; die Parteienlandschaft wird hauptamtlich von der Regierung und ihren »Polittechnologen« gestaltet; störende Oppositionelle werden vom Volk ferngehalten, von der Steuerpolizei besucht oder zu Gefängnisstrafen verurteilt. Am Ende wählt der Bürger »frei« und im Sinne der Mächtigen. Wahlbeobachter bestätigen, dass fair ausgezählt wurde.

Arabische Regime greifen auf ähnliche Methoden zurück. Zu besichtigen sind keine totalitären Exzesse, sondern in Wirkung und Zeitraum genau kalkulierte Beschränkungen politischer Freiheit. Zum Beispiel in Ägypten. Bei den Präsidentschaftswahlen 2005 hatte der liberale Oppositionskandidat Ayman Nur gegen den zu keiner Zeit gefährdeten Sieger, Präsident Hosni Mubarak, acht Prozent geholt. Schon das war zu viel. Die Justiz verurteilte den Gegenkandidaten in einem politischen Prozess nach der Wahl zu einer fünfjährigen Haftstrafe.[4] Unliebsame Bewegungen wie die Muslimbrüder waren als Parteien zu Wahlen ohnehin nicht zugelassen. Der permanente Ausnahmezustand und die Verfassungsänderungen von 2007 engten Oppositionelle weiter ein. Vor den ägyptischen Parlamentswahlen 2010 fiel auf, wie das Regime kleine Freiheiten vor der Abstimmung systematisch beschnitt. Kritische Chefredakteure mussten ihre Sessel räumen, Oppositionskandidaten bekamen nur kurze oder keine Sendezeiten im staatlichen Fernsehen. Der staatlich kontrollierte Satellitenbetreiber blockierte unbotmäßige Sendungen privater Fernsehstationen. Moderne Kommunikationsmittel wie E-Mail, Textnachrichten, Facebook, Twitter wurden verlangsamt und behindert. Wahldesigner der Regierung versuchten schon vor der Wahl, sich mit geduldeten Oppositionsparteien über die Sitzverteilung zu einigen. So überraschte der Wahlausgang im Dezember 2010 nicht mehr: Die Partei der Macht räumte die Wahlkreise ab und behielt das Sagen im Parlament. Es kam zu »freien, aber bedeutungslosen Wahlen«.[5] Wenige Wochen später rächte sich das Volk in der Revolte am ägyptischen Regime.

Bahrain war im Vergleich zu Ägypten 2010 wahrlich ein Laboratorium demokratischer Experimente. Eine alles erdrückende Partei der Macht gab es nicht. Die trickreich bekämpfte al-Wifaq konnte bei den Wahlen ihre Sitzzahl sogar von 17 auf 18 erhöhen, nur die absolute Mehrheit blieb ihr durch die Interventionen versagt. Das zeigt, wie unterschiedlich die arabischen Staaten von Repressionsmitteln Gebrauch machten. Entscheidend dafür sind die tatsächlichen oder eingebildeten politischen Bedrohungen.[6]

In Jordanien will die Regierung die Islamisten eindämmen, in Gaza unterdrücken die regierenden Islamisten der Hamas die säkular-nationalistische Fatah. In Saudi-Arabien sollen – je nach Mitglied der Königsfamilie – allzu religiösradikale oder allzu liberale Kräfte im Zaum gehalten werden. Das syrische Regime hat die Opposition ins Ausland vertrieben. Die Methoden, wie freie Wahlen im Vorfeld behindert werden, variieren von Staat zu Staat – so wie die Motive, die dahinter stehen. Die westliche Annahme, mögliche Wahlsiege von Islamisten seien durchweg das Problem der arabischen Regime, ist falsch.[7] Das mochte in Ägypten und Jordanien so sein. In Bahrain dagegen zeigten sich die sunnitische Herrscherfamilie und ihre Verbündeten von der starken Präsenz islamistischer Parteien im Parlament gänzlich unirritiert. Ihre wachsende Sorge war vielmehr die schiitische Mehrheit im Lande, wie ein Besuch bei einem einflussreichen Sunniten in Manama 2010 zeigte.

Die Fahrt durch die verstreuten Vorstädte der Haupstadt Manama führte mich über eine Brücke in ein Villenviertel direkt am Golf. Kurz bevor die Wüste im Wasser verschwand, erhob sich das stattliche Haus von Adel al-Mu'auda, den ich bereits 2005 getroffen hatte. Der Vorsitzende der sunnitischen Islamistenpartei lud mich vor den Wahlen 2010 zum Kardamomkaffee auf dem Diwan in seiner Bibliothek ein. An der Wand nebst Büchern Schiffsmodelle, ein nigerianischer Köcher mit Pfeilen, eine englische Pistole im Glaskasten. Mu'auda hatte seinen langen Bart mittlerweile leicht getrimmt. Ich sprach ihn auf die schiitischen Proteste vor der Wahl an. »Billigen Heroismus« warf er den Jugendlichen vor, die Reifen angezündet hatten. »Sie ruinieren das zivilisierte Bild unseres Landes«, sagte der Islamistenführer. Die Klage des schiitischen Politikers Dschawad Fairus, Schiiten bekämen kein Land und keine Wohnungen, hielt er für wohlfeil. Vielen Sunniten ginge es doch nicht besser. Und die Vorwürfe von Schiiten, die Jugendlichen seien gefoltert worden, »die müssen sie erst mal beweisen«. Die Lunte für den Aufstand mit brennenden Reifen sei von außen gelegt worden.

Was jenseits von Bahrain passiert, ist für den Inselstaat sehr wichtig. Im Westen liegt Saudi-Arabien, im Osten Iran. Mu'auda war den Saudis ideologisch zugetan, die iranische Führung verabscheute er. Die weltanschauliche Ausrichtung des Islamisten passte nicht in die üblichen Schubladen: Er fand gute Worte über die amerikanische Politik und verachtete die iranische. »Das schiitische Regime in Teheran herrscht durch Morde und Folter«, sagte er. Wenn es ihnen ins Konzept passe, würden sie in den Nachbarländern zu Demokratie aufrufen, um Unruhe zu stiften. Die häufigen Reisen des Staatschefs Mahmud Ahmadinejad in die arabische Welt waren für Mu'auda Teil der iranischen Agenda, die Schiiten im Nahmittelost aufzurühren. Siehe die »faktische Machtübernahme« der Schiiten im Irak. »Das alles hat auch Auswirkungen auf Bahrain, das ist kristallklar!«

Mu'auda wusste sich mit seiner Warnung ganz auf der Linie des bahrainischen Königshauses. Eine Teheraner Stiftung wollte in Bahrain ein Krankenhaus bauen und bekam keine Genehmigung. Ein iranisches Kulturzentrum – bitte nicht! Mu'audas Rezept gegen den ambitiösen Nachbarn lautete: »Man muss mit den Großen gehen.« Mit Saudi-Arabien ohnehin, auch mit den Vereinigten Staaten. »Die Leute mögen die fünfte US-Flotte in unserem Hafen nicht, aber sie ist nur zum Besten von Bahrain«, sagte der Islamist seiner Majestät. Natürlich wolle er keinen Krieg gegen Iran, aber so sei man eben besser geschützt. Nachdem ich mich verabschiedet hatte, kam der US-Botschafter zu Besuch.

Die Amerikaner schätzen Bahrain, hier befindet sich die strategisch wichtige fünfte Flotte der Vereinigten Staaten. Die US-Zerstörer im Hafen halten hochmoderne Abfangraketen unter Deck, nur gut hundert Meilen vom nuklear aufrüstenden Iran entfernt. Der strategische Wert Bahrains ist der Grund, warum die USA peinlich vermieden, das Königshaus offen zu kritisieren. Die US-Regierung sah schon vor 2010 zu, wie bahrainische Behörden das Washingtoner National Democratic Institute aus dem Land warfen. Wie amerikanische Nichtregierungsinstitutionen an der Grenze abgewiesen wurden. Wie alle Vorschläge zur politischen Liberalisierung auf taube Ohren stießen. Westliche Demokratieberater haben auf der Insel keine Chance, Demokratielektionen erst recht nicht. Vor allem die Vereinigten Staaten hatten hier in den jüngsten Jahren gelernt, warum die Freiheitsagenda von George W. Bush am Golf keine Chancen hatte.

Der 43. US-Präsident führte wie nur wenige andere vor ihm die Werte von Demokratie und Freiheit auf den Lippen – und hat sie in der Welt so stark beschädigt wie keiner seiner Vorgänger. Verheerend war der Versuch, damit die Besetzung des Irak zu rechtfertigen. Einige Monate nach dem Einmarsch rief George W. Bush den Irak als Forschungsstätte für Freiheit und Demokratie aus. Der Wunsch nach einem Vorbild war verständlich, der Mittlere Osten konnte ein arabisches Exempel dringend gebrauchen. Der Irak sollte auf die arabischen Autokratien ausstrahlen. Doch erwies er sich rasch als das schlechteste aller Vorbilder. In einem zerrissenen Vielvölkerstaat mit ehrgeizigen Schiiten, mit sunnitischen Aufständischen, mit kurdischen Sonderwegen und unheiligen Kriegern ließ sich auf die Schnelle keine Demokratie aufbauen. Man übte noch. Wie sehr es der amerikanischen Regierung an einer Strategie fehlte, ließ der stellvertretende Assistant Secretary of State im US-Außenministerium Scott Carpenter durchblicken: »Wir wissen noch nicht, wie man am besten Demokratie im arabischen Nahen Osten fördert. Wir sind noch am Anfang. Ich glaube, es gibt einfach Zeiten, in denen man Spaghetti an die Wand wirft und guckt, ob sie hängen bleiben.«[8]

Fast alle arabischen Staaten werden autoritär regiert. Wo also sollten die amerikanischen Demokratieplaner beginnen? Der gute Wille wurde sichtbar in der revolutionären Rede, die Condoleezza Rice im Juni 2005 an der American University of Cairo hielt.[9] Darin ging die Außenministerin mit 60 Jahren amerikanischer Politik ins Gericht, die »Freiheit für Stabilität geopfert« habe. Der vielleicht folgenschwerste Irrtum der US-Regierung war, den Weg des geringsten Widerstands zu gehen. Anstatt enge Verbündete wie Jordanien und Ägypten in vorderster Front zu nachhaltigen demokratischen Reformen zu bewegen, übten die USA vor allem Druck auf schwache oder noch nicht vorhandene Staaten aus: Irak, Libanon, Palästina. In allen drei Ländern wurde 2005 und 2006 spektakulär gewählt. Im Libanon siegten prowestliche Kräfte, im Irak religiöse Parteien, in Palästina die islamistische Hamas.

Doch bedeuteten Wahlen nicht Freiheit. Der hohe Druck der Planer aus Washington erhöhte die Fehlerquote. Die Wahlen kamen zu früh, Recht und Regeln zu spät. In allen drei Ländern führten Machtkämpfe unmittelbar oder einige Jahre nach der Wahl zu blutigen Konflikten. Die US-Regierung war konsterniert vom Aufstieg einer islamistischen Partei 2006 in die Regierung in Ramallah – der Hamas-Schock beendete die forcierte Demokratisierung durch Wahlen. Die Misserfolge bei der Verbreitung der Demokratie nutzten die Verbündeten der USA, um sich dem Druck aus Washington zu entziehen. Jordanien und Ägypten konnten die Amerikaner mit Hinweis auf Hamas schnell überzeugen, es in den eigenen Ländern mit der Freiheit nicht zu weit zu treiben. Bahrain veranstaltete auf Anregung der G-8-Staaten eine »Demokratiekonferenz«, während derer alle Demonstrationen in Manama von der Polizei niedergeknüppelt wurden. Die Fehler der Demokratisierungspolitik von George W. Bush fasste die Politikwissenschaftlerin Tamara Cofman Wittes in einem klugen Buch so zusammen. Erstens wusste man nicht genau, was man wollte – Demokratie oder Stabilität. Zweitens ließ man sich von den Wahlergebnissen irritieren. Drittens stand die revolutionäre Rhetorik in krassem Gegensatz zum ängstlich-schwachen Reformdruck der USA in den wichtigen arabischen Ländern.[10]

Die Tragik der Freiheitsagenda lag darin, dass sie durch die von Condoleezza Rice kritisierte traditionelle Realpolitik abgelöst wurde – so als hätte man in der Zwischenzeit überhaupt nicht darüber hinaus gedacht. Bush hörte nicht auf, Freiheit zu predigen und das Gegenteil zu tun.[11] Sein Nachfolger Barack Obama übte elegantere Umgangsformen, fand aber auch keine haltbare Formel, um US-Interessen mit mutiger Reformpolitik im Mittleren Osten zu versöhnen. Die Vereinigten Staaten stützten sich bis zu den Revolutionen 2011 blindlings auf ihre »moderaten« arabischen Alliierten. Für viele Araber, die sich eine behutsame, langfristig angelegte Demokratisierungspolitik gewünscht hatten, war das bitter. Denn außer Wasser war in dieser Weltgegend kaum etwas so knapp wie Freiheit.

SECHSTER VERSUCH: REVOLTE DER DEMOKRATEN

Der Kampf um die Freiheit in Bahrain begann mit einem Blutbad. Am frühen Morgen des 17. Februar 2011 zogen Polizei und Sicherheitskräfte zum Perlendenkmal in Manama, wo Hunderte von Demonstranten übernachteten. Die Uniformierten feuerten auf sie mit Gummikugeln und Tränengas, mit Luftgewehren und scharfen Geschützen. Fünf Menschen starben, viele wurden verletzt. Doch womit die Regierung nicht rechnete: Sie hatte mit dem Militäreinsatz vor allem sich selbst getroffen. Wie zuvor in Tunesien und Ägypten wuchsen die Demonstrationen. Die Zahl der Zornigen schwoll mit jedem Tag an, das Verlangen nach Reformen und Freiheit wurde mächtiger, die Forderung nach dem Sturz der Regierung eindringlicher. Würde das Königshaus diesen Aufstand überleben?

Ich saß wieder neben Dschawad Fairus im Auto, dem stellvertretenden Vorsitzenden der schiitisch-islamischen Wifaq-Partei. Er lenkte seinen Geländewagen im weiten Bogen um den Perlenplatz herum, um nicht im Stau stecken zu bleiben. Er brauchte heute sechs Hände. Zwei fürs Steuerrad, vier für die Handys, die ununterbrochen klingelten. Auf die Wifaq-Partei kam es an in dieser Staatskrise. Sie war stärkste Parlamentsfraktion mit 18 von 40 Sitzen. »Die Mandate haben wir aus Solidarität mit den Demonstranten niedergelegt«, sagte Fairus. Sein Chef, der charismatische Wifaq-Führer Scheich Ali Salman redete noch am selben Abend zur Menge unter dem Perlendenkmal. Oppositionspolitiker wie Salman zeigten, was Bahrain anderen voraushatte: das Kapital der demokratischen Erfahrung. In vielen arabischen Ländern gähnte jenseits des Herrschers das politische Nichts. Bahrain hatte Wifaq. Was wollte die Opposition in der Krise?

»Einen ganz neuen Gesellschaftsvertrag zwischen König und Volk«, sagte Dschawad Fairus selbstbewusst. Wir waren vor dem Parteigebäude angekommen, einer zweistöckigen Villa an einer sechsspurigen Ausfallstraße in Manama. Fairus ging hoch in sein Büro und schloss das Aufladegerät seines iPad an eine Steckdose an. »Wir wollen, dass nicht der König, sondern das Volk die Regierung wählt«, sagte er. Der jetzige Premier, der schon peinlich reiche Onkel des Königs, müsse endlich gehen. Ein Mann des Volkes gehöre an seine Stelle. Die politischen Gefangenen müssten freigelassen werden, die Wahlmanipulationen aufhören. Dem Parlament, nicht dem vom König ernannten Oberhaus, gebühre das letzte Wort bei der Gesetzgebung. Wollte Fairus eine Republik? »Nein«, sagte er fast erschrocken. Er wies auf die Vorbilder Jordanien und Marokko, wo Minister nicht aus dem Königshaus kommen. »Nur ein bisschen freier noch, bitte schön.«

Klang wie Musik in meinen Ohren, aber kam als ohrenbetäubender Lärm beim König an. Berater im Umfeld des Monarchen warnten unablässig vor den »schiitischen Islamisten«, beschrieben sie als heimliche fünfte Kolonne Irans. Bei genauem Hinsehen wirkte das reichlich übertrieben. Die meisten bahrainischen Schiiten sind Araber, nur knapp ein Fünftel sind Perser. Vor der Unabhängigkeit Bahrains 1971 hatte sich die Bevölkerung in einem UN-Referendum gegen einen Anschluss an Iran ausgesprochen. Von einer Revolution iranischen Stils wollte Wifaq nichts hören. »Wenn überhaupt, dann fühlen wir uns als Araber von Ägypten inspiriert«, sagte Dschawad Fairus. »Aber wir wollen nicht, dass der König geht, sondern dass er seine Allmacht beschneidet.« Es war der junge Kronprinz von Bahrain, der in der Krise die Versöhnungszeichen machte. Er ließ einige politische Gefangene frei, zog die Panzer vorübergehend von den Straßen ab, um über Reformen reden zu können. Fairus' Mobiltelefon klingelte. Ein Vermittler des Kronprinzen rief den Wifaq-Politiker an, um die Opposition an den Verhandlungstisch zu bitten. »Wir könnten uns schon darauf einlassen«, sagte Jawad Fairus zögerlich am Telefon. »Wenn der Premierminister geht, wenn unabhängige Juristen eine neue Verfassung schreiben«, sagte Fairus. Man sah ihm die Furcht an, im Palaver mit der Macht aufs Neue verladen zu werden.

An der Seite von Dschawad Fairus standen in diesen Tagen viele Bahrainer, die ich im Laufe der Jahre getroffen hatte. Munira al-Fahro, die sunnitische Politikerin, die in den Wahlen um ihren Parlamentssitz betrogen wurde. Die fast 70-Jährige hatte ihren Beobachtungsposten auf dem Seidensofa aufgegeben und lief über den Asphalt am Perlendenkmal. »Nun ist der Moment, in dem der König endlich über den eigenen Schatten und den seines Onkels springen muss«, sagte die liberale Sunnitin. Unter dem Denkmal fand sich auch Mansur al-Dschamri ein, der Chefredakteur, dem im Jahre 2010 der Zensor auf den Leib rückte. »Seit Beginn des Aufstands wird nicht mehr kontrolliert, was wir schreiben«, sagte er mir. Er hatte sich zu früh gefreut.

Die Regierung wollte zeigen, dass sie stark war und dass viele Bahrainer hinter ihr standen. Ein Tross von Tausenden zog in den unruhigen Februartagen in sicherer Distanz zum Perlendenkmal bis vor die al-Fatih-Moschee, benannt nach dem sunnitischen Eroberer der Insel vor über 200 Jahren. Vor der Moschee und in Rufweite des Königspalasts durften die Demonstranten sich versammeln. Auf dem Podium stand noch ein alter Bekannter: Adel al-Mu'auda rief die Menge zur Solidarität mit dem König auf. Der sunnitische Islamist legte seine Hand auf die bahrainische Flagge. Das Staatsfernsehen übertrug live. Vor der Fatih-Moschee war der Aufstand der Arrivierten zu besichtigen: königstreue Sunniten, Angehörige der Streitkräfte, nicht wenige davon zugewandert aus sunnitischen Nachbarländern, Beamte.

Die Demonstrationen vor der Fatih-Moschee und am Perlendenkmal ließen ahnen, was Bahrain drohen könnte, wenn diese tiefe Krise nicht friedlich gelöst würde. Fehde zwischen Sunniten und Schiiten. Die sunnitischen Streitkräfte als konfessionelle Kampfformation gegen die schiitische Mehrheit. Dazu die Saudis als Verbündete der herrschenden Sunniten und die mögliche Einmischung Irans auf der anderen Seite. Beirut in Bahrain? Das kleine Land kann zur Bühne großer Konflikte werden. Das zeigte der Einmarsch der Golfstaaten in Bahrain im März. Er mobilisierte die Gegenseite. Unter den Schiiten gab es radikale Prediger und Politiker, die den gemäßigten Kurs der Wifaq-Partei schon lange ablehnten. Unter dem Perlendenkmal hallten die Sprechchöre »Nieder mit den al-Chalifas!« und »Wir haben diesen König satt!« bis spät in die Nacht. Der im März verhängte Ausnahmezustand und die blutige Niederschlagung der Proteste überzeugten viele Schiiten, dass dieser König nicht mehr der ihre war.

Erfahrene alte Bahrainer verwarfen noch Anfang 2011 die Horrorszenarien. Sie erinnerten sich an die Tradition der Verhandlung zwischen Herrscher und Beherrschten in ihrem Land. An das Referendum über eine neue Verfassung vor zehn Jahren. An lange Besprechungen auf plüschigen Diwanen, auf denen man sich am Ende einig wurde. Doch in der Krise wirkte die Kraft dieser Tradition schwach.

Das Beispiel Bahrain zeigte, dass der Sturm des Umsturzes jeden erfassen konnte: brutale Diktatoren wie Muammar al-Gadhafi, hartleibige Autokraten wie Hosni Mubarak und Monarchen wie König Hamad von Bahrain. Hamad mochte sich angesichts der Proteste fragen, was er denn falsch gemacht hatte. War er nicht ein König, der mit der vorsichtigen demokratischen Öffnung auf sein Volk zugegangen war? Hatte er nicht sein Land modernisiert, das Parlament frei wählen lassen? Schon. Aber er gewährte diese demokratischen Insignien als Gabe des Herrschers aus ererbter Kraft und Herrlichkeit. Nicht als unaufhebbares Recht, unter das er sich selbst zu stellen dachte. Das Volk aber war mit Gaben nicht mehr zufrieden und verlangte nach Rechten. So wie in Ägypten und Tunesien.

In dem Sturm über der arabischen Welt seit 2011 wirkte die alte westliche Frage, ob Islam und Demokratie zusammenpassen, obsolet. Die bahrainischen säkularen und islamistischen Parteien hatten in den vergangenen zehn Jahren demokratische Bräuche eingeübt. Das Problem entstand, als sie mehr wollten, als der König ihnen zugestand. Es war die Regierung, die hier die Freiheit begrenzte, nicht die Religion. Der Herrscher verspielte die Legitimation, die er mit den Reformen von 2001 gewonnen hatte. Deshalb kam es auch im Laboratorium der Demokratie Bahrain zum Aufstand. Deshalb ließ der König die Rebellion gewaltsam niederschlagen. Die entscheidende Frage für die Zukunft des Nahen und Mittleren Ostens ist, ob der arabische Staat und Demokratie vereinbar sind. Die alten Regime haben einen Systemfehler, der den Keim der Selbstzerstörung birgt. Bisher haben Herrscher, Eliten und Beamte in der Region Staat und Volksherrschaft als natürliche Gegensätze begriffen. Deshalb müssen sie bei jedem Bürgerprotest um das Ende ihrer Herrschaft fürchten. Und wenn es ganz schlimm kommt, um das Ende des Staates.

Anmerkungen

1   United Nations Development Programme (Hrsg.): *The Arab Human Development Report 2004. Towards Freedom in the Arab World*, United Nations Publications, New York 2005.

2   Paul Salem: »Kuwait. Politics in a Participatory Emirate«, in: Marina Ottaway, Julia Choucair-Vizoso: *Beyond the Façade, Political Reform in the Arab World*, Carnegie Endowment for International Peace, Washington, DC, 2008, S. 211–230, S. 223.

3   Michael Thumann: »Kühlschränke für das Volk. Bahrain wählt. In dem arabischen Land ist Demokratie ein waghalsiges Unterfangen«, in: *Die Zeit*, Nr. 43, 21. Oktober 2010.

4   Michele Dunne, Amr Hamzawy: »Political Reform in Egypt«, in: Marina Ottaway, *Beyond the Façade*, S. 17–43, S. 23.

5   Shadi Hamid: »Arab Elections. Free, Sort of Fair … and Meaningless«, in: *Foreign Policy*, 27. Oktober 2010, http://mideast.foreignpolicy.com/posts/2010/10/27/arab_elections_free_sort_of_fair_and_meaningless.

6   Abdul Rahman Al-Rashid: »Where We Rank on the Press Freedom Index«, in: *Asharq al-Awsat*, 24. Oktober 2010.

7   Fareed Zakaria: *Das Ende der Freiheit? Wieviel Demokratie verträgt der Mensch?*, Frankfurter Allgemeine Buch, Frankfurt/Main 2003, S. 116.

8   David Finkel: »U.S. Ideals Meet Reality in Yemen«, in: *Washington Post*, 18. Dezember 2005, S. A 1. http://www.washingtonpost.com/wp-dyn/content/article/2005/12/17/AR2005121701237.html.

9   *United States Congressional Records, Proceedings and Debates of the 109th Congress*, First Session, Volume 151, Part 10, S. 14 415 ff.

10 Tamara Cofman Wittes: *Freedom's Unsteady March. America's Role in Building Arab Democracy*, Brookings Institution Press, Washington, DC 2008, S. 100 f. Die Autorin wurde unter Barack Obama 2009 zum Deputy Assistant Secretary of State for Near Eastern Affairs ernannt.

11 Michael Thumann: »Wir oder das Chaos! Nach dem Irak-Desaster ist dem Westen Stabilität wieder wichtiger als Freiheit«, in: *Die Zeit*, Nr. 12, 15. März 2007, S. 6.

TÜRME:
SENKRECHTSTARTER AM GOLF

W asser, Popmusik und ein Turm – daraus ist die Kulisse des monumentalsten Theaters am Golf gemacht. Der künstliche See in der Old Town von Dubai ist schon bis auf den Kachelgrund angeleuchtet, als die Schaulustigen aus einem neo-andalusischen Palast ins Freie strömen. Tausende warten ungeduldig an den orientalisch verzierten Balustraden. Eine Schnulze von Whitney Houston fliegt über das Wasser. Ein Fontänenballett kommt in Gang, 20 Meter hohe Wassersäulen drehen sich zu Whitneys Rhythmen in alle Richtungen, spritzen durcheinander, tanzen im Kreis. Das Spektakel wiederholt sich jede Viertelstunde. Alles – das Wasser, die Massen, die Musik – ist dem »Bursch Khalifa« zu Füßen gelegt, dem höchsten und vielleicht tatsächlich schönsten Turm der Welt. Dubai sonnt sich im Staunen der Besucher aus Amerika, Europa und China. Die Old Town des Stadtstaates ist nun schon ein ganzes Jahr alt.

Dubai ist der sichtbarste Trendsetter am Golf, der immer ein wenig am Rande des Machbaren und Bezahlbaren operiert. Feuerwerke und Fehlschläge gehören zu dieser Schönheitskonkurrenz, einem mit viel Geld ausgestatteten Städtewettbewerb. Darin suchen die arabischen Metropolen einander mit Inselparadiesen, Hochhausgebirgen, glitzernden Sportereignissen und spektakulären Museen zu übertreffen. Die »Festivalisierung« der Stadt[1] bringt die Zukunft auf die Bühne – und erinnert aus der Ferne an einen ganz anderen urbanen Wettstreit vor einem halben Jahrtausend. Jenen der stolzen Kleinstaaten im Italien der Renaissance, von Jacob Burckhardt so mitreißend beschrieben: »Einst hatten die italienischen Städte in höchstem Grade jene Kraft entwickelt, welche die Stadt zum Staate macht.«[2] Hier am Golf ist alles noch am Anfang. Die Stadtstaaten zwischen Iran und Saudi-Arabien sind erst zu Beginn der 70er Jahre aus dem britischen Kolonialreich hervorgegangen,[3] was sich heute noch an vielem, nicht zuletzt den dreipoligen englischen Steckdosen ablesen lässt. In Europa schauen manche herab auf den Höhenrausch der Golfaraber. Die Lieblingsmetapher vieler Dubai-Artikel heißt »auf Sand gebaut«.[4] Andere sagen der Region den Untergang voraus, sobald das Öl versiegt.[5] Nur Sand, nur Geld, nur Öl?

Damit ist nicht im Ansatz erfasst, was an der reichen Südflanke der arabischen Welt entsteht und welche Bedeutung das für den Westen und Asien im 21. Jahrhundert haben wird. Unter dem Golf und dem Wüstensand liegen über 60 Prozent der nachgewiesenen Ölreserven der Welt und über 40 Prozent der Gasvorkommen. Hier entstehen der größte Flughafen und der größte Tiefseehafen der Welt. In den staatlichen Schatztruhen der konservativen Golfstaaten liegen heute schon ein erheblicher Teil der globalen Devisenreserven, damit arbeiten die größten Staatsfonds der Welt. Die muslimischen Staaten Saudi-Arabien, Qatar und die Vereinigten Arabischen Emirate bilden ein Kraftdreieck, mit dem die Großmächte in West und Ost rechnen müssen. Rohöl, Zukunftsinvestitionen und ein verblüffendes Sendungsbewusstsein – daraus ist der Erfolg am Golf gemacht.

IM ANFANG WAR DAS ÖL: SAUDI-ARABIENS AUFSTIEG

Im saudischen Wüstensand ist alles möglich, nur nicht in kleiner Ausführung. Pipeline-Autobahnen mit zwölf Einzelrohren nebeneinander ziehen sich durch den Wüstensand. Kolossale Raffinerien ragen in den sonnenweißen

Himmel wie die gotischen Kathedralen des Westens. Auf einer Insel vorm flachen Ufer ballen sich über hundert riesige Treibstofftanks. Ras Tanura am Golf ist eine Großstadt, aber nicht für Menschen, sondern für Rohstoffe. Die Raffinerie wird gespeist aus dem größten Ölfeld der Welt, das unter Meer und Wüste liegt. Hier ist das Reich von Saudi Aramco, dem größten Erdölunternehmen des Globus, das ein Viertel der Erdölreserven der Menschheit sein Eigen nennt. Man liebt die Superlative in Saudi-Arabien.

Den Älteren im Westen steckt vielleicht noch der 40. Geburtstag dieses Unternehmens in den Knochen. Damals, 1973, drosselte Saudi Aramco auf Befehl der saudischen Regierung die Ölproduktion. Um den Westen für seine Unterstützung Israels im Krieg gegen die Araber zu bestrafen, taten es viele Mitglieder der OPEC den Saudis gleich. Das Öl wurde knapp und teuer, in Deutschland wurde der autofreie Sonntag eingeführt, die Weltwirtschaft rutschte in eine lange Krise. Der Ölscheich wuchs zum Schreckbild des Westens. Damals benutzte Saudi-Arabien Erdöl als Waffe. Wie denken die Saudis heute? Was wollen sie mit ihrem Öl erreichen? Und wie bereiten sie sich auf die Zeit nach dem Öl vor?

Saudi Aramco ist eine Welt für sich. Dort hineinzukommen ist nicht einfach, es sei denn, man hat einen Begleiter mit vielen elektronischen Passierkarten. Dann öffnet sich der Weg vorbei an Panzersperren, Stacheldrahtwäldern, versenkbaren Stahlbarrieren, Wachtürmen, schwer bewaffneter Wüsteninfanterie, Panzerspähwagen mit aufgepflanzten Maschinengewehren. Darüber kreisen Hubschrauber. Die Sicherheitsmaßnahmen wirken übertrieben, doch sie sind keineswegs überflüssig. Mehrfach haben Terroristen von al-Qaida in den Jahren nach dem 11. September 2001 versucht, die Ölstädte am Golf in Brand zu setzen. Anfang 2006 sprengte sich vor der Raffinerie Abqaiq ein Attentäter in seinem Dynamitgefährt in die Luft, um einem zweiten al-Qaida-Mann den Weg freizubomben. Der starb im Kugelhagel an der nächsten Sperre. Bis zu 35 000 Soldaten der saudischen Armee schirmen die hochmoderne Ölinfrastruktur gegen Angriffe aller Art ab – Fernlenkwaffen, Lasergeschosse und Satellitenunterstützung inbegriffen. Mehr als 5000 Mann sind auf den Aramco-Ländereien im Einsatz, damit das Öl zuverlässig auf den Weltmarkt strömt und die Kassen des Königreiches füllt.[6]

Saudi Aramco – das ist der unerschöpfliche Brunnen, aus dem die Königsfamilie mit Tausenden von durstigen Prinzen trinkt, der den Haushalt des Landes ohne wesentliche Steuereinnahmen speist, der das lange bescheidene Pro-Kopf-Einkommen der 27 Millionen Saudis höhertreibt. 98 Prozent der saudischen Ölanlagen gehören zu Saudi Aramco. Wo wann welches Geld von wem abgezweigt wird, lässt sich nicht mit Gewissheit sagen. Viel Geld geht nach Riad, in die Metropole und in das Machtzentrum des Öl-staates. Die Königsfamilie hat den privilegierten Zugang, es gibt kein Parlament mit Budgetrecht. Über Jahrzehnte war der Griff in die Ölkasse so etwas wie eine saudische Morgengymnastik. Was aber, wenn tatsächlich einmal die Quellen dem Ende zugehen? Wenn die Welt auf Elektroantriebe und alternative Energien umgestiegen ist?

Das Erste, was mir im Palisanderholzbüro des Ölministers auffiel, war eine Kollektion bemerkenswert roter Sitzgarnituren. Ali Ibrahim Naimi, ein schlanker, rüstiger Mittsiebziger mit grauem Schnurrbart und randloser Brille, hatte sich in einer Ecke zwischen mehreren Telefonen postiert. Ein außergewöhnlicher Mann. Naimi kennt Saudi Aramco von oben, wo er bei meinem Besuch saß, und von unten. Nicht als gepäppelter Prinz, sondern als Teejunge hatte er angefangen. Sich hochgearbeitet auf den wichtigsten Posten im Land neben dem König. Der Minister hielt nicht viel von Vorhersagen, die Zeit der größten Ölförderung sei überschritten und der Stoff werde knapp.[7] »Das wurde schon so oft angekündigt und ist doch nicht eingetreten«, lächelte er. Natürlich würde irgendwann das Öl ausgehen.»Aber erst in hundert Jahren.« Saudi Aramco werde seine großen Felder Ghawar und das Offshore-Gebiet Safanija mit neuen Techniken besser ausbeuten können. Mithilfe der Nano-Technologie könne schweres Rohöl in besser zu verarbeitendes leichtes Öl verwandelt werden. Auch sei die Menschheit erst am Anfang der Erschließung der Ozeane, sagte er. »Unsere Prioritäten sind, die Ölindustrie mit erstklassiger Ingenieurskunst auszubauen und unseren Vorsprung mit einer ständigen Überschusskapazität zu erhalten.«

Das Zauberwort der saudischen Macht. »Überschusskapazität« bezeichnet die Fähigkeit Saudi-Arabiens, jederzeit neben den neun Millionen Fass pro Tag weitere 2,5 Millionen Fass zusätzlich produzieren zu können. Das erlaubt Saudi Aramco und der Regierung in Riad die Feineinstellung der Ölpreise in London und New York – sollte es nötig sein. Wenn Saudi-Arabien den Hahn aufdreht, fallen die Preise. Die Überschusskapazität zeigt, worauf das Land heute mit seiner Ölmacht abzielt: kontrollierte Ölpreise, die nicht zu hoch und nicht zu niedrig sind. »Fallen die Preise zu stark, schädigt das Produzenten und Investoren, also uns«, dozierte Naimi, »steigen sie darüber, leiden Konsumenten und die Weltwirtschaft, also Sie im Westen.« Das ist die radikale Abkehr von der Ölpolitik als politische Waffe anno 1973. Aufschlussreich sind die OPEC-Sitzungen der vergangenen Jahre. Da saßen in der einen Ecke Iran und Venezuela und riefen nach künstlicher Produktionsverknappung zur Bestrafung Amerikas. Sie verhöhnten den Dollar als wertloses Papier, für den sie nicht länger teures Öl hergeben wollten. Auf der anderen Seite standen die Saudis, die jede Drosselung der Produktion verweigerten und drohten, mehr Erdöl auf den Markt zu schleusen, wenn Iran und Venezuela zur Ölwaffe greifen. Saudi-Arabien, sagte Naimi, sieht sich als Wächter über moderate Ölpreise. »Den Amerikanern gefällt das nicht immer, weil sie sich überall den freien Markt wünschen«, meinte er, »aber mit dem Ergebnis sind sie am Ende doch zufrieden.« Dann entschuldigte sich der Minister. »Ich komme gleich wieder«, sagte er. Ali Naimi musste zum Mittagsgebet.

Es war das erste Mal bei meinem Besuch von Saudi Aramco, dass ich daran erinnert wurde, im Land der heiligen Stätten des Islam zu sein. Die Trennung von Männern und Frauen, die Verhüllungszeremonien, die krampfhafte Konservierung der Tradition in der modernen Welt – all

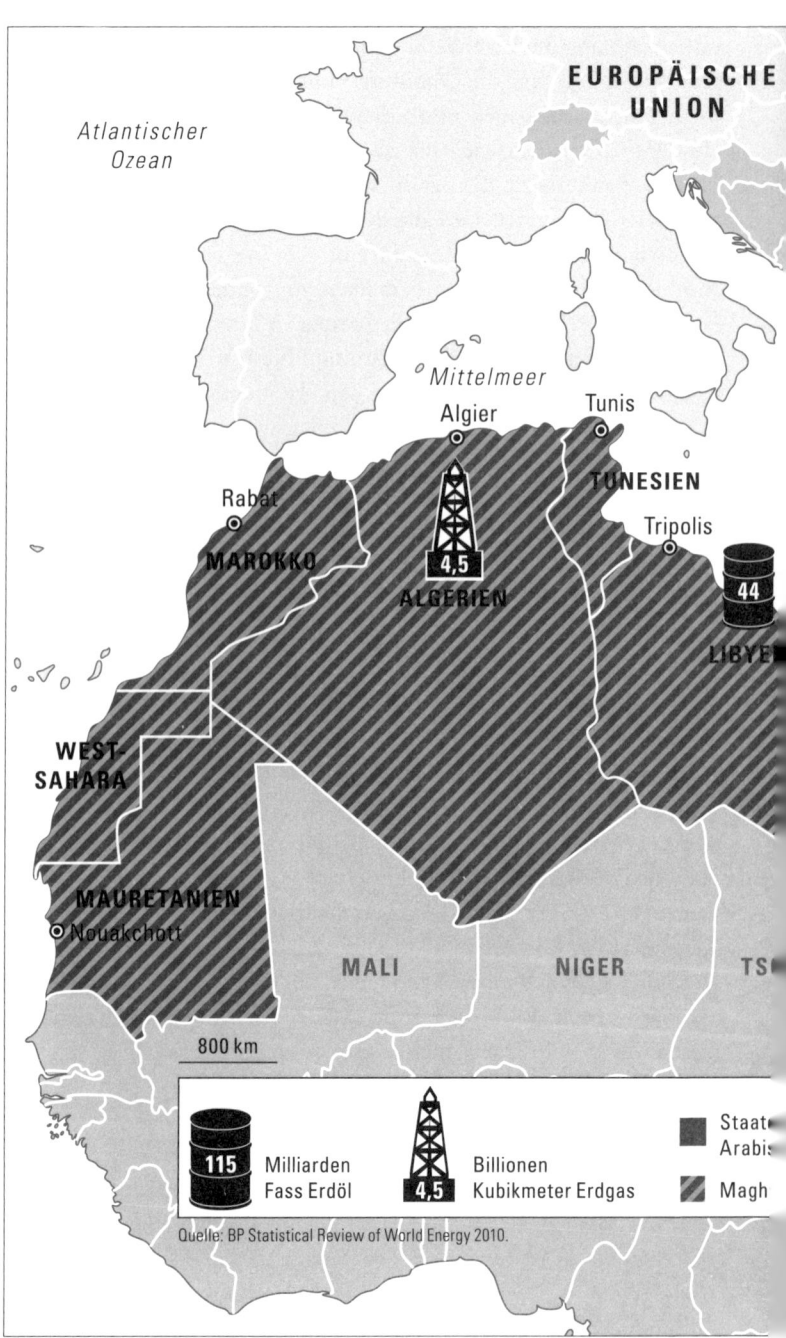

EUROPÄISCHE UNION

Atlantischer Ozean

Mittelmeer

Tunis

Algier

TUNESIEN

Rabat

Tripolis

MAROKKO

4,5

ALGERIEN

44

LIBYE

WEST-SAHARA

MAURETANIEN
Nouakchott

MALI   NIGER   TS

800 km

115 Milliarden
     Fass Erdöl

4,5 Billionen
     Kubikmeter Erdgas

Staat
Arabis

Magh

Quelle: BP Statistical Review of World Energy 2010.

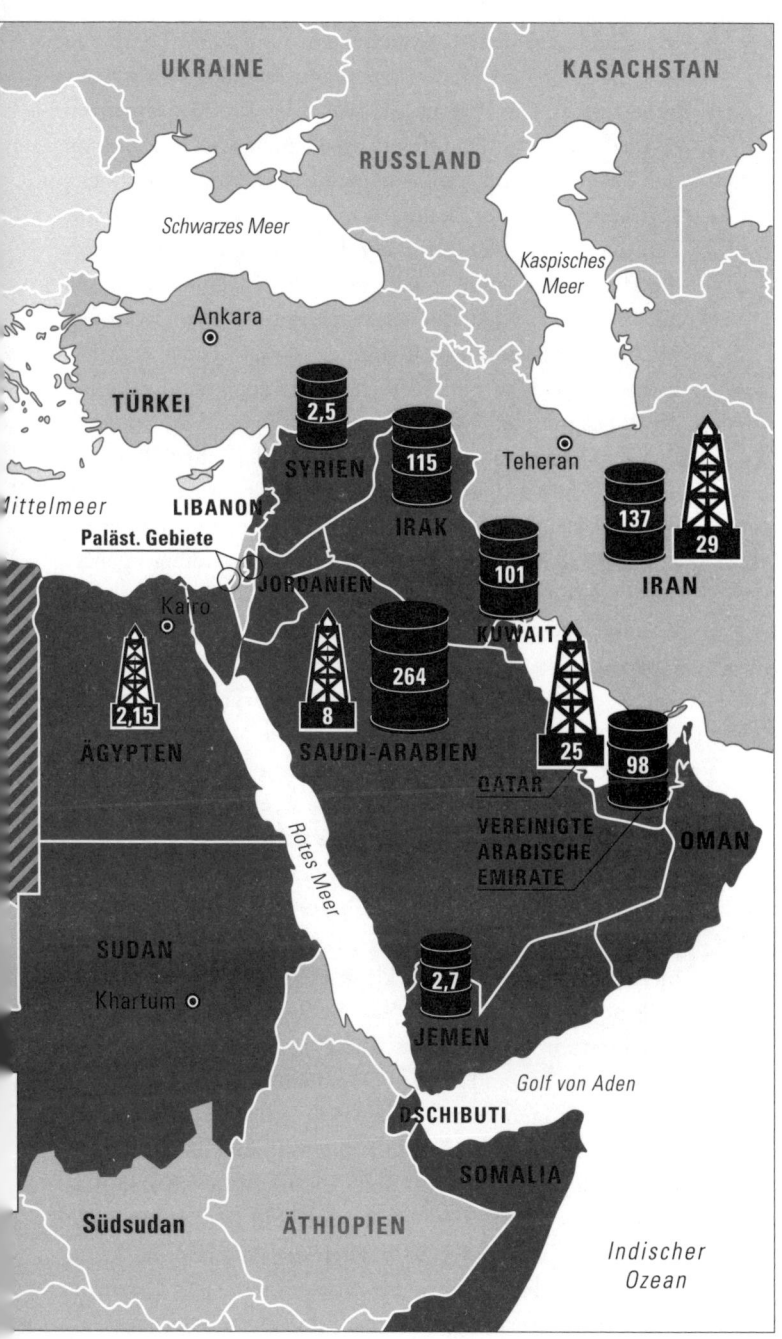

UKRAINE

KASACHSTAN

RUSSLAND

Schwarzes Meer

Kaspisches
Meer

Ankara ◉

TÜRKEI

Mittelmeer **LIBANON**

Paläst. Gebiete

2,5

SYRIEN

115

Teheran ◉

137

IRAK

29

IRAN

101

Kairo ◉

JORDANIEN

KUWAIT

264

25

98

ÄGYPTEN

8

SAUDI-ARABIEN

QATAR

OMAN

2,15

VEREINIGTE
ARABISCHE
EMIRATE

Rotes Meer

SUDAN

Khartum ◉

2,7

JEMEN

Golf von Aden

DSCHIBUTI

SOMALIA

Südsudan

ÄTHIOPIEN

Indischer
Ozean

das schien bei dem Ölkonzern am Golf kein Thema zu sein. Männer und Frauen arbeiteten in großen Büros nebeneinander. Die Präsenz des Islam, den die Konservativen in Riad eifrig in der Öffentlichkeit polierten, war hier an der Ostküste Saudi-Arabiens einer geschäftigen Sachlichkeit gewichen. Der Glaube war wichtig, aber Privatsache. Fast wie in Amerika. An das große Vorbild erinnerten auch die Bungalows hinter gerade gezogenen Palmenalleen, wo die über 50 000 Mitarbeiter von Saudi Aramco wohnten. Nicht wenige von ihnen Ausländer. Alles, was eine amerikanische Vorstadt an Reizen bietet, hatte auch Saudi Aramco im Programm, bei Temperaturen um 50 Grad im Sommer. Ein Einkaufszentrum im US-Vorstadtstil, Grillpavillons am Strand, Tennisanlagen, amerikanische Dienstwagen am Straßenrand, Bäume an der Auffahrt, Blumenbeete vorm Haus, zaunfreie Rasenflächen, stets angemessen feucht gehalten. Das Wasser floss aus aufwändigen Entsalzungsanlagen am Golf und wurde in Pipelines hergeschafft. Auch für den Golfplatz mit 18 Löchern. Nur der in gemäßigten Zonen übliche Rasen fehlte, wir liefen auf geharktem Sand. Zum Abschlagen des Balls brachten die Spieler ein kleines Stück mobilen Kunstrasen mit. Die Anregung eines Amerikaners.

Der ganze saudische Konzern ist eine amerikanische Idee. Saudi Aramco ist so alt wie dieses Land im Hitzegürtel der Welt. Alles begann mit den amerikanischen Ölsuchern der Standard Oil of California, die 1932 von der jungen saudischen Regierung eine Lizenz zum Bohren erhielten. Aramco wurde als US-Gesellschaft gegründet, damals noch unter anderem Namen. Später stieg Texaco ein. Es dauerte immerhin sechs Jahre, bis die Amerikaner fündig wurden. Sie fanden Öl in Dammam am Golf. Erst wuchsen Bohranlagen, dann ganze Städte aus dem Wüstensand. Seit dem legendären Treffen von US-Präsident Franklin D. Roosevelt und des saudischen Gründungsvaters König Abd al-Asis al-Saud auf einem US-Kriegsschiff 1945 waren beide Staaten eng verbündet. So durften die Amerikaner fleißig fördern. Die Firma selbst war in amerikanischer Hand, als Arabian American Oil Company, bis in die 70er Jahre, als der arabische Nationalismus und die Entkolonialisierung das Geschäftsmodell untragbar aussehen ließen. Der saudische Staat verleibte sich Schritt für Schritt den Konzern ein. Was blieb, sind Englisch als Firmensprache, amerikanische Effizienz und viele Autos made in USA auf dem Hof. Saudi Aramco hält den mit Abstand größten Anteil eines ausländischen Konzerns am US-Ölmarkt. Vielen Amerikanern ist das ein Dorn im Auge. Über zwei Drittel der US-Bürger trauen den Saudis nicht über den Weg. Der Publizist Thomas Friedman spricht für sie, wenn er schreibt: »Wir könnten ganz anders mit Saudi-Arabien reden, wenn wir in Elektro-Autos fahren würden, die ihre Energie aus Kernkraft, Wind, Sonne und unseren Gasquellen beziehen.«[8] Was wäre, wenn die USA irgendwann kein Öl mehr vom Golf einführen?

Ali Naimi hatte diese Frage offenbar schon öfter gehört. »Die Amerikaner werden noch sehr lange Öl im Ausland kaufen«, sagte der Minister fast wie abgespult. Die Umstellung dauere Generationen. Und außerdem stelle sich Saudi-Aramco selbst um, sagte er und hob die Stimme. »Wir bleiben führend im Ölgeschäft, während wir für die Zukunft vorbauen.« Die liege unter dem Wüstensand und im Himmel darüber. Immerhin sei Saudi-Arabien das Land mit den viertgrößten Gasvorkommen der Welt, die erst jetzt allmählich erschlossen würden. Saudi Aramco arbeitet daran. Ganz neu aber ist eine Solar-Task-Force, die 2010 eingerichtet wurde. Das Wüstenland wird im großen Stil Sonnenenergie herstellen. »Auf lange Sicht wollen wir so viel Sonnenstrom wie heute Öl exportieren«, sagte Naimi. Lächelte und wusste, dass auch die Sonne eine Ressource ist, bei der sein Land auf Platz eins in der Welt steht.

Auch wenn die Bilder vom Golf mit Ölscheichs in durstigen Zwölfzylinderlimousinen etwas anderes vermitteln. Über wenig reden die Strategen in den Rohstoffstaaten am Golf in diesen Jahren so viel wie über die Zeit nach dem Öl. Das hat nichts mit einer Weg-vom-Öl-Politik zu tun. Die Golfaraber planen mit dem Rohstoff, auf dem ihr Einkommen der nächsten Jahrzehnte beruht. Die brennende Frage ist nicht, womit sie ihr Geld verdienen, sondern, was sie damit machen. Die Antworten sind in Saudi-Arabien bisweilen andere als in den kleinen Golfstaaten. Das Königshaus in Riad lässt Economic Cities und Wissenschaftsstädte aus dem Boden stampfen. Aber es muss zugleich für mehr als 27 Millionen Bürger sorgen, die wachsende Armut bekämpfen, viele Wohnungen und neue Universitäten bauen sowie Arbeitsplätze für seine gelangweilte Jugend schaffen. Auch in Saudi-Arabien kam es im Gefolge der Aufstände in Ägypten und Tunesien im Frühjahr 2011 zu Protesten. Die Unzufriedenheit von Teilen der Bevölkerung wurde sichtbar. Die kleinen Stadtstaaten haben es leichter, weil sie weniger Menschen versorgen müssen und im Verhältnis mehr Geld in Zukunftsprojekte stecken können. Abu-Dhabi, keine 400 Kilometer südlich vom Hauptquartier Saudi Aramcos, hat das dritthöchste Pro-Kopf-Einkommen der Welt. Damit regiert es sich entspannt. Doch bürdet es dem Herrscherhaus auch riesige Verantwortung auf. Was kommt nach dem Öl? Womit werden die Einheimischen dauerhafte Werte erarbeiten? Viele Rohstoffstaaten scheitern an dieser Herausforderung: Russland, Nigeria, Venezuela, Iran. Dagegen versucht sich Abu Dhabi am großen Experiment, aus Ölmilliarden etwas zu schaffen, das von größerer Dauer ist als das Ölzeitalter.

LUFTFAHRT, LOUVRE UND SOLARZELLEN: ABU DHABIS ZUKUNFT

Abu Dhabi hat für eine Golfmetropole etwas auffällig Unspektakuläres. Die Einfahrt in die Stadt führt vorbei an einfachen Wohnsiedlungen, Industriegebieten, einem noch unbebauten Stück Wüste. Abu Dhabi beginnt kaum merklich irgendwo dazwischen. Keine Paukenschläge aus Stahl, keine Kathedralen aus Glas. Keine gigantischen Raffinerien oder Wolkenkuckucksheime. Einfach Gebäude und Straßen, ganz normal. Einen so schönen Turm wie Dubai hat Abu Dhabi nicht. Aber dafür *besitzt* es den Turm. In der schweren Finanzkrise der Himmelsstürmer von Dubai half Abu Dhabi dem gebeutelten Nachbaremirat mit viel Geld aus. Großzügig und eigennützig zugleich, nicht ohne Sinn für Symbolisches. Abu Dhabi schnappte sich das Sahnehäubchen von Dubai. Der höchste Turm der Welt wurde bei seiner Eröffnung auf den Namen des Herrschers von Abu Dhabi getauft: Khalifa! Größer konnte die Erniedrigung von Dubai nicht sein.

Der Unterschied zwischen Dubai und Abu Dhabi? Hier der mondäne Glanz und dort die massiven Geldschränke, hier die Hochhäuser gen Himmel, dort die drittgrößten Öllager der Welt unsichtbar unter der Erde, hier die Show und dort die Staatsfonds. Abu Dhabi hat sein üppiges Einkommen auf eine Reihe von Konzernen und Fonds verteilt, von denen einer der größte der Welt ist.[9] Das kleine Land ist also längst ein Riese auf den Finanzmärkten. Was macht es mit seinen Reserven?

Vorfahrt bei Mubadala, einem der mächtigsten Investment-Fonds von Abu Dhabi. Auch hier ist nichts wirklich übertrieben. Ein geräumiger Glaspalast auf zehn Etagen glänzt mit schlanken Säulen, Kopien islamischer Holzkapitelle, einem großen, nicht überdimensionierten Lichthof – in dessen Mitte ein knallrotes Formel-1-Modell von Ferrari. So viel Spektakel muss sein. Mubadala ist der finanzstärkste Miteigentümer der italienischen Rennauto-Schmiede. Über Mubadala kam auch die Formel 1 nach Abu Dhabi. Mubadala eröffnete vor Kurzem einen Ferrari-Themenpark, wo Touristen die großen Siege von einst nacherleben können. Doch was ist daran nachhaltig? Ein führender Manager[10] von Mubadala lud mich zum Gespräch auf eine Kanne grünen Tee ein und verteidigte das Engagement. Ferrari sei mehr als ein XXL-Vergnügen mit hohem CO_2-Ausstoß. »Mit derlei Attraktionen will Mubadala – und damit ganz Abu Dhabi – in der Welt zur Marke werden.« Aber im Schilde führe man weitaus Nachhaltigeres.

Mubadala ist Gemischtwarenladen und Investitionsimperium zugleich. Der Konzern steckt sein Geld in Luft- und Raumfahrt ebenso wie in Immobilien auf der Erde, in Telekommunikationstechnik und in Ölverarbeitung, in nachhaltige Energieerzeugung, in Finanzdienstleistungen,

Krankenhäuser und Bildungseinrichtungen.[11] »Diversifizierung heißt die Kür«, lächelte der Manager. Über ein Dutzend solcher Unternehmen haben die Herrscher von Abu Dhabi mit strategischem Blick über viele Jahre aufgebaut. Das größte von ihnen ist ADIA, die Sparbüchse von Abu Dhabi. Der Fonds Aabar erregte in der Welt Aufsehen, als er im März 2009 knapp zwei Milliarden Euro in Daimler steckte. Mubadala und die Geschwisterfonds wollen Flugzeuge, Autos und Satelliten mitbauen.

Mubadala ist das Projekt des ehrgeizigen, in England ausgebildeten Kronprinzen Scheich Mohammed bin Zayid. Der Kronprinz, ein geselliger charismatischer Mann, der gern mit Menschen spricht, hat sich bei Mubadala nicht in eine exklusive Chefetage zurückgezogen. Wenn er kommt, bleibt er gern im Korridor für ein kurzes Gespräch stehen. Niemand scheint ihm fremd zu sein. Er setzt sich oft ins Café »Jones the Grocer« und spricht dort mit dem Vorstandsvorsitzenden über künftige Investitionen. Der Sohn des Gründervaters von Abu Dhabi und Verteidigungsminister steht dem mächtigen Executive Council vor, in dem die wichtigsten Pläne und Investitionen von Abu Dhabi abgesegnet werden. Man hat viel vor. Ein Entwicklungsplan für das Jahr 2030 soll die Ein-Millionen-Stadt umkrempeln, die Wüste und die vorgelagerten Inseln zugleich erschließen. Auf einer Insel im Golf, Saadiyat – Glückseligkeit – genannt, soll eine neue Stadt entstehen, mit einer Konzerthalle, einem Guggenheim-Museum und einer Filiale des Pariser Louvre. Die Stararchitektenbüros Zaha Hadid, Frank Gehry und Jean Nouvel wollen aufsehenerregende Gesteinshaufen an den Golf setzen. Saadiyat wird der Schauboulevard einer kleinen Macht, die sich auf die Weltkarte setzen will.

Abu Dhabi möchte seine geografische Lage zwischen Afrika, Europa und Asien nutzen, sagte der Mubadala-Manager. »Wir liegen genau in der Mitte der Wachstumsregionen.« Da bieten sich Abu Dhabi und Dubai mit ihren Großflughäfen und dem Tiefseehafen als Versorgungszentrum und Handelsplatz an. Die Chance für die Emirate nach der Finanzkrise: Es ist weniger Kapital in der Welt, doch genau davon haben die Herrscher Abu Dhabis mehr als genug. Schon der Staatsgründer Scheich Zayid bin Sultan al-Nahyan sah die Öleinnahmen nur als Mittel zum Zweck eines entwickelten Staates.[12] Seitdem ist der Erfolg des Landes gewissermaßen eine Familienangelegenheit. Die Altvorderen denken nicht in Wahlperioden, sondern in langfristigen dynastischen Strategien.

Deshalb, erklärte der Mubadala-Manager, investiere sein Konzern in Bildung und Gesundheit des Volkes, »in dauerhafte gesellschaftliche Werte«. Die New York University und die Sorbonne haben unter dem Schirm von Mubadala Eliteuniversitäten in Abu Dhabi eröffnet. »Häufig sind die Frauen bessere Studenten als die Männer«, ergänzte der Mubadala-Mann. »Hinter den schwarzen Schleiern stecken oft kluge Köpfe, die vor allem in die Ingenieursberufe drängen.« Dagegen führen viele Männer lieber schnelle Sportwagen, als die Freizeit in der Bibliothek abzusitzen. »Sie brauchen mehr Anreize, nur woher sollen die kommen?«, fragte der Manager. Die Luxushalbstarken können sich ohne Leistung viel leisten, weil die Herrscher nach wie vor fast jeden Emirati mitversorgen.

Hier lauert die Verführung, die Gefahr für Abu Dhabi: Wohlstandsverwahrlosung und Maßlosigkeit. Mubadala hat eine Diabetes-Forschungsklinik gegründet, die angesichts des süßen Wohllebens vieler Einheimischer vielgefragt ist. Ein Drittel der Bevölkerung sei von der Krankheit befallen. Kein Wunder. Ein auskömmlicher Job in der aufgeblähten Verwaltung des Landes ist jedem Emirati nahezu garantiert, für Akademiker auch weit oben. Ein paar Stunden Anwesenheit am Tag reichen für die privilegierten Diener ihres Staates. Teile der Arbeit verlagern sie auf fremde Schultern. Schon heute sind bis zu 80 Prozent der Bevölkerung von Abu Dhabi Ausländer. Die Fremden teilen sich in eine Zweiklassengesellschaft. Unten stehen die billigen Arbeiter aus Indien, Pakistan oder ärmeren arabischen Ländern, oft ohne Familie und mit wenig Rechten ausgestattet. Darüber rangieren die Ingenieure und Professoren, die Manager und Kunstexperten, ohne die das Land nicht prosperieren kann. Sie alle bauen das Land auf, das sich die Herrscher erträumen.

Mitunter mangelt es den Emiraten schlicht an Knappheit. »Man muss hier künstlich Schmerzen beim Ausgeben herstellen, weil sonst einfach viel zu viel verschwendet wird«, klagte der Mubadala-Manager. Einige Scheichs verlieren sich bisweilen im Wettstreit um das Schönste, Schickste und Monumentalste. Siehe das Emirates Palace, eines der teuersten Hotels der Welt. Die Palastherberge ist fast einen Kilometer lang, sie wird von 114 Kuppeln gekrönt, die größte hat einen Durchmesser von 42 Metern – genau wie der Petersdom in Rom. Kristalllüster, goldene Balustraden, Marmorsäulen, sechs Meter hohe Zimmerdecken und der größte Wandteppich der Welt zeugen von dem Wunsch, nicht übersehen zu werden. In der Hotelhalle steht ein Automat, aus dem man sich mit seiner Kreditkarte Goldbarren ziehen kann, falls man diese gerade brauchen sollte.

Doch wäre es gefährlich, die Emiratis wegen dieser Ausschweifungen zu unterschätzen. Im Jahr 2009 mussten die Deutschen erkennen, wie schnell die Herrscher von Abu Dhabi lernen, präzise und wohl geplant ihre Interessen durchzusetzen. Durch geschickte Lobbyarbeit unter den Ländern der Dritten Welt schnappte Abu Dhabi den Deutschen den Hauptsitz von IRENA weg, der 2009 in Bonn gegründeten Internationalen Agentur für Erneuerbare Energien. Nicht im grünen, mülltrennenden, energiesparenden Bonn, sondern im vollklimatisierten Abu Dhabi sitzen nun die Chefs der Energiebehörde. Dabei konnten die Emirate mit einem spektakulären Milliardenprojekt von Mubadala punkten. In Masdar City, dem grandiosen Plan einer emissionsfreien Stadt für das 21. Jahrhundert, zeigt Kronprinz Mohammed seinen Willen, anderen Golfstaaten ein Stück voraus zu sein.

Masdar City, die grünste Idee der staubigen arabischen Halbinsel, wächst in einer merkwürdigen Nachbarschaft: hinter den Hangars des neuen Flughafens von Abu Dhabi, vor der neuen Formel-1-Rennstrecke und dem Ferrari-Erlebnispark. Masdar, arabisch für Quelle, kehrt der Emissionsparty den Rücken zu. In 15 Jahren sollen auf den sechs Quadratkilometern der Stadt fast 50 000 Menschen leben. Die Einwohner von Abu Dhabi verbrauchen heute pro Kopf mehr Energie als fast jede andere Stadt der Welt. Die Bewohner von Masdar City sollen mit einem Viertel davon auskommen – und dieses Viertel soll umweltfreundlich erzeugt werden. Selbst die Entsalzungsanlage fürs Wasser arbeitet mit Solarenergie. Die Büros von IRENA natürlich auch.

Bei meinem Besuch Ende 2010 war der Wüstensand schon vermessen und die Keimzellen der künftigen Stadt gesetzt. Rechts wuchs ein Solarkraftwerk heran. Links stand ein Verwaltungsgebäude. Geradeaus ging es direkt ins Masdar Institute of Science and Technology, das geistige Zentrum der Zukunftsstadt. Das Institut thront auf einem künstlichen Hügel, natürlich gekühlt durch den Wind. Im Kellergeschoss standen kleine eiförmige Elektromobile für jeweils vier Personen, die sich – ohne Fahrer und computergesteuert – durch die ganze Stadt bewegen sollen. Oben auf dem Hügel entstand das Stadtzentrum aus Norman Fosters berühmter Architektenküche. Mubadala hatte an nichts gespart. Durch den ellipsenförmigen, zukunftssüchtigen Eingangsbereich aus Beton und Glas ging es zum Hauptgebäude aus silbrig leuchtendem Metall, einem Ort voller Neugier und Optimismus. Die ersten Forscher, Lehrer und Studenten, viele aus Europa, Asien und den USA, arbeiteten hier schon seit 2009. Ein britischer Ingenieur erläuterte, was es mit dem raketenförmigen Turm auf dem zentralen Platz der Stadt auf sich hatte. Ein großes Rohr klemmt in einem Gerüst, darauf ist eine Art Windfang aus Holz montiert. Der leitet die Wüstenluft durch das Rohr, in das Wasser in feinen Fäden gesprüht wird. Der Wind tritt am unteren Ende wie aus einem Zerstäuber aus und erfrischt Menschen und Pflanzen auf der Plaza. Jedes Detail in Masdar City sagt: Zukunft.[13]

Schon heute ist absehbar, dass Abu Dhabi nicht alle seine Versprechen halten wird. Vieles ist gut, manches aber zu groß und zu schnell geplant. Auch Masdar City wird kleiner

und bescheidener werden als ursprünglich gedacht. Darin
ähnelt das Emirat historischen Aufbrüchen wie denen nord-
amerikanischer Großstädte Anfang des 20. Jahrhunderts, wo
kühne Neubauten und jäher Verfall die Innenstädte zeichneten. Auch am Golf werden viele Türme neben einigen
Ruinen stehen, Erfolge neben Irrtümern. Doch den eh-
geizigen Plan, sichtbar auf die Weltbühne zu rücken, werden
die Vereinigten Arabischen Emirate verwirklichen. Nicht
Ägypter, Syrer oder Iraker, die noch vor 20 bis 30 Jahren die
Modernisierung der arabischen Welt vorantrieben, liefern
heute die Beispiele, wozu Araber wirtschaftlich in der Lage
sind. Syrer und Iraker leiden unter einem erstarrten Regime
oder sind zerfressen von inneren Konflikten. Ägypten sucht
nach dem Sturz von Präsident Mubarak nach seinem neuen
Platz in der Region. Wirtschaftlich wird die Zukunft der
arabischen Welt bis auf Weiteres am Golf geprägt, von Staaten, die erst 1971 gegründet wurden. Das benachbarte Qatar
zeigt musterhaft, wie man seinen Platz in der Welt erobert.

SENDUNGSBEWUSSTSEIN: AL-DSCHASIRA IN QATAR

Qatar ist so etwas wie der Sonnyboy am Golf. Wo Dubai zu
hoch gebaut hat, Abu Dhabi um Anerkennung heischt, Kuwait mit sich selbst hadert, wo Bahrain zu arm und Saudi-
Arabien zu verschlossen ist, da schauen alle Qatar hinterher. Das kleine Land mit den drittgrößten Gasreserven der
Welt holt sich jeden Preis, fast alles scheint ihm zu gelingen.
Die Austragung der Fußball-Weltmeisterschaft 2022, die erfolgreiche Vermittlung im Libanonkonflikt 2008, die Auf-
tritte von Scheicha Mosa, der bezaubernd-mondänen First
Lady, die schönste Uferstraße am Golf, der inoffizielle Titel des reichsten Landes der Welt, der erste Gipfel der Golf-
länder mit Iran, Handel mit Israel. Qatar kann alles. Das hat
viel mit der Offenheit des Landes zu tun und mit einer un-
gezwungenen Weltgewandtheit, die seinen Nachbarn, vor
allem den großen Saudis, schwerfällt. Die um sich selbst

kreisende Führungsmacht am Golf muss sich von den Emiraten und Königreichen vor seiner Küste vormachen lassen, wie man die Welt erschließt. Kein Experiment zeigt das so gut wie der qatarische Satelliten-Fernsehsender al-Dschasira, den saudische Investoren sogar kopiert haben. Doch al-Arabiya, ein saudischer Sender mit Sitz in Dubai, ist bisher eben nur das geblieben: eine Kopie.

Das Original steht in Doha, der Hauptstadt von Qatar. Al-Dschasira sitzt nicht in Glitzerhäusern, nicht in Türmen, sondern in Flachbauten, die ein geerdetes Selbstbewusstsein verströmen. Man hat die Bau-Schau nicht nötig, die wahre Show beginnt hinter der Aluminiumtür des Eingangs. Zunächst einmal führt der Weg in die Heldengalerie. Die Geschichte des Senders seit 1996 ist kurz, aber sensationell. Im Irakkrieg 2003 kam der al-Dschasira-Korrespondent in Bagdad durch US-Luftangriffe um, ein Kameramann saß später im US-Gefangenenlager Guantánamo. Osama bin Laden schickte Videobotschaften über al-Dschasira, auch sein Stellvertreter Ayman al-Sawahiri bekam Sendezeit. Al-Dschasira polarisierte schon immer, reizte Amerikaner, Israelis, Iraner und Saudis gleichermaßen. George W. Bush wollte al-Dschasira angeblich bombardieren lassen. Bahrain und Kuwait wiesen dem Sender 2010 die Tür, das ägyptische Regime schloss das Büro in den landesweiten Revolten 2011. Al-Dschasira wurde für viele Araber zum Sender der Revolution. Ob vom Tahrir-Platz in Kairo oder aus einem unbekannten Keller in der Provinz: Al-Dschasira-Reporter und ihre jugendlichen Helfer mit Handykameras berichteten rund um die Uhr von den Unruhen, von der Gewalt der Sicherheitskräfte und den Erfolgen der Aufständischen. Einseitig, fanden einige, engagiert, meinten andere. Al-Dschasira wurde 2011 zur Hauptinformationsquelle der Welt über die arabischen Aufstände – auf Englisch und Arabisch.

Auf dem al-Dschasira-Forum, einer hochkarätig besetzten internationalen Konferenz in Doha 2010, verstand ich besser, was Diktatoren und Demokraten an dem Sender so aufregt. Al-Dschasira liebt die Konfrontation, Tabubrüche und Zoff. Der Konferenzsaal sah aus wie eine Diskothek, war ganz in violettes Licht getaucht und auf 15 Grad heruntergekühlt. Wer einen gefütterten Turban dabeihatte, war gerade richtig gekleidet. So einen trug der Außenminister der Taliban, der auf dem Podium neben dem Ex-Generaldirektor des pakistanischen Geheimdienstes Platz nahm. Zwischen ihnen saß ein pensionierter hochrangiger Beamter der amerikanischen CIA, der George W. Bush auf verblüffende Weise ähnelte. Es ging um Afghanistan. Der CIA-Offizier sagte, es gehe den USA in Zentralasien vor allem darum, dass al-Qaida-Terroristen keine Rückzugsräume mehr hätten. Und schaute fast hilfesuchend zu dem Pakistaner, dem Verbündeten. Der pakistanische ISI ist eine berüchtigte Behörde, die stets das Gute zu wollen vorgibt und doch das Böse schafft. Der ISI-Mann drehte auf, behauptete, das »westliche System breche zusammen«. Was Afghanistan wirklich brauche, sei die Scharia, nicht das vom Westen aufgezwungene Grundgesetz. Der Amerikaner wandte sich empört ab. Viel moderater als der vermeintliche pakistanische Alliierte war der Taliban-Außenminister: »Wir haben keine globalen Ziele, sondern nur eine nationale Agenda« – und darüber würden die Taliban gern mit den USA ins Gespräch kommen. Worauf der CIA-Mann nickte: »Wir wollen mit allen Parteien in Afghanistan einen Waffenstillstand aushandeln.« Schade war nur, dass sie als Ehemalige nicht gleich damit anfangen konnte.

So funktioniert al-Dschasira. Reden lassen und zusehen, was dabei wächst. Die stürmischen Fernsehdiskussionen auf dem Satellitenkanal haben mit die höchsten Einschaltquoten in der arabischen Welt. Die Zuschauer wissen: Bei al-Dschasira hören sie, was die arabischen Staatskanäle ihnen vorenthalten, sie erfahren, was das Volk denkt. Der Sender durchbricht die Wälle der Diktatur. Das Internet mag verlangsamt, Twitter und E-Mail ausspioniert und blockiert werden, wie kurzfristig in Ägypten und dauerhaft in Iran. Satellitenfernsehen gibt es so lange, wie Satelliten die Erde umfliegen. »Andere haben Nuklearwaffen, wir haben unsere Diskussionen«, sagte mir Tony Burman, der Chef des englischen

Senders von al-Dschasira. Die englische Welle würde mittlerweile über 200 Millionen Haushalte erreichen, mehr als BBC und CNN. Die Popularität liegt auch an den Themen. Viel Afrika, viel Südasien, viel Lateinamerika, al-Dschasira hat mehr Korrespondenten und vollbesetzte Auslandsbüros als seine Konkurrenten. Eine halbe Milliarde Dollar im Jahr aus der Schatztruhe des Emirs sorgen dafür, dass der Vorsprung bleibt. Deshalb lässt al-Dschasiras Bisskraft auch sofort nach, wenn es um Qatar geht. Der Emir ist sakrosankt, während alle anderen Staatenlenker scharf beleuchtet werden. Dabei sind Tendenz und Themenauswahl gerade des arabischen Senders umstritten. Zu sehr auf der Seite der Demonstranten im ägyptischen Aufstand gegen Hosni Mubarak, zu viel Sympathie mit den ägyptischen Muslimbrüdern, aber zu vorsichtig gegenüber dem Königshaus in Bahrain, sagen Kritiker. Zu abfällig gegenüber der palästinensischen Autonomiebehörde, zu freundlich zu Hamas, den islamistischen Herrschern von Gaza, heißt es weiter. Im Krieg Anfang 2009 war al-Dschasira der einzige Sender, der aus Gaza von Hamas' Gnaden berichten durfte. Haben die Kritiker recht?

Was den guten Draht zu den Islamisten angeht, gewiss. Der Chef von al-Dschasira, selbst ein Palästinenser, hatte Osama Hamdan, Politbüromitglied der Hamas, auf das Podium geholt. Hamdan trug dunklen Anzug, weißes Hemd, dunkelblaue Krawatte mit kleinen Punkten, dazu einen kurz geschorenen Bart. Daneben saßen zwei Amerikaner im Pulli. Ein Qatarer im Thob, der weißen Tracht der Golfaraber, stand auf und stellte Hamdan ironisch für seinen »superwestlichen Aufzug« zur Rede. Der Hamas-Führer war irritiert, das hatte er nicht erwartet. Er warnte davor, persönlichen Stil für Politik zu halten, und fuhr fort: »Ebenso sollte man, wenn man vier Frauen und einen luxuriösen Lebensstil hat, das nicht mit Politik vermischen.« Der verunglückte Vergleich freute den Qatarer, der sofort nachfragte, wie viele Frauen Hamdan denn habe. Der bloßgestellte Hamas-Mann blieb lieber bei der Politik. Geschont wurde auf dem Podium niemand. Bis auf den Hauptredner vielleicht.

Der ehemalige südafrikanische Präsident Thabo Mbeki hatte eine Lehre für Hamas und Israel mitgebracht. Er zeichnete das Ende der Apartheid in Südafrika Anfang der 90er Jahre nach. Den Weg des Afrikanischen Nationalkongresses ANC von einer als »Terrorgruppe« eingestuften Widerstandsbewegung zur ordentlichen Regierungspartei. »Wir haben das friedlich geschafft«, rief Mbeki stolz. Warum? Der Feind des ANC, das weiße Regime, hatte sich auf Verhandlungen eingelassen. Für fünf Jahre bildete man an der Macht eine Große Koalition, bis demokratische Wahlen dem ANC die Alleinregierung bescherten. Nein, nicht dass Israelis und Hamas zwingend diesen Weg gehen sollten. Der Südafrikaner hatte einen subtileren Rat: »Der ANC akzeptierte den Feind als Verhandlungspartner und wollte ihn nicht zerstören.« Man war sich einig, dass »niemand allein gewinnen würde und dass jeder Kompromisse eingehen« müsse. Ein Ansatz auch für Israel und Hamas? Osama Hamdan wich dieser Frage aus.

So funktioniert Qatar. Leute mit Sendungsbewusstsein zusammenbringen und das Ergebnis senden. Das kleine Land hat in den vergangenen Jahren aufsehenerregende Vermittlerdienste geleistet, im Libanon, in Eritrea, im Jemen, zwischen den verfeindeten Palästinensern von Hamas und Fatah.[14] Mit wechselndem Erfolg, aber das lag mehr an den Streithähnen als am Schlichter. Wenn gute Worte nicht reichen, kann Qatar stets mit Geld aushelfen. Doha ist neben Istanbul zum wichtigsten internationalen Treffpunkt des Mittleren Ostens herangewachsen. Der Emir hat die amerikanische Außenministerin Hillary Clinton ebenso in Doha bewirtet wie den iranischen Führer Mahmud Ahmadinejad. Die USA unterhalten auf der Halbinsel ihren wichtigsten Luftwaffenstützpunkt in der Region, zum Ärger Teherans. Iran hat 2010 ein Sicherheitsabkommen mit Qatar abgeschlossen, zum Verdruss Washingtons. Das kleine Land wünscht sich gutes Wetter am Golf. Ein Krieg zwischen den Großen kann das kleine Land zermalmen, im Frieden kann es sich am besten entfalten. Man merkt es am Selbstbewusstsein der Qatarer.

Nach der Rede von Thabo Mbeki meldete sich der iranische Botschafter in Doha mit einer Frage aus dem Publikum. Die al-Dschasira-Moderatorin, eine gazellenartige Erscheinung in schwarzer Velourshose mit weißem Paillettenblazer, hellem Kopftuch und einer riesigen gelben Brosche, gab ihm das Wort für eine »Frage«. Der Diplomat im grauen Anzug pries erst die iranische Revolution, dann die »demokratischen Wahlen« von 2009 und wollte offenbar noch ganz viel sagen, als die Moderatorin ihm ins Wort fiel: »Zu lang, das ist keine Frage, der Nächste, bitte.« Der iranische Botschafter protestierte, verwies auf seinen Rang und wollte weiterreden. »Ihre Minute ist vorbei«, sagte die Moderatorin und erteilte einem anderen das Wort.

Al-Dschasira und seine Konkurrenzsender in Beirut und Dubai haben die verschlossene arabische Welt geöffnet. Dank der Satellitensender genießen die Araber heute breiten Zugang zu Informationen, die vor 20 Jahren in den Filtern der Staatssender hängen blieben. Natürlich sind die Redaktionen auch heute anfällig gegen die Versuchungen des Journalismus: Kompromisse mit der Macht, Übertreibungen, einseitige Berichterstattung, Revolutionseuphorie. Worauf es aber ankommt: Das Fernsehen zerreißt den Kokon, den die arabischen Regime um ihre Bevölkerungen gelegt haben. Mit kleinen Kameras wird jedermann zum Reporter – und al-Dschasira zeigt es allen. Die Bilder von der Revolution in Tunis im Januar 2011 hätten viele Herrscher ihren Völkern gern erspart. Die Satellitensender brachten den Sturz von Präsident Zine al-Abidin Ben Ali in jede Familie. Die zogen ihre Schlüsse daraus, bald darauf waren Ägypten, Jemen und Jordanien im Aufruhr. Diktatoren und Könige mögen ohne politische Opposition schalten und walten, aber sie werden dabei beobachtet – von den eigenen Untertanen. So ist ein gemeinsamer Nachrichtenraum und eine »neue arabische Öffentlichkeit« entstanden, die über Irak und Palästina und die eigenen Herrscher erstaunlich frei reden kann.[15] Arabische Staatschefs reagieren längst auf diese mediale Art der Kontrolle von außen. Sie rechtfertigen sich vor der Bevölkerung, wo sie früher nie ein

Wort verloren hätten, sie versuchen, ihre Politik zu erklären. Sie bilden ihre Kabinette um, sie beugen sich zum Volk hinunter, um nicht zu stürzen. Diktator sein ist schwerer geworden – auch dank al-Dschasira.

Rohöl, Zukunftsinvestitionen und Sendungsbewusstsein – diese Treibmittel haben den Golfländern im vergangenen Jahrzehnt einen beispiellosen Aufstieg beschert. Nicht alle applaudieren. Gerade im Westen werden die arabischen Rohstoffe, Staatsfonds und Satellitensender beargwöhnt.[16] Das Öl gilt manchen als potenzielle Waffe islamischer Staaten gegen den Westen. In den USA plädieren Energiestrategen für eine Abkehr vom Öl, nicht um des Klimas willen, sondern um unabhängig von den konservativ-religiösen Scheichs am Golf zu werden. Amerikanische Politiker brandmarken Investitionen arabischer Staatsfonds und Konzerne in amerikanische Unternehmen als Ausverkauf an islamistische Terrornetzwerke. Der demokratische Gouverneur von New Jersey, Jon Corzine, mobilisierte 2006 die Wähler gegen den Verkauf des Hafens von Newark an den Hafenbetreiber DP World aus Dubai mit den Worten: »Gefährliche Typen, schmutziges Blutgeld und Nukleartechnologie gehen in den Emiraten ein und aus.«[17] In Europa war die Abneigung vor der Weltfinanzkrise 2008 bisweilen ähnlich groß. Dem Fernsehsender al-Dschasira werfen amerikanische Politiker vor, im Dienste von Hamas und al-Qaida zu arbeiten. In allen drei Fällen spielen westliche Befürchtungen über den Islam eine Rolle.

Doch haben Rohöl, Investmentfonds und Sendungsbewusstsein überhaupt etwas mit dem Islam zu tun? Die Rohölregion hat einen starken Bezug zur Religion. Nirgends werden die islamischen Gesetze strenger angewendet als in Saudi-Arabien. Niemals würden sich Emiratis und Qatarer mangelnden konservativen Anstand vorwerfen lassen. Mitunter, so in Saudi-Arabien, behindern strenge Auslegungen des Islam den Fortschritt. Manchmal, wie in den Emiraten und Qatar, steht der Islam der Moderne nicht entgegen. Bisweilen fusioniert der Islam mit dem Kapitalismus, wie im *Islamic banking*, wo das Kapital durch Kauf und Verkauf von Waren und Anlagen, nicht durch Zinsen, vermehrt wird. Doch viele Geschäftsleute am Golf halten den Glauben und das Geschäft einfach so virtuos wie pragmatisch auseinander. Sie sehen keinen Widerspruch darin, ein guter und zugleich reicher Muslim zu sein. Ihr Erfolg beruht nicht auf dem Islam. Genauso wenig wie der Islam den Erfolg verhindert.

Anmerkungen

1 Nadine Scharfenort: »Städterivalität in den arabischen Golfstaaten«, in: *Giga Focus*, Nr. 5, 2007, S. 7.

2 Jacob Burckhardt: *Die Kultur der Renaissance in Italien*, Alfred Kröner, Leipzig 1925, S. 58.

3 Sehr gut dazu Uzi Raib: »Britain's Special Position in the Gulf: Its Origins, Dynamics and Legacy«, in: *Middle Eastern Studies*, Band 42, Nr. 3, Mai 2006, S. 351–364, S. 361.

4 Siehe zum Beispiel in der Finanzkrise des Emirats Dubai: »Auf Sand gebaut. Dubai und die Finanzkrise«, in: *Süddeutsche Zeitung*, 2. November 2008, und »Dubai hat auf Sand gebaut«, in: *Die Welt*, 3. Januar 2009.

5 Hamed Abdel-Samad: *Der Untergang der islamischen Welt. Eine Prognose*, Droemer, München 2010, S. 228.

6 Michael Thumann: »Was wollen die Scheichs«, in: *Die Zeit*, Nr. 23, 29. Mai 2008.

7 Die Peak-Oil-Theorie sieht den Zeitpunkt der größten Ölproduktion bereits gekommen. Danach sinke die Förderung, während die Nachfrage die Preise in die Höhe treibe. Einige Peak-Oil-Vertreter stellen auch die nachgewiesenen Ölreserven Saudi Aramcos in Frage und behaupten, sie betrügen nicht einmal die Hälfte der von Saudi-Arabien genannten rund 260 Milliarden Fass. Siehe: www.peakoil.net.

8 Thomas Friedman: »The Big American Leak«, in: *The New York Times*, 4. Dezember 2010.

9 Paola Subacchi: »Asian and Gulf sovereign wealth funds. A tale of two continents«, in: *The Gulf Region. A New Hub of Global Financial Power*, hrsg. von John Nugée und Paola Subacchi, Royal Institute of International Affairs, London 2008, S. 149–163, S. 153.

10   Die Investmentfonds am Golf arbeiten sehr diskret, die Manager möchten oft ihre Namen nicht gedruckt sehen. So auch mein Gesprächspartner.

11   Hierzu im großen Detail Christopher Davidson: »Abu Dhabi's New Economy: Oil, Investment and Domestic Development«, in: *Middle East Policy*, Band XVI, Nr. 2, Sommer 2009, S. 59–79, S. 67.

12   Frauke Heard Bey: *Die Vereinigten Arabischen Emirate zwischen Vorgestern und Übermorgen*, Georg Olms, Hildesheim, Zürich, New York 2010, S. 4.

13   Die Besuche bei Mubadala und in Masdar City habe ich für *Die Zeit* im November 2010 gemeinsam mit Uwe Heuser gemacht, dem ich dafür danke, dass ich unsere Eindrücke hier wiedergeben darf.

14   Zur Bewertung dieser Vermittlungsversuche Katja Niethammer: »Katar als arabischer Konfliktmediator. Neuer Hoffnungsträger oder Gernegroß?«, in: *Giga Focus*, Nr. 8, 2010, S. 3.

15   Marc Lynch: *Voices of the New Arab Public. Iraq, Al-Jazeera and Middle East Politics Today*, Columbia University Press, New York, 2006, S. 11.

16   Jean-François Seznec: »The Gulf Sovereign Wealth Funds. Myths and Reality«, in: *Middle East Policy*, Band XV, Nr. 2, Sommer 2008, S. 97–110, S. 106.

17   http://articles.cnn.com/2006-02-25/politics/port.security_1_dp-world-ports-deal-45-day-investigation/2?_s=PM:POLITICS.

SCHATTENMÄNNER:
IRANS AUSGREIFEN IN DER
ARABISCHEN WELT

W er wird den Machtkampf im Mittleren Osten gewinnen: der schiitische Iran oder das sunnitische
Königreich Saudi-Arabien? »Ihre Meinung? Bitte klicken
Sie hier!« Die kleine Abstimmung auf der Netzseite des Sa-
tellitensenders al-Dschasira im Sommer 2009 war so etwas
wie ein Fieberthermometer für den Mittleren Osten. Schüt-
telfrost und Fieberschübe hatten in diesem Sommer wieder
die Region erfasst. Im Irak bekämpften sich schiitische und
sunnitische Miliztruppen. Im Gazastreifen half Iran palästinensischen Kämpfern gegen Israel. Im Libanon fächerten
sich die Menschen vor den Wahlen mit Konfessionswimpeln
Luft zu. Auf dem Märtyrerplatz von Beirut demonstrierten
die Schiiten, Christen und Sunniten – jenseits davon intri-
gierten die Großmächte der arabisch-persischen Welt. Diese
Ereignisse wirken in ihrer Gleichzeitigkeit oft verwirrend.
Der Schauplätze und Statisten sind viele, aber der großen
Rivalen nur zwei. Iran gegen Saudi-Arabien. Zwischen ih-
nen geht es um nichts weniger als den gesamten Nahen und
Mittleren Osten. Die Abstimmung auf al-Dschasira ging für
Iran aus. Doch das war nur eine virtuelle Momentaufnahme.
   Der reale Kampf um die Hegemonie in der Region vom
Mittelmeer bis zum Indischen Ozean erfährt heute eine
dramatische Wendung. Der Aufstand der Jugend von Tu-
nis über Kairo bis Bahrain seit Anfang 2011 krempelt die

Region um. Kein Land und kein Regime kann sich seiner Macht mehr sicher sein. Es ist eine Freiheitsrevolte gegen die Alten und gegen die Fremdbestimmung. Über viele Jahrhunderte wurde die Region von außen gezügelt, beherrscht oder aufgeteilt. Seit der frühen Neuzeit durch die türkischen Osmanen, im Ersten Weltkrieg durch Briten und Franzosen, im Kalten Krieg durch Amerikaner und Sowjets, seit 1991 durch die einzige Supermacht USA, der die greisen arabischen Präsidenten und Könige assistierten.

Die Vereinigten Staaten sind durch Krieg und Selbstüberhebung unter Präsident George W. Bush ganz von selbst geschrumpft. Sein Nachfolger Barack Obama konnte 2009 mit einer Charmeoffensive kurzfristig Ansehen und Einfluss zurückerobern. Dann verheddert er sich auf den nahmittelöstlichen Machtbasaren. Seine Friedensvorschläge prallten an Israelis, den hartleibigen Siedlern und Palästinensern ab. Aus dem Irak zogen die Amerikaner ihre strategischen Kampftruppen 2010 zurück und gelobten, bis Ende 2011 ganz abzuziehen. Heute findet sich die Weltmacht eingekesselt in irakischen Kasernen und afghanischen Schluchten. Amerika reagiert im Mittleren Osten meist nur noch, bei fortschreitender Lähmung der Gestaltungsmacht.

Doch etwas fällt auf: Weder Europa noch China, noch Russland bewerben sich um die Nachfolge. Regionalmächte des Nahen Ostens versuchen, die Lücke zu füllen, während die arabische Jugend gegen die alten Herrscher aufbegehrt. Ägypten erhebt nach dem Fall von Hosni Mubarak den Anspruch, die arabische Welt wieder zu führen, muss sich aber noch selbst ordnen, um zu neuer Kraft zu finden. Andere drängen in das Machtvakuum: Israel kraft Armee und Atombombe, die Türkei dank wirtschaftlicher Blüte und hohem regionalen Ansehen, Saudi-Arabien mit hohen Öleinnahmen und explodierender Bevölkerung, Iran desgleichen. Zusätzlich baut Teheran mit Eile seine Nuklearindustrie aus, um irgendwann mit der inoffiziellen Atommacht Israel gleichziehen zu können.

Doch nur zwei dieser vier Staaten erheben den religiös begründeten Anspruch, Führungsmacht der Muslime zwi-

schen Casablanca und Qatar zu sein: Saudi-Arabien, der erzkonservative Wächterstaat der sunnitischen Heiligtümer
von Mekka und Medina, und Iran, der revolutionäre Reli-
gionsstaat der Schiiten. Beide Länder begründen ihre Am-
bitionen ideologisch und moralisch, beide ziehen Stolz aus
der Erfolgsgeschichte der Sunniten oder der Leidenshistorie
der Schiiten, beide schöpfen mehr und mehr Petrodollar
aus den größten Ölfeldern der Welt am Golf. Ihre Rivalität
reicht bis in die 70er Jahre zurück, sie war im Kalten Krieg
nur gedämpft worden. Heute liefern sich die Konkurrenten riskante Distanzgefechte in den von Bürgerkriegen und
Zerfall bedrohten Zonen der arabischen Welt, im Libanon,
im Irak, in Palästina. Ist es ein religiöser Konflikt? Heilige
Feindschaft von Sunniten und Schiiten? So sah es zunächst
aus, als die beiden Staaten vor über 30 Jahren aneinander-
gerieten. Ein kurzer Blick zurück.

IRAN GEGEN SAUDI-ARABIEN

Im Jahr 1979 kehrte Ajatollah Khomeini in der so genannten Islamischen Revolution nach Teheran zurück. Das war
nicht nur für Amerika, sondern auch für das saudische Königreich eine Bedrohung. Radio Teheran rief die schiitische
Minderheit in Saudi-Arabien, die nahe den Ölquellen des
Landes siedelt, zum Sturz des Hauses Saud auf. Schiitische
Demonstranten in den Ostprovinzen am Golf trugen Bilder
von Khomeini. In den königlichen Gemächern von Riad
brach Nervosität aus. Denn zugleich waren die Herrscher
von einem Aufstand im Westen bedroht. In Mekka hielten
radikale Sunniten neun Monate nach der Iranischen Revolution die Große Moschee besetzt. Polizei und Militär erstickten die Unruhen – mit einiger Mühe und der solidari-
schen Hilfe der französischen Gendarmerie.

Das saudische Königshaus zog daraus zwei Lehren.
Nach innen suchte es sich die Loyalität der puristischen islamischen Wahhabiten zu erkaufen, indem radikale Scheichs
in staatlichem Auftrag predigen durften. Der damalige sau-

dische Großmufti Abd al-Asis bin Bas half, viele Gesetze auf Koranformat umzuschneidern und das Erziehungs-wesen unter religiöse Kontrolle zu bringen.[1] Nach außen unterstützte Saudi-Arabien alle Staaten, die Iran irgendwie in Schwierigkeiten brachten. Die Amerikaner durften neue Basen am Golf einrichten. Bin Bas sprach den Segen dazu. In Afghanistan rüstete Riad gemeinsam mit Washington ra-dikale Sunniten gegen Russen und Schiiten hoch. Saudis und Amerikaner stärkten Saddam Hussein in den 80er Jah-ren den Rücken, als der irakische Diktator in wüsten Mate-rialschlachten und Giftgasattacken Teheran besiegen wollte. Lange Zeit versuchte sich Riad an der Eindämmung der Is-lamischen Revolution Irans. Erst in den 90er Jahren tausch-ten Riad und Teheran vereinzelte Nettigkeiten aus.

Es sollten ausgerechnet die USA sein, die das heikle Gleichgewicht zwischen Saudi-Arabien und Iran nach den Anschlägen vom 11. September 2001 verschoben. Weil die meisten Attentäter aus Saudi-Arabien stammten, traf der Bannstrahl des Weißen Hauses für einige Jahre das Königs-haus. Saudi-Arabien galt neokonservativen Beratern des Pentagon und des Weißen Hauses als das Herz der Finster-nis.[2] Ohne Rücksicht auf die umwälzenden Folgen für die Region befreite die politische Führung in Washington die Iraner von ihren Sorgen in der Nachbarschaft. Die Kriege in Afghanistan und im Irak stürzten die Erzfeinde Teherans, die radikalislamischen Taliban und den Revolversunniten Sad-dam Hussein in Bagdad. Seither ist Iran in der arabischen Welt auf dem Vormarsch, im Libanon, im Irak, in Palästina – macht Vorstöße gar in die Türkei. Verschärft hat die Offen-sive der ambitionierte Präsident Mahmud Ahmadinejad, der ein halbes Menschenalter jünger ist als der kranke saudische König Abdallah und seine greisen Brüder.

Abdallah und Ahmadinejad, die beide 2005 antraten, sind Widersacher, als Mächtige und als Menschen. Dem al-tersklugen König von Saudi-Arabien wird eine starke per-sönliche Abneigung gegen den angriffslustigen Präsidenten Irans nachgesagt. Abdallah macht aus seinem Status keinen Hehl und empfängt in Prunksälen von Marmor und Blattgold. Ahmadinejad zeigt sich gern in einer Arme-Leute-Umgebung, sein Palast bleibt vor der Öffentlichkeit verborgen. Abdallah führt sein Land als behutsam reformierender Vermittler, der sich in klimatisierten Audienzen die Sorgen der Menschen anhört. Ahmadinejad herrscht als Polarisierer, der seine Anhänger auf Massendemonstrationen bedient und die Opposition von der Miliz behandeln lässt. Wie unterschiedlich die Herrscher wirken, konnte man vor drei Jahren beobachten, als beide kurz hintereinander die Türkei besuchten. Abdallah besuchte Ankara Ende 2007 als Teil einer Europareise, was viel über die saudische Wahrnehmung der Türkei sagt. In Ankara tauschte der König höflich Orden mit dem türkischen Präsidenten aus, sprach mit ihm und Premier Tayyip Erdogan über die Lage im Nahen Osten und unterschrieb viele Wirtschaftsverträge. Das türkische Volk sah den saudischen Herrscher nur im Fernsehen.

Ahmadinejads Besuch 2008 brachte kaum Ergebnisse auf dem Papier, hatte dafür aber ein klares Ziel. Der Iraner konzentrierte sich auf das türkische Volk – im Herzen des alten Istanbul. Er kam zehn Minuten zu spät zum Freitagsgebet in der Blauen Moschee. Barfuß sank Mahmud Ahmadinejad in der Menge zu Boden, als sei er einer von ihnen, den vielen sunnitischen Türken. Hunderte hielten Mobiltelefone hoch, um Fotos zu machen. Gläubige robbten an ihn heran, begrüßten ihn, fassten ihn an. Ein kleiner Junge wurde ihm zugeführt, verfolgt von einer Fernsehkamera, und nach Gebieterart geküsst. Wieder drückte der Iraner die Stirn zum Gebet in den Teppich. Er wirkte winzig neben einer kolossalen Marmorsäule. Die imposante Blaue Moschee hatte Sultan Ahmet I. nach aufreibenden Kriegen gegen die Perser 1609 erbauen lassen – Gott zu Gefallen. Draußen hatte sich schon eine Volksmenge versammelt. Turbanträger, Kahlgeschorene in schwarzen Anzügen, Männer mit kleinen grünen Kappen, Langbärte – Iraner und Türken. Als die Wagenkolonne des Präsidenten losrollte, jubelten und klatschten sie. Wenige hundert Meter weiter, vor der Hagia Sofia, dem 1500 Jahre alten Denkmal des byzantinischen Weltreichs, gab Ahmadinejad Befehl zu stoppen. Zwischen zwei Wagen zeigte er sich und reckte seine Fäuste dem Gejohle entgegen. Die Menge brüllte: »Verdammt sei Israel!«[3]

Diese Masche verfängt immer im Nahen Osten. Mahmud Ahmadinejad lässt keine Gelegenheit aus, Israel und den »Zionismus« zu geißeln. Er provoziert mit dem Ajatollah-Khomeini-Zitat: »Das Regime, das Jerusalem besetzt, soll aus unserer Zeit verschwinden.«[4] Er leugnet den Holocaust bei jeder sich bietenden Gelegenheit, organisiert gar Konferenzen dazu und schlägt daraus politisches Kapital in der arabischen Welt. Nicht dass die Saudis Israel viel freundlicher gegenüberstünden. Nur gehen sie mit ihrer Abneigung nicht auf Werbetour. Ahmadinejad aber will Saddam Hussein beerben in der Rolle als selbststilisierter Erzfeind des israelischen Staates und Führer des arabischen Widerstands. Das kommt ihm zugute, je näher er Israel bei seinen Ausflügen in die Region kommt.

LIBANON

Im Herbst 2010 war die Straße vom Flughafen ins Zentrum von Beirut mit Bildern eines lächelnden Mahmud Ahmadinejad zugestellt. Die mit Iran verbündete Hisbollah hatte für einen warmen Empfang gesorgt. Der Präsident passierte sein eigenes Konterfei und traf das libanesische Staatsoberhaupt Michel Suleiman, um einige Verträge zu unterzeichnen. In der Libanesischen Universität Beirut erhielt er die Ehrendoktorwürde im Fach Politikwissenschaften. Tags darauf ging es dem Höhepunkt entgegen, auf einer Reise in den Südlibanon. Ahmadinejad fuhr nach Bint Dschbeil, auf das vom Krieg tief zerfurchte Territorium an der libanesisch-israelischen Grenze. Dort wollte er säen. Er lobte die Libanesen als »Volk des Widerstands« und versprach, die »Zionisten« würden irgendwann »verschwinden«. Doch sein Auftritt wirkte fast blass gegen die feurige Rede seines libanesischen Verbündeten Hassan Nasrallah, Chef der Hisbollah. Obwohl dieser – aus Sicherheitsgründen – nur per Video eingespielt wurde, war er der Star der antiisraelischen Show. Irans Stärke im Libanon ist vor allem die Stärke seiner Verbündeten.

Die schiitische Jugend schlägt seit Jahren den Rhythmus auf den Straßen von Südbeirut und im Südlibanon. Um die Ziele der Hisbollah durchzusetzen, errichteten sie Zeltlager im Stadtzentrum Beiruts gegen die prowestlichen Zedernrevolutionäre von 2005, inszenierten eine Art libanesischer APO gegen die sunnitischen Premierminister Fuad Siniora und Saad Hariri, besiegten ihre Anhänger im Straßenkampf. Das ist die Konfliktlinie: Hassan Nasrallahs Hisbollah gegen die sunnitische Hariri-Familie, Irans Schützlinge gegen die Verbündeten Saudi-Arabiens. Nasrallah malt am kräftig retuschierten Bild von Arm gegen Reich, Underdogs gegen Etablierte, Frisch gegen Faltig. Die Schiiten erzählen sich das Gleichnis vom Aufstand der Olivenbauern gegen die sunnitischen Porschefahrer in Westbeirut. Längst ist die Nationalflagge Libanons den Händen der Zedernrevolutionäre von 2005 entglitten, ist die sunnitisch-drusisch-christliche Koalition zerbrochen. Jetzt laufen auch die Schiiten und mit ihnen alliierte Christen mit dem Freiheitssymbol herum, das 2005 noch wider Syrien und Iran geschwenkt wurde.

Die festgefügten Konfessionslinien haben sich im libanesischen Machtkampf längst aufgelöst. Hisbollah wird von einem Teil der Christen unterstützt, auch der Druse Walid Dschumblat hat sich ihnen angenähert. Ein anderer Teil der Christen hält zum sunnitischen Lager des ehemaligen Premiers Saad Hariri. Sie waren ein gutes Jahr mit Hariri und Hisbollah in einer prekären Koalition der nationalen Einheit verbunden, die Anfang 2011 wieder auseinanderbrach. Den Hisbollah-Führern gelang es, einen ihnen genehmen Sunniten zum Premier wählen zu lassen. Es geht bei alledem kaum um Religion und viel um Macht. Der Libanon ist viel zu kompliziert, als dass sich seine politischen Rochaden schlicht auf den sunnitisch-schiitischen oder den iranisch-saudischen Gegensatz reduzieren ließen. Dennoch stellt sich die Frage, warum das Land nach der Zedernrevolution 2005 den gemäßigten »prowestlichen« und »prosaudischen« Kräften entglitten ist.

Die Antwort liefert unter anderem ein Krieg. In der Sommeroffensive der israelischen Streitkräfte gegen Hisbollah 2006 haben europäische Vermittler Israel fleißig ermahnt. »Was haben diese Verbündeten dem Libanon gebracht?«, höhnten Hisbollah-Redner nach dem Krieg, der weite Teile Südbeiruts und des Südlibanon in Schutt und Asche hinterließ. »Die Amerikaner haben zugeschaut und abgewartet, bis die Israelis alle schiitischen Häuser und die Brücken zerstört hatten«, spotteten sie weiter. Geholfen habe nur Hisbollah, mit freundlicher Unterstützung Irans. Ganz falsch war das nicht. Hisbollahs Hilfe war sichtbar, das Geld des libanesischen Staates versickerte in vielen Kanälen, nicht erkennbar für die meisten Libanesen. Nach dem Krieg 2006 arbeitete die Konstruktionsabteilung von Hisbollah schneller als alle Ministerien. Während diese lange an Statistiken herumdokterten, verteilte Nasrallahs »Bau-Dschihad« erst Geld, dann Zement und Ziegelsteine. In den Beiruter Hotels saßen iranische Berater, die Hisbollah mit Devisen und guten Tipps halfen. Training und Organisation Hisbollahs sind traditionellerweise iranischer Herkunft. Für die Wiederaufrüstung Hisbollahs seit 2006 haben die Iraner gleichfalls gesorgt. Die Waffen kamen zumeist über den Verbündeten Syrien.

Die Saudis hingegen führen ihren Feldzug im Wesentlichen per Scheckbuch. Stiftungen aus Riad boten auch nach dem israelisch-libanesischen Krieg von 2006 Wiederaufbauhilfe an, aber welcher Schiit lief schon zu den Saudis oder ihren Verbündeten, um sich helfen zu lassen? Ohnehin hatte das Königshaus während des Krieges peinlich zurückrudern müssen. Riad hatte Nasrallah offen für seine Provokationen gegen Israel kritisiert. Doch als der Hisbollah-Chef unter dem Feuer der israelischen Luftstreitmacht zum Volkshelden wuchs – sogar bei den Sunniten –, da schwiegen die Saudis. Ihr Problem ähnelte dem westlicher Diplomaten. Seit 2001 sind Iran und die Schiiten mit jeder westlichen oder israelischen Offensive stärker geworden: ob im Irak 2003, im Libanon 2006 oder in Gaza 2009. Dieser Einsicht konnte sich ihr bester Verbündeter im Libanon auch nicht verschließen. Ex-Ministerpräsident Saad Hariri fuhr Ende November 2010 zu einem historischen dreitägigen Besuch in den Iran. Dort wurde er mit wohlkalkulierter Herzlichkeit empfangen, bevor Hisbollah ihn acht Wochen später eiskalt vom Stuhl kippte.

NATIONALISMUS

Iran ist kein Land irrationaler religiöser Eiferer, wie im Westen manchmal behauptet wird, kein Brutkessel von islamofaschistischen Apokalyptikern, die den Nahen Osten lieber heute als morgen in die Luft sprengen wollen, um dem Himmelreich näher zu kommen. Seine Herrscher sind radikal und rational zugleich. Sie treiben brachial die Interessen ihres Landes voran. Sie ergehen sich in Hasstiraden gegen Israel, sind feindselig gen Westen und kompromisslos mit den Arabern. Sie neigen zur Selbstüberschätzung und Anmaßung, siehe Mahmud Ahmadinejad, als er sein Land in New York zur zweiten Weltmacht neben den USA erklärte.[5] Aber sie handeln gemäß ihrer »rationalen Logik«, die auf die Mehrung der iranischen Macht gerichtet ist.[6] Es ist ein nationalistisches Konzept. Dazu gehören Statussucht genauso wie wirtschaftliche Expansion, Einmischung im Libanon, im Irak und in Palästina ebenso wie technologischer Fortschritt. Damit ist ein Atomprogramm verbunden, das kein Steckenpferd allein des gegenwärtigen Regimes ist. Die nationale Idee, Irans Außenwirkung durch ein Atomprogramm zu vergrößern, stammt aus Zeiten des Schahs. Die Mehrheit der Iraner verbindet damit den Fortschritt des Landes und verdächtigt das Ausland, Iran durch Sanktionen und kleinliche Kontrollen in Rückständigkeit halten zu wollen. »Im Nuklearstreit kämpft Iran darum«, schreibt die Irankennerin Christiane Hoffmann[7], »an der technischen Moderne teilzuhaben, ohne sich dabei im Gesellschaftlichen und Politischen dem Westen angleichen zu müssen.« Auch bei einem Wechsel der Macht in Teheran würde sich daran

wahrscheinlich nicht viel ändern. Dass Iran eine Führungs-
rolle in der Region zu spielen habe, davon sind die national denkenden iranischen Eliten aller Couleur überzeugt.
Für das islamistische Regime von heute böte die Fähigkeit,
in kürzester Zeit Nuklearwaffen herstellen zu können, zwei
entscheidende politische Vorteile: Abschreckung der USA
und Israels[8] und Verstärkung der iranischen Leuchtkraft im
Mittleren Osten.

KAMPFPLATZ IRAK

Pilgern nach Teheran. Dieser Brauch libanesischer Politiker
wurde nach den irakischen Wahlen im März 2010 auch zur
ersten Übung vieler Bagdader Politiker. Kurdische und schiitische Führer stellten sich nicht als Erstes in Riad oder bei
den Amerikanern, sondern zunächst in Teheran vor, wo sie
sich ihren Segen für den folgenden Koalitionskampf abhol-
ten. Es sollte noch bis Ende November 2010 dauern, dass
eine Regierung zustande kam. Das Ergebnis war schließlich
ganz nach Teherans Geschmack. Ministerpräsident blieb der
Führer der islamisch-schiitischen Dawa-Partei, Nuri al-Ma-
liki. Er hatte während des iranisch-irakischen Kriegs in den
80er Jahren aufseiten Teherans gekämpft. Bei der Wahl hatte
er nur den zweiten Platz erkämpft, aber es gelang ihm in vir-
tuosen Durchstechereien, den eigentlichen Wahlsieger, den
säkularen Politiker Ijad Allawi, auszumanövrieren. Dabei
half Maliki die Bewegung des radikalschiitischen Predigers
Muqtada al-Sadr, ein Milizenführer und erklärter Feind der
Amerikaner, der zu Beginn des Jahres 2011 aus dem vierjäh-
rigen iranischen Exil zurückkehrte.

Iran hatte den Bürgerkrieg zwischen bewaffneten Ein-
satzgruppen der Schiiten und sunnitischen Terrorkomman-
dos mit entschieden. Der gewaltsame Dschihad gegen die
amerikanische Besatzung trat dort in den Hintergrund, wo
die Fitna ausbrach, der Streit innerhalb des Islam, begleitet von Aufruhr, Zerfall und Zusammenbruch. Schiiten vertrieben Sunniten und umgekehrt. Der Irak wurde auf er-

barmungslose Weise entmischt. Die Anschläge sunnitischer Terroristen bis heute demonstrieren nur mehr die in wilde Militanz umgeschlagene Ohnmacht der Sunniten, die zum ersten Mal seit über tausend Jahren in der Region von Euphrat und Tigris die Herrschaft verloren haben. Nur mit Mühe gelingt es der Regierung in Bagdad, die Sunniten dauerhaft zu beruhigen. Das Misstrauen ist groß. Einige Würdenträger der irakischen Schiiten, die jetzt Einfluss gewinnen, haben ihr Exil in Iran verbracht.[9] Radikale Schiiten wie Muqtada al-Sadr spielen offen die Karte des panarabischen Nationalismus und machen so den Sunniten in ihrer liebsten Disziplin Konkurrenz. Die Mullahs in Teheran helfen den von ihnen geschätzten schiitischen Gruppen mit Geld, Ausbildung und Tschadors aus iranischer Produktion. Der Besuch von Mahmud Ahmadinejad in Bagdad 2008 sollte das Tor dafür weiter öffnen. Iranische Unternehmen haben den Irak vor allem in den schiitischen Gebieten durchdrungen und ein enges Netz wirtschaftlicher Abhängigkeiten errichtet. Die Grenze zwischen Iran und dem Irak steht an manchen Stellen offen, als gälte das Schengener Abkommen auch hier.

Derweil führen die Sunniten im Zentrum des Irak ein Rückzugsgefecht, das von reichen saudischen Familien mitfinanziert wird. In Riad und der wahhabitischen Hochburg Bureida feilen saudische Scheichs mit Duldung des Königshauses an Fatwas, die den Schiiten Heimtücke, Täuschung und Betrug an der islamischen Sache unterstellen. Saudische Zeitungen schütten Leitartikel voller Zorn über Iran aus. »Können wir diesem Regime trauen, das unsere Regierung stürzen will?«, fragt der saudische Kolumnist Dschamal Khashoggi, der König Abdallah nahesteht.[10] »Wir haben nichts, rein gar nichts Positives von ihnen zu erwarten.« Während radikale Schiiten im Irak die libanesische Hisbollah – die »Partei Gottes« – feiern, verdammt ein saudischer Scheich sie als »Partei des Teufels«. Zornige Worte, nicht mehr. Eine durchschlagende Offensive der Saudis ist nicht erkennbar. Entlang der Grenze zum Irak bauen sie seit 2009 an einem Hochsicherheitszaun.

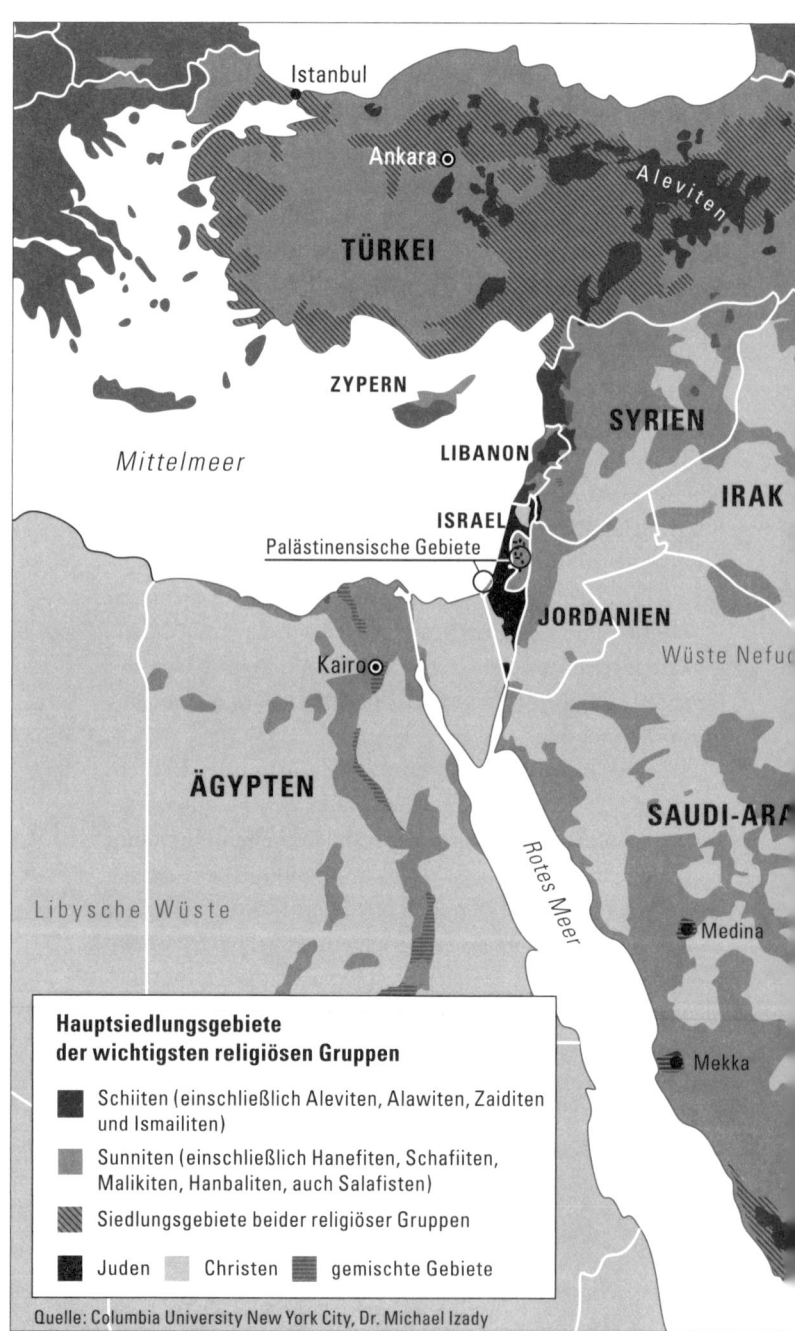

**Hauptsiedlungsgebiete
der wichtigsten religiösen Gruppen**

Schiiten (einschließlich Aleviten, Alawiten, Zaiditen und Ismailiten)

Sunniten (einschließlich Hanefiten, Schafiiten, Malikiten, Hanbaliten, auch Salafisten)

Siedlungsgebiete beider religiöser Gruppen

Juden   Christen   gemischte Gebiete

Quelle: Columbia University New York City, Dr. Michael Izady

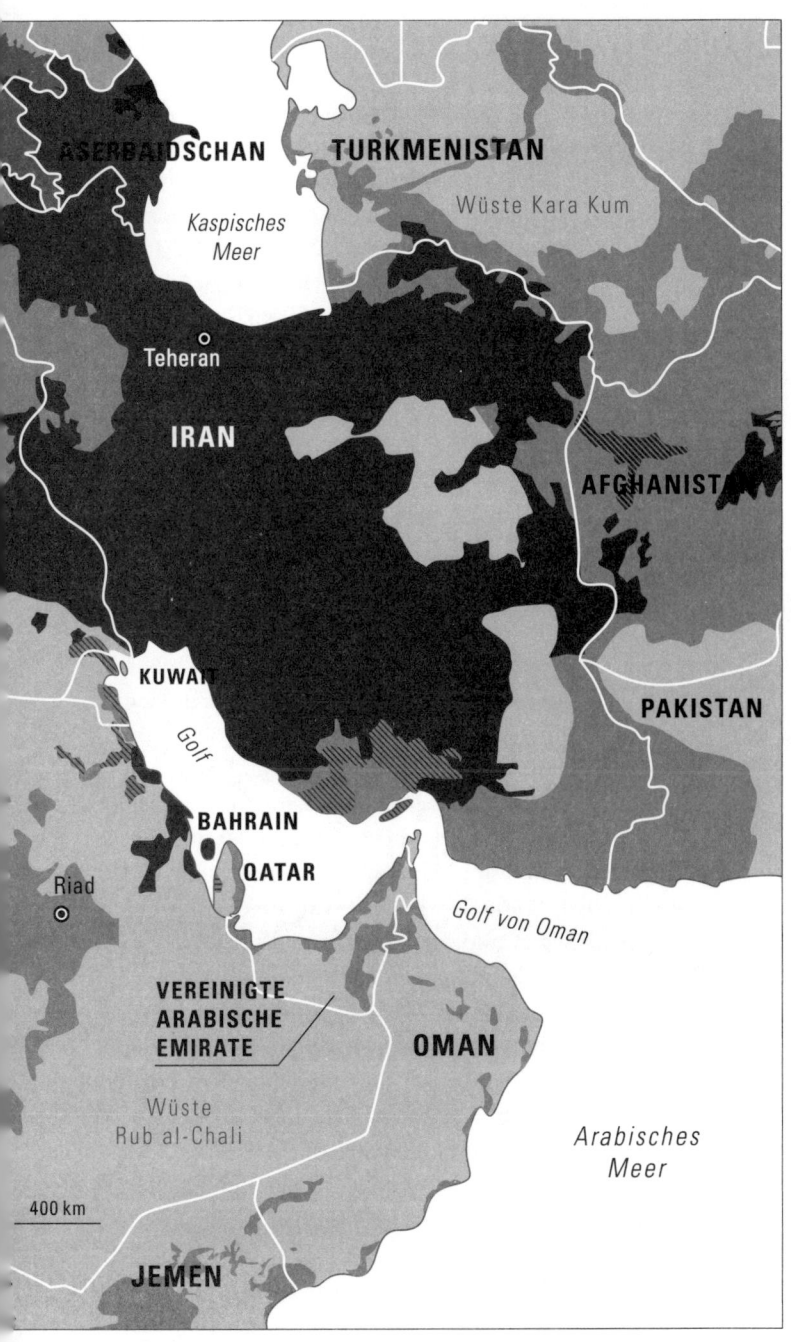

ASERBAIDSCHAN

TURKMENISTAN

Kaspisches
Meer

Wüste Kara Kum

Teheran

IRAN

AFGHANIST

KUWAIT

PAKISTAN

Golf

BAHRAIN

Riad

QATAR

Golf von Oman

VEREINIGTE
ARABISCHE
EMIRATE

OMAN

Wüste
Rub al-Chali

Arabisches
Meer

400 km

JEMEN

Schattenmänner: Irans Ausgreifen in der arabischen Welt   279

Wie schützt man sich vor dem ausgreifenden Iran? Darüber beraten die arabischen Führer seit vielen Jahren – ohne
des Problems Herr zu werden. Iranische Nadelstiche verstär-
ken die umgreifende Furcht am Golf.[11] Mal veranstaltet die
iranische Marine Manöver in der rohstoffreichen Meerenge
und erinnert die Vereinigten Arabischen Emirate daran, wie
überfallartig Iran 1971 mehrere ihrer Inseln besetzen und die
arabische Bevölkerung vertreiben konnte. Mal ruft ein Gro-
ßajatollah in Teheran zur Schaffung eines Groß-Iran auf. Mal
droht der iranische Verkehrsminister, alle Flugzeuge im iranischen Luftraum zu beschlagnahmen, auf deren Landkar-
ten Arabischer und nicht Persischer Golf steht.[12] Vor allem
aber verstehen die Araber das iranische Nuklearprogramm
als Bedrohung und als Versuch, über den technologischen
Vorsprung ihre Träume von Vorherrschaft zu verwirklichen.

Die erste arabische Antwort auf die iranischen Ambi-
tionen lautet deshalb: »Wir müssen sie militärisch abschre-
cken.« Die Vereinigten Staaten sind da ganz ihrer Meinung.
Zu einer bemerkenswerten Konfrontation kam es im Dezember 2009 in Bahrain, als sich arabische Emire und Könige, der Oberbefehlshaber des US-Zentralkommandos für
den Mittleren Osten David Petraeus und der damalige iranische Außenminister Manutschehr Mottaki auf einer Konferenz trafen.[13] Mottaki warb um Sympathien, versprach den
Arabern Frieden und Freundschaft und versicherte sie der
Harmlosigkeit des iranischen Atomprogramms. Die Araber
reagierten mit finsteren Mienen, der US-General mit einer temperamentvollen Rede. Petraeus zählte die US-Stütz-
punkte in der Region auf, die amerikanischen Bataillone
am Golf, die Schiffe und Luftabwehrsysteme. Er nannte den
Iran eine »Schurkenherrschaft«[14]. Die iranischen Politiker
im Publikum tippten schweigend Kurzmitteilungen in ihre
Smartphones. Dann ging der Schlagabtausch hinaus ins Gelände.

Die Iraner luden auf die staubige Baustelle ihrer neuen
Botschaft in Manama. In einem großen, mit Rüschen ver-

zierten Zelt umgarnten die Iraner die arabischen Honoratioren mit Fruchtsaft und Plänen der neuen iranischen Botschaft in Manama zwischen Perlfischerhafen und Bankhochhäusern. Immerhin lächelten alle, bis sie mit ernsten Mienen wieder abfuhren. Derweil luden die Amerikaner ihre Gäste auf ein Kriegsschiff im Hafen von Manama, wo die fünfte Flotte der US-Marine ankert. Auf der USS Hopper, einem der größten Zerstörer der Vereinigten Staaten, führten Soldaten die Instrumente vor: knapp 100 Schächte für Luftabwehrraketen und Tomahawk-Marschflugkörper, in Sekunden nachladbar, Torpedos, Flugabwehrkanonen, dazu Radaranlagen. Unten im riesigen Körper des Schiffes das tiefgekühlte Combat Control Center mit über 30 Bildschirmen und Computern, die in Sekundenbruchteilen an jedes beliebige Ziel in Iran heranzoomen können. Das Hirn des Krieges, voll digitalisiert. Unter den anwesenden Ministern, Geheimdienstagenten und Diplomaten wurde die Botschaft der Supermacht herumgereicht: Sobald Irans Armee eine Rakete auf eine arabische oder israelische Stadt startete, würde eine Abfangwaffe der USS Hopper sie in der Flugbahn abschießen. So weit die Theorie. Auf die jedoch wollen sich die Araber nicht allein verlassen.

Zu verwundbar sind ihre glitzernden Städte am Golf, zu erreichbar ihre Ölanlagen für mögliche iranische Angriffe. Im Falle eines großen Krieges im Mittleren Osten, der Israel und Iran einschließen würde, lägen die spiegelnden Hochhäuser von Doha, Abu Dhabi, Manama und Dubai vor dem Iran wie Metalldosen an einem Schießstand. Im Jahr 2010 bestellten Saudi-Arabien, die Vereinigten Arabischen Emirate und Qatar Rüstungsgüter im Wert von weit über 100 Milliarden Dollar, das meiste in den USA. Die modernen amerikanischen Waffen verschaffen ihnen einen technologischen Vorsprung vor Iran. Aber keine Ruhe. Saudi-Arabien und die Emirate wollen deshalb selbst Kernkraftwerke bauen. Einige Herrscher am Golf, namentlich der zu Hause bedrängte König von Bahrain und der Kronprinz von Abu Dhabi, drängten die USA schon zu einem umfassenden Präventivschlag auf Iran.[15] Sie fürchten einen

Angriff Teherans auf Amerikas arabische Verbündete. Und den Aufstand eines Teils ihrer Bürger.

Das ist die zweite Antwort der Araber auf Iran: »Wir müssen unsere Schiiten kontrollieren.« Rund um den Golf leben arabische Schiiten, sowohl in Iran wie auch in den Emiraten und Königreichen auf der Westseite der Meerenge. Die Innenministerien in Saudi-Arabien, Bahrain und Kuwait glauben, sie hätten ein schiitisches Sicherheitsproblem. Sie fürchten hinter jedem Schiiten, der selbstbewusst die Stimme erhebt, die Souffleure des iranischen Regimes. Wünsche nach mehr Freiheit begreifen die Polizeiregime als konfessionellen Aufstand. Beschattung und Bedrückung sind die Regel. In Bahrain wurden nach westlichem Maßstab harmlose Proteste vor den Wahlen 2010 wie ein brandgefährlicher Massenaufstand niedergeschlagen. Als im Frühjahr 2011 überwiegend schiitische Demonstranten das Inselkönigreich erschütterten, marschierten Truppen der Golfstaaten in Bahrain ein.[16] Die Nervosität hat viel mit der Unsicherheit zu tun, die in den unfertigen Nationalstaaten des Mittleren Ostens herrscht. Überall gibt es Minderheiten, überall Misstrauen. Dazu kommt die Bedrohung durch fundamentalistische Terroristen, die westliche Städte genauso wie nahöstliche Ziele angreifen. Als der Irak Mitte des vergangenen Jahrzehnts im schiitisch-sunnitischen Bürgerkrieg versank, warnte der jordanische König Abdallah vor einem »schiitischen Halbmond, der sich von Damaskus nach Teheran erstreckt und mitten durch Bagdad verläuft«. Dieser ermögliche es Iran, überall und jederzeit zum Aufstand gegen die sunnitischen Herrscher aufrufen zu können.

Ist Iran wirklich so einflussreich? Gemach. Die Schiiten am Mittelmeer und am Golf sind überwiegend Araber, keine Perser. Schon die Iranische Revolution 1979 hatte kaum Funken bei den Arabern geschlagen. Viele irakische Schiiten fühlen sich als Araber und wollen nicht mit Iran in einen Topf geworfen werden. Sie haben ihre eigenen hoch respektierten geistlichen Führer. Die schiitischen Islamisten in Bahrain, die bei den Parlamentswahlen 2010 erneut stärkste Partei wurden, achten sehr auf Distanz zu Teheran und auf ihre arabische Identität. In Saudi-Arabien, wo man bisher kein Parlament zu haben pflegt, wissen die Schiiten, dass jedes proiranische Flugblatt ihren Hausfrieden zerstören kann. Dabei gilt das iranische Regime vielen Arabern spätestens seit der brutalen Unterdrückung der Opposition nach den Wahlen von 2009 als Diktatur, die kein Jota besser ist als jene, unter der die Araber zu leiden haben. Die Bilder von Revolutionsgardisten, die auf wehrlose Wähler eindroschen, gingen über alle arabischen Satellitenkanäle. Teheran kämpfte auch 2011 mit Protesten.

Die zerklüftete arabische Welt lässt sich nicht entlang strikt religiöser Frontlinien ordnen. Das gilt für alle Spielarten des Islam. So wie die Teheraner Geistlichen nicht einfach jeden arabischen Schiiten gegen sunnitische Regime mobilisieren können, sind weder der extreme wahhabitische Islam aus saudischen Landen noch der traditionelle sunnitische Glaube in der Lage, die arabischen Sunniten in Massen gegen Iran und die Schiiten zusammenzuschweißen. Auch der Islamismus bietet keine Plattform, auf der Iraner und Araber gemeinsam kämpfen könnten. Was bei der Hisbollah in Libanon zu gelingen scheint, misslingt zum Beispiel in Ägypten. Die Muslimbrüder sind voller Verachtung für das iranische Regime und seine Großmachtambitionen.[17] Von islamischer Solidarität keine Spur.

Was die arabischen Massen wirklich aufwühlt und mobilisiert, lehrt vielmehr ein Blick in die Auslagen der Dattelhändler im überwiegend sunnitischen Kairo. Dort werden schon seit vielen Jahren die besten und teuersten Datteln der Saison nach den beliebtesten Führern benannt. Früher hieß die teuerste Dattel oft Saddam. Seit dem israelisch-libanesischen Krieg von 2006 trug sie den Namen Nasrallah. Die halb bis ganz verfaulten Früchte nannte man lange Zeit Blairs, Bushs oder Olmerts, später hießen sie Clintons und Netanjahus, seltener Obamas, und sind für einen Spottpreis zu haben. Es ist vor allem die Auseinandersetzung mit dem Westen und Israel, die für Iran Breschen in die sunnitische Welt schlägt. Hier muss jetzt die Rede von Palästina sein.

Bei den freien Wahlen Anfang 2006 gewann dort die radikale sunnitische Hamas die Wahlen und übernahm im Februar die Macht, die früher der selige Jassir Arafat innehatte. Für die damalige US-Regierung von George W. Bush kam es damals zum Schwur: Der Präsident hatte allerorten Demokratie und freie Wahlen gepredigt – würde er zu seinem Wort stehen, wenn zur Abwechslung mal die Falschen die Wahlen gewinnen? Bush kippte um. Amerika verhängte Sanktionen gegen die Hamas-Regierung, die sich trotzig weigerte, den Staat Israel anzuerkennen. Europa schloss sich dem Boykott an. Fortan blieben Lehrer und Krankenschwestern im Gazastreifen ohne Lohn.

Teheran erkannte sofort die Gunst der Stunde und veranstaltete 2006 eine Solidaritätskonferenz für Palästina, die zwar wenig Geld, aber viele warme Gesten brachte. Letztere blieben in Erinnerung, und ein paar Dollar flossen auch. Im Sommer 2006 wurde ein Hamas-Sprecher an der Grenze mit 900 000 Dollar aufgegriffen, die nur über Syrien aus Teheran kommen konnten. Westliche und israelische Geheimdienste berichteten in Übereinstimmung mit libanesischen Kennern und Unterstützern Irans, dass Teheran Waffen an Hamas lieferte.[18] Iranische Offiziere sollen auch Hamas-Sicherheitskräfte geschult haben. Die sunnitische Hamas bedankte sich, indem sie die Gründung eines Hohen Islamischen Schiitischen Rates in Palästina duldete und als sie im Inselstreit zwischen den Emiraten und Iranern für Letztere Partei ergriff.[19]

Diese iranischen Offensiven reizen Saudi-Arabien ebenso wie hohe sunnitische Gelehrte am Golf. Der einflussreiche islamistische Scheich Jussuf al-Qaradawi meldete sich mehrmals aus Qatar im Sender al-Dschasira zu Wort. Er warnte die Schiiten, die Grenzen nicht zu überschreiten: »Ich missioniere nicht im iranischen Qom. Es ist inakzeptabel, dass Schiiten in rein sunnitischen Ländern predigen.« Doch auch in Palästina hat Teheran einen taktischen Vorteil, denn es kann offen gegen Israel protestieren, es kann

Washington dreist herausfordern. Anders Saudi-Arabien, anders Qatar, wo die US-Streitkräfte eine große Basis nutzen. Ende 2006 versprach der Emir von Qatar dem palästinensischen Hamas-Premier Ismail Hanija, regelmäßig die Löhne aller Lehrer in Gaza und Ramallah zu bezahlen. Dazu das Startkapital für eine islamische Bank und ein großes Sportzentrum. Doch Washington stoppte seinen arabischen Verbündeten am Golf. Qatar durfte nicht zahlen – Empörung bei den Arabern, Punktsieg für Iran.

Den Zusammenhang zwischen israelischer und westlicher Politik in Palästina und dem Erfolg Irans in der arabischen Welt hat eine Studie der Washingtoner Brookings Institution und Zogby International eindrücklich geschildert.[20] Die Forscher befragen alljährlich Araber über ihre Meinung zur Politik im Nahen Osten. Der neugewählte US-Präsident Barack Obama streckte 2009 seine Hand Richtung arabische Welt aus, hielt eine bahnbrechende Rede in Kairo, trieb die Friedensverhandlungen zwischen Israelis und Palästinensern voran. Damals, stellten die Forscher fest, verdammte eine große Mehrheit der Araber das iranische Atomprogramm. Ein Jahr später jedoch scheiterten die Friedensversuche Obamas an der Steifnackigkeit des israelischen Premiers Benjamin Netanjahu, der ungerührt weiter Siedlungen im palästinensischen Ostjerusalem bauen ließ. Über 60 Prozent der befragten Araber gaben 2010 an, sie seien enttäuscht von Obama – eben wegen Israel. Zugleich hatte eine Mehrheit plötzlich eine positive Meinung vom iranischen Nuklearprogramm, sogar wenn es in Atomwaffen gipfele. Fast 90 Prozent sahen Israel, 77 Prozent die USA als größte Gefahr im Nahen Osten an. Nur zehn Prozent hielten Iran für beunruhigend. Der arabische Blick auf Iran schielt zunächst auf Israel und Amerika, dann auf das Land selbst.

Die in Washington gern gehandelte These, die Araber stünden auf ihrer Seite und würden vor allem Iran, weniger Israel feindlich gesonnen sein, stimmt nur zu einer sehr geringen Prozentzahl. Sie entspricht der Zahl jener kleinen Elite, die das jeweilige arabische Land beherrscht. Und diese

Herrschaft ist brüchig, wie das Jahr 2011 lehrt. Die verbliebenen Mächtigen, vor allem am Golf, verbindet nach wie vor vieles mit Amerika. Sie haben geringe Kopfschmerzen wegen Israel, verabscheuen Iran. Aber die überwältigende Mehrheit ihrer Bürger sieht es anders – zumindest solange es in Palästina ein brennendes Problem gibt.

Es ist weniger ein schiitischer Halbmond, den Teheran im Libanon, im Irak und in Palästina gegen den Konkurrenten Saudi-Arabien und den verhassten Westen aufsteigen lässt, es ist vielmehr eine politische Allianz. Iran hat sich eine Koalition der Unwilligen geschmiedet aus arabischen Staaten wie Syrien, national-islamistischen Bewegungen wie Hisbollah und Hamas und jedem Araber, der sich anschließen mag. Die Botschaft aus Teheran ist simpel, eingängig und verfängt bei jedem Konflikt aufs Neue: Widerstand gegen den Westen und seine uralten Verbündeten in der arabischen Welt. Schon bei dieser Losung müssen sich die Herrscher von Saudi-Arabien wegducken, und mit ihnen die Regierungen der kleinen Golfstaaten und Jordaniens. Die Aufstände in der arabischen Welt seit Anfang 2011 könnten diese Staaten weiter schwächen, womöglich sogar spalten. Ob Ägypten aus seiner Umwälzung nach innen und außen gestärkt hervorgeht, ist noch nicht absehbar. Ein gefestigtes, demokratischeres Ägypten könnte zum neuen großen Rivalen für Teheran aufsteigen. Ein krisengeschütteltes Nil-Land nicht. Wenn das iranische Regime nicht selbst von Revolten erschüttert wird, könnte es die Unruhe in der arabischen Nachbarschaft für sich nutzen. Dabei ist die gewaltige politische Strahlkraft noch gar nicht eingerechnet, die sich Iran mit seinem nuklearen Programm aufbaut. Doch das ist die Zukunft.

Die Gegenwart, das sind die Konflikte im Libanon, im Irak und in Palästina. Das sind die Erschütterungen in der arabischen Welt. In Ermangelung eines starken arabischen Rivalen greift das Regime in Teheran nach der Führung im Nahen und Mittleren Osten. Neue Kriege und Konfrontationen in den nahmittelöstlichen Krisengebieten werden die Türen für Iran weiter öffnen. Es wäre ein Irrtum, anzunehmen, eine andere Regierung, ein geschmeidigerer Präsident würde auf den Führungsanspruch verzichten. Das Machtvakuum in der arabischen Welt ist für jeden iranischen Nationalisten unübersehbar. Die alten arabischen Herrscher wissen um ihre Verwundbarkeit. Mit ihnen regiert die Angst.

Anmerkungen

1   Gilles Kepel: *Die neuen Kreuzzüge. Die arabische Welt und die Zukunft des Westens*, Piper, München/Zürich 2004, S. 209 und 230.

2   Exemplarisch war das Buch des Neokonservativen Laurent Murawiec: *Princes of Darkness. The Saudi Assault Against the West*, Rowman and Littlefield, Plymouth 2005. Dessen Inhalte verbreitete Murawiec schon früher, so hielt er 2002 auf Einladung des hochrangigen Bush-Beraters Richard Perle einen Vortrag vor dem Defence Policy Board im US-Verteidigungsministerium mit dem Titel »Vertreibt die Saudis aus Arabien«.

3   Michael Thumann: »Ich liebe das türkische Volk‹ – mit dem iranischen Präsidenten Ahmadinejad in der Blauen Moschee von Istanbul«, in: *Die Zeit*, Nr. 35, 21. August 2008.

4   Zu dem Zitat und seiner weit verbreiteten falschen Übersetzung: »Israel soll von der Landkarte verschwinden«, siehe die klärende Analyse von Juan Cole, Palgrave Macmillan, New York 2009, S. 201 f.

5   So Präsident Mahmud Ahmadinejad am 20. September 2010 vor den Vereinten Nationen. Dass die Aussage nicht zufällig war, zeigte ein Leitartikel in der Teheraner Tageszeitung *Kayhan*, die dem religiösen Führer Ajatollah Khamenei nahesteht. Der Autor behauptete, Iran habe die USA im Nahen Osten besiegt. Siehe: Memri Special Dispatch 3247, Washington, DC, 20. September 2010.

6   Volker Perthes: *Iran – eine politische Herausforderung*, Edition Suhrkamp, Frankfurt 2008, S. 61.

7   Christiane Hoffmann: *Hinter den Schleiern Irans. Einblicke in ein verborgenes Land*, Dumont, Köln 2008, S. 210.

8   Christopher de Bellaigue: »The Struggle for Iran«, in: *The New York Review of Books* 2007, S. 171. Den schlüssigsten Vorschlag, Iran aus der Logik der Abschreckung herauszulocken und zu einem Kompromiss in Verhandlungen mit dem Westen zu bewegen, hat Christoph Bertram vorgelegt: *Partner, nicht Gegner. Für eine andere Iran-Politik*, edition Körber-Stiftung, Hamburg 2008, S. 66–82.

9 Für die Verbündeten Teherans im Irak siehe Kayhan Barzegar: »Iran's Foreign Policy in Post-Invasion Iraq«, in: *Middle East Policy*, Band XV, Nr. 4, Winter 2008, S. 47–58, S. 52.

10 Dschamal Khashoggi: »Können wir Iran trauen?«, in: *al-Watan*, 23. Februar 2010.

11 Rainer Hermann: »Iranisches Großmachtgehabe am Golf«, in: *Frankfurter Allgemeine Zeitung*, 20. Mai 2010.

12 Die Bezeichnung Persischer Golf im westlichen Sprachgebrauch geht auf die griechische Antike zurück und ist bis heute die populärste Namensgebung. Auf alten europäischen Karten und im Mittleren Osten jedoch sind seit Jahrhunderten mehrere Varianten im Gebrauch, darunter Golf von Qatif, Golf von Basra, seit dem 20. Jahrhundert auch Arabischer Golf oder einfach Golf. Nationalistische Araber und Iraner missbrauchen den Begriff häufig politisch. Um diesen Streit zu umgehen, verwende ich in der Regel die Bezeichnung »Golf«.

13 Es war die jährlich in Manama, Bahrain, stattfindende Konferenz des IISS, des International Institute for Strategic Studies.

14 Petraeus sagte im Original: »In the elections of 2009 Iran moved from a theocracy to a thugocracy.«

15 Die amerikanischen Botschaftsberichte, die von Wikileaks Ende 2010 ins Netz gestellt wurden, enthüllten, dass König Hamad von Bahrain und Scheich Mohammed bin Zayid al-Nahyan von Abu Dhabi amerikanische Besucher mehrfach zu einem Militärschlag auf Iran drängten. Siehe: Botschafter Adam Erelis Bericht aus Manama 2009, http://213.251.145.96/cable/2009/11/09MANAMA642.html, und Botschafterin Michele J. Sison aus Abu Dhabi 2006, http://213.251.145.96/cable/2006/04/06ABUDHABI1401.html.

16 Siehe das Kapitel »Moderne: Demokraten in der Wüste«.

17 In einem Gespräch sagte mir das Mitglied des Führungsrats Issam al-Erian im Oktober 2009, dass die Muslimbrüder das »radikale islamische Regime« in Teheran ablehnten. Der Teheraner Führungsanspruch in der arabischen Welt sei absurd. Al-Erian sprach sich für die Unterstützung der iranischen Opposition aus.

18 Gespräche mit Hisbollah-Vertretern und Hisbollah nahestehenden Analysten im Juli 2009.

19 So tat es der stellvertretende Vorsitzende des Hamas-Politbüros Mussa Abu-Marzouk im Jahre 2008, zitiert von Mohammed Khalfan al-Sawafi: »Hamas and the Emirates Islands«, in: *al-Ittihad*, 22. Oktober 2008.

20 Shibley Telhami: *2010 Arab Public Opinion Poll*, hrsg. von Brookings Institution, Zogby International, University of Maryland. http://www.brookings.edu/reports/2010/0805_arab_opinion_poll_telhami.aspx.

FREISCHWIMMER: DIE TÜRKEI ENTDECKT IHRE STÄRKEN

Sieht so die antiwestliche Weltverschwörung aus? In einem spätosmanischen Palast am Bosporus heben die Führer der arabischen Welt, der Türkei und Irans ihre Fruchtsaftgläser. Die Herrscher Pakistans, Afghanistans und Malaysias sind auch dabei. Durch die großen Fenster sieht man die Sonne auf dem Meer zwischen Europa und Asien schimmern, ein russischer Tanker durchschneidet die Wellen. Tayyip Erdogan tritt ans Rednerpult und spricht vom Stolz des Mittleren Ostens, dem »Ausgangspunkt der Menschheitsgeschichte, der Wiege von Wissenschaft und Religion, dem Kreuzpunkt der Weltkulturen«. Die Gäste applaudieren dem türkischen Premier, seine Worte schmeicheln den Herrscherseelen. Dann schiebt Erdogan hinterher: »Wir können hier gut selbst über unsere Probleme entscheiden, wir brauchen keine Hilfe von außen.« Das war sehr selbstbewusst. Auch antiwestlich?

Manche Beobachter haben da keine Zweifel mehr: Die Türkei wendet sich ab – von Amerika ohnehin und von Europa gleich mit. Die Türkei sei einer »Ostwärtsdrift« unterworfen, lautet eine kritische Einschätzung.[1] Sie gebärde sich wie der neue »Sultan des Ostens«, die »islamistische« Regierung trete der Achse Damaskus-Teheran bei, so klingen schärfere Urteile. Islamkritiker unterstellen Erdogan, er sei die gewaltfreie, aber viel gefährlichere Variante von Osama bin Laden: »Islamismus 2.0!«[2] Als im Sommer 2010 israelische Soldaten auf einem Schiff vor Gaza neun türkische Menschenrechtsaktivisten erschossen, wurden an vielen Orten im Westen diese und ähnliche Urteile herumgereicht. Tatsächlich wirkte die Türkei aus der Ferne, als treibe sie ankerlos zwischen den Kontinenten umher. Der Streit zwischen Israel und der Türkei, das türkische Nein zu den UN-Sanktionen gegen Iran, der Zoff mit Washington über Israel, Armenien, Iran. Hinter diesen Konflikten vermuteten die westlichen Betrachter zwei Ideologien: Vorherrschaftsträume nach Sultansart – Osmanismus, und Verführung durch religiös gefärbte Politik – Islamismus.

Zwei gängige Etiketten, aber leider die falschen. Was in der modernen Türkei passiert, lässt sich viel besser mit Ideen erklären, die wir im Westen gut kennen, weil wir sie einmal erfunden haben: Kapitalismus, Demokratie und Nationalismus. Diese urwestlichen Konzepte haben sich in der Türkei schneller und nachhaltiger verbreitet als in jedem anderen Land des Nahen Ostens. Sie beeinflussen seit einigen Jahren auch ihre Außenpolitik. Die Türkei rutscht nicht weg, sie verändert sich. Sie ist durch Krisen und einen langen Aufschwung, durch Hysterien und Euphorien gegangen. Trotz der Umwälzungen befindet sich das Land noch genau dort, wo es bei der Gründung 1923 lag. Zwischen Europa und dem Mittleren Osten, zwischen Russland und Nordafrika. Das Neue ist, dass die Türkei sich dieser zentralen Lage bewusst wird. Sie schottet sich nicht mehr gegen die Umgebung ab, wirft den Status des Frontstaats ab, lebt nicht mehr in allzeit bereiter Angst vor den Nachbarn. Sie ist zum Aufsteiger der Region geworden.

KAPITALISMUS

Wenn wir statt auf Koran und Kalif einen Blick in die Bilanzen werfen, ist das besser zu verstehen. Die Türkei hat sich von einer abgeschotteten Kommandowirtschaft in eine boomende Exportnation verwandelt. Jeder Reisende in der Türkei erkennt das sofort. Wo in Anatolien vor 20 Jahren nur Eselskarren zwischen Feldern quietschten, surren heute die Maschinen der mittelständischen Unternehmen. Sie exportieren in alle Richtungen und stellen wie in Deutschland den größten Teil der nationalen Ausfuhr. Europa ist mit über 40 Prozent des Außenhandels der wichtigste Markt der Türken, niemand würde sich von diesem abwenden wollen. Im Kommen sind: die Schwarzmeerstaaten, Russland im Besonderen, der Mittlere Osten, Afrika. Die neuen Märkte drehen den türkischen Blick auf die Welt. Und die ist viel größer als die Umrisse der NATO. Der wichtigste einzelne Handelspartner heute – in ökonomischer Umkehrung der historischen Allianzen – ist Russland.

Von Russland trennte die Türkei der Kalte Krieg, die jahrhundertealte Rivalität am Kaukasus und in Zentralasien. Heute gehen täglich vier Passagiermaschinen von Moskau nach Istanbul und zurück, ein engmaschiges Flugnetz verbindet türkische und russische Regionalstädte. Aus dem kalten Norden kommen Erdgas und Atomenergie für Wirtschaft und Wohnstuben der Türkei, die schickt Autos, Spülmaschinen, Tomaten und Bautrupps zurück. Kaum eine Großbaustelle zwischen Moskau und Wladiwostok, auf der nicht türkische Ingenieure und Architekten arbeiten. Umgekehrt liefert Russland mittlerweile zwei Drittel des türkischen Gasverbrauchs, die Hälfte der Kohle und ein Drittel des Erdöls. Die Türkei hängt an einer großen russischen Erdgas-Unterwasserpipeline durchs Schwarze Meer. Russische und türkische Unternehmen planen weitere Röhren durch das Schwarze Meer nach Europa. Die Türkei soll zu einem strategischen Transitland für russisches Gas und Öl werden, nach Europa und vielleicht auch nach Israel. Damit nicht genug. Russlands staatlicher Nuklearkonzern Rosatom wird das erste Kernkraftwerk der Türkei bauen. Was treibt die neue Freundschaft?

»Für Erdogan ist es sehr wichtig, sich auf jemanden verlassen zu können«, sagte mir einer seiner Berater.[3] Russlands starken Mann Putin und Premier Tayyip Erdogan verbindet eine enge Kaminfeuer-Freundschaft. Sie treffen sich mehrmals im Jahr, sind einander persönlich zugetan, reden die

Nächte durch, teilen eine ähnliche Vergangenheit. Beide kommen aus kleinen Verhältnissen, Erdogan aus dem rauen Werftenviertel Kasimpasa in Istanbul, Putin aus den engen Hinterhöfen von Petersburg. Ihr Leben begann als Erniedrigung. Erste Anerkennung fand Erdogan als Fußballer, Putin als Boxer, dann als Judokämpfer. In landestypischen Netzwerken kamen sie schnell nach oben, Erdogan in der islamischen Bewegung der Türkei, Putin als Agent im KGB. Den Türken und den Russen verbinden die mit maskulinen Herrscherposen überspielte Grundunsicherheit, die Ellenbogenmentalität, die Neigung zum Austeilen, die fehlende Selbstironie. Ihre Regierungen treffen sich mehrmals im Jahr zu breiten Konsultationen. Zu besprechen gibt es viel: die zunehmenden familiären Bindungen, Hunderttausende Ehen zwischen Russen und Türken, die gemeinsamen Interessen im Schwarzen Meer, der Wunsch, die Amerikaner dort möglichst herauszuhalten, die Rivalitäten im Kaukasus und Zentralasien – und immer wieder der expandierende Handel. Unter Tayyip Erdogan ist Russland für die Türkei zum wichtigsten Partner nach der EU geworden.

Die Regierungspartei AKP heißt übersetzt: Partei für Gerechtigkeit und Entwicklung. Ersteres ist das Wohlstand-für-alle-Versprechen, Letzteres die Überzeugung: Edel ist das Wachstum, hilfreich und gut. Wenn die konservative Volkspartei überhaupt eine verbindende Ideologie hat, dann ist es *Business*. Hinter der AKP stehen Unternehmerverbände, Mediengruppen, Industrielobbyisten, schnell wachsende Konzerne, Großhändler, Baulöwen. Alle haben ein Interesse an wirtschaftlicher Expansion.[4] Die Freisetzung der Märkte durch Turgut Özal in den 80er Jahren hat Erdogan in teilweise brutaler Weise beschleunigt. Bei der Entscheidung zwischen Umwelt und Umgraben, zwischen Rettung von Baudenkmälern oder Errichtung von Staudämmen entscheidet er meist für die Variante, die Fortschritt und Geld verspricht. In den Großstädten, vor allem in Istanbul, hat keine Rasenfläche eine Chance, sobald ein Investor Beton vergießen will. Hochhausviertel wachsen in den Himmel. Die Luft zum Atmen spenden Tulpenbeete zwischen

Autobahnzubringern. Vorzugsweise gebaut von AKP-nahen Unternehmern. Unter der AKP wächst ein Land der Kapitalisten heran. Die Türkei boomt, und die meisten Türken finden das gut: 71 Prozent begrüßen die Globalisierung.

Das Geschäft aber liegt vor allem in der Nachbarschaft. Nach Europa und Russland werden der Nahe Osten und Afrika zum wichtigen Ziel türkischer Handelsreisender. Ähnlich wie bei den Deutschen sind nicht mehr Soldaten, sondern Geschäftsleute Träger des nationalen Erfolgs. Das Land ist zum »Handelsstaat« aufgestiegen.[5] Wenn Premierminister Erdogan und Präsident Abdullah Gül auf Reisen gehen, sind ihre Flugzeuge stets mit Konzernchefs gefüllt. Die Türkei, die zum G-20-Klub der größten Industrieländer der Welt gehört, hat sich im vergangenen Jahrzehnt zu einem Kauf- und Versandhaus der Region entwickelt. Von Schokoriegeln über Lastwagen und Chemieprodukte bis hin zu Mammut-Bauprojekten, etwa Hochhäusern in Dubai und Flughäfen in Asien und Afrika. Im Mittleren Osten sind die Hauptziele Syrien, der Irak und der Golf. Umgekehrt investieren die Golfstaaten im boomenden Istanbul und in aufstrebenden Regionalstädten wie Konya, Bursa, Antalya. Seitdem es für die Golfaraber immer schwieriger und langwieriger wird, Visa für Europa zu bekommen, buchen reiche Touristen Suiten in den Palasthotels am Bosporus, andere checken in den Herbergen rund um die Hagia Sofia ein. Weitblickend baut die türkische Regierung die Freizügigkeit in ihrer Nachbarschaft aus. In alle Richtungen beseitigt sie die bürokratischen Hürden für Sichtvermerke und Visa, die Handel und Tourismus behindern. Vor allem für Syrer und Iraker ist die Türkei nun die erste Station auf dem Weg nach Westen. Und weil man nach Europa schwer hineinkommt, oft auch die letzte.

Zwischen Syrien und der Türkei hat sich das Verhältnis geradezu umgedreht. Noch in den 90er Jahren haben die beiden Länder fast Krieg gegeneinander geführt. Syrien beanspruchte die arabischsprachige türkische Region um Antakya, die beiden Länder trennte eine scharf bewachte Grenze mit Zaun, Todesstreifen und Wachtürmen. AKP-

Politiker setzen mit Syrien heute fort, was ihre säkularnationalen Vorgänger eingeleitet haben: den Weg von der Aussöhnung zur Verflechtung.[6] Tayyip Erdogan und der syrische Präsident Baschar Assad treffen sich regelmäßig, auch zu aufwändigen Regierungskonsultationen. Die Politiker reißen die Grenzen nieder, damit die mittelständischen Unternehmer das Geflecht ausweiten können. Die alten Handelsstädte Aleppo und Gaziantep wachsen wieder zusammen. In den Handelsreihen der nordsyrischen Stadt werden türkische Stoffe, Klimaanlagen und Kühlschränke feilgeboten, die Syrer gehen in Gaziantep auf Einkaufstour. Der Warenaustausch verdoppelt sich von Jahr zu Jahr.

Im Irak geht die AKP auf gleichfalls vorplanierten Pfaden. Schon der sozialdemokratische Ministerpräsident Bülent Ecevit pflegte zeitweilig ein besseres Verhältnis zu Saddam Hussein. Das Militär stimmte sich hin und wieder mit Bagdad ab, wenn es gegen die Kurden im Nordirak ging.[7] Hier weitet die AKP die Beziehungen aus und macht dabei einen wichtigen Unterschied. Ihr ist es gelungen, sowohl zur Regierung in Bagdad wie zur kurdischen Regionalverwaltung ein enges Verhältnis aufzubauen. Die türkischen Spitzenpolitiker besuchen regelmäßig die Kurdenhochburg Erbil, Präsident Abdullah Gül sprach sogar von »Kurdistan«, eine früher in der Türkei aus ideologischen Gründen unbekannte Region. Die Freundschaftsgesten haben sich ausgezahlt. Heute arbeiten über 15 000 Türken in Erbil und anderen Städten des irakischen Nordens. Von den ausländischen Unternehmensvertretungen kommen zwei Drittel aus der Türkei. Knapp zwei Dutzend türkische Schulen haben im Norden eröffnet. Ohne Visumshürden geht es über die gemeinsame Grenze. Auch weiter südlich erschließen die Türken den Irak. In der Schiitenhochburg Kerbela bauen Türken ein Kraftwerk, im südlichen Basra Hotels und ein Stadion.

Für diese Aufträge haben die Türken immer wieder Kompromisse gemacht. Manche waren hässlich. Zum Beispiel als sich Tayyip Erdogan 2010 nicht zu schade war, den »Muammar-Al-Gadhafi-Preis« für Menschenrechte« anzunehmen. Als er dem iranischen Premier Mahmud Ahmadinejad im Sommer 2009 nach der getricksten Wahl zu dessen Bestätigung im Amt gratulierte. Als er den vom Internationalen Strafgerichtshof wegen Völkerrechtsverbrechen gesuchten sudanesischen Staatschef Omar al-Baschir kurzerhand vor aller Welt entlastete:»Muslime begehen keinen Genozid.«[8] Aus diesem Satz scheinen Erdogans Vergangenheit und Gegenwart hervor. Der muslimische Bruderschaftskult, den Erdogan in der islamistischen Bewegung der Türkei gelernt hat, und die Komplimente des Kapitalisten, der etwas verkaufen will. Das Zitat hat Erdogans Ansehen in der westlichen Welt beschädigt und dem Geschäft im Osten genützt. Türken haben zwischen 2003 und 2010 im Sudan Brücken, Tunnel, Straßen und Hochhäuser für viele Milliarden Dollar gebaut. Der Schwager eines reichen Duzfreundes von Erdogan ist Vorsitzender des Türkisch-Sudanesischen Handelsrates.[9] Das zählt für die Bilanzen.

Was die Türkei für ihren Erfolg braucht, ist vor allem Ruhe – und kein Krieg. Hier liegt der entscheidende Unterschied zur Stahlhelm-Türkei früherer Jahre, die manche strategische Beobachter als defensive und »stabile Status-quo-Macht« in Erinnerung haben.[10] Ein Trugbild. In den 90er Jahren, als Ankara und Tel Aviv beste Beziehungen pflegten, stürzten in der Türkei regelmäßig die Regierungen. Das Land führte einen blutigen Krieg gegen die Kurden in der Türkei und in den Nachbarländern. Sie marschierte in den Nordirak ein, um kurdische Peschmerga-Kämpfer zu jagen. Sie drohte Syrien mit Krieg. Sie grub ihren Nachbarn mit rücksichtslosen Staudammprojekten das Wasser ab. Und wegen ein paar Ziegen auf einem Felseiland in der Ägäis überfiel das kemalistische Militär 1996 um ein Haar Griechenland. Die Türkei der 90er Jahre war ein bissiger, kompromissloser, instabiler NATO-Partner. Damals verzögerte man in Deutschland die Lieferung von Panzern und Gewehren nach Ankara – sehr zu Recht.

Heute sind das nicht mehr die bevorzugten Instrumente türkischer Außenpolitik. Man redet lieber, sendet Diplomaten aus, um zu verhindern, was der Region in den vergangenen Jahren mächtig schadete: Irakkrieg, Libanonkrieg, Gazakrieg. Ein Krieg um die Atomanlagen Irans wäre ein Alptraum für Ankara. Anders als Iran, anders aber auch als die USA und Israel sieht die Türkei den Nahen Osten und ihre Nachbarschaft weniger als Machtprojektionsfläche, sondern vor allem als Messegelände. Entspannung ist erste Händlerpflicht. Außenminister Ahmet Davutoglu kann da ob seiner Reisewut von vielen Nachtsitzungen mit raufenden Nachbarn erzählen. Türken vermittelten zwischen Sunniten und Schiiten im Irak, im zerfallenden Sudan, zwischen Fatah und Hamas in Palästina, Afghanistan und Pakistan, im dauerkriselnden Libanon. Hamas-Delegationen, vom Westen ausgegrenzt, wurden von Ankara auf niedriger Protokollstufe zum Gespräch geladen.[11] Bis Ende 2008 versuchten die Türken unermüdlich, Israel und Syrien an einen Tisch zu bringen. Im Westen, auf der Balkanhalbinsel, führten sie zerstrittene serbische und bosnisch-muslimische Politiker zusammen.[12]

Wo man in der Welt steht, hängt auch davon ab, wie man sich selbst sieht. Das Selbstbewusstsein der Regierungspartei AKP sprudelt bisweilen über. Den außenpolitischen Stolz verkörpert niemand besser als der lächelnde Multitasker Ahmet Davutoglu. Der Außenminister ist nicht nur ein Macher, er liebt es, über die Rolle der Türkei »strategisch« nachzudenken. Er hat ein Buch geschrieben, das – weil es bisher nicht ins Englische übersetzt ist – wenige im Westen gelesen haben, aber viele in seiner Wirkung überbewerten.[13] Aus einem Buch entsteht noch keine Außenpolitik. Die haben vielmehr Premier Erdogan und der langjährige Außenminister und heutige Präsident Abdullah Gül mit eigener Kraft und Emotion geprägt. Einfluss genießt Davutoglu vor allem, weil er über Jahre sein Privatleben aus dem Kalender gestrichen und mehr Zeit im Flugzeug als auf der Erde verbracht hat. Durch seine Mischung aus Erfahrung, besten Kontakten in der Region und analytischem Verstand wurde er zur konzeptionellen Stimme der türkischen Außenpolitik. Das klingt dann so[14]: »Die Türkei hat eine einmalige Lage in der Mitte zwischen den riesigen Landmassen von Afrika, Europa und Asien.« Das große Land sei ein zentraler Staat, der »viele Identitäten vereine« und in vielen Regionen gleichzeitig manövrieren könne. »So erweitern wir unseren Einfluss.« Doch das möchte er nicht als egoistisch missverstanden wissen. »Wir verfolgen seit Jahren eine Null-Problem-Politik mit unseren Nachbarn.« Keinen Dauerzwist mehr mit den Nachbarn wie früher, sondern Zusammenarbeit zu beiderseitigem Vorteil.

Bei einem so streitbar-stacheligen Nachbarn wie Iran ist diese Politik nicht ganz einfach durchzuhalten. Die Türkei baut ihre Wirtschaftsbeziehungen mit Teheran seit einigen Jahren stark aus. Iran ist nach Russland zum zweitgrößten Gaslieferanten der Türkei aufgestiegen und lockt türkische Unternehmen als großer, ungesättigter Markt. Konflikte würden der Expansion nur schaden. Deshalb sucht Ankara nach Harmonie an seiner Ostgrenze, was der Türkei viel Ärger im Westen einträgt. Im Streit zwischen Washington und Teheran um das iranische Atomprogramm versuchen die Türken mit allen Mitteln, eine Zuspitzung zu verhindern. Auch ein verschärftes Handelsembargo lehnen sie ab. Im Juli 2010 stimmten sie im UN-Sicherheitsrat gegen die von den USA angeregten neuen Sanktionen wider Iran. Diese Entscheidung von Tayyip Erdogan war ein schwerer Fehler, der die Aufmerksamkeit der Welt auf das türkische Dilemma lenkte. Die »Null-Problem-Politik« war schwer durchzuhalten, solange in Teheran ein kolossales Problem existierte. Die Türken ernteten für ihr Nein im Sicherheitsrat offenen Zorn und Verachtung in den USA. Politiker und Leitartikler erhoben gar den Vorwurf einer neuen islamisch inspirierten Allianz – aus Washington.

In der Nahaufnahme jedoch ist von dem angeblichen Bündnis nicht viel zu sehen. Was im Mittleren Osten vielmehr auffällt, ist ein friedlicher Wettlauf der religiös begründeten Diktatur Iran gegen die säkulare Demokratie Türkei. Beide Länder sind ehrgeizige Industrienationen, beide unterhalten große Armeen, beide haben um die 75 Millionen Einwohner, beide sehen sich als führende Mächte im Nahen Osten. »Die Türkei und Iran sind Nachbarn und Konkurrenten in der Region«, sagte Suat Kiniklioglu, Erdogan-Berater und AKP-Außenpolitiker, während der türkisch-amerikanischen Vertrauenskrise im Sommer 2010.[15] »Es würde mich nicht überraschen, wenn unsere Rivalität auch in anderen Bereichen zu spüren sein wird.«

Im Handelswettkampf um Nahost und Afrika ist das längst der Fall. Türken und Iraner haben oft denselben Warenkorb anzubieten: Autos, einfache Maschinen, Elektroartikel, Lebensmittel und Baugeschwader. Im Irak und in Syrien laufen türkische und iranische Vertreter gegeneinander auf, mit Kleintaxis, Klodeckeln, Klimaanlagen. In Kenia wäre Präsident Mahmud Ahmadinejad 2009 fast dem türkischen Präsidenten Abdullah Gül ins Gehege gekommen, der mit über hundert türkischen Geschäftsleuten eingeflogen war. Gül machte aus der Konkurrenz keinen Hehl. »Der iranische Präsident reist hier auch herum«, sagte er türkischen Journalisten zur Begründung seiner Spesenrechnung in Nairobi. Der klassische Absatzmarkt in Europa sei an eine Grenze gestoßen. Die Türkei sehe sich aktiv nach neuen Märkten um. Ähnlich in Tansania, Kongo und im Sudan. Fast überall begegnen die Türken den Iranern. Allein die Methoden sind unterschiedlich. Die Iraner werben gern für sich mit Kulturveranstaltungen, Koranlesekursen und Stipendien fürs theologische Studium in Iran. Die Türken laden afrikanische Staatschefs und Geschäftsleute nach Istanbul ein, verwöhnen sie dort in einem Prachthotel und entlassen sie mit Verträgen wieder in die Heimat. Türken bauen Schulen in Afrika und holen die Studenten später an türkische Universitäten. Auch eine türkisch-afrikanische Handelskammer gibt es längst. Die Kunden vergleichen die Wettbewerber genau. Ein Iraker, der seit dem Fall Saddam Husseins viele Türken und Iraner durch seine Stadt ziehen sah, beschrieb sie mir so: die Türken – sanft, geschickt, freundlich, flexibel; die Iraner – augenfällig aufs Ziel fixiert, unelegant, steif. »Ich will das jetzt!«, stehe ihnen ins Gesicht geschrieben.[16]

Iran ist für die Türkei wie ein überehrgeiziger Cousin in der großen zerstrittenen Familie des Nahen Ostens. Der Cousin spielt gern die Macht aus. Er will mit allen (Gewalt-)

Mitteln zum Familienoberhaupt werden. Er nutzt Konflikte in Nahost für sich, baut sich Brückenköpfe im Libanon, im Irak, in Palästina auf. In Zweierallianzen will Iran stets der Erste sein. Die Türkei aber macht nicht den Eindruck, als würde sie einen zweiten Platz akzeptieren. Auch daran scheiterte bisher jede Allianz.

DEMOKRATIE

Warum aber profitiert Israel, die dritte große nichtarabische Macht der Region, nicht von dem Unterschied? Weil Israel und die Türkei Demokratien sind, bis Anfang 2011 die einzigen im Nahen Osten. Das klingt paradox? In Israel und der Türkei sind Innen- und Außenpolitik untrennbar verflochten. Das spürten die USA im dramatischen Frühling 2003, als das türkische Parlament gegen den Rat seiner Regierung den US-Truppendurchmarsch in den Irak untersagte. Freundschaft mit Diktaturen ist manchmal leichter. Israels letzter halbwegs sicherer Verbündeter neben Jordanien war, zumindest bis zum Januar 2011, Ägypten. Dort verdammten zwar die meisten Israels Palästinapolitik, doch Präsident Hosni Mubarak und der Geheimdienstchef standen treu zu Israel. Das war bis zur ägyptischen Revolution allein entscheidend. In der Türkei aber entscheiden viele. Die Regierung, die Opposition, die Medien, die Wirtschaft, die Verbände, das Volk. Genauso wie in Israel.

Wie kam es also 2009 zum Streit zwischen der Türkei und Israel? Vier Jahre zuvor hatte sich Tayyip Erdogan in Jerusalem mit Premier Ariel Scharon getroffen. Man verstand sich, das Wort eines starken Mannes zählte. Noch im Sommer 2007 sprach Shimon Peres in einer historischen Rede als erster israelischer Präsident vor dem türkischen Parlament. Die Beziehungen waren im fünften Jahr der AKP-Regierung glänzend.[17] Doch zu Beginn des Jahres 2009 kam die Wende. Erdogan fühlte sich von Scharons Nachfolger Ehud Olmert hintergangen, weil der kurz vor dem Gazakrieg in Ankara war und über die geplante Offensive gegen die islamistische Hamas geschwiegen habe. Sagte Erdogan. Doch wichtiger war ihm etwas anderes.

In der ersten Woche des Gazakrieges um den Jahreswechsel 2008/2009 war Erdogan kaum zu hören. Dann verschlug es ihm ganz die Stimme. Die Glückseligkeitspartei (Saadet Partisi) hatte am Beginn des Krieges zu einer Demonstration aufgerufen. Saadet – das sind die türkischen Islamisten, die Konkurrenz der konservativ-kapitalistischen AKP von rechts. Fast hunderttausend Türken besuchten die Demonstration, im strömenden Regen. Da entschied Erdogan, dass auch er dringend auf die Straße musste, um seine Stimme wiederzufinden. Er prangerte auf AKP-Veranstaltungen Israel lautstark an. Er warnte Israel, dass es »von der Geschichte angeklagt« würde. Er besuchte das Weltwirtschaftsforum in Davos und verließ bei einer Podiumsdiskussion mit Präsident Shimon Peres theatralisch die Bühne. Als Erdogan aus der Schweiz zurückkehrte, erwartete die Menge ihren »Helden von Davos« schon am Flughafen. Seit diesem Moment brauchte Erdogan nur »Gaza« zu sagen, schon jubelten die Massen ihm zu, applaudierten die Medien, stieg sein Rating in den Umfragen. Reiner Zufall, dass im März 2009 eine wichtige Wahl für die AKP anstand? Natürlich nicht.

Das waren die Stunden der Polarisierer. Erdogan hatte im israelisch-palästinensischen Konflikt ein Thema gefunden, das er beliebig hochziehen konnte, wenn es ihm gefiel. Israel war ein dankbarer Gegner, weil die dortige Rechtsregierung seit April 2009 von Scharfmachern, Radikalen und Nationalisten dominiert wurde. Beschimpfungen der Türkei gehörten zu ihrem Geschäft, sie trugen zu gleichen Teilen Schuld am Niedergang der Freundschaft. Bei den Türken hingegen waren die Palästinenser sehr populär – über alle Lager hinweg. Schon der sturzsäkulare Ministerpräsident Bülent Ecevit sprach bei dem israelischen Angriff auf das bewaffnete palästinensische Flüchtlingslager Dschenin 2002 von »Genozid«. Unterdrückte gelten in der Türkei als schick, zumal sich viele Türken selbst leidenschaftlich gern als Opfer von finstren Mächten sehen, gerade auch von westlichen. In diese Gemütslage fiel im Sommer 2010 der Streit mit Israel um das Hilfsschiff Mavi Marmara vor Gaza und das Nein Erdogans gegen die Iransanktionen der UN. In der Türkei waren viele empört, dass die USA die Vermittlung der Türkei und Brasilien über ein Atomabkommen mit Iran vom Mai 2010 völlig ignorierten. Das türkische Nein gegen die Sanktionsverschärfung wirkte im Westen wie eine billige Retourkutsche gegen die Weltmacht. Doch die tat Erdogans Popularität zu Hause ausgesprochen gut. Gerade rechtzeitig vor einem Referendum, bei dem die AKP das Volk über wichtige Verfassungsänderungen abstimmen ließ.[18] Populismus nennt man das in Europa. Ein anderer enger Freund von Erdogan heißt Silvio Berlusconi.

Tayyip Erdogan wusste, dass seine Emotionalität, seine lose Zunge, seine Neigung zum schnellen Schlagabtausch ihn bei den Massen beliebt machte. In seinen Gefühlsausbrüchen wider Israel schienen bisweilen die Vorurteile eines religiösen Politikers durch. Auch das kam an. Die Scharmützel des Premiers wurden vom kleinen Mann bejubelt, während türkische Intellektuelle sich entsetzt abwendeten. Mit der Mischung aus Populismus und Politmachismo gewann Erdogan seine Abstimmungen – auf Kosten seines Landes. Im Westen verlor die Türkei 2010 dramatisch an Ansehen, obgleich Israel in der Affäre um das Hilfsschiff Mavi Marmara die augenfällig aggressivere Rolle spielte. Die türkischen religiösen Aktivisten, die mit der Mavi Marmara gen Gaza segelten, um die Blockade des Landstreifens durch Israel zu brechen, griffen zwar zum Knüppel, als israelische Soldaten auf ihrem Schiff landeten. Aber die Attacke erfolgte in internationalen Gewässern, und am Ende der Schlacht lagen neun tote Türken auf Deck. Weil Erdogan aber sogleich lospolterte, gelang es Israel, den eigenen Standpunkt westlichen Regierungen nahezubringen. Der Premier begrenzte mit seiner Rhetorik den Handlungsspielraum seines Landes. Selbst der proisraelischer Reflexe unverdächtige syrische Präsident rief ihn auf, die Beziehungen zu Israel zu verbessern. »Wie kann die Türkei sonst eine wichtige Rolle im Friedensprozess spielen?«, fragte Baschar Assad.[19] Doch der

Friedensprozess musste warten, wenn Erdogan in den Ring der Innenpolitik stieg. Sein Hauptgegner bei den Wahlen war die nationalistische Opposition. Er genauso wie die Opposition behaupteten, sie wüssten am besten, wie die nationalen Interessen der Türkei zu verteidigen seien.

NATIONALISMUS

Die türkische Republik ist im Feuer des Nationalismus entstanden. Die Vertreibung vieler Muslime vom Balkan, der brennende Fanatismus der Jungtürken, der Völkermord an den anatolischen Armeniern 1915, die Besetzung der Türkei durch Griechen und Westmächte am Ende des Ersten Weltkriegs, die später folgende Vertreibung der Griechen und die Niederdrückung der Kurden: Die Gründungsgeschichte der Republik ist von nationalistischen Exzessen gezeichnet – wie die vieler europäischer Staaten. Der Unterschied ist, dass die Türkei mit der Aufarbeitung der Verbrechen und Vertreibungen noch am Anfang steht. Die Zahl der Ausstellungen und Bücher, der seit einigen Jahren inszenierten Erinnerung, ist beeindruckend, aber bleibt noch weitgehend ein Elitenereignis. Schulbuchautoren, Lehrer, Familienpatriarchen und Politiker beharren meist auf der national-kemalistischen Lesart, dass Türken immer recht und die anderen unrecht haben.

Die Selbstüberhöhung hat Folgen für die Außenpolitik. In den vergangenen Jahren haben die AKP-Regierung und vor allem Präsident Gül einige bemerkenswerte Vorstöße gemacht, die Verhärtungen aus der Gründungsphase der Republik aufzuweichen. Aber die AKP ist am Ende stets vor der nationalistischen Aufwallung zurückgeschreckt. Hier muss die Rede sein von Armenien, Zypern und dem Ägäiskonflikt. Es war Präsident Gül, der im September 2008 eine historische Reise nach Armenien unternahm. Der Anlass war ein Fußballspiel der beiden Nationalmannschaften, seine Absicht war, die Eiszeit zwischen Armenien und der Türkei zu beenden, die Grenze zu öffnen, Botschafter auszutauschen und über die Vergangenheit zu reden. Gül war ein Visionär, Erdogan blieb der Realist. Während die Diplomaten beider Seiten an Protokollen zur Annäherung arbeiteten, Worte glatt schliffen und Brücken errichteten, verfolgte der Premier aufmerksam die Gegenoffensive der türkischen Nationalisten. Die nationalsäkulare Atatürk-Partei CHP und die rechtsextremistische Partei der nationalen Bewegung MHP entfachten einen alle Sinne betäubenden Lärm im Land. Es ging um den »Verrat an der Türkei und den türkischen Brüdern« in Baku. Aber worum ging es eigentlich wirklich?

Wegen Aserbaidschan hatte die Türkei 1993 die Grenze zum jungen armenischen Staat geschlossen. Armenische Nationalisten hatten damals die Enklave Nagorno-Karabach und angrenzende Regionen besetzt, die Aseris vertrieben. Beide Seiten können sich seither nicht einigen, Baku fordert türkische Solidarität. Doch muss sich die Türkei auf ewig zum Sklaven dieses Kaukasuskonfliktes machen? Die Nationalisten und die Aserbaidschan-Lobby in Ankara glauben das unbedingt. Und Erdogan – frustriert von herben Verlusten in den Regionalwahlen im März 2009 – gab der Stimmung nach. Im Mai 2009 reiste er nach Baku. Dort versprach er dem Präsidenten und dem Parlament, die Türkei werde die Grenzen zu Armenien ohne eine Bewegung im Karabach-Konflikt nicht öffnen.[20] Seither gab es noch einige hilflose diplomatische Flügelschläge, auch Demonstrationen armenischen Starrsinns. Doch das Kapitel Öffnung zu Armenien war seit Erdogans Baku-Reise bis auf Weiteres geschlossen.

Die Besessenheit türkischer Nationalisten in der Armenienfrage führt regelmäßig zu ernsten Verstimmungen mit den Vereinigten Staaten. In den Häusern des Kongresses in Washington arbeitet die Lobby der armenischen Diaspora emsig an einer Resolution zur Anerkennung des Genozids und zur Verurteilung der Türkei. Auch in den USA ist das Thema Teil der Innenpolitik, da einige Wahlkreise, vor allem in Kalifornien, von Diaspora-Stimmen abhängen. Mit einer Normalisierung der Beziehungen zu Armenien und einem Ende der Leugnungspolitik würde die Türkei dieser Bewegung die Spitze nehmen. Doch glaubt die Regierung mit Blick auf die Fronten zu Hause, diesen Befreiungsschlag nicht wagen zu können.[21] Auch in der AKP selbst arbeitet ein starker nationaler Flügel daran, dass das so bleibt.

Es ist der Nationalismus und kein islamischer Reflex, der die Türkei zunehmend in Konflikt mit westlichen Staaten bringt. Sobald ein westlicher Politiker Armenien oder den Völkermord von 1915 anspricht, hebt in der Türkei eine Welle nationaler Empörung an. Sie hat mit Realitätsblindheit genauso viel zu tun wie mit Selbstüberschätzung. Türkische Politiker drohen den USA vor Abstimmungen über die Armenienfrage im Kongress regelmäßig mit ewiger Verstimmung und Vergeltung. Sie machen sich Illusionen über ihre Möglichkeiten, die Supermacht verwunden zu können.

Ähnliches gilt für die Beziehungen zur Europäischen Union. Es gehört mittlerweile zum Repertoire der Sonntagsreden von AKP-Politikern, dass die EU die Türkei mehr brauche als umgekehrt. Kann Ankara sich das leisten? Ein Blick in die türkischen Bilanzen zeigt schnell, wie wichtig Europa für die Türkei ist: Über 40 Prozent ihres Außenhandels läuft über den Kontinent.[22] Ich habe im Kapitel über das Kulturkampfsyndrom der Europäer beschrieben, wie einige EU-Länder die Türkei aus Gründen der Innenpolitik und des Kulturkampfes düpiert haben. Es ist auf der anderen Seite der türkische Nationalismus, der vieles blockiert. In der Zypernfrage wachen Nationalisten und Armee eifersüchtig darüber, dass der Türkei ihr strategisch wichtiger Stützpunkt im Ostmittelmeer nicht abhanden kommt. Das helle Licht aus den Zeiten des Referendums über den UN-Vereinigungsplan von 2004, in dem die türkischen Zyprer zustimmten, während die Griechen ablehnten, ist erloschen. Niemand zeigt Interesse an einer Einigung. Zypern ist für türkische Nationalisten aller Couleur ein patriotisches Projekt, von dem kein Meter Boden aufgegeben werden darf.

Ähnlich in der Ägäis. Dort jagen türkische Kampfbomber regelmäßig im Tiefflug über Lesbos, Rhodos und andere griechische Inseln. Ein türkischer Parlamentsbeschluss

droht Griechenland mit Krieg, sollte Athen seine Hoheits-
rechte in der Ägäis jemals gemäß internationalem Seerecht
ausdehnen. Die Verwaltungen CHP-kontrollierter Städte an
der Ägäisküste verbreiten Propagandabroschüren über den
aggressiven Charakter der Griechen und den türkischen
Selbstbehauptungskampf.[23] Die türkische Armee hält im
Westen Landungsschiffe bereit, die nur den einzigen Zweck
haben, griechische Inseln zu besetzen. Soweit die Bataillone
der Nationalisten. Die AKP-Regierung hat dagegen vielerlei Versuche unternommen, das Verhältnis zu Griechenland
zu entspannen. Erdogan sucht die Freundschaft griechischer
Premiers, er gibt dem ökumenischen Patriarchen der grie-
chisch-orthodoxen Kirche beschlagnahmte Gebäude zurück, spricht von Versöhnung und Freiheiten für die letzten
Griechen in der Türkei. Auch dürfen Türken seit wenigen
Jahren endlich ungestraft reden über die Verbrechen an den
Armeniern 1915.[24] Doch die Provokationen aus dem Militär und dem Lager der Nationalisten sind nicht gebannt. Das
reicht weit in die AKP hinein. Erdogans Sonderminister für
Zypern ist der nationalistische Scharfmacher der AKP und
Vizepremier Cemil Cicek. Weder in der Zypern- noch in
der Ägäisfrage hat Erdogan es bis 2011 gewagt, die Nationalisten in der Opposition und im eigenen Lager durch neu
geschaffene Fakten zu besiegen.

Diese Verhärtungen stehen in eigenartigem Kontrast
zu den historischen Kehrtwendungen mit Syrien, Russland und dem Irak. Sie sind wiederum innenpolitisch zu
erklären. Umfragen bestätigen, wie die einstigen Befürchtungen der Türken über den russischen Nachbarn verflo-
gen sind, wie sympathisch die Syrer auf einmal wirken. Bei
Syrien und Russland herrscht weitgehend Einigkeit, dass sie
zu den neuen Freunden der Türkei zählen. Bei Armeniern
und Griechen ist das anders. Auch bei Israel. Doch ist es die
Demokratisierung der Türkei, die diese Unterschiede erst
zu einem politischen Faktor macht. Das Volk redet mit bei
der Außenpolitik. Erdogan, mit feiner Nase für die Gerüche
der Straße, folgt den Stimmungen und Ressentiments. Die
Enttäuschungen über die EU-Beitrittsverhandlungen, die

Dispute mit Amerika und der schnelle wirtschaftliche Aufstieg haben im Volk den Wunsch nach einer eigenen, vom Westen »unabhängigen« Außenpolitik verstärkt.[25] Die Türkei verhält sich manchmal wie ein Halbstarker der internationalen Politik. Premier Erdogan schürt mit emotionalen Reden Spannungen, die Präsident Gül danach dämpfen muss. Mit nationalistischen Ausbrüchen ist weiter zu rechnen. Innerhalb der NATO lässt die türkische Führung kaum einen Streit aus. Ihre Politik in der eigenen Nachbarschaft setzt sich von westlichen Strategien ab. Die Türkei ist unberechenbarer, sprunghafter, eigensinniger geworden.

Gerade bei der neuen Nahostpolitik lässt sich die Regierung ungern hineinreden. Sie will in der Region an vorderster Front mitspielen. Manche Europäer und Amerikaner erfüllt das mit Unbehagen. Doch ist das tatsächlich so schlecht für Europa? Stellen wir uns den Nahen Osten ohne die Türkei vor: die arabische Welt geschwächt und in Aufruhr, die Rolle des postrevolutionären Ägyptens noch nicht absehbar, Israel und Iran als die Hauptkontrahenten, der Krieg stets irgendwo am Horizont. Mit der Türkei ist ein wichtiger dritter Spieler auf dem Feld. Sie macht niemandem ernsthaft die Vorherrschaft streitig. Sie füllt eine Lücke. Die Türkei treibt Handel, sie vermittelt, sie baut auf, sie bietet ein Beispiel für eine Demokratie in einem muslimischen Land. Sie exportiert herzzerreißende Fernsehserien, in denen knapp berockte Frauen in Fünfminutenküssen mit ihrem Liebhaber versinken. Araber reisen nach Istanbul und fahren auf dem Bosporus mit laufender Kamera die Drehorte ab. Die Türkei ist ein säkularer Staat mit einem gläubigen Premier. Ein europäisiertes Land mit muslimischer Bevölkerung. Die Mischung ist im Mittleren Osten ziemlich attraktiv.

Die AKP strahlt in die arabische Welt aus und macht vor, wie eine Partei gläubiger Politiker sich moderneren Themen als Scharia und Koranlehrstunden zuwenden kann. Damit und mit dem Heldenstatus auf der arabischen Straße kam Erdogan in den vergangenen Jahren nicht gut an bei den überalterten arabischen Regimen.[26] Doch unterhalb der Herrscheretage singen viele Araber Hymnen auf ihn.

Erdogan löste 2009 den Hisbollah-Führer Nasrallah als beliebtesten Politiker in der arabischen Welt ab. Der iranische Präsident Ahmadinejad muss erkennen, dass er gegen die Popularität des türkischen Premiers keine Chance hat. Für die pluralistische Türkei öffnet sich im Nahen Osten eine wirtschaftlich-politische Chance, die weiter wachsen kann, wenn sich die arabischen Staaten demokratisieren.

Die größte Gefahr für Ankara ist, dass der vergängliche Applaus der arabischen Straße die Neigung türkischer Politiker zur Selbstüberschätzung nährt. Dass die Regierung mit zu selbstbewusstem Gehabe die Araber herausfordert. Dass sie durch ihre kühl kalkulierten Handelsbeziehungen mit nahöstlichen Despoten die Sympathien der arabischen Jugend verliert. Dass Erdogan – wie im Streit mit Israel – Freundschaften mit anderen Ländern im innenpolitischen Kampf beschädigt. Dass er in seinem Ärger über die Zurückweisung einiger EU-Staaten vergisst, wie stark die Bindung an Europa die Außenwirkung der Türkei schmückt und prägt.[27]

Zeichnet sich hier eine neue Isolation ab? Die Botschaft der prunkvollen Gipfeltreffen am Bosporus ist bisher umgekehrt: Inder, Koreaner, Brasilianer, Mexikaner, Südafrikaner, Kenianer, Kasachen, Russen, Araber, Iraner, Bosnier, Chinesen geben sich die Hand. Istanbul ist heute einer der Ballsäle unseres unübersichtlichen Jahrhunderts. Die Saaltüren stehen weit offen. Auch nach Westen. Die Türkei ist nicht mehr nur nationalistisch. Sie ist in den vergangenen 20 Jahren kapitalistischer und in mancher Hinsicht demokratischer, sie ist Europa ähnlicher geworden. Die türkische Wirtschaft ist mit dem Kontinent eng verflochten. Die Zustimmung der Türken zu einem EU-Beitritt ihres Landes hält sich mit gelegentlichen Ausreißern bei rund 50 Prozent. Wohin sich die Türkei bewegt, das hängt auch davon ab, ob der Westen sich ihr noch zuwenden will.

Anmerkungen

1   Josef Joffe: »Der Sog des Ostens«, in: *Die Zeit*, Nr. 26, 25. Juni 2010.

2   In der Reihenfolge der Zitate: Ariel Cohen: »Washington Concerned as Turkey Is Leaving the West«, in: *International Policy Analysis*, 9. Januar 2011, Thomas Friedman, »Letter from Istanbul«, in: *The New York Times*, 15. Juni 2010; Daniel Pipes: »Islamist Turkey Overreaches«, in: National Review online, 8. Juni 2010.

3   Gespräch mit Suat Kinikiloglu, dem stellvertretendem außenpolitischen Sprecher der AKP, am 25. August 2009 in Ankara.

4   Ahmet Evin u.a.: *Getting to Zero. Turkey, Its Neighbors, and the West*, Transatlantic Academy Paper, Washington, DC, 2010, S. 23.

5   Kemal Kirisci: »The Transformation of Turkish Foreign Policy. The Rise of the Trading State«, in: *New Perspectives on Turkey*, Band 40, 2009, S. 29–56, S. 44 ff.

6   Die erste bahnbrechende Reise nach Syrien unternahm nicht ein konservativer AKP-Politiker, sondern der kemalistische, säkulare Präsident Ahmet Necdet Sezer. Er nahm 2000 am Begräbnis des syrischen Präsidenten Hafis al-Assad teil, lud dessen Sohn und Nachfolger 2004 in die Türkei ein und fuhr 2005 gegen den ausdrücklichen Wunsch der USA zu einem zweitägigen Staatsbesuch nach Syrien.

7   Das Militär zeigte sogar Verständnis für die Handelsinteressen der Türkei: siehe Kirisci, a.a.O., S. 39.

8   *Today's Zaman*, 9. November 2009.

9   Abdülkadir Tacyildiz, Vorsitzender des türkisch-sudanesischen Handelsrates, ist der Schwager von Ahmet Calik, der Vorsitzender der Calik-Gruppe und ein Vertrauter und Freund von Erdogan ist.

10 Cevik Bir und Martin Sherman: »Formula for Stability – Turkey and Israel«, in: *Middle East Quarterly*, Band 9, Nr. 4, Herbst 2002, S. 23–32, S. 29.

11 Die Hamas-Kontakte wurden im Westen stark kritisiert, weil Ankara so die Blockade durchbrach. Richtig ist, dass die türkischen Gespräche mit Hamas am Ende zu nichts geführt haben. Das trifft allerdings auch auf die westliche Isolationspolitik zu. Siehe: *Turkey and the Middle East. Ambitions and Constraints*, International Crisis Group, Europe Report Nr. 203, 7. April 2010, S. 19.

12 Dusan Reljic: »Die Türkei weckt alte Lieben und Feindschaften im Westbalkan«, in: *Stiftung Wissenschaft und Politik Aktuell*, Berlin, September 2010, S. 3 f.

13 Ahmet Davutoglu: »Stratejik derinlik. Türkiye'nin Uluslararasi Konumu«, Istanbul: Kure Yayinlari, 2001.

14 Zitate aus meinen Gesprächen mit Ahmet Davutoglu im Oktober 2006, Juni 2008 und Juni 2010 in Ankara.

15 Gespräch mit dem AKP-Abgeordneten Suat Kiniklioglu im Juni
    2010 in Istanbul.

16 Nahim Junis al-Sawi, Universitäts-Vizerektor aus dem irakischen
    Dohuk, im Mai 2010.

17 Stephen Kinzer: *Reset. Iran, Turkey, and America's Future*, Times
    Books, New York 2010, S. 195.

18 Günter Seufert:»Mehr Demokratie oder eine Stärkung religiös-kon-
    servativer Kräfte? Das Referendum zur Verfassungsänderung in der
    Türkei«, in: *Stiftung Wissenschaft und Politik Aktuell*, Berlin, November
    2010.

19 Ertugrul Özkök, Mehmet Ali Birand:»Syrian President urges solid
    Turkey-Israel relations«, in: *Hürriyet Daily News*, 8. November 2009.

20 Siehe Erdogan im Wortlaut in: *The Journal of the Turkish Weekly*,
    »Uluslararasi stratejik arastirmalar kurumu«, Ankara, 13. Mai 2009.

21 »Noah's Dove Returns. Turkey, Armenia and the Debate on Geno-
    cide«, European Stability Initiative, Berlin, Istanbul, Eriwan, 21. April
    2009, S. 20.

22 Getting to Zero, a.a.O., S. 18.

23 Siehe zum Beispiel die Rubrik »Geschichte« auf der Netzseite der
    CHP-Administration in der bis 1924 fast ausschließlich griechisch
    besiedelten Ägäisstadt Ayvalik: http://www.ayvalik.biz.

24 In einer aufsehenerregenden Kampagne haben sich türkische Intel-
    lektuelle bei den Armeniern für die Verbrechen von 1915 entschul-
    digt. Über 30 000 Türken haben bisher unterzeichnet: http://www.
    ozurdiliyoruz.com.

25 Graham Fuller: *The New Turkish Republic. Turkey as a Pivotal State
    in the Middle East*, United States Institute of Peace, Washington, DC,
    2008, S. 174.

26 Der ehemalige ägyptische und der palästinensische Präsident, der jor-
    danische König und einige Herrscher am Golf kritisierten hinter vor-
    gehaltener Hand Erdogans Politik gegenüber Hamas und Iran sowie
    sein populistisches Werben um ihre Untertanen.

27 Tayyip Erdogan war dieser Selbstüberschätzung nahe, als er in
    Newsweek über die neue globale Rolle der Türkei schrieb:»The Ro-
    bust Man of Europe. Turkey Has the Vigor that the EU Badly Needs«,
    in: *Newsweek*, 17. Januar 2011.

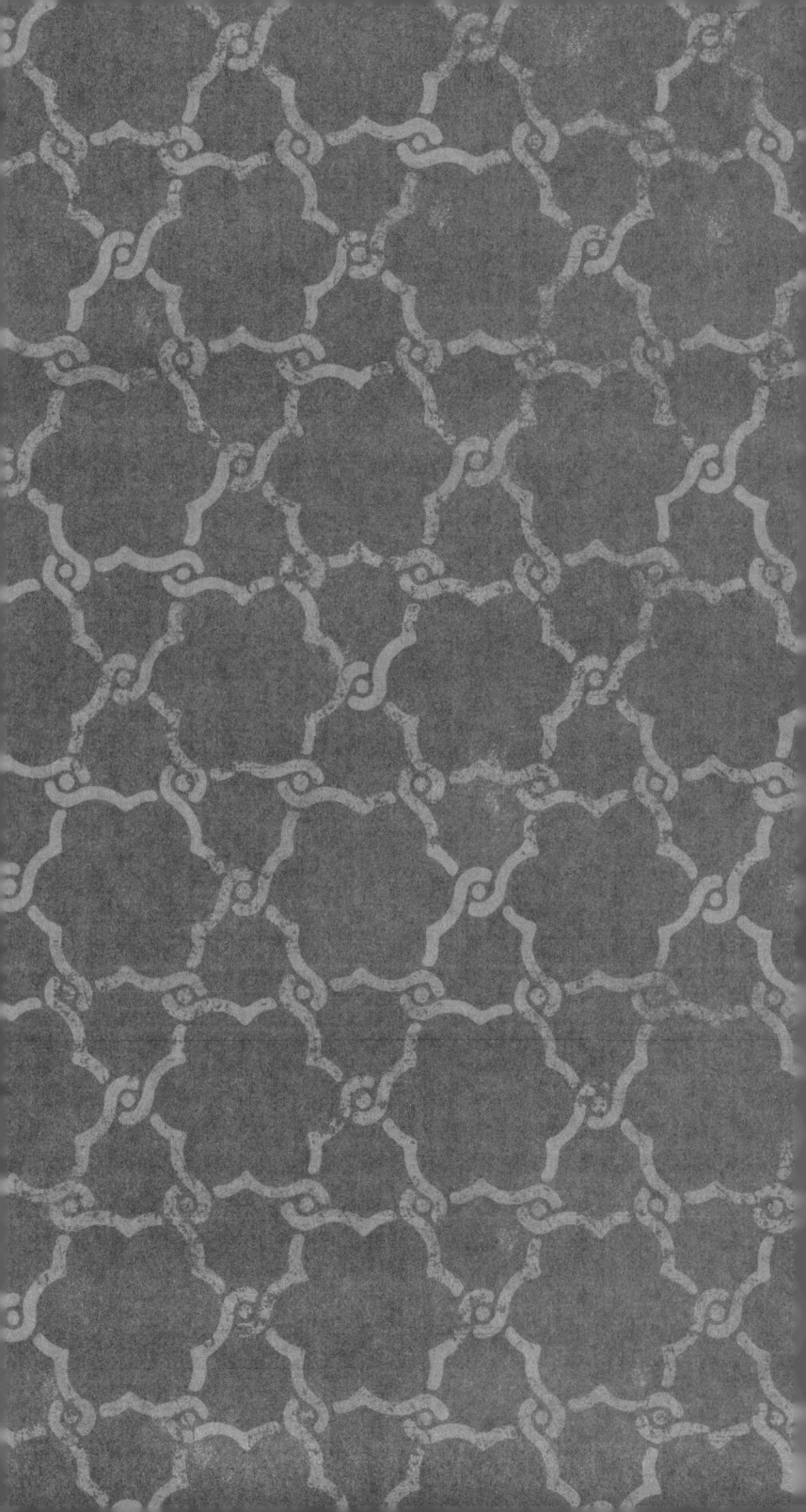

SCHLUSS:
LOB DER GUTEN
NACHBARSCHAFT

Die arabische Welt hat im Februar 2011 ihre Selbstachtung wiedergefunden. Nach Jahrzehnten des erniedrigenden Stillstands schlugen die ägyptischen Revolutionäre den Weg frei für die umwälzende Erneuerung ihres Landes. Wenige Wochen zuvor inspirierte die tunesische Massenerhebung eine Kette von Aufständen im Nahen und Mittleren Osten. Doch erst die Millionenrevolte im größten arabischen Staat schob die Region machtvoll in eine neue Epoche. Ihre Konturen bilden sich erst langsam heraus. Das zehnte Jahr nach dem 11. September 2001 ist zum großen Stresstest für die überalterten arabischen Regime geworden. Die Militärherrschaften und Modernisierungsdiktaturen, welche die arabische Welt seit dem Ende des Kolonialismus geprägt hatten, kämpfen ums Überleben.

Vom Tahrir-Platz in Kairo ging ein Beben durch die Mitte der Welt, das die Lehmhütten und die Marmorpaläste der Araber in gleicher Weise erschütterte. Die Ägypter und Tunesier entfesselten soziale und nationale, nicht islamische Revolten. Sie feierten einen Triumph über die Dogmen von Osama bin Laden und Ajatollah Khomeini. Sie setzten auf die Urkräfte ihrer Länder und nicht auf die der Religion. Die Freiheitsbewegungen und sozialen Aufstände seit Anfang 2011 zeichneten nicht das Bild frömmelnder geduckter Gläubigkeit. Sondern den Hunger nach Freiheit, nach Ende bürokratischer Bevormundung und politischer Gängelung, nach Abrechnung mit Korruption und Willkür, nach Abgang der uralten Herrscher, die über eine blutjunge Bevölkerung herrschen und die Tuchfühlung verloren haben.

Was in den Revolten zutage tritt, ist eine zusammenhängende Region, die über Satellitenkanäle, Internet, moderne Kommunikationsmittel wie Twitter und Facebook eng verwoben ist. Der Nahe Osten wird zum einem Hauptschauplatz der medialen Globalisierung. Mehr als jeder

Prediger entfachen al-Dschasira und Facebook ein starkes Gefühl der Zusammengehörigkeit. Die Araber teilen das gemeinsame Leiden unter dem Diktat alternder Regime, die arabische Sprache, den Zorn über das Schicksal der Palästinenser, die Erinnerung an große Zeiten. Was sich nicht bestätigt, ist das im Westen von manchen gepflegte Vorurteil eines monolithischen Blocks von Gläubigen, leicht erregbar und gefährlich für die Außenwelt. Im arabischen Nordafrika wirkt die französisch beeinflusste Moderne der Maghrebiner, weiter im Osten die Frömmigkeit und der in Jahrzehnten angestaute Frust der Ägypter, die Erniedrigung der staatenlosen Palästinenser, im Süden die politische Entmündigung und der große Reichtum der Golfaraber. Der Glaube, weniger formend bei vielen Libanesen, Syrern und Tunesiern, wichtig bei Ägyptern, Emiratis und Saudis, gehört dazu, aber er ist nur einer von vielen Prägungen der Region.

Hat der Islam also kaum Einfluss auf die Entwicklung im Nahen Osten? Spielt die Religion keine Rolle? Das ist nicht der Schluss, den ich mit diesem Buch nahelegen will. Ein Gang über die Straßen vieler arabischer Städte bestätigt das Gegenteil. Viele Frauen tragen Kopftücher, manche Männer schmücken sich mit einem Gebetsfleck auf der Stirn. Alkohol wird in zahlreichen arabischen Städten nur noch in Hotels ausgeschenkt. Neue Moscheen und Minarette entstehen in schnell wuchernden Vorstadtvierteln. Der konservative Trend in der islamischen Welt ist offensichtlich, die Zahl der praktizierenden Gläubigen steigt. Der Islam gibt den muslimischen Ländern ein Gefühl der kulturellen Verbundenheit. Er spannt ein Band über Kontinente hinweg von Marokko am Atlantischen Ozean bis hin nach Malaysia im Fernen Osten. Er ist eine gemeinsame zivilisatorische Erinnerung an große Zeiten wie unter Saladin, dem sagenumrankten Eroberer Jerusalems. Der Islam gibt Rückhalt in der Empörung über westliches Eingreifen bis in die jüngste Geschichte des Irakkriegs. Er hält das Gefühl der Erniedrigung durch ausländische Mächte wach. Er stärkt den Mut der Verzweifelten und Gedemütigten, wie in der ägyptischen Revolte 2011, als die Ägypter zu Zehntausenden auf dem Midan al-Tahrir, dem Platz der Befreiung, beteten.

Wenn arabische Regime wanken, wie seit Anfang 2011 geschehen, gewinnen Islamisten an Einfluss. Sie übernehmen nicht zwangsläufig die Macht, wie im Westen oft befürchtet wird, sondern treten aus der Verbotszone in den politischen Wettbewerb ein. Viele Kräfte – linke und konservative, demokratische und autoritäre – wollen den fallenden Herrscher beerben. Die Muslimbrüder in Ägypten und in den Nachbarländern steigern im Gewand des politischen Islam ihre Popularität. Demokratische Wahlen und Versammlungsfreiheit erweitern ihre Spielräume, spalten sie aber auch, nehmen ihnen den Mythos des Erretters in Wartestellung und die Aura der politischen Unschuld. Es gibt größere Sorgen als die Bruderschaft: Radikale, gewaltbereite Neofundamentalisten setzen die Religion für die Mobilisierung der Beleidigten und Erniedrigten ein. Al-Qaida benutzt den Islam als Begründung für nihilistische Massenmorde und medienwirksame Massaker. Iran missbraucht das schiitische Bekenntnis als Einflussdroge in der arabischen Welt. Glühende Nationalisten in Teheran meinen, Iran habe als Mutterland der Islamischen Revolution Anspruch auf Führung in der arabischen Welt. Wenn man genau hinsieht, geht es diesen Gruppen in der Regel nicht um den Islam selbst. Die Religion ist Mittel zum Zweck. Sie wird zum Vehikel der Eiferer. Sie macht in vielen Fällen nicht das Wesen der Konflikte, Streitthemen und Hoffnungen aus. Die Religion prägt bisweilen die Oberflächen der Politik, aber nicht den Kern.

Ein Gedankenexperiment macht das sehr schön anschaulich. Wie sähe der Nahe und Mittlere Osten eigentlich ohne Islam aus?[1] Wahrscheinlich nicht viel anders. In einer Welt ohne Islam wäre der Westen nicht in heiler Eintracht mit dem Osten vereint. Man denke nur an das Schisma zwischen oströmischer und weströmischer Kirche 1054, das bis heute nicht ganz überwunden ist. An die Kreuzzüge, auf denen fränkische Ritter 1204 das reiche und prächtige Konstantinopel, die Hauptstadt von Byzanz, verwüsteten. Bis heute haben konservative orthodoxe Denker in Athen und

Moskau ihre tiefen Vorbehalte gegenüber dem Westen nicht begraben. Die russische Orthodoxie dient den Herrschern in Moskau zur geistigen und spirituellen Zurichtung eines antiwestlichen russischen Nationalismus. In einer Welt ohne Islam sähen Anatolien, Mesopotamien und Nordafrika immer noch ganz anders als Europa aus. Hätten die Europäer im 19. und 20. Jahrhundert ihre Nachbarschaft kolonisiert. Hätten Briten, Franzosen und Amerikaner in den Wüsten des Nahen Ostens nach Öl gebohrt und den Suezkanal kontrolliert. In einer Welt ohne Islam wäre der arabische und iranische Nationalismus als Antwort auf diese Interventionen gewachsen. Der Erfinder der antiwestlichen, sozialistisch-nationalistischen Baath-Ideologie war ein syrischer Christ, Michael Aflaq. Die islamistischen Herrscher in Teheran betreiben eine nationalistische Hegemonialpolitik in der Region. In einer Welt ohne Islam würden Palästinenser gegen Israelis um ihr Land kämpfen, würde Kaschmir brennen, würden die Tamilen in Sri Lanka rebellieren, würden die Uiguren gegen die Chinesen aufstehen, würden Tschetschenen gegen die russische Vorherrschaft streiten.

Für den Terrorismus gilt Ähnliches. Während westliche Medien und Politiker vor allem über Terrorismus von Muslimen sprechen, verüben Nichtmuslime im Westen nach wie vor die meisten Terrorakte. Die Hauptursache von Anschlägen in Europa sind Territorialkonflikte und der Nationalismus separatistischer Gruppen vor allem in Spanien und Frankreich.[2] Allein 2007 gab es 532 versuchte oder verübte Anschläge von Separatisten. In den Medien ist das ein Thema für die hinteren Seiten oder das Nachtprogramm. Dagegen füllt jeder Versuch eines Anschlags von islamischen Neofundamentalisten tagelang die Hauptschlagzeilen. Davon gab es 2007 ganze vier. Das bedeutet nicht, dass der islamisch begründete Terror harmlos wäre. Er ist eine der mörderischen Bedrohungen westlicher Gesellschaften. Aber die vielfältigen Hintergründe des Terrorismus werden in der öffentlichen Diskussion oft verzerrt oder ausgeblendet.

Wenn kleine Gruppen oder ganze Völker meinen, sie müssten sich gegen fremde Besatzer, gegen Ausbeuter oder

Tyrannen wehren, suchen sie sich eine mobilisierende Losung. Das waren im 20. Jahrhundert der Klassenkampf, die proletarische Revolution – und in ideologischer Konkurrenz dazu der faschistische Hass gegen alles Andersartige. Die stärkste Mobilisierungskraft hat in bemerkenswerter Kontinuität seit 200 Jahren der Nationalismus. Er wirkt auch in Regionen und Ländern, in denen sich Nationalisten unter grün-islamistischen Flaggen versammeln: zum Beispiel in Palästina und Iran oder im Libanon. Nationalgefühl in friedlicher Form trieb auch die Demonstranten in Ägypten an, als sie sich im Januar 2011 gegen ihren Herrscher erhoben. Stolz hängten sie sich in der Revolution die Flagge ihres Landes um. Andere Banner, um die sich Menschen scharen, sind Antiglobalismus, klerikaler Fundamentalismus, politische oder radikalisierte Formen des Islamismus und des Antiislamismus. Populistische Politiker gegensätzlicher Couleur bedienen sich häufig ähnlicher ideologischer Losungen. Das ist kein Widerspruch. Sie müssen nicht an die Slogans glauben. Wichtig ist nur, dass sie damit ihr Profil schärfen. Der Islam verkauft sich gut, das haben seine Ideologen in West und Ost genauso gut verstanden wie die ideologischen Gegner, die Islamkritiker.

Wie also lässt sich der Islam-Irrtum überwinden? Zunächst mit einem unbefangenen Blick auf die Denkverbote und Fehler des vergangenen Jahrzehnts. Seit dem 11. September 2001 verfolgten Regierungen in den Vereinigten Staaten und Europa politische Strategien, die in ihrer Gesamtheit der Abschottung gegenüber dem Islam, den Nachbarn, der Außenwelt gleichkamen. Der Westen verbarrikadierte sich. Was waren die sieben Kardinalfehler der atlantischen Nahostpolitik?

Diktatorenfreundschaft. »Wir oder das Chaos!«, hieß die Lieblingslosung des ägyptischen Herrschers Hosni Mubarak. Er oder die Islamisten. Viele im Westen haben ihm bis zum Schluss geglaubt. Man ließ sich vom ägyptischen Geheimdienst im Kampf gegen den Terror helfen. Man duldete Folter und Unterdrückung der Regime, weil die islamische

Revolution als die schlimmere Alternative galt. Es war die grassierende Angst vor dem politischen Islam, die spätestens seit dem 11. September 2001 westliche Politik gegenüber den autoritären Regierungen des Ostens prägte. Sie knüpfte an eine ältere Tradition an. Im Kalten Krieg stützten die USA und europäische Regierungen die Regime von Saudi-Arabien und Iran bis 1979, weil sie in ihnen verlässliche Verbündete gegen die Sowjetunion sahen. Daraus entstand ein verstörendes Prinzip: Zum Freund des Westens wurde man nicht, indem man Demokratie übte und Menschenrechte achtete, sondern indem man sich als bissiger Feind der Feinde des Westens erwies. Die Realpolitik, so pragmatisch sie sich gab, gehorchte ihrerseits einer Ideologie: der Lehre vom Segen der Stabilität. Sie legte zu Zeiten des historischen Streiks auf der Danziger Werft 1980 in Polen bestes Einvernehmen mit dem sowjetischen Führer Leonid Breschnew nahe. Damals schien es, als fürchteten westliche Regierungschefs eher die Unordnung infolge polnischen Aufbegehrens gegen die Diktatur als die atomwaffenbewehrte Gegnerschaft des sozialistischen Systems. »Entspannung« nannte man das und brachte so in den 80er Jahren eine überzeugende Politik in Verruf, die seit den 60er Jahren fühlbare Erleichterungen für die Bürger im geteilten Europa gebracht hatte. Die Maxime von der Stabilität legte die Päppelung von Militärdiktaturen in Lateinamerika und Afrika und das Misstrauen gegenüber Oppositionsbewegungen und Dissidenten nahe. Vor 1989 wurden Demokraten in Osteuropa und anderswo häufig von demokratisch gewählten Realpolitikern im Westen zurückgewiesen. Die Maxime von der Stabilität legte vor Ausbruch der arabischen Aufstände Anfang 2011 die massive Unterstützung autoritärer Regime nahe. Diese Lehre ist vielfach widerlegt. Die Sowjetunion und mit ihr der Irrweg des sozialistischen Bürokratismus brachen ebenso zusammen wie die korrupten Tyranneien in Südamerika und Afrika. Heute sind viele arabische Regime in der größten Krise ihrer Geschichte gefährdet. Sie sind eine Hauptursache der Instabilität, die den Nahen und Mittleren Osten erfasst hat.

Etikettenschwindel. Für amerikanische Großkolumnisten und europäische Regierungsberater, für westliche und israelische Politiker war das autoritäre Ägypten ein »moderates« arabisches Land. Es galt wie Saudi-Arabien und Jordanien als »gemäßigt« im Gegensatz zu den Radikalen: Iran, Syrien oder das von der Hamas beherrschte Gaza. Doch bei genauer Betrachtung sahen Ägypten unter Hosni Mubarak oder Saudi-Arabien in vielerlei Hinsicht nicht anders aus als Syrien oder Iran: Spitzelstaaten mit welthistorischen Sehenswürdigkeiten. Das ägyptische Regime war aus einer Militärrevolte 1952 hervorgegangen. An seiner Spitze standen seither vier Generäle, die jede Andeutung von Widerstand niederknüppeln ließen. Die einen riesigen Repressionsapparat mit Polizeischergen und Folterern errichteten. Die Oppositionelle zu Tausenden in Gefängnisse einsperrten, Wahlen fälschten, Medien strangulierten. Fühlten die Herrscher sich sicher, ließen sie immer mal ein wenig Luft raus, erlaubten Parteien, ein paar freie Zeitungen, offene Diskussionen, die ihnen nicht gefährlich wurden. Deshalb nannte man Ägypten ein hybrides Regime, eine Diktatur mit pluralistischen Ventilen. Moderat waren seine Herrscher nicht. Nur die Verbündeten des Westens.

Isolationsdiplomatie. Die Kehrseite dieser Politik war, dass westliche Regierungen mit den Gegnern dieser Herrscher nicht sprachen. Sei es, weil die »moderaten« Gebieter es nicht wollten oder weil Israel dringend davon abriet. Zu den ägyptischen Muslimbrüdern, zu den islamistischen Parteien in arabischen Staaten verboten sich westliche Diplomaten und Stiftungen lange Zeit den Kontakt. Deutsche offizielle Vertreter, die mehr erfahren wollten, trafen sich mit Islamisten oft unter höchster Geheimhaltung, damit bloß die Öffentlichkeit daheim nichts davon erfuhr. Die Folge im Westen: Man wusste wenig, aber sagte das Schlimmste voraus. Zeitungskommentatoren, Politiker, Verbandschefs, die noch nie mit den ägyptischen Muslimbrüdern geredet hatten, waren sich ganz sicher, dass sie auf die islamische Revolution nach iranischem Muster warteten. Sie wussten auch, dass jeder Hamas-Aktivist nichts anderes als die Vernichtung Israels und die Vertreibung aller Israelis im Sinn hatte. Aus der Übertreibung folgte eine falsche Politik: der Westen grenzte aus, er bestrafte, er mischte sich auf falsche Weise ein.

Als bei den palästinensischen Wahlen im Januar 2006 Hamas zur stärksten Fraktion wurde, erschrak der Westen tief. Regierungen in Amerika und Europa, die vor der Wahl noch der Demokratie das Wort redeten, boykottierten erst Hamas und Monate später die große Koalition der Palästinenser aus Hamas und Fatah. Sie sprachen gezielt nur mit den Vertretern der Fatah-Partei im Kabinett. So betrieb der Westen aktiv die Spaltung der Regierung, was 2007 in den palästinensischen Bruderkrieg mündete. Am Ende putschte Hamas gegen Fatah in Gaza und durfte sich seither wieder mehr mit sich selbst und Raketenbau beschäftigen als mit dem Versuch, sich an Konferenztischen und Kopiermaschinen der palästinensischen Verwaltung zu beweisen. Der Westen entsagte mit Rücksicht auf Israel einer eigenständigen Linie gegenüber Hamas. Selbst wenn Hamas-Führer eine Bereitschaft zum Kompromiss andeuteten, wischte man dies sofort vom Tisch mit Hinweis auf die ein Vierteljahrhundert alte Charta, in der Hamas sich die Zerstörung Israels zum Ziel gesetzt hatte. Was seither in der Bewegung passierte, wollte der Westen nicht wissen. Man überließ Israel Deutung, Blockade und Bekämpfung der palästinensischen Islamisten. Das Ergebnis war Krieg.

Antiterrorkriege waren die traurigen Höhepunkte der Politik von Isolierung, Bestrafung und Intervention im Mittleren Osten während des vergangenen Jahrzehnts. Nach dem 11. September marschierte eine westliche Koalition unter amerikanischer Führung in Afghanistan ein. Der Angriff galt den fundamentalistischen Taliban, die der Terrorgruppe al-Qaida Unterschlupf gewährten. Die Begründungen hießen: »Krieg dem Terror« oder auch »Krieg dem militanten Islam«. Doch es endete als Krieg gegen einen Teil der afghanischen Bevölkerung. Die Jagd nach »Terroristen« in den afghanischen Bergen führte westliche Soldaten in das Labyrinth von Stammeskonkurrenzen, regionalen Gegensätzen, ethnischen Rivalitäten und dem Kampf um Land. Die NATO verstrickte sich in diesen Problemen, ohne die tatsächliche Terrorgefahr beseitigen zu können.

So geschah es auch im Irak. Der amerikanische Feldzug mit dem Ziel des gewaltsamen Regimewechsels im Irak mündete in halbfreie Wahlen und einen jahrelangen Bürgerkrieg. Terroranschläge, Säuberungen und Massenvertreibungen zeichneten die irakische Landkarte neu. Iran ergriff die Chance, als Mentor der Schiiten seine Rolle als neue Vormacht im Mittleren Osten auszufüllen. Die USA aber waren als Makler in Nahost diskreditiert und zogen am Ende ihre Kampftruppen kleinlaut aus dem Irak zurück.

Israel hatte mit seinen Feldzügen gleichfalls keinen Erfolg. Die Kriege gegen den Libanon und Hisbollah 2006 und gegen den Gazastreifen und Hamas 2009 endeten jeweils in einem Patt. Sie brachten Israel nur mehr eine Verschnaufpause, nicht Sicherheit. Schon bei Abschluss des Waffenstillstands wurden die Wetten auf den nächsten Krieg abgeschlossen. Der Westen, insbesondere die Vereinigten Staaten, standen in diesen Kriegen fest an Israels Seite. Schließlich ging es gegen das Schreckgespenst des »militanten Islam«. Die Leiden der libanesischen und palästinensischen Zivilbevölkerung galten westlichen Regierungen als zweitrangig. Israels Art der Kriegführung – etwa der Einsatz der in den meisten Ländern der Welt geächteten Streubomben, Zerstörung von Wohngebieten, Klärwerken, Brücken und Schulen – rang westlichen Regierungen nur schwache Ermahnungen ab. Oft mit dem Hinweis, dass Hamas und Hisbollah ebenfalls verbrecherische Kampfmittel einsetzen. Kritische internationale Untersuchungen über israelische Kriegseinsätze werden von westlichen Regierungen regelmäßig im Archiv versenkt. Die EU und die USA finden nur schwache Worte der Kritik für die Expansion israelischer Siedler in den Palästinensergebieten und die Säuberungen von Siedlern und israelischen Behörden in Ostjerusalem.[3] Damit entblößt sich die westliche Politik im Nahen Osten. Mit ihrem Schweigen werfen westliche Regierungen all jene guten Grundsätze über den Haufen, auf denen sie zu Recht bestehen, wenn es um schlimmere Fälle wie Libyen, Iran oder Sudan geht.

Dämonisierung von Muslimen. Seit dem 11. September 2001 keimte im Westen der Verdacht auf, die rohstoffreichen arabischen Staaten verfolgten mit ihren Geldreserven andere Ziele als jene westlicher Investoren. Staatsfonds am Golf galten als Schatulle ehrgeiziger Scheichs, die sich im Westen Einfluss auf die Politik kaufen wollten. Geschäftsleute aus Saudi-Arabien und anderen Golfstaaten mussten sich stets des Verdachts erwehren, islamisch-terroristische Gruppen in aller Welt zu finanzieren. Auch wenn dieses in bestimmten Fällen tatsächlich geschah, fehlte es im Westen am Bestreben, die schwarzen Schafe von den seriösen Investoren zu trennen. Die Folgen waren vor der Weltfinanzkrise zu besichtigen, als den Staatsfonds massives Misstrauen entgegenschlug. Im Januar 2008 äußerte der ehemalige US-Finanzminister Lawrence Summers auf dem Weltwirtschaftsforum in Davos den Verdacht, die arabischen Fonds wollten »ausländische Konkurrenz aus dem Feld kaufen«, sie wollten westliche Firmen bewegen, »keine Geschäfte mit Israel mehr zu machen«.[4] Andere amerikanische Politiker machten mit dem Hinweis auf den »militanten Islam« Stimmung gegen arabische Investoren. Zwei Jahre zuvor hatten isolationistisch gestimmte Senatoren und Abgeordnete in den USA den Kauf amerikanischer Häfen durch den Hafenbetreiber Dubai Port World zu Fall gebracht. Ein Hauptargument war, dass arabische Besitzer die Gefahr islamisch-terroristischer Anschläge in den Hafenstädten erhöhen würden. Wie abwegig diese Argumente waren, zeigen die langfristigen Investitionen arabischer Staatsfonds in Europa. Die Daimler AG zum Beispiel hat mit ihren wichtigen arabischen Aktionären beste Erfahrungen gemacht.

Festungsmentalität. Westliche Debatten über Terrorbedrohung, Zuwanderer aus der islamischen Welt, Missbrauch der Sozialsysteme haben längst zu greifbarer Benachteiligung von nichtwestlichen Besuchern westlicher Länder geführt. Die Vereinigten Staaten und die Europäische Union verschärfen ihre Einwanderungsregeln und legen die Visums-Hürden höher. Während Europäer und Amerikaner viele arabische Länder und die Türkei ohne großen Aufwand besuchen können, müssen sich Araber und Türken mühevollen Verfahren unterwerfen. Sicherheit geht vor Gastfreundschaft. Natürlich wollen mehr Araber und Türken im Westen leben als Europäer und Amerikaner im Nahen Osten. Auch gilt es, genau zu schauen, mit welcher Absicht Besucher nach Westen reisen wollen. Gleichwohl müssen Muslime viele Prozeduren beim Visumantrag als entmutigend, wenn nicht gar erniedrigend verstehen. Wenn sie für ein deutsches Visum mehr als ein Dutzend beglaubigte Dokumente einreichen müssen. Wenn sie für ein amerikanisches Visum peinlich ausgefragt werden, ob sie für eine Heirat, illegale Arbeit oder einen Terroranschlag einreisen wollen. Wenn sie viele Wochen auf ein Visum warten und dann einen Aufenthalt für drei Tage gewährt bekommen. Viele Regeln sind zu starr, zu schematisch und unterscheiden nicht zwischen Antragstellern. Die Einreisehürden haben längst dazu geführt, dass muslimische Geschäftsleute, Wissenschaftler und Schriftsteller Reisen in den Westen meiden. Europa und Amerika gefährden so ihre Stellung als globale Marktplätze der Ideen und der Begegnung.

Erweiterungsangst. Was der einzelne Besucher des Westens im Kleinen erlebt, konnte die Türkei im Großen erfahren. Die Beitrittsverhandlungen mit der EU sind im Klein-Klein der europäischen Islamdebatte, des Zypernstreits und der gezielten Obstruktion europäischer Politiker dem Stillstand nahegekommen. Die großen Fragen, ob die Türkei ihre Europäisierung in einem historischen Schub vollendet und ob Europa seinen Platz auf der Weltbühne durch den Beitritt eines großen muslimischen Landes befestigt, sind im Streit über Zuwanderer, Köfte-Grillgerüche und Kopftücher untergegangen. Die Türkeiverhandlungen waren niemals ein sicheres Beitrittsversprechen. Sie waren mit zahlreichen Ausstiegsklauseln versehen. Niemand musste fürchten, eine nicht reformierte Türkei würde je einer nicht aufnahmefähigen EU beitreten. Doch populistische Politiker vieler europäischer Parteien schlachteten Türkenfurcht und Islamängste für den Stimmenfang aus. Was verloren ging, waren die Fairness im Umgang mit der Türkei und das türkische Vertrauen in die Aufrichtigkeit und Vertragstreue der Europäer.

Die sieben Kardinalfehler westlicher Politik waren jeweils eng mit dem epochalen Islam-Irrtum verbunden. Sie haben den Osten vom Westen entfremdet. Die Amerikaner mussten einen dramatischen Verlust an Einfluss im Nahen und Mittleren Osten erleben. Die Europäische Union beschädigte ihren Ruf als Kontinent der pluralistischen Offenheit und des Rechts. Auch deshalb wendet sich die arabische Welt, eigentlich die Nachbarschaft Europas, anderen Mächten und Erdteilen zu. Viele Palästinenser, Iraker und Libanesen schauen nach Iran, das umfassend von den Kriegen der vergangenen Jahre profitierte. Von Marokko bis Saudi-Arabien orientieren sich die arabischen Länder zunehmend an China. Strategische Investitionen Chinas in Nordafrika und am Golf und jahrelanges Klinkenputzen chinesischer Diplomaten zahlen sich aus. Die Pekinger Herrscher versichern sich in Riad und Kairo des Stillhaltens, wenn sie gegen die muslimischen Uiguren im Westen Chinas vorgehen. Zugleich vermeidet es China peinlichst, sich in Kulturkämpfen mit dem Islam und den Muslimen zu verstricken. Kriege in fernen Weltregionen führt man ohnehin nicht. Die chinesische Regierung lässt keine Gelegenheit aus, den Islam als Weltzivilisation zu loben.[5] Die Botschaft: Peking sieht sich mit den Ländern des Nahen Ostens als Vertreter derselben nichtatlantischen, außerwestlichen Welt, die das 21. Jahrhundert bestimmen soll.

Will der Westen den Islam-Irrtum überwinden, wird er versuchen, die sieben Fehler westlicher Nahostpolitik zu korrigieren. Westliche Regierungen werden ihr Verhältnis zu allen autoritären Herrschern im Nahen Osten überprüfen. Nicht um sie zu unterminieren oder aktiv zu stürzen, aber um auf ihren möglichen Sturz besser vorbereitet zu sein.

Die arabische Opposition muss gehört werden, und zwar lange bevor sie auf den Barrikaden steht. Westliche Beobachter werden aufhören, Etikettenschwindel zu betreiben, und nicht mehr »moderat« nennen, was nie moderat war. Westliche Politiker werden unmissverständlich sagen, für welche Werte sie stehen, und nicht über Unterschiede zu autoritären Regimen hinwegschwurbeln. Sie werden ihre jahrhundertealte Erfahrung mit Rechtsstaat und Demokratie teilen, auf Wunsch weitergeben, aber niemandem aufzwingen. Gerade Europa hat große Übung im Abreißen diktatorischer Strukturen. Mit westlichen Stiftungen, Verbänden und Universitäten gibt es viele Instrumente, um der arabischen Welt Angebote machen zu können. Die westlichen Regierungen werden den Umstürzen in Nordafrika nicht mit Furcht und Abschottung begegnen. Sie werden auch mit gewählten religiösen Politikern zusammenarbeiten. Sie werden helfen, die Not zu lindern, Flüchtlinge aufnehmen, Wirtschaftshilfe leisten. Sie werden sich an 1989 erinnern, um die Dimension ihres nötigen Engagements zu begreifen.

Westliche Emissäre im Nahen Osten werden ohne Kontaktverbote reisen. Sie werden auch mit Leuten reden, die nicht westlichen Idealen anhängen. Sie werden mit islamistischen Bewegungen, mit nationalen Islamisten wie Hisbollah und Hamas sprechen. Nicht um sich in den Armen zu liegen, sondern um zu erfahren, was diese wollen. Westliche Strategen werden die Illusion begraben, dass man Terroristen mit Kriegen und »Präzisionsbombardements« bekämpfen kann. Amerika und Europa werden Menschenrechtsverletzungen der Palästinenserparteien oder der Israelis hörbar kritisieren und wenn nötig in den Vereinten Nationen verurteilen. Sie werden den Konflikt um Palästina nicht als »Kampf gegen den Terror« missverstehen. Sie werden sich nicht durch Parolen wie »Islamismus gegen Demokratie« oder »Islam gegen christlich-jüdische Zivilisation« irreleiten lassen. Sie werden den Israel-Palästina-Konflikt als einen Kampf um Land verstehen und auf dieser Grundlage Vorschläge machen. Beiden Seiten gebührt in gleicher Weise das Recht auf Land, auf Selbstbestimmung, Sicherheit und Unversehrtheit.

Westliche Medien und Politiker werden von der Dämonisierung nahöstlicher Geschäftsleute und Investitionsfonds ablassen, sie werden nicht hinter jeder Bewegung den Islam, sondern einfach das Interesse der Araber sehen. Westliche Behörden werden ihre Einreisepolitik überdenken und das Verhältnis von erwünschter Offenheit und notwendiger Sicherheit neu austarieren. Weniger der böse Verdacht, sondern der Wunsch nach guter Nachbarschaft wird die Beamten dabei leiten. Die Europäische Union wird einen neuen Versuch mit der Türkei machen. Ihre Politiker werden Islamangst und Türkenfurcht nicht mehr für den Stimmenfang ausschlachten. Sie werden sich für die große Frage des türkischen EU-Beitritts nicht mehr hinter den kleinen Problemen der griechischen Zyprer verstecken. Sie werden die Türkei genauso fair behandeln wie Polen und am Ende nicht in Wahlkämpfen, sondern am Konferenztisch überprüfen, ob die Türkei und die EU bereit für den Beitritt sind.

So könnten einige von vielen Versuchen aussehen, um ein neues, besseres Verhältnis zur muslimischen Welt zu schaffen. Schnelle Ergebnisse sollte niemand erwarten, schnelle Eingriffe wären fehl am Platz. Die Zeiten der grandiosen Selbstüberschätzung wie unter Präsident George W. Bush sind endgültig vorbei. Der Westen wird Gelassenheit brauchen. Ob mit oder ohne unser Zutun: Der Nahe Osten wird weniger westlich werden. Die Amerikaner dürften weiter viele Soldaten am Golf, am Tigris, im östlichen Mittelmeer belassen. Sie werden das Militär einiger arabischer Staaten trainieren und beliefern. Das ist die Hardware. Die Europäer werden die mediterrane Welt als gemeinsamen Raum begreifen. Sie werden, allen voran die Deutschen, weiter gute Geschäfte mit den arabischen Ländern machen. Sie liefern die Software. Englisch wird sich als internationale Sprache halten, als Systemsprache.

Aber wenn künftig Besucher am Flughafen von Dubai oder Kairo in der VIP-Lounge bei einem Espresso auf Englisch begrüßt werden, um dann in einer Mercedes-Limousine in ein amerikanisches Hotel zu fahren, dann werden diese Besucher zum Beispiel Chinesen sein. In der arabischen Welt beherrschen chinesische Gebrauchsgüter die Märkte. Sie ist Chinas Exportmarkt und zugleich der Hauptlieferant ihrer Rohstoffe. Aus den Petroleumhäfen am Golf fahren die meisten Tanker nach Ostasien. Neben den Chinesen kommen viele Koreaner, Türken und Inder. Zunehmend auch Afrikaner oder Brasilianer. Sie werden ihre Geschäfte ganz ohne uns machen. Sie werden ihre Kulturen jenseits westlicher Vorbilder erweitern und bereichern. Sie werden ihre Flugverbindungen an Frankfurt und London vorbeileiten und den direkten Weg nehmen. Der Westen wird – wenn er innovativ bleibt – bei diesen Gesprächen die Gebrauchsgüter, das Design und die Menü-Ideen liefern. Das sollte uns nicht zutiefst beunruhigen.

Der Westen steht vor dem monumentalen Puzzle einer neuen Welt, in der die westlichen Bestandteile in einer Menge von bedeutsamen Staaten und Zivilisationen aufgehen. In der Amerikaner und Europäer nicht mehr dominieren, sondern assistieren und mitmachen. In der wir unseren Platz wie andere noch finden müssen.

Das wird dem Westen nur gelingen, wenn er sich selbst wiederentdeckt. Eine neue, klügere Nahostpolitik ist dafür sehr wichtig. Aber der Islam-Irrtum wird am Ende nicht in Diplomatenstuben und Kabinettstreffen überwunden, sondern im öffentlichen Raum des Westens. Wir bedürfen einer Besinnung auf unsere Stärken. Die arabischen Revolutionäre bewundern den Westen nicht so sehr für seine schimmernde Wehr und seine funkelnden Verbrauchsgüter. Sondern für unsere Freiheit, für unsere verlässlichen Rechtssysteme, für die bürgerliche Sicherheit gegenüber staatlicher Willkür, für unsere freien, gleichen Wahlen, für unsere Meinungsfreiheit, die Unabhängigkeit der Justiz, die Lernbereitschaft und Aufnahmefähigkeit unserer Zivilisation. Wir werden dafür geschätzt, dass westliche Hauptstädte wegen dieser Offenheit über Jahrhunderte die Marktplätze der Welt waren. Die selbstbewussten Jugendlichen in Kairo und Tunis wollen das nicht einfach kopieren. Sie warten nicht auf westliche Menschheitsbeglücker, die mit Feuer oder Freiheitsphrasen die Demokratie in den Nahen Osten exportieren. Die jungen Araber wollen ihren eigenen Weg gehen. Aber für gute Beispiele jenseits der schönen neuen Plastikwelt des chinesischen Kapitalabsolutismus sind sie dankbar.

Die westlichen Länder werden ihren festen angesehenen Platz in der Welt und im Nahen Osten behalten, wenn sie zu Hause die klassischen Werte der offenen Gesellschaft pflegen. Wenn sie das Recht auf nationaler und europäischer Ebene entwickeln und nicht in Kulturabsolutismus verfallen. Wenn sie den Staat als Diener der Bürger ausbauen und nicht in Überwachungswahn und Islambesessenheit verfallen. Wenn sie ihre Zuwanderer selbstbewusst in die politische Kultur unserer gewachsenen Demokratien eingliedern und ihnen zugleich zuhören. Vielleicht ist auch von ihnen etwas zu lernen. Nichts wäre falscher, als in dieser Zeit, da die arabische Welt ihre Ketten sprengt, in Abschottung und Trugbilder kulturell-zivilisatorischer Reinheit zu verfallen. Nichts wäre irriger, als in einer Epoche globaler Vernetzung die Welt in Schwarz und Weiß zu sortieren. Entwaffnende Offenheit war im 20. Jahrhundert die größte Stärke des Westens angesichts radikaler Bedrohungen und der allumfassenden Globalisierung. Daran hat sich im 21. Jahrhundert nichts geändert.

Anmerkungen

1   Ich baue im Folgenden einen Gedanken des amerikanischen Historikers und Ex-CIA-Agenten Graham Fuller aus: »A World Without Islam. What if Islam Had Never Existed?«, in: *Foreign Policy*, Januar/Februar 2008, S. 46–53.

2   Siehe den sehr aufschlussreichen Terrorismus-Bericht von Europol für 2009: http://www.europol.europa.eu/publications/EU_Terrorism_Situation_and_Trend_Report_TE-SAT/TESAT2009.pdf.

3   Obwohl die USA unter Präsident Barack Obama selbst mehrmals die israelische Expansion in Jerusalem und im Westjordanland offen kritisierten, blockierten sie im Februar 2011 eine UN-Resolution ge-

gen die israelische Siedlungspolitik, die von 130 Staaten der Vereinten Nationen und allen Mitgliedern des UN-Sicherheitsrates unterstützt wurde.

4   Ben Simpfendorfer: *The New Silk Road. How a Rising Arab World is Turning Away from the West and Rediscovering China*, Palgrave/Macmillan, New York 2009, S. 164.

5   Ebenda, S. 172.

DANK

An diesem Buch haben viele mitgewirkt. Während des Schreibens im Winter 2010/2011 half mir vor allem meine Frau Susanne Landwehr, die in Istanbul für die *Berliner Zeitung* arbeitet. Sie hat das Manuskript von Anfang bis Ende durchkorrigiert, ihre Unterstützung und Ermutigung gaben mir die Kraft, die Dinge zum guten Ende zu bringen. Von großem Wert waren die Recherchen von Ayse Boren im Büro der *Zeit* in Istanbul, die wichtige bibliografische Vorarbeit leistete und sicherstellte, dass ich in der vielstimmigen türkischen Medienlandschaft die Übersicht behielt. Jeweils Teile meines Manuskripts haben Thomas Berbner von der ARD, der Fernsehautor Halil Gülbeyaz, Elisabeth Knoblauch von der *Zeit*, Günter Seufert von der Stiftung Wissenschaft und Politik und Markus Ziener vom *Handelsblatt* gelesen. Sie gaben mir in den entscheidenden Phasen der Niederschrift äußerst wichtige Hinweise und Anregungen. Ihnen allen gilt mein tiefer Dank.

Dieses Buch wäre nicht möglich gewesen ohne *Die Zeit*. Giovanni di Lorenzo bot mir 2007 die große Chance, in Istanbul ein neues Redaktionsbüro der *Zeit* aufzubauen, von wo aus ich die Türkei und die arabische Welt bereisen konnte. Bernd Ulrich, Matthias Naß und Jan Roß unterstützten dieses Projekt mit Leidenschaft. Schon zuvor hatten Josef Joffe und Michael Naumann sowie Martin Klingst mir Freiheit und Rückendeckung gegeben, um häufig in die Türkei und den Nahen Osten reisen zu können. Dank ihrer aller Unterstützung konnte ich im vergangenen Jahrzehnt die entscheidenden Erfahrungen sammeln, um dieses Buch zu schreiben.

In der Frühphase des Buches konnte ich erste Gedanken und Thesen in Gesprächen mit Hans-Ulrich Seidt vom Auswärtigen Amt, Ian Lesser vom German Marshall Fund of the United States und Ömer Taspinar von der Brookings Institution ordnen. Die regelmäßigen Unterredungen mit Sahin Alpay von der Istanbuler Bahcesehir Universität, Ayse Kadioglu von der Sabanci Universität, Nathan Brown, Amr Hamzawy und Marina Ottaway vom Carnegie Endowment for International Peace und mit dem ägyptischen Schriftsteller und Diplomaten Ezzedine Shukry-Fishere halfen mir, mich in den unübersichtlichen Gefilden des Nahen und Mittleren Ostens zurechtzufinden.

Sehr wichtig für die Vorarbeiten an diesem Buch war ein Aufenthalt an der Transatlantic Academy in Washington, wo ich Anfang 2010 als Bosch Public Policy Fellow über türkische Politik arbeiten durfte. Den Fellows Ahmet Evin, Kemal Kirisci, Ronald Linden, Nathalie Tocci, Juliette Tolay, Joshua Walker bin ich für ihre wertvollen Tipps dankbar. Der Direktor der Academy, Stephen Szabo, und Christian Ostermann vom Woodrow Wilson International Center for Scholars in Washington boten mir Gelegenheit, Teile meiner Arbeit vor einem größeren Publikum vorzustellen.

Der größte Dank aber gilt meiner Frau und meinen Söhnen Nikolaus und Konstantin, die mich ertragen und entbehren mussten, als ich mich an den Abenden und am helllichten Sonntag zum Schreiben zurückzog. Jetzt wird wieder Fußball gespielt.

Istanbul, Anfang März 2011

Herzlichen Glückwunsch – Sie haben gerade die Erfolgsausgabe eines Bandes aus der **Anderen Bibliothek** gelesen – nicht nur für DIE ZEIT »in ihrer Art eine der schönsten Buchreihen der Welt«. Wenn Ihnen der Band gefallen hat und Sie gerne weitere Entdeckungen aus den Bereichen Literatur, Reisebuch, Klassiker, Sachbuch und Essay machen wollen, dann sollten Sie jetzt weiter lesen:

Die wichtigsten Fakten zur ANDEREN BIBLIOTHEK im Eichborn Verlag:

Jeden Monat erscheint ein neuer Band in hochwertiger Ausstattung

Die Erstausgabe ist limitiert und nummeriert

Abonnenten der Anderen Bibliothek erhalten die Bände zum Vorzugspreis

Nur Abonnenten erhalten garantiert eine limitierte und nummerierte Erstausgabe

Individuelle buchbinderische Herstellung mit Fadenheftung und Qualitätseinband

Das Abonnement

Das Abonnement hat eine Mindestlaufzeit von einem Jahr (zwölf Bände) und kann danach jederzeit gekündigt werden. Als persönliches Dankeschön erhalten Sie eine exklusive Abo-Prämie.

Bitte informieren Sie sich bei Ihrem Buchhändler oder direkt im Eichborn Verlag unter der Telefonnummer 069/256003-0. Mehr zur Anderen Bibliothek finden Sie auch unter www.eichborn.de

DIE ANDERE BIBLIOTHEK

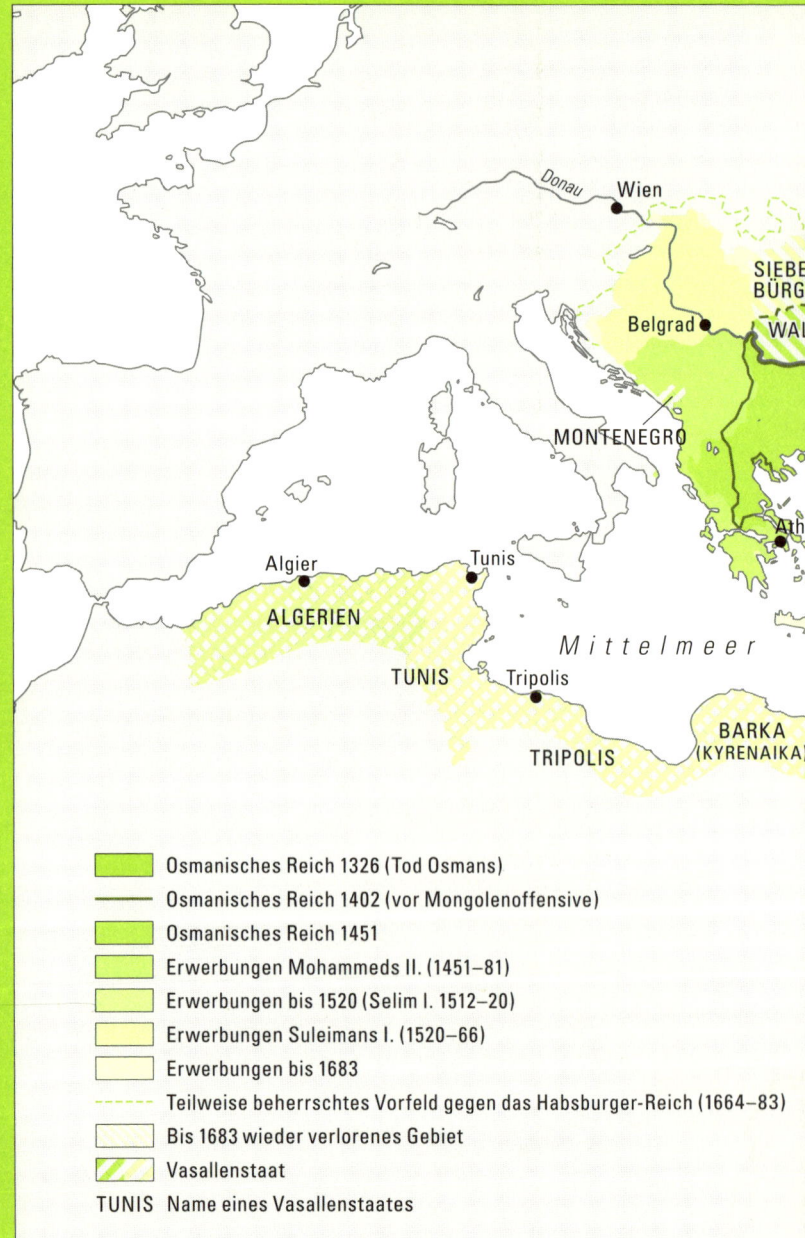

	Osmanisches Reich 1326 (Tod Osmans)
	Osmanisches Reich 1402 (vor Mongolenoffensive)
	Osmanisches Reich 1451
	Erwerbungen Mohammeds II. (1451–81)
	Erwerbungen bis 1520 (Selim I. 1512–20)
	Erwerbungen Suleimans I. (1520–66)
	Erwerbungen bis 1683
	Teilweise beherrschtes Vorfeld gegen das Habsburger-Reich (1664–83)
	Bis 1683 wieder verlorenes Gebiet
	Vasallenstaat
TUNIS	Name eines Vasallenstaates

© Peter Kast – Ing.-Büro für Kartografie, Wismar